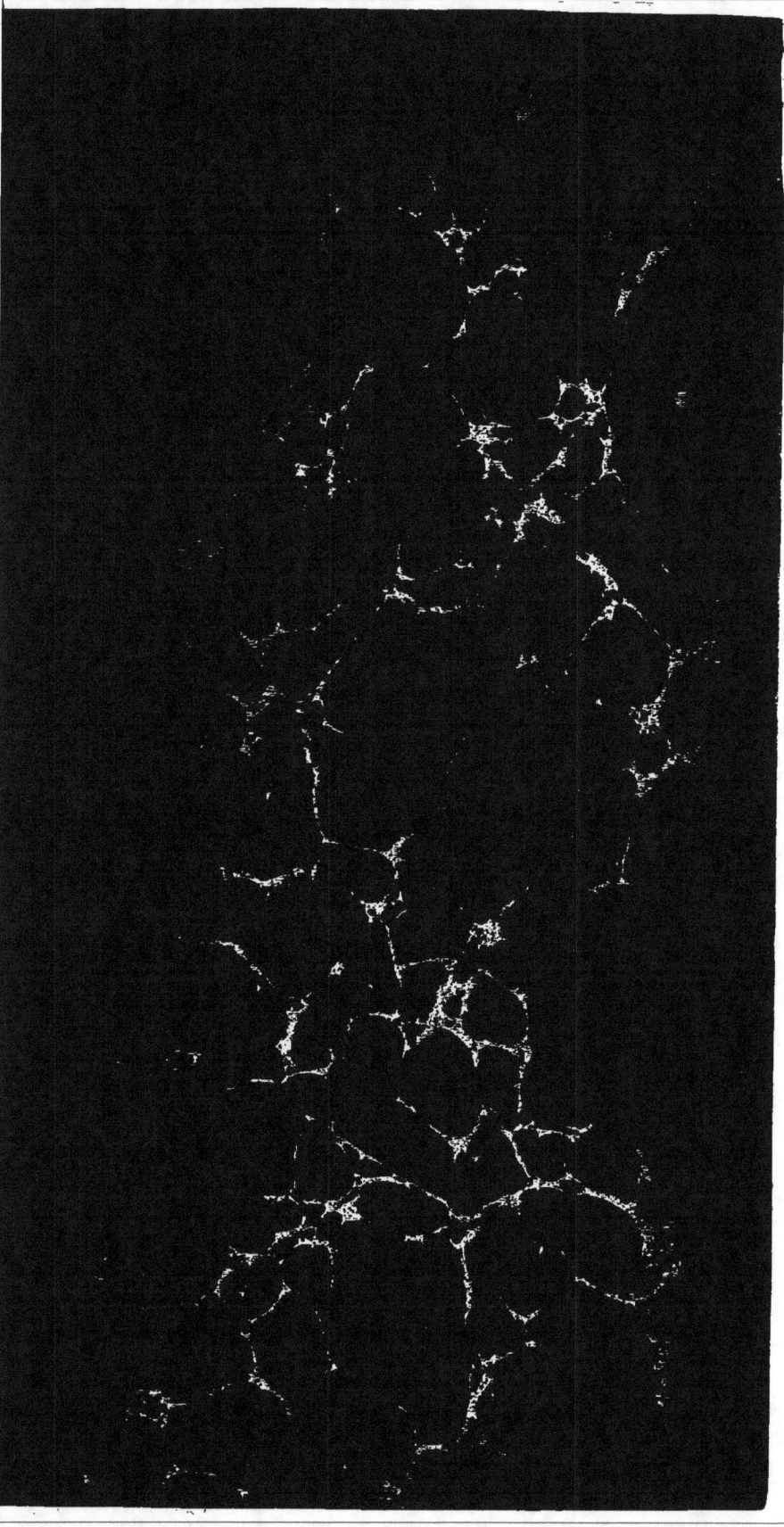

LA
JEUNESSE D'ÉLISABETH
D'ANGLETERRE

(1533-1558)

Coulommiers. — Typ. ALBERT PONSOT et P. BRODARD.

LA
JEUNESSE D'ÉLISABETH

D'ANGLETERRE

(1533-1558)

PAR

LOUIS WIESENER

Ancien professeur d'histoire de l'Université
Membre de la Société philotechnique, de la Société des études historiques
Membre correspondant de l'Académie des sciences, lettres et arts de Caen

---

PARIS
LIBRAIRIE HACHETTE ET Cie
79, BOULEVARD SAINT-GERMAIN, 79
—
1878
Tous droits réservés

PRÉFACE

Nous entendons par la jeunesse d'Élisabeth d'Angleterre les vingt-cinq premières années de cette princesse, jusqu'à son avénement au trône, en 1558. Le plus souvent, chez les princes que leur naissance a destinés à la couronne, cette partie de leur vie n'est pas celle qui sollicite l'attention de l'histoire; dépourvue d'événements, elle est dénuée d'intérêt. Il n'en est pas ainsi d'Élisabeth. Son règne, dont la place dans les fastes de l'Angleterre est si éclatante, et l'importance si considérable dans les affaires générales de l'Europe au XVIe siècle, fut précédé d'une véritable période d'élaboration; et cette période constitue pour elle une histoire personnelle, d'autant plus digne d'être étudiée spécialement, qu'elle contient le germe de l'avenir, qu'elle pose les jalons et détermine l'unité de sa vie.

Élisabeth naquit, grandit, se forma au milieu des révolutions, des catastrophes et des plus opiniâtres périls. Le mariage de Henri VIII et d'Anne Boleyn pour légitimer sa naissance consomme la rupture de l'Angleterre avec l'Église romaine. Bientôt le sang de sa mère, mise à mort par le roi, rejaillit jusqu'à son berceau, en stigmates de bâtardise. Elle respire à l'avénement de son jeune frère Edouard VI ; mais, sur ses quinze ans, elle prête l'oreille aux propos galants de Thomas Seymour, l'un des seigneurs qui se disputaient le pouvoir avec furie. Cette légèreté de jeune fille sert, entre autres prétextes, au propre frère de Thomas, le duc de Somerset, pour faire tomber la tête de celui-ci sous la hache du bourreau. Elle-même voit sa conduite livrée à une enquête aussi dangereuse qu'humiliante. Elle se réfugie alors dans l'étude et la retraite.

Sous le règne de sa sœur Marie Tudor, elle ne fait que changer d'anxiétés et de luttes. Contrainte de passer de la religion protestante, où elle a été élevée, à la religion catholique, restaurée par sa sœur, son nom devient bon gré mal gré le drapeau de tous les mécontents et des conspirateurs. Elle est gravement compromise dans l'insurrection de Thomas Wyatt, où les rebelles ne se proposaient rien moins que de la mettre sur le trône à la place de Marie, dont la vie même était menacée. Alors, on l'arrête, on l'enferme à la Tour de Londres, avec la perspective de l'échafaud, dont sa mère, dont Jane Grey lui ont montré le chemin. Epargnée cependant, grâce à l'absence de preuves matérielles, et transférée au château de Woodstock, elle en sort au bout d'un an, par la protection de Philippe d'Espagne, le mari de la reine. Mais, toujours suspecte, à demi libre, à demi prisonnière, elle mène une existence précaire, à la merci de la moindre alarme de la cour, jusqu'à ce qu'enfin la mort de Marie l'élève de la servitude au rang suprême.

On voit, par cette esquisse très-sommaire, que les événements dramatiques ne manquent pas dans les vingt-cinq premières années d'Élisabeth.

Mais ce n'est pas tout. Indépendamment du récit des faits proprement dits, n'est-il pas intéressant, pour l'historien et le philosophe, de chercher de quelle manière, parmi de telles circonstances, les facultés se développent chez cette princesse, le caractère se forme ; comment cette rude et parfois terrible discipline l'instruit, la façonne au gouvernement qu'elle doit exercer un jour ? Aussi avons-nous cru devoir insister sur l'histoire *psychologique* de ses jeunes années, comme un de ces tableaux curieux et instructifs qui s'offrent rarement à l'analyse.

Nous l'avons fait sans parti pris, uniquement appliqué à chercher la vérité et la justice, en dehors des panégyristes aussi bien que des détracteurs. Louant et blâmant selon notre conscience, nous avons tâché de mettre en lumière les qualités et les défauts de cette reine extraordinaire, à laquelle, pour prendre place parmi les personnages historiques que l'on admire le plus volontiers, il n'a manqué qu'une seule qualité peut-être, celle qui achève toutes les autres, celle qui siérait si bien chez une femme, la bonté.

Enfin un attrait d'un genre tout particulier, l'attrait des problèmes, s'attache à cette première époque d'une existence fameuse. C'est presque un paradoxe, et pourtant une vérité, de dire qu'aujourd'hui encore elle est mal connue, non pas seulement en France, mais aussi en Angleterre. Elle a été comme éclipsée par le règne lui-même et dénaturée dès ce temps-là. L'histoire en fut écrite du vivant d'Élisabeth. L'enthousiasme religieux et patriotique des narrateurs, la haine qu'ils portaient au règne de Marie Tudor les entraînèrent à mettre du côté de l'une tous les mérites, toutes les grandeurs, toutes les belles actions, et à ramasser sur l'autre toutes les iniquités, toutes les noirceurs. Passant à côté des défaillances, des torts de leur héroïne, sans les apercevoir, ils recuellirent et enregistrèrent pieusement, sans aucune critique, les dires populaires, comme autant de vérités incontestables. Ainsi se créa une légende qui, surperposée à l'histoire, en prit la place. Répétée d'une génération à l'autre, elle a fait loi jusqu'ici. Entamée toutefois çà et là, par les plus sincères de nos contemporains, maintenue au moins dans son esprit essentiel par ceux qui aiment à répéter les traditions, ou par tel qui raconte d'après une idée préconçue, elle n'a pas encore été l'objet d'un travail de restitution dans son ensemble, d'après les véritables sources historiques. C'est là ce que nous entreprenons à l'aide des documents authentiques dont nous parlerons tout à l'heure, et nous espérons y être parvenu. Par exemple, pour choisir quelques points principaux, on prétend que Marie Tudor se prit d'une haine implacable contre sa sœur, à cause d'une rivalité d'amour; qu'elle aimait un jeune homme du sang royal, Edouard Courtenay, par qui elle eut l'affront de se voir préférer Élisabeth. Or nous démontrons que jamais Marie n'aima Courtenay; que, loin d'être jalouse de sa sœur, elle eut très-sérieusement la pensée de les marier ensemble, et qu'elle n'y renonça que sur le refus catégorique de Courtenay lui-même et sur les conseils de Charles-Quint. Nous avons raconté avec quelques détails les négociations pour le mariage de la reine avec Philippe, fils de l'Empereur, moins parce que nous avions l'occasion d'en présenter un récit exact et certain pour la première fois (la raison n'eût pas été suffisante), qu'à cause de leur connexité avec les intérêts et les dangers d'Élisabeth, avec les menées et les complots d'Antoine de Noailles, ambassadeur de Henri II, pour empêcher à tout prix ce mariage, même en renversant Marie et en lui substituant sa sœur cadette sur le trône. De cette manière, nous avons pu mieux déterminer le rôle d'Élisabeth lors du soulèvement de Wyatt. Les papiers de Bedingfeld nous ont permis de renouveler l'histoire de sa captivité à Woodstock, tandis qu'on n'avait jusqu'ici que la légende. Une autre légende, c'est que Philippe, soit politique ou passion, fut amoureux de sa belle-sœur ; qu'au temps où il croyait Marie grosse, supposant qu'elle succombât à son travail, il prenait déjà ses mesures pour épouser Elisabeth ; qu'une fois certain que sa femme ne lui donnerait pas d'enfants et que la maladie la condamnait à une fin prochaine, il jeta ses filets pour s'assurer d'Élisabeth après elle. Nous prouvons qu'il ne fit pas ces calculs révoltants ; qu'au contraire, il poursuivit avec ténacité le dessein de donner Élisabeth en mariage à Emmanuel-Philibert, duc de Savoie, jusqu'à ce que l'invincible résistance de la princesse et la lassitude de la reine le rebutèrent enfin. Chemin faisant, nous avons eu lieu de rectifier ou d'expliquer beaucoup d'autres faits, de rétablir les dates et l'ordre chronologique, dont les annalistes et quelques historiens plus modernes ne se sont pas toujours préoccupés suffisamment. En un mot, nous n'avons rien négligé pour appuyer notre récit sur les bases les plus sûres et les recherches les plus approfondies, et nous n'avons jamais donné pour certain que ce qui nous paraissait acquis définitivement.

En nous attachant à un personnage historique tel qu'Élisabeth, nous avons pensé que ce serait en méconnaître l'importance, que de nous restreindre à une histoire étroitement personnelle ; ne convenait-il pas d'élargir le cadre, et, tout en la suivant dans sa vie privée, de la placer au milieu de son époque et de sa nation, parfois même au milieu des événements généraux de l'Europe, puisque les deux maisons rivales de France et d'Autriche se faisaient d'elle un enjeu dans leur ardente compétition ?

Nous avons mis à contribution de notre mieux les collections du *British Museum* et du *Record Office* (les Archives), à Londres, et nous sommes heureux de rendre hommage à l'empressement comme à la courtoisie que nous avons toujours rencontrés chez les conservateurs de ces admirables établissements. Nous avons consulté notamment la correspondance manuscrite de Simon Renard, ambassadeur de Charles-Quint près Marie Tudor; le déchiffrement récent de la correspondance des ambassadeurs vénitiens avec la seigneurie de Venise; les *Papiers* de Bedingfeld, qui fut le gardien d'Élisabeth à Woodstock; les *Calendars*[1] relatifs à cette époque, sans omettre de remonter aux originaux; deux Chroniques du temps, la Chronique de la reine Jane et le Journal de Henry Machin; les recueils si riches de Haynes, d'Ellis, etc.

En France, nous avons les ambassades de MM. de Noailles. Une partie en a été publiée au siècle dernier, ouvrage posthume de Vertot; une autre partie, absolument inédite, est conservée aux Archives de notre ministère des affaires étrangères.

L'éminent directeur des Archives, M. Prosper Faugère, nous a admis à dépouiller ces papiers, où nous avons trouvé des renseignements d'un très-grand prix. Que M. Faugère veuille bien accepter ici nos vifs remerciements. Rien n'est

---

1. Les *Calendars* sont les catalogues raisonnés et descriptifs des papiers originaux des Archives, concernant l'histoire d'Angleterre, publiés aux frais du gouvernement britannique.

plus curieux ni plus amusant, que d'opposer, pour ainsi dire jour par jour, la correspondance des deux ennemis, les ambassadeurs de France et d'Autriche, et de les contrôler l'un par l'autre, sans oublier que la critique ne doit jamais se départir de sa prudence, ni perdre ses droits, même avec les documents de première main les plus sûrs, car aucun de ceux qui les ont écrits n'était sans passion, ni exempt d'erreur.

Nous n'entrerons pas dans la nomenclature détaillée des auteurs appartenant aussi au siècle d'Élisabeth dont nous nous sommes servi; ils se rencontreront au fur et à mesure dans le courant de ce livre, tels que Foxe, Holinshed, Stow, Heywood, Roger Ascham, le maître d'Élisabeth. Nous avons, d'après les lettres de ce dernier, tracé le tableau complet des études de cette princesse; et, ce qu'on n'avait pas fait jusqu'ici, croyons-nous, exposé, d'après son traité du *Maître d'école*, la méthode qui le conduisit à des résultats que la postérité admire si justement.

Parmi les modernes, nous avons profité amplement des beaux travaux de miss Agnès Strickland, les *Biographies des reines d'Angleterre*, bien que plus d'une fois nous ayons cru devoir nous écarter de son opinion.

Nommons, à un point de vue tout opposé, parmi nos contemporains, M. James Anthony Froude, l'auteur de l'*Histoire d'Angleterre depuis la chute de Wolsey jusqu'à la mort d'Élisabeth*, brillant écrivain, mais de tous les historiens actuels peut-être le moins sûr, parce qu'il s'est assujetti systématiquement à flatter ce que le sentiment protestant et national en Angleterre peut garder encore d'étroits préjugés, et parce qu'il excelle trop à tirer des textes ce qu'il désire y puiser.

. Pour terminer, il nous est doux de payer une dette d'amitié et de reconnaissance au savant, à l'excellent M. Joseph

Stevenson, l'auteur des premiers volumes du *Calendar* d'Élisabeth pour les affaires du dehors. Il nous serait impossible de dire combien nous nous sentons redevable à ses indications et à ses conseils, à l'étendue comme à la sûreté de ses connaissances. Au commencement de nos recherches au *Record Office* sur ce sujet et d'autres encore, voilà déjà plusieurs années, il voulut bien nous admettre près de lui, dans son cabinet de travail, une cellule perdue au plus haut de l'escalier, blanchie à la chaux, sans autre parure que les in-folio et les vieux papiers. Le *Record Office*, aujourd'hui un palais, était alors un noir et antique bâtiment claustral. Dans cette retraite studieuse, d'où sortaient déjà tant de publications érudites, on aurait cru vivre au sein de quelque active et paisible congrégation bénédictine, transportée sur le sol britannique. Ce temps s'est éloigné. Combien de choses ont changé depuis! Mais il ne s'est pas affaibli, tant s'en faut, le bon souvenir de l'*Abbaye* du *Record Office*.

LA JEUNESSE D'ÉLISABETH

D'ANGLETERRE

(1533-1558)

I

ENFANCE D'ÉLISABETH

La naissance d'Elisabeth, le 7 septembre 1533, à Greenwich, fruit hâtif de l'union que Henri VIII et Anne Boleyn avaient convertie en un mariage secret le 25 janvier précédent, fut peut-être, malgré la solennité pompeuse et les joies officielles du baptême, célébré trois jours après, le premier pas de l'heureuse mère vers le dénouement tragique de ses royales amours. En vain, Anne Boleyn, subjuguant Henri VIII, avait usurpé triomphalement la place de Catherine d'Aragon, la femme légitime [1].

[1]. Rappelons quelques indications chronologiques. Catherine d'Aragon, la plus jeune des quatre filles de Ferdinand le Catholique et d'Isabelle de Castille, était née en 1485 et avait épousé, en novembre 1501, Arthur, âgé de quinze ans, fils aîné de Henri VII, le fondateur de la dynastie des Tudors. Moins de cinq mois après (avril 1502), elle était restée veuve du jeune prince sans qu'ils eussent cohabité ensemble. Le roi Henri VII la garda près de lui, la réservant pour Henri, son second fils, né en 1491. Les fiançailles, célébrées dès le 25 juin 1504, ne furent suivies du mariage que le 11 juin 1509, deux mois après que Henri VIII eut succédé à son père. Le nouveau roi avait dix-huit ans ; la reine, vingt-quatre. Ils eurent trois fils et deux filles, tous morts en bas âge, à l'exception de Marie, née à Greenwich, le 18 février 1516. On sait que les scrupules de Henri VIII sur

Elle ne put à son tour combler les désirs de son époux. Il attendait un fils : amère fut sa déception. Ce roi, qui faisait tout trembler, tremblait lui-même à l'idée de ne pas laisser d'héritier mâle et de léguer un jour à son royaume le trouble, la guerre civile. Sans doute on ne peut qu'approuver cette sollicitude patriotique; et les récents panégyristes de Henri VIII en ont tiré bon parti en sa faveur. Mais irons-nous, à leur exemple, nous apitoyer sur ce pauvre roi à la recherche d'un fils, réduit à se défaire de ses femmes parce qu'elles ne lui en donnent pas, se déchirant ainsi le cœur de ses propres mains, et, tout le premier, victime (dans la personne d'autrui toutefois) des cruelles nécessités du salut public ?

En tout cas, la fortune d'Anne Boleyn s'éclipsa bientôt. Le maître fut-il trop pressé de désespérer quant à l'affermissement de l'ordre de succession ? Ou bien, une lumière inattendue et terrible l'éclaira-t-elle sur la vie de désordre qu'aurait menée Anne, avant et depuis leur mariage ? Toujours est-il que, coupable ou non d'adultère, plus encore, d'inceste avec son frère, lord Rochford, la perte de celle pour qui l'on avait brisé avec l'Eglise romaine fut résolue. Un jour, dans ce même palais de Greenwich, théâtre jusque-là de spectacles bien différents, le roi étant à une fenêtre, on vit la reine s'approcher en suppliante. Des deux mains, elle lui tendait la petite Élisabeth, âgée de moins de trois ans. Lui, les regards fixés obstinément au dehors, le geste irrité et contenu, le visage inexorable, la congédia (mai 1536). Peu d'heures après, les témoins atterrés de

la légitimité de son mariage avec la veuve de son frère, et sur la colère céleste dont il prétendait voir les marques dans la mort de leurs enfants, ne lui vinrent qu'après qu'il se fut épris de la brillante Anne Boleyn (née en 1507) et que celle-ci eut opposé une ferme résistance à ses poursuites. Il commença les démarches pour son divorce avec Catherine en 1527, expulsa cette dernière de la cour en juin 1529, épousa secrètement, le 25 janvier 1533, Anne, qui, depuis plusieurs années, ne le quittait plus, et rejeta définitivement l'autorité du Saint-Siége (mars 1534), au moment même où, à Rome, le pape Clément VII déclarait légal et valide le mariage du roi d'Angleterre avec Catherine d'Aragon.

cette scène entendaient le canon de la Tour annoncer que la porte des grands criminels d'État, « la porte des Traîtres, » s'ouvrait pour recevoir par la Tamise un captif de haut rang. C'était la malheureuse disgraciée, désormais la proie du bourreau [1].

L'archevêque de Cantorbéry, Thomas Cranmer, s'était enorgueilli d'être l'un des principaux meneurs du divorce de Henri VIII avec Catherine d'Aragon et de la rupture avec la papauté ; quelques mois après, le parrain de l'enfant, à laquelle il eut encore l'honneur d'administrer le sacrement de confirmation, après que l'évêque de Londres eut donné le baptême. Avec le même empressement (17 mai 1536), il passa la sentence qui, en déclarant que le deuxième mariage du roi avait toujours été nul et invalide, frappait Elisabeth d'illégitimité, bien que le roi la reconnût pour sa fille, et conséquemment la rendait incapable de succéder.

La pauvre enfant, sans mère et plus à plaindre que si elle avait été aussi orpheline de père [2], fut reléguée au château de Hunsdon [3], avec sa dame gouvernante, lady Marguerite Bryan,

1. Joseph Stevenson, *Calendar foreign Elizabeth*, 1558-1559, p. 527. Ces détails sont tirés d'une pièce découverte par M. Stevenson. C'est une lettre d'un protestant, le docteur Alexandre Ales, à Élisabeth, en date du 1er septembre 1559. La séparation de Greenwich s'est accomplie sous ses yeux. Il veut prouver à la fille d'Anne Boleyn que sa mère se serait perdue par sainteté, c'est-à-dire que, amie et protectrice des réformés, elle aurait été la victime des catholiques, qui, prenant le prétexte des mœurs, se seraient vengés ainsi et de la rupture avec Rome et du goût qu'on lui supposait à elle-même pour la réforme allemande. Anne Boleyn fut exécutée le 19 mai 1536. Son frère lord Rochford et quatre autres de ses complices prétendus l'avaient précédée de deux jours au supplice. Catherine d'Aragon ne fut pas témoin du terrible châtiment de sa rivale. Elle avait succombé à la maladie et au chagrin le 8 janvier de la même année, dans le manoir de Kimbolton, sa prison plutôt que sa résidence (comté de Huntingdon).
2. Jos. Stevenson, *Calendar foreign*, 1558-1559, préf., p. x. Nous ne pouvons rendre qu'imparfaitement l'expression énergique de l'écrivain anglais : « *motherless and worse than fatherless...* »
3. Hunsdon, sur une colline, à une trentaine de milles au nord de Londres, dans le comté de Hereford, avait une réputation de salubrité. Henri VIII y avait bâti cette maison.

femme de sir Thomas Bryan, parent d'Anne Boleyn. Cette dame l'avait reçue à sa naissance ; elle la joignit à la fille déshéritée de Catherine d'Aragon et de Henri VIII, Marie, qu'elle avait déjà sous sa charge.

Laissée dans un abandon inhumain et sordide, l'innocente créature manquait de tout. Lady Bryan écrivit une lettre pressante à Thomas Cromwell, l'un de ces docteurs dont la fonction était de préparer les hautes œuvres du roi, en attendant qu'euxmêmes servissent de pâture à sa cruauté. Pour le moment, il était chancelier de l'Échiquier, lord du sceau privé, vicaire général de l'Église d'Angleterre.

« Milord, disait-elle, je vous présente mes devoirs très-humblement. Je me recommande à Votre Seigneurie, en vous suppliant de m'accorder votre bienveillance dans la plus grande nécessité où je me sois jamais trouvée. Car il a plu à Dieu me prendre, à ma grande affliction, ce qui était ma plus grande consolation en ce monde. Que Jésus ait pitié de son âme [1] ! Et à présent je suis sans appui, comme une créature abandonnée, sauf la grande confiance que je place dans Sa Grâce le Roi et dans votre bonne Seigneurie. C'est en vous que je mets tout mon espoir de consolation ici-bas ; et je vous prie instamment de voir à ce que je puis faire.

« Milord, la dernière fois que Votre Seigneurie vint ici, il vous plut me dire que je ne devais pas douter de Sa Grâce, ni de Votre Seigneurie, parole qui m'apporta plus de consolation que je ne saurais l'écrire, Dieu le sait. Et à cette heure, c'est elle qui m'enhardit à vous exposer mes faibles idées. Milord, à la naissance de Sa Grâce lady Marie, il plut à Sa Grâce le Roi de m'en nommer dame maîtresse et de me créer baronne ; et ainsi, j'ai été gouvernante des enfants que Sa Grâce a eus depuis.

« Maintenant, voici que milady Elisabeth est déchue du rang où

[1]. Lady Bryan n'ose risquer qu'une rapide allusion à son infortunée parente.

elle était d'abord ; quel est son rang aujourd'hui ? Je ne le sais que par ouï-dire. Je ne sais donc quel ordre établir pour elle, pour moi, pour les siens placés sous mon autorité, c'est-à-dire ses femmes et ses serviteurs. Je vous supplie d'être bienveillant pour milady et pour ses gens ; qu'elle puisse avoir quelques vêtements : car elle n'a ni robe, ni manteau, ni jupe, ni linge d'aucune sorte, ni chemises de jour, ni bonnets, ni manches, ni effets de nuit, ni corsets, ni mouchoirs, ni coiffes, ni béguins. Sa Grâce a besoin de tout cela. J'ai fait durer tant que j'ai pu ; mais, sur ma parole, je ne saurais aller davantage. Je vous en supplie, milord, voyez à ce que Sa Grâce reçoive ce qui lui est nécessaire : vous le ferez certainement. Veuillez aussi, mon bien bon lord, me mettre par écrit comment je dois me gouverner ; et quel est le bon plaisir de Sa Grâce le Roi, et le vôtre, afin que je m'y conforme ponctuellement. »

Vers la fin de cette lettre, dont l'humilité douloureuse et l'angoisse peignent en traits frappants l'abattement d'une famille tout à l'heure si superbe, soudainement fauchée par le glaive, la gouvernante cherche à émouvoir chez le despote quelque fibre paternelle. « Dieu sait, dit-elle, que si lady Élisabeth est un peu difficile dans le moment et plus volontaire que de raison, c'est que la dentition est pénible et lente. Aussitôt les grosses dents percées, elle sera toute autre, avec l'aide de Dieu ; et assurément le roi trouvera en elle une grande consolation. Car, d'enfant si heureusement douée, je n'en vis jamais de ma vie. Jésus la conserve ! Si, pour un jour ou deux, dans une circonstance solennelle ou toute autre, il plaît à Sa Grâce de la produire en public, je réponds de m'arranger de manière qu'elle fasse honneur au roi et à elle-même [1]. »

On voit encore dans la même lettre que la très-petite cour de

---

[1]. Miss Agnès Strickland, *Elizabeth*, p. 7-9. Le texte complet, sans date, est dans Ellis, *Original letters, illustrative of english History*, 2ᵉ série, t. II, p. 78-83. Burnet dit bien à tort que Henri VIII élevait sa fille à la cour avec toute la sollicitude et la tendresse d'un père. *History of the Reformation of the Church of England*, t. I, p. 199, Londres, 1715.

Hunsdon, toute trempée de larmes et de sang, avait ses compétitions et ses intrigues. Un M. Shelton, parent plus proche d'Anne Boleyn, et, à ce qu'il semble, administrateur du château, déclara un jour qu'il était le maître de la maison et qu'il entendait qu'Élisabeth dînât et soupât régulièrement dans la salle d'apparat. Mais la sage gouvernante sut l'en empêcher : incident peu digne d'attention, si l'on ne songeait à la profondeur et à la persistance des impressions premières chez l'enfant. Dès qu'elle put lier ensemble quelques idées, Élisabeth apprit de Mme de Bryan qu'elle devait s'observer. Dans une situation toujours incertaine et sur le qui-vive, elle fut, pour ainsi dire, pétrie de prudence et de circonspection. Cet empire sur soi-même est l'un des traits essentiels de son caractère.

Le sort de Marie, commensale, comme nous le disions tout à l'heure, du château de Hunsdon, empirait ou s'améliorait à l'inverse des vicissitudes d'Élisabeth. Agée de dix-sept ans et demi à la naissance de sa sœur, elle avait été tenue séparée de la cour, avec interdiction de s'en approcher de plus d'une distance marquée [1]. Elle avait reçu aussi défense de prendre le titre et le rang de princesse de Galles, et ordre de reconnaître l'un et l'autre à l'enfant nouveau-né. Sur son refus d'obéir à des injonctions qu'elle regardait comme un redoublement d'outrages à sa mère toujours existante, Henri VIII, transporté de fureur, après avoir agité, à ce qu'on a cru, le dessein de la faire mourir en public, s'était borné cependant à dissoudre sa maison et à lui signifier de nouveau le vice de sa naissance, avec déchéance de ses droits d'héritière. Enfermée alors, à l'instigation d'Anne

---

1. Thomas Heywood : *Élisabeth d'Angleterre; sa vie et ses peines pendant sa minorité de son berceau à son avénement* (*Englands Elizabeth : her life and troubles, during her minoritie from the cradle to the Crowne*). Cambridge, 1632, in-12, p. 28. Historien presque contemporain d'Élisabeth, il a recueilli la tradition immédiate avec un naïf enthousiasme dépourvu de toute critique. Il n'en est que plus précieux, aujourd'hui surtout que l'on est en mesure de faire beaucoup mieux la part de la vérité et de l'erreur dans la *légende* de la grande reine.

Boleyn, sous le même toit qu'Élisabeth, obligée de céder le pas, narguée à tous les moments de sa vie dans son pauvre état de maison, par le faste qu'on déployait autour du berceau de celle qui la dépossédait, elle se vit resserrée avec une telle rigueur que, deux années durant, elle resta privée des moyens d'écrire; vengeance plus odieuse encore, on lui refusa la triste consolation d'aller recevoir les adieux et la bénédiction de sa mère expirante [1].

A la catastrophe d'Anne Boleyn, ce fut le tour d'Élisabeth d'être dégradée du nom et de la dignité de princesse héritière. Cette fois, l'emploi de tout autre terme que celui de sœur fut interdit à Marie [2]. Anne Boleyn, la veille du supplice, avait eu des remords. Elle conjura lady Kingston, femme du lieutenant de la Tour, de se rendre près de Marie et de lui demander pardon du mal qu'elle lui avait fait. Dès lors, des jours moins durs devaient se lever pour la fille de Catherine d'Aragon. Mais à quel prix ! Délivrée de son ennemie, elle s'enhardit à demander de rentrer en grâce près de son père [3]. Elle eut souhaité réserver, catholique, sa conscience; fille, la mémoire de sa mère. Mais après une correspondance animée avec Cromwell, ministre des colères calculées du maître, elle plia sous les menaces et les injures de ce méprisable parvenu et signa un acte par lequel elle reconnaissait la souveraineté du roi dans l'État,

1. Madden, *Privy Purse Expenses of the princess Mary*, p. LIV-LX V (*Dépenses personnelles de la princesse Marie*).
2. On voit pourtant, par ses comptes de dépenses, qu'elle continua en son particulier de donner à Elisabeth le titre de *Grâce*, équivalent à celui de princesse. Madden, p. 10, 42, 50, 66...
3. Elle s'adressa d'abord à Thomas Cromwell, en qualité de premier secrétaire du roi : « Je vous aurais sollicité dès longtemps de vous employer pour moi près de Sa Grâce le roi, mon père, à m'obtenir sa bénédiction et sa bienveillance. Mais j'avais compris que personne n'oserait parler en ma faveur tant que vivrait cette femme, qui maintenant n'est plus et à qui je prie Dieu de pardonner dans sa grande miséricorde. A présent qu'elle n'est plus, je me permets de vous écrire, vous ayant toujours regardé comme l'un de mes amis principaux... Hunsdon, 26 mai 1536. » Dodd, *Church History of England*. Append., p. CLXVII. — Lingard, *Histoire d'Angleterre*.

en s'y soumettant sans réserve ; sa suprématie spirituelle sur l'Église d'Angleterre ; enfin, la nullité du mariage dont elle était issue, mariage entaché *d'inceste et d'illégalité*, *d'après les lois divines et humaines* [1].

Le calice vidé, il lui fut permis d'entrer en correspondance avec son père, de le remercier de sa gracieuse clémence, de sa pitié miséricordieuse, etc.; mais, le trait est honorable, tout en subissant ce martyre d'humiliation, dont la cause première était Anne Boleyn, elle n'avait pas de fiel pour l'enfant, la veille encore sa rivale, et dont la splendeur l'avait accablée par le plus amer des contrastes. Loin de là, elle plaida généreusement, près de leur tyran commun, la cause de l'orpheline. « Ma sœur Elisabeth, disait-elle en finissant une de ses lettres (Hunsdon, 21 juillet 1536), est en bonne santé ; grâces en soient rendues à Notre-Seigneur ! c'est une enfant docile, qui, je n'en doute pas, donnera dans l'avenir des sujets de satisfaction à Votre Altesse, comme le sait le Dieu tout-puissant [2]. »

On ne voit pas qu'Élisabeth ait été admise à paraître en public avant le baptême de son frère Edouard, ce fils tant désiré, que Henri VIII reçut de Jeanne Seymour, sa troisième femme, mais dont la naissance coûta la vie à la jeune mère [3]. Au baptême, Marie, qui le tint sur les fonts, mena sa sœur par la main ; celle-ci, de son côté, acquitta la parole de lady Bryan, en témoignant un scrupuleux respect des convenances. Étrange bigarrure de fêtes et d'immolations : pour épouser celle qui fut mère d'Élisabeth, Henri avait chassé du palais la mère de Marie ; pour épouser celle qui venait de lui donner un fils, il avait tué la mère d'Élisabeth ; et, chaque fois, flétri ses filles de la tache de bâtardise. Maintenant, l'une et l'autre servaient d'orne-

---

1. 26 juin 1536. Dodd, *Church History of England*, Append., p. CLXXX.
2. Dodd, *id.*, *ib.*, p. CLXXXIII. Miss Agnès Strickland, *Vies des reines d'Angleterre, Marie*, p. 506. *Lives of the queens of England*.
3. Édouard naquit le 12 octobre 1537 et fut baptisé trois jours après. Jeanne mourut le 12e jour de ses couches.

ments à la triomphatrice du jour ; et celle-ci, faut-il la plaindre qu'une mort prématurée l'ait saisie dans sa gloire de l'enfantement?

Adouci par l'effet du temps, le père daigna s'intéresser de loin à ses deux filles. En décembre 1539, le chancelier Wriothesley vint de sa part les visiter au château de Hertford et leur porter « sa bénédiction ». Élisabeth remercia humblement ; elle s'informa des nouvelles de Sa Majesté, avec la gravité d'une personne de quarante ans, selon les expressions du chancelier dans son rapport. Il ajoute : « Si on ne l'élève pas plus mal qu'il n'y paraît dès maintenant, elle se fera autant d'honneur qu'il convient à la fille de son père ; le Seigneur le conserve longtemps [1] ! » Elle n'avait que six ans. Il est fort remarquable que, dès ces tendres années, nul ne l'approchât sans être frappé de ses heureuses dispositions.

Les femmes qui se succédaient si rapidement dans les noces royales, Anne de Clèves, la quatrième (6 janvier 1540), Catherine Howard, la cinquième (8 août 1540), prenaient plaisir à la gentillesse de l'orpheline. Catherine, à titre de parente, car elle était cousine germaine d'Anne Boleyn, lui assigna une place d'honneur à son banquet nuptial, suivi de près par les pleurs et les grincements de dents. La malheureuse reine subit la fatalité des traditions de sa famille. Moins de deux ans après avoir pris la place d'Anne de Clèves, à qui du moins il n'en coûta qu'un divorce, elle périt sur l'échafaud, accusée d'adultère, comme Anne Boleyn (13 février 1542). Il se trouva une sixième femme, Catherine Parr, veuve de lord Latimer, assez hardie pour se risquer dans la caverne du lion (1543), assez adroite pour apprivoiser le monstre et lui survivre. Bonne d'ailleurs, sensée, instruite, cette reine de la dernière heure voulut avoir près d'elle l'enfant dont chacun disait que Dieu, qui l'avait ornée

---

[1]. Dodd, Append., p. CLXXXVII. — Miss Agnès Strickland, *Elizabeth*, p. 11.

de dons si rares, la réservait certainement pour de brillantes destinées.

Élisabeth et son frère, entre lesquels la différence d'âge était seulement de quatre ans, vivaient et s'instruisaient ensemble. On leur inculquait officiellement, en religion, le symbole hybride de leur père, ce symbole contre lequel leur sœur aînée s'était raidie en vain. Tout le monde sait que Henri VIII, quoiqu'il eût brisé le lien d'obédience avec Rome, prétendait rester ferme dans l'orthodoxie catholique. Il se parait toujours de son titre de *Défenseur de la foi,* que Léon X lui avait décerné avec des espérances bien différentes, alors qu'il rompait des lances contre Luther. Subtilement sanguinaire, il punissait du dernier supplice comme traître quiconque correspondait avec le pape; et il égalait la rigueur de l'Inquisition dans la poursuite du crime d'hérésie.

On commençait aussi pour les deux enfants la forte éducation intellectuelle en usage à cette époque. Heywood, historien de la jeunesse d'Élisabeth, a laissé une jolie peinture de ces temps d'innocence. « Ils avaient tous deux tant d'ardeur et d'intelligence, que, dès l'aube, ils demandaient leurs livres. Si bienvenue était l'heure matinale, qu'on aurait cru qu'ils s'étaient refusés au sommeil de la nuit, pour le plaisir de penser aux leçons du lendemain. Quelles espérances encore ne donnaient pas les inclinations du jeune prince et de la pieuse vierge, lorsqu'ils employaient les premières heures du jour à la prière et autres exercices religieux, soit la lecture de quelque histoire de l'Ancien Testament, soit l'explication d'un texte du Nouveau! Le reste de la matinée, si l'on excepte le temps du déjeuner, ils apprenaient de leurs maîtres les langues, les arts libéraux, ou la morale, ou autre chose, par des extraits tirés des auteurs les plus propres à l'éducation des princes. Alors, si le prince était appelé au dehors pour quelque utile exercice de son âge (car l'étude sans l'action du corps amollit), elle, dans sa chambre, prenait son luth ou la viole; et, quand elle en avait assez, elle s'appliquait à des travaux d'aiguille. Tel était le cercle de leur vie ; et Dieu, le centre de toutes leurs actions [1]. »

A dix ans, une circonstance inexpliquée attira sur Élisabeth une rude disgrâce. Osa-t-elle résister au tyran fantasque de sa famille et du royaume? Le nom de sa mère, sorti de ses lèvres, alla-t-il à l'improviste frapper l'oreille et vibrer dans la conscience du meurtrier? Toujours est-il qu'elle fut chassée brusquement de la cour et, une année durant (1543-1544), exclue de la présence du roi et de la reine. Celle-ci toutefois, fidèle à ses bons sentiments, obtint le pardon de la petite criminelle, lorsque Henri VIII, en guerre avec François Ier, faisait le siége de Boulogne. On a encore la lettre en italien par laquelle l'enfant invoquait l'aide de sa protectrice, n'osant pas s'adresser directement au roi : « La fortune ennemie, envieuse de tout bien et troublant toujours les affaires humaines, m'a privée une année entière de votre très-illustre présence, et, peu satisfaite encore, m'a ravi de nouveau le même bien, chose insupportable pour moi, si je n'avais l'espoir d'en jouir bientôt. Dans mon exil, j'ai bien connu que la clémence de Votre Altesse s'est préoccupée de ma santé avec autant de soin et de sollicitude que Sa Majesté le Roi lui-même. Aussi je me sens obligée non-seulement à vous obéir, mais à vous révérer avec un amour filial, surtout que j'apprends que votre très-illustre Altesse ne m'oublie jamais dans ses lettres à Sa Majesté le Roi. C'était à moi à vous en solliciter, car jusqu'ici je n'ai pas osé lui écrire à lui-même. C'est pourquoi je viens prier votre excellente Altesse, lorsque vous écrirez à Sa Majesté, de me recommander à elle, toujours avec prière qu'elle me donne sa douce bénédiction; et sembla-

---

[1]. Jos. Stevenson, *Calendar foreign*, 1558-1559, préf., p. xii. Heywood, p. 31, 32. L'auteur continue par ces mots, où il mélange bizarrement la mythologie et le christianisme, comme on le faisait souvent : « *Ab Jove principium;* ils commençaient avec Dieu, et il était toujours avec eux, de sorte qu'en peu de temps ils avancèrent beaucoup dans les langues et les arts. » Puis il cite des vers latins dans lesquels le frère est appelé un Phénix, et la sœur une autre Pallas.

blement, je supplie Notre-Seigneur de lui envoyer le meilleur succès et la victoire sur ses ennemis, afin que Votre Altesse et moi nous puissions nous réjouir le plus tôt possible de son heureux retour. De même, je prie Dieu de conserver Votre Altesse, dont je baise humblement les mains et à la bonté de laquelle je m'abandonne et me recommande. — Votre très-obéissante fille et très-fidèle servante, Élisabeth. — Saint-James, 31 juillet 1544 [1]. »

La reine s'acquitta de sa médiation accoutumée auprès du roi, qui daigna, par une lettre du 8 septembre suivant, envoyer sa bénédiction à *tous* ses enfants [2] : d'où Élisabeth put conclure, par voie de raisonnement, qu'enfin elle était pardonnée.

Pendant son exil, comme elle disait, elle avait traduit en anglais *le Miroir de l'âme pécheresse*, ouvrage de Marguerite de Valois, sœur de François Ier. Dans les derniers mois de 1544, elle l'offrit à sa belle-mère, avec une dédicace où elle s'excusait d'un travail « tout imperfection et incorrection ». Elle avait reproduit, disait-elle, la suite des pensées, aussi bien que la capacité de son simple esprit et son faible savoir le permettaient; mais elle n'ignorait pas que « cela était informe en beaucoup d'endroits, et que rien n'avait été fait comme il aurait fallu [3]. »

Cette manière d'exprimer la reconnaissance devait plaire à Catherine Parr, si bonne protestante, qu'elle osa disputer un jour contre l'orthodoxie du théologien et bourreau couronné. Une opportune et fine rétractation dissipa l'orage qui s'amassait contre elle.

Élisabeth avait repris la vie en commun avec Édouard. On les sépara de nouveau en décembre 1546, pour envoyer l'une à

---

1. Miss Agnès Strickland, *Elizabeth*, p. 16, 17, d'après les *Royal Letters* de Wood et la bibliothèque Bodléienne. Probablement, le maître d'italien avait aidé à tenir la plume ; mais on aperçoit déjà dans cette lettre la manière prétentieuse qui marquera le style d'Élisabeth.
2. Ellis, 1re série, t. II, Lett. CXLVIII, p. 130. Du camp devant Boulogne.
3. Jos. Stevenson, *Calendar foreign*, 1558-1559, préf., p. XVI-XXVII.

Enfield, l'autre à Hertford [1]. Afin d'adoucir le chagrin d'Édouard, elle lui proposa de correspondre ensemble. Il répondit : « Le changement de place, très-chère sœur, ne me chagrine pas tant que la séparation. Mais rien maintenant ne peut m'être plus agréable que vos lettres. J'y tiens surtout, parce que c'est vous qui avez commencé la première cette correspondance et m'avez provoqué à vous écrire. Je vous remercie très-cordialement de votre tendresse et de votre empressement; je vais me démener de mon plus fort, afin que, si je ne peux pas vous surpasser, je vous égale au moins en amitié et en soins attentifs. Je me console dans mon chagrin par l'espérance de vous revoir bientôt, pourvu que de mon côté ou du vôtre il ne survienne pas d'accident [2]. »

Peu de temps après, le comte d'Hertford, oncle d'Édouard, et sir Anthony Browne venaient le chercher, et le conduisant secrètement à Enfield, chez sa sœur, leur annonçaient que leur père avait cessé de vivre dans la nuit du 27 au 28 janvier 1547. Les deux enfants pleurèrent si amèrement, qu'ils tirèrent des larmes à l'assistance.

Le 31, le jeune roi de dix ans, Édouard VI, partit pour Londres. Installé à la Tour, selon la coutume, il y fut proclamé roi d'Angleterre, de France et d'Irlande, défenseur de la foi, et sur terre chef suprême de l'Église d'Angleterre et d'Irlande.

Il n'oublia pas l'aimable compagne de ses études. Elle lui avait écrit une lettre de condoléance; il lui répondit : « Il n'est pas besoin que je vous apporte des consolations, très-chère sœur : car votre savoir vous apprend ce que vous devez faire; votre prudence et votre piété vous font mettre en pratique ce que votre savoir vous apprend. » Suivaient des réflexions sur ce

---

1. Enfield, à dix milles au nord de Londres, dans le Middlesex : Hertford, dans la même direction, à vingt et un milles de la capitale (comté de Hertford).

2. Miss Agnès Strickland, *Elizabeth*, p. 19; John Strype, *Historical memorials chiefly ecclesiastical... under the reign and influence of king Edward VI*, t. II, supplément, p. 165.

que la mort nous fait passer des misères de ce monde à une vie meilleure, que la sagesse doit vaincre la nature, le courage modérer les émotions, si l'on veut porter dignement le nom de chrétien, etc. « Au reste, continuait-il, votre lettre m'a charmé et par les pensées élégantes qu'elle renferme, et parce que j'y vois avec quelle égalité d'âme vous avez supporté la mort de notre père [1]. »

De tout autre que le naïf écrivain, ce dernier compliment ressemblerait à une épigramme un peu vive. Mais comment blâmer beaucoup la fille d'Anne Boleyn, si elle mit quelque promptitude, la première émotion passée, à recouvrer l'équilibre de ses facultés et l'élégance de sa diction? C'est comme belle-fille de Catherine Parr qu'elle va se montrer sous un jour beaucoup moins avantageux. En même temps, après les crises de ses premières années, dont elle a été le jouet en quelque sorte inconscient, vont commencer les grandes et redoutables épreuves, intéressantes à la fois comme aventures dramatiques et comme préparation d'un règne fameux.

---

1. Minime opus est mihi te consolari, charissima soror, quod eruditione tua cognoscis quid sit faciendum, prudentia vero et pietate tua, quod eruditio docuit te cognoscere facto præstas... Præterea literæ tuæ mihi admodum arridebant, tum quod in illis elegantes sententiæ continentur, tum quod ex illis sentio te æquo consuluisse animo mortem patris nostri. » Ellis, 1re série, t. II, Lettre CLVIII, p. 143, et Strype, t. II, supplém., p. 168.

II

ÉLISABETH CHEZ CATHERINE PARR. — L'INTRIGUE DE THOMAS SEYMOUR

Henri VIII, touchant au terme de sa vie, rendit hommage, du moins par son testament (30 décembre 1546), à la justice, qu'il avait tant outragée. Après son fils, qu'il appelait en première ligne à lui succéder, il rétablit les droits de ses deux filles, selon leur rang d'âge [1]. Il leur assignait une pension annuelle de trois mille livres sterling et une dot de dix mille livres, à condition de ne pas contracter mariage sans le consentement de leur frère et de son Conseil.

Ce Conseil, ou plutôt ces Conseils, car il en créait deux, étaient : le premier, celui des exécuteurs testamentaires, au nombre de seize, destiné à demeurer le Conseil privé et à exercer l'autorité de la couronne, jusqu'à ce que le roi eût accompli sa dix-huitième année ; le deuxième, composé de douze membres, était purement consultatif. La grande majorité

---

1. C'était en conformité d'un bill que Henri VIII avait fait voter au Parlement au printemps de 1545, afin de s'assurer l'amitié de Charles-Quint, neveu de Catherine d'Aragon et cousin germain de Marie. Mais, quoiqu'il réintégrât Marie et sa sœur, il avait gardé le silence sur la légitimité de leur naissance, n'ayant pas voulu plier son orgueil jusqu'à s'infliger un complet désaveu.

de l'un et de l'autre avait été choisie parmi les parents maternels d'Édouard, c'est-à-dire les Seymour, et chez leurs amis. A la vérité, dans cette organisation, le chef de cette famille, Édouard, frère de Jeanne Seymour, et depuis quelques années comte de Hertford, n'était placé en rien au-dessus des autres exécuteurs testamentaires, car tous étaient égaux en autorité. Mais il s'était installé au chevet de Henri VIII ; il s'était mis en possession du testament ; et ensuite, pendant les trois jours qu'il tint cachée la mort du roi, il remania très-probablement les volontés suprêmes de Henri, dont au reste il ne communiqua au Parlement que celles qui étaient à sa convenance [1]. Bientôt, prétextant les nécessités de l'expédition des affaires, il se fit attribuer par ses collègues la haute direction de l'État, sous le nom de Protecteur du royaume et de gouverneur de la personne du roi. Comme une clause du testament, opportune autant que suspecte, chargeait le Conseil de ratifier et d'exécuter les donations et les promesses que le roi aurait pu faire de son vivant, les Seymour se comblèrent eux-mêmes, ainsi que leurs créatures, d'avantages de toutes sortes. Le Protecteur se fit duc de Somerset. Sir Thomas Seymour, son frère puîné, obtint le titre de baron et la dignité de lord amiral [2] ; leurs partisans à proportion, sans compter force domaines et revenus, prélevés sur les évêchés, les monastères et les prébendes.

Hommes de petite noblesse, que le mariage de Jeanne, leur sœur, avec Henri VIII, et la naissance d'Édouard avaient portés au pinacle soudainement ; isolés et sans alliances dans la haute aristocratie, qui les jalousait, Édouard et Thomas Seymour étaient impatients de s'égaler et de s'imposer à celle-ci. Leur ambition ne reculait devant aucun moyen, quel qu'il fût.

1. Cela résulte de deux lettres du comte d'Hertford lui-même à lord Paget le 29 janvier 1547, et au Conseil du 30 janvier, avant la déclaration publique de la mort de Henri VIII. Tytler, *England under the reigns of Edward VI and Mary*, t. I, p. 15-19. V. aussi Lingard, *Histoire d'Angleterre*.

2. Il s'intitula lord Seymour de Sudeley, d'un des châteaux royaux qui ni fut attribué pour son usage.

Récemment, le duc de Norfolk et le comte de Surrey, son fils, parents de Catherine Howard, l'une des reines décapitées, avaient osé se plaindre du crédit des hommes nouveaux et de l'abandon où languissait la vieille noblesse. Alors les Seymour les accusèrent faussement de trahison. Le père avait illustré les premières années de ce règne par la victoire de Flodden-field sur Jacques IV, roi d'Ecosse (1513), et, plus tard, sauvé peut-être le trône de Henri VIII, en étouffant la révolte des comtés du Nord (1537); le fils, dans la dernière guerre de France, avait contribué à la prise de Boulogne (1544). Sans égard à ces titres illustres, le roi, dont les instincts ombrageux et sanguinaires s'exaspéraient par le déclin de sa santé et l'approche de la mort, se hâta d'envoyer le comte de Surrey à l'échafaud. Le vieux Norfolk allait suivre deux jours après, quand, dans la nuit avant l'exécution, le progrès subit de la maladie emporta le Tibère anglais. Nous verrons les Seymour se livrer à de bien autres fureurs.

En religion, ils étaient pour la Réforme, autre opposition avec la haute noblesse, qui, à défaut du catholicisme romain, pour lequel beaucoup de familles gardaient de l'attachement, préférait le catholicisme anglican, tel que le *bill des six articles* l'avait réglé (juin 1539). Mais, en revanche, ils avaient de leur côté, dans les communes, un parti considérable, quoique non encore déclaré, à cause de la terreur des lois de Henri VIII. Le plus grand nombre en effet, incapables de garder à la suite du prince un équilibre trop difficile entre le schisme et l'hérésie, avaient glissé vers le protestantisme. Les plus ardents s'étaient réfugiés en Allemagne, dans les sûrs abris que leur offraient les républiques du pays rhénan, villes savantes, Francfort, Bâle, Strasbourg. Là, le luthéranisme proprement dit avait été promptement battu en brèche et dépassé par une réforme plus radicale quant au dogme et à la discipline. Les exilés suivirent ce mouvement : ils entrèrent en correspondance avec Bullinger, chef de l'Eglise de Zurich depuis la mort de Zwingle, et avec Calvin, à Genève. D'autre part, les maîtres chargés d'enseigner la littérature à Édouard VI l'avaient imbu des mêmes principes, en trompant la surveillance redoutable de Henri VIII. L'élève s'en éprit avec la candeur de son âge.

Afin de l'accaparer plus sûrement, le duc de Somerset le sépara de ses sœurs, vers lesquelles le penchant du cœur l'entraînait. Marie étant allée visiter son jeune frère, celui-ci, dit un témoin, s'en montra très-heureux. Il lui fit beaucoup de questions, avec promesse du secret, et lui témoigna autant de déférence et de respect qu'à une mère (elle avait trente et un ans). Elle, dans sa prudence, lui donna plusieurs avis sur des choses qui le touchaient ou la concernaient elle-même, en tout pleine d'affection et de sollicitude fraternelle. Les tuteurs mirent bon ordre à de tels entretiens; ils ne permirent plus que de très-rares visites, parce que, disaient-ils, elles laissaient le roi triste et mélancolique [1].

Élisabeth, quoiqu'on n'eût pas de contagion catholique à craindre de sa part, fut écartée avec une sévérité presque égale. Trop jeune encore, à ses quatorze ans, pour être livrée à elle-même, on la plaça sous l'autorité et dans la maison de Catherine Parr, maintenant reine douairière. Elle avait d'ailleurs sa maison à elle, au moins cent vingt personnes, et, chose étrange, pas une dame de qualité [2]. Sa gouvernante, déjà depuis longtemps, était mistress Catherine Ashley, parente des Boleyn par son mari. Élisabeth lui voua une affection inaltérable. On a remarqué que, si elle ne prononça jamais le nom de sa mère, elle conserva toujours à ce côté de sa famille la meilleure part de sa faveur et de sa confiance [3].

---

1. Jos. Stevenson, *Calendar foreign*, 1558-1559, préf., p. xxviii, note d'après les mémoires de Jane Dormer, attachée au service de Marie, et plus tard comtesse de Féria.
2. Miss Agnès Strickland, *Elizabeth*, p. 27.
3. Miss Agnès Strickland, *Elizabeth*, p. 23 Burnet, *History of the Reformation of the Church of England*, 1715, t. I, p. 198, rappelle aussi que, pendant le long règne d'Elisabeth, il ne fut pas publié un seul écrit de justification en faveur d'Anne Boleyn. La raison de ce silence, dit l'auteur, tenait à la politique, car c'eût été par le fait remettre en question

Mais elle aurait dû aussi respecter le repos de cette veuve de Henri VIII, qui avait été pour elle une seconde mère. Voici les faits :

Sir Thomas Seymour ne bornait pas ses désirs, il s'en fallait bien, aux titres de baron et d'amiral dont il venait d'être pourvu. Avide de pouvoir et de richesse, il se croyait frustré de sa part dans l'héritage de famille, lorsque son frère, paré du titre de duc, cumulait encore avec le protectorat du royaume la garde de la personne du roi. N'était-il pas, lui aussi, disait-il, oncle d'Édouard? Et quand, de ces deux fonctions, l'aîné des deux oncles s'attribuait la première, l'autre ne devait-elle pas être le lot du plus jeune?

Sa manœuvre pour prendre position fut de chercher à s'introduire dans la maison royale. Et d'abord il porta ses vues sur la plus jeune des deux orphelines. Beau, brillant, fastueux, hardi et versé dans l'art de la séduction, redoutable talent qui faisait murmurer parmi le public le mot de magie, il osa demander la main d'Élisabeth [1], et cela dès le mois de février 1547, alors que Henri VIII venait à peine de s'éteindre. Repoussé toutefois par un prompt refus, et alerte à changer de visée, il se tourna, quatre jours après, du côté de Catherine Parr. La douairière, malgré ses trente-cinq ans, déjà veuve trois fois [2],

le titre d'Élisabeth à la couronne. Nous trouvons néanmoins dans la correspondance de Parker, archevêque de Cantorbéry (1559-1575), sous le règne de cette princesse, qu'elle s'en préoccupait, et qu'à la fin de 1572 elle donna au prélat l'ordre de rechercher dans les archives primatiales, au palais de Lambeth, une bulle pontificale qu'elle supposait exister, portant confirmation du mariage de Henri VIII avec Anne Boleyn. Inutile d'ajouter que l'archevêque ne découvrit rien, parce qu'il n'y avait jamais eu de bulle de cette nature. *Correspondence of Matthew Parker, archbishop of Canterbury*, Cambridge, 1853, p. 414, 420.

1. D'après certains propos de Catherine Ashley, que nous retrouverons en leur temps, il paraît qu'en effet il songea dès lors à Élisabeth et que d'autres y songèrent pour lui. Ce fut un des griefs articulés contre lui par le Conseil privé, lors de son arrestation. *Registre du Conseil privé d'Édouard VI*, séance du 23 février 1549, t. I, fol. 100. Burnet, *History of the Reformation of the Church of England*, t. II, p. 51 ; et *A Collection of Records*, id., n° 31, p. 145 et suiv.

2. Née en 1512, elle fut mariée à quinze ans avec lord Borough et resta

son dernier veuvage commencé depuis un mois à peine, sentit se réveiller un ancien attachement, avec une fougue passionnée, que la dure servitude des dernières années avait avivée peut-être. Consentir, épouser secrètement, fut l'affaire de quelques jours, mars 1537 [1]. Ensuite, comme s'il n'en eût été encore qu'à briguer l'union déjà consommée, l'amiral sollicita l'autorisation du roi et l'appui de Marie. De celle-ci, il reçut (4 juin), en termes sévèrement négatifs, l'invitation de se rappeler quel deuil la reine portait [2]; de l'innocent, circonvenu et abusé, plein consentement, malgré l'opposition du Protecteur et du Conseil privé. Édouard exhorta même la douairière à complaire à l'amiral (15 juin 1547).

Outre l'avantage d'une condition presque royale et la jouissance des beaux revenus de l'épousée, l'époux espérait s'ouvrir un accès plus facile auprès d'Édouard VI, que la politique soupçonneuse du Protecteur tenait presque séquestré. Il gagna quelques serviteurs du roi, le roi lui-même, en lui faisant passer un peu d'argent, parce que ses tuteurs le laissaient au dépourvu. Il remplit l'air de forfanteries et de menaces, décriant son aîné parmi le peuple et la noblesse. Catherine Parr n'était guère moins animée que son mari, car elle avait à se plaindre de l'orgueilleuse duchesse de Somerset, qui réclamait la préséance sur elle, malgré sa qualité de reine. Cependant on s'entremit; les deux frères se réconcilièrent. Même le Protecteur fit allouer à l'amiral un surplus de huit cents livres de revenus (1547).

Doit-on croire aussi que lord Seymour avait contracté mariage par tactique, pour se rapprocher d'Élisabeth sans éveiller le

veuve deux ans après, en 1529; puis, à une date inconnue, elle épousa John Neville, lord Latimer, déjà assez avancé en âge et qui mourut vers 1543. Enfin, le 12 juillet 1543, elle était devenue la sixième femme de Henri VIII.

1. Cependant miss Agnès Strickland ne serait pas éloignée d'admettre que ce mariage aurait eu lieu au mois de mai seulement. *Vies des reines d'Angleterre, Catherine Parr.*

2. Ellis, *Original Letters*, 1re série, t. II, Lettre CLXIII, p. 150.

soupçon ? Catherine, parvenue au comble de ses vœux, découvrit bientôt qu'elle ne possédait plus sans partage le cœur de son mari.

Le lord amiral, depuis qu'il habitait avec elle à Chelsea, sous le même toit qu'Élisabeth, avait recommencé ses poursuites auprès de la seconde fille de Henri VIII. Elle était dans sa quinzième année. Précoce en esprit et en savoir, elle ne l'était pas en délicatesse, une des qualités dont, au reste, le xvie siècle se piquait le moins. Peu sensible aux scrupules de la pudeur ou aux inspirations de la reconnaissance, elle subit sans révolte les privautés de sir Thomas Seymour. Il résulta de la procédure dirigée peu après contre cet ambitieux, et des dépositions de Catherine Ashley, qu'à Chelsea, incontinent après son mariage public avec la reine douairière, il allait souvent le matin chez Élisabeth, avant qu'elle fût prête ou même levée. La trouvait-il déjà debout, il lui souhaitait le bonjour, s'informait de sa santé, lui donnait des tapes beaucoup trop familières, puis s'en allait à son logis [1]. Était-elle encore au lit, il ouvrait les rideaux et faisait semblant de vouloir prendre place à côté d'elle. Alors elle se reculait le plus loin possible hors de sa portée ; parfois, en l'entendant ouvrir la porte, elle s'enfuyait près de ses femmes et revenait avec elles se cacher derrière les rideaux, jusqu'à ce qu'il prît le parti de continuer son chemin. A Londres, dans sa maison de Seymour Place, tous les matins, pendant que la reine dormait encore, il venait en robe de chambre et en pantoufles, les jambes nues. Ordinairement, la jeune fille était déjà à ses livres [2]. Parfois Catherine Ashley se fâchait et le menaçait de porter plainte aux lords du Conseil. Il s'en moquait ou se fâchait à son tour. « Qu'est-ce que je fais ? répondait-il en

---

1. *Haynes's Papers*, confession de Catherine Ashley, p. 99. « *And if she were up, he wold bid hir good morrow, and ax (ask) how she did, and strike upon the back or on the buttocks famylearly, and so go forth through his lodgings.* » Lingard a rapporté en toutes lettres une autre déposition de même ordre et plus surprenante encore.

2. *Id., ibid.*

jurant. Je voudrais que tout chacun en fût témoin. » Elle informa la reine de ces manéges. La prudente princesse parut traiter la chose légèrement et dit qu'à l'avenir elle accompagnerait son mari : ce qu'elle fit en effet [1]. Mais il lui échappait. Un jour, stimulée par la jalousie, elle le surprit les bras autour de la taille d'Élisabeth [2]. Alors elle congédia la coquette de quinze ans, d'ailleurs sans bruit ni scandale, et les apparences sauves. Cette séparation eut lieu dans la semaine après la Pentecôte, en 1548 [3].

Établie à Cheston [4], Élisabeth lui écrivit de sa plus belle main la lettre suivante, étonnamment étudiée pour un âge où il siérait d'être novice :

« Si je ne sus pas vous remercier assez, à mon départ, de toutes les bontés que j'ai reçues de Votre Altesse, il faut me le pardonner un peu; car, vraiment, j'avais tant de chagrin de me séparer de Votre Altesse, surtout en voyant dans quel état de santé vous étiez [5] ! Il est vrai, je vous répondais à peine; mais mon émotion n'en fut que plus profonde, quand vous me dites que vous m'avertiriez de tout le mal que vous entendriez dire de moi. Car si Votre Grâce n'avait pas bonne opinion de moi, elle ne m'aurait jamais offert comme un service d'amitié une chose qu'ordinairement on prend tout au contraire. Que puis-je ajouter, sinon que je remercie Dieu de m'avoir donné de tels amis? Je désire que Dieu m'accorde comme un trésor la longue durée de leur vie; et qu'il me fasse la grâce d'avoir autant de reconnaissance dans le cœur pour ce bienfait, que j'ai de joie en ce moment à le témoigner par cette lettre. J'aurais encore beaucoup de choses à dire; mais je m'arrête, sachant

---

1. Joseph Stevenson, *Calendar foreign*, 1558-1559, préf., p. xxxi, d'après une pièce du *Record Office*, publiée pour la première fois.
2. Haynes, Confession de Thomas Parry, intendant d'Élisabeth, p. 96.
3. La Pentecôte tombait le 20 mai.
4. Ou Chesbunt, dans le comté de Hertford, à quatorze milles au nord de Londres. Ne pas confondre avec le comté de Hereford.
5. Catherine Parr était avancée dans sa grossesse.

que la lecture vous fatigue. Cheston, ce samedi. De Votre Altesse l'humble fille, Élisabeth [1]. »

Elles échangèrent ainsi une correspondance toute en amitié, à laquelle le lord amiral fut admis à prendre part. On a gardé ce billet d'Élisabeth à l'amiral qui s'était excusé de n'avoir pas pu lui rendre un petit service : « Milord, vous n'aviez pas besoin de vous excuser; car, si vous n'avez pas rempli votre promesse, je ne saurais m'en prendre à aucun manque de bonne volonté de votre part, mais seulement à ce que l'occasion ne vous a pas servi. Je désire bien que vous pensiez que, se fût-il agi d'une chose plus importante, je ne vous taxerais pas encore de désobligeance, car je ne suis pas de ces amis qu'on gagne ou qu'on perd pour une bagatelle. Sur ce, je vous remets, vous et vos affaires, entre les mains de Dieu; qu'il vous garde de tout mal ! Je vous prie de faire mes humbles salutations à Son Altesse la reine. — Votre amie constante selon mon petit pouvoir [2]. »

1. Tytler, *England under...*, t. I, p. 70. Miss Agnès Strickland, *Eliz.*, p. 25.
2. Miss Agnès Strickland, *Elizabeth*, p. 26. Le même auteur reproduit, dans la biographie de Catherine Parr (Vies des reines d'Angleterre, *Lives of the Queens of England*, p. 436), cette lettre d'Elisabeth à Cath. Parr, du 31 juillet 1548, un mois avant les couches de cette reine : « Bien que les lettres de Votre Altesse soient ma joie dans l'absence, cependant, lorsque je songe quelle peine vous avez à écrire, étant si souffrante, ce serait bien assez du souvenir que vous m'envoyez dans la lettre de milord (l'amiral). Je me réjouis beaucoup pour votre santé que vous vous plaisiez ainsi à la campagne : mes humbles remerciements à Votre Grâce de ce que vous voudriez m'avoir avec vous, jusqu'à ce que je fusse fatiguée de cette campagne. Votre Altesse serait probablement embarrassée, si je ne devais partir que quand je serais fatiguée d'être avec elle : fût-ce le pire endroit du monde, votre présence me le rendrait agréable. Je ne peux pas grouder milord de ne m'avoir pas fait vos compliments dans sa lettre, car il n'y manqua pas. Il ne s'en serait pas acquitté, que je ne me plaindrais pas encore; il sera diligent à me donner de temps en temps des nouvelles de son remuant d'enfant. Si j'étais à sa naissance, bien sûr, je voudrais le battre pour le mal qu'il vous donne. M. Denny et milady vous remercient humblement. Ils prient sans cesse pour Votre Grâce, demandant au Dieu tout-puissant de vous envoyer une heureuse délivrance. Ma maîtresse (Catherine Ashley) ne le souhaite pas moins ; elle offre à Votre Altesse ses très-humbles remerciements pour votre bon souvenir. Écrit en grande presse, ce dernier jour de juillet (1548). » — Sir Anthony Denny, dont il est fait mention ici, avait le château de Cheston sous sa garde.

Catherine ne se départit point de ses égards pour celle qu'elle exhortait à se perfectionner sans cesse, « car, disait-elle, je crois que le Ciel vous destine à être reine d'Angleterre. »

Vint l'heure pourtant, au moment de sortir de la vie, où elle ne put contenir davantage l'amertume amassée dans son cœur. Trois mois après avoir éloigné Élisabeth, se sentant mourir de suites de couches, et tenant son mari par la main : « Milady Tyrwhit, dit-elle en s'adressant à l'une des dames présentes qui l'a rapporté, on ne me traite pas bien, car ceux qui sont autour de moi n'ont pas soin de moi. Ils sont là à rire de mes souffrances, et plus je leur veux de bien, moins ils sont bons pour moi. — Ah! mon cher cœur, répondit lord Seymour, je ne voudrais pas vous chagriner. » Elle lui dit à haute voix : « Non, milord, j'en suis persuadée; » et, à l'oreille : « Pourtant, milord, vous m'avez fait plus d'une cruelle offense. » Les assistants remarquèrent qu'elle avait sa pleine connaissance, que le son de sa voix était âpre et vif, triste image de l'agitation de son âme [1].

Elle expira le surlendemain (5 septembre 1548) et ne fut guère pleurée de l'époux, quoiqu'elle lui léguât tout ce qu'elle possédait. Kate (Catherine) Ashley, gardienne peu sûre d'Élisabeth, à qui, le mariage de la reine à peine célébré, elle avait osé dire que si l'amiral avait été le maître de faire à sa volonté, il l'aurait épousée de préférence, courut lui annoncer que son ancien mari, celui qui lui était destiné à la mort du roi (Henri VIII), était libre de nouveau, et qu'elle pouvait l'avoir, si elle voulait. « Non, » dit Élisabeth, peu désireuse de s'engager témérairement. « J'espère, répliqua mistress Ashley, que vous ne le refuserez pas, si le Protecteur et le Conseil y consentent. — Pourquoi ne pas l'accepter? dit quelqu'un. Est-ce que celui qui a été trouvé digne d'une reine ne pourrait pas vous

---

[1]. Haynes, Déposition de lady Tyrwhit, p. 103. Pour les premières paroles de la reine, lady Tyrwhit dit qu'elle les prononça, *as I took hyt idylly (idly)*, à ce qu'il me sembla dans le délire. Mais, pour les dernières, elle déclare que la malade avait l'esprit très-présent : *she spake with good memory*.

épouser[1]? » Mistress Ashley pressait sa maîtresse d'écrire du moins à l'amiral une lettre de consolation. « Je n'en ferai rien, dit Élisabeth, mieux inspirée que cette femme indiscrète; il n'en a pas besoin. — Alors, répliqua l'autre, si Votre Grâce ne veut pas le faire, je le ferai, moi. » Elle écrivit. Élisabeth lut la lettre et la laissa partir[2].

Lord Seymour en effet n'avait aucun goût à porter le deuil de sa femme. Il l'avait recherchée par ambition. Il s'était lassé d'elle par ambition, dès qu'il avait cru pouvoir s'emparer du cœur ou des sens d'une princesse du sang royal. Il reprit avec plus d'emportement ses menées politiques, qu'il n'avait jamais interrompues, même en temps de réconciliation avec son frère : exciter Édouard VI à s'emparer du gouvernement et obtenir du jeune prince une lettre de plainte contre l'espèce de réclusion où le Protecteur le confinait; s'en servir contre celui-ci pour le dénoncer au Parlement et le renverser du pouvoir; se créer un parti dans la haute aristocratie en mariant avec le roi Jane Grey, fille du marquis de Dorset, duc de Suffolk; préparer des ressources en argent et en hommes pour tenir la campagne, le jour où il déciderait Édouard VI à le suivre; lui-même enfin, prendre pied sur les marches du trône par son union avec une princesse, la seconde dans l'ordre de succession[3] : tel fut le complot, dont Élisabeth devint partie intégrante, sans s'en douter.

Outre Kate Ashley, l'amiral s'était ménagé des intelligences avec Thomas Parry, intendant de la maison d'Élisabeth. Ces serviteurs étourdis entretinrent d'abord leur maîtresse des intentions que, à bon escient, ils supposaient au lord amiral. « Vous verrez sous peu, disait Kate, que celui qui aurait bien souhaité vous avoir avant d'épouser la reine viendra vous demander en

---

1. Joseph Stevenson, *Calendar foreign*, 1558-1559, préf., p. xxxii, d'après une pièce inédite.
2. Haynes, Confession d'Elisabeth, p. 102.
3. Voir Burnet, t. II, p. 51, 52, 92, 93, et *Appendix*, n° 31. — Strype, t. II, Haynes.

mariage [1]. » Il n'y avait pas d'homme au monde, continuait-elle, qu'elle fût plus heureuse de lui voir épouser [2]. Tous deux s'efforçaient à l'envi d'enflammer l'imagination d'une jeune fille, à qui manquait près d'elle une dame de rang convenable, pour la retenir et l'éclairer. Quant à elle, le cœur aride, la tête prompte, elle se laissait aller d'instinct au premier éveil d'une coquetterie turbulente et outrée, pas si abandonnée toutefois qu'elle ne sût la dominer toujours à propos, sauvant sa liberté mieux que son renom.

L'amoureux, ex-cadet d'un gentilhomme campagnard, comme si ce n'était pas un honneur suffisant de s'allier au sang des Tudors, semblait craindre d'épouser une dot qui ne fût pas assez riche. Il s'enquérait de Thomas Parry combien de monde sa maîtresse avait chez elle, combien de maisons elle possédait, quelles terres, si elles étaient bonnes ou non, libres ou affermées, viagères ou non, si elle avait reçu ses lettres patentes [3], si elle ne voudrait pas échanger telle de ses maisons de campagne contre une autre qu'il tenait de la reine. Comparant leur train de maison, il trouva qu'il pourvoyait à la sienne à moins de frais, etc. Le Conseil venait de reprendre à Élisabeth, pour y installer la Monnaie, sa maison de ville, Durham-house, dont jadis Henri VIII avait gratifié Anne Boleyn. Élisabeth réclama et pria l'amiral de la seconder [4]. Attentif à lier ensemble leurs intérêts, il mit à sa disposition sa propre maison de Londres, en cas qu'on lui permît de visiter Édouard VI lors des fêtes de Noël ; et, poussant ses avantages, il lui demanda la permission de se détourner un peu de sa route quand il se rendrait dans ses terres et de lui faire visite à sa

1. Haynes, Confession d'Elisabeth, p. 102.
2. *Id.*, Confession de Thomas Parry, p. 96 ; de Catherine Ashley, p. 100.
3. Lettres par lesquelles le gouvernement d'Edouard VI devait l'investir définitivement des terres dont son père avait disposé en sa faveur par testament. Seymour aurait voulu, pour plus de sûreté, que ces lettres fussent expédiées avant le mariage.
4. Elle le sollicitait aussi d'appuyer près du Conseil une demande en faveur d'Allen, un de ses chapelains.

résidence d'Ashridge [1]. Incertaine entre le désir et l'inquiétude, elle lui répondit par deux lettres de la main de Kate Ashley : l'une, précaution prise en cas d'accident, le priait de ne pas venir sans la permission du Conseil ; l'autre, confidentielle, acceptait sa politesse et lui promettait bon accueil [2].

Il se présenta en grand deuil, le deuil raffiné d'un prétendant affranchi de chaînes importunes. La beauté de ses traits, l'élégance de sa personne compensaient les dix-huit années qu'il comptait de plus qu'Élisabeth. Celle-ci sut se maîtriser assez pour ne pas livrer trop tôt son secret. Mais, en son particulier, la rougeur colorait ses joues chaque fois qu'on prononçait le nom du brillant cavalier ; joignait-on l'éloge, elle ne savait plus dissimuler son plaisir. Alors, Thomas Parry, témoin de ces émotions naïves, lui demanda si, dans le cas où le Conseil s'y prêterait, elle épouserait l'amiral. Mais, pour avoir un cœur printanier, on n'en était pas moins Elisabeth. « Si les choses en viennent là, répondit-elle, je ferai ce que Dieu m'inspirera [3]. »

En attendant l'impulsion divine, les entrevues se succédèrent mystérieusement, pas si bien cachées qu'on ne le sût à la cour. La duchesse de Somerset, femme du Protecteur, fit venir Kate ; et, en présence du Protecteur, elle lui adressa une verte semonce pour avoir toléré des promenades nocturnes sur la Tamise et autres parties légères. Elle lui reprochait, avec juste raison, qu'elle n'était pas digne d'avoir la charge d'une fille de roi [4]. Seymour n'était pas davantage digne d'épouser une fille de roi. Il n'eut pas honte, à propos d'une maison et d'un échange de terres qu'Elisabeth souhaitait du Protecteur, de l'aviser, lui qui

---

1. Elisabeth s'y était rendue de Cheshunt ; d'Ashridge, elle se transporta ensuite à Hatfield. Ashridge était dans le comté de Buckingham, à trente-trois milles au N.-O. de Londres ; Hatfield, à dix-neuf milles (Hertford).
2. Haynes, Rapports de Thomas Parry avec l'amiral, p. 97-98.
3. Haynes, Confession de Thomas Parry, p. 95. D'autres fois, elle répliquait à l'indiscret qu'elle ne lui dirait pas ce qu'elle pensait, p. 89 ; que c'étaient des contes en l'air, p. 103.
4. Haynes, ibid., p. 96, 100.

ne travaillait qu'à perdre son frère, de faire la cour à la duchesse de Somerset. La lionne Tudor bondit. « J'ose dire, s'écria-t-elle devant Parry, porteur du conseil, qu'il n'a pas dit cela, et ne le dirait jamais ! — Mais si, par ma foi, répondit l'intendant. — Eh bien, répliqua-t-elle, je ne le ferai pas ; dites-lui ! Par ma foi, je n'y veux pas aller, ni commencer aujourd'hui à flatter [1]. »

Cependant le jeu était dangereux : songer à un mariage sans l'autorisation du roi, c'est-à-dire du Protecteur et du Conseil, c'était tomber dans l'un des très-nombreux cas de haute trahison, édictés par les lois ; mais d'espérer leur consentement, c'était s'attaquer à l'impossible. L'intrigue s'ébruitait. On disait dans le public que l'amiral aspirait à la main de l'une des filles du feu roi, Marie ou Élisabeth. Le prétendant, à mesure que le moment où il faudrait sortir du vague des coquetteries semblait approcher, sentait faiblir son assurance. Un jour que Parry lui exprimait de la part de Mrs. Ashley combien elle désirait cette union : « Oh ! répondit-il, cela ne sera pas. Mon frère n'y consentira jamais. » Et il murmura, comme se parlant à lui-même : « On me tient de près [2]. » Effectivement, la défiance du Protecteur était en éveil. Le vieux Russell, lord du sceau privé, avertit Seymour des rumeurs qui couraient et de sa perte certaine, s'il entreprenait d'épouser l'une des filles de Henri VIII. Seymour fit l'ignorant et traita tout cela de contes. Mais quelques jours après, allant ensemble au Parlement : « Père Russell, dit-il familièrement, vous êtes bien défiant à mon égard ; dites-moi donc qui vous a parlé du mariage auquel je penserais et dont vous m'avez entretenu l'autre jour ? » Le lord du sceau privé refusa de nommer personne. L'amiral, qui sans doute aurait voulu savoir si ces avis inquiétants n'émanaient pas du Protecteur, se découvrit un peu plus, en disant « que les deux princesses étaient en âge, que mieux valait qu'elles se mariassent à l'inté-

---

[1]. Haynes, Confession de Thomas Parry, p. 95.
[2]. Haynes, *ibid.*, p. 98

rieur du royaume plutôt qu'à l'étranger; pourquoi donc ne pourrait-il pas, lui ou un autre de ceux à qui songeait le roi leur père, épouser l'une d'elles [1] ? » Le lord du sceau privé lui réitéra la déclaration que quiconque y prétendrait ne parviendrait qu'à se perdre sans ressource. Un bizarre débat s'éleva ensuite entre les deux interlocuteurs sur la question d'argent. « Je vous prie, milord, dit Russell, qu'aurez-vous avec l'une ou l'autre? — Celui qui épousera l'une des deux aura un revenu de trois mille livres. — Non pas, milord, répondit Russell. Soyez sûr qu'il n'aura pas plus de dix mille livres en argent comptant, vaisselle, meubles, et pas de terres. Et qu'est-ce que cela pour soutenir les charges et le rang d'un tel mariage ? — Elles auront de plus un revenu annuel de trois mille livres, repartit Seymour. — Par Dieu, cela ne se peut pas, dit l'autre en s'animant. — Par Dieu, s'écria Seymour, piqué au jeu, pas un de vous n'osera s'y opposer. — Par Dieu, ce sera moi, car c'est tout à fait contre le testament du roi. » Une autre fois, en se rendant encore ensemble au Parlement, l'amiral ne put s'empêcher de le braver : « Que diriez-vous, milord du sceau privé, si je montais au-dessus de vous, bientôt ? » Russell répondit qu'il serait enchanté de son élévation ; mais que de le voir monter au-dessus de lui, cela ne l'inquiétait guère [2].

Ce singulier conspirateur aimait trop à se vanter de ce qu'il allait faire. Rencontrant sir George Blagge, ancien gentilhomme de la chambre de Henri VIII : « Voici, s'écria-t-il, une affaire qui va vous venir, mes maîtres de la Chambre basse, et bientôt. » En même temps, il agitait un papier qu'il avait à la main ; et il expliqua que c'était une requête pour qu'il fût mieux pourvu à la personne du roi, tenu de si près par le Protecteur, que nul ne pouvait le voir, etc. « Mais, demanda sir Blagge, qui intro-

---

[1]. Plusieurs témoignages portent que Henri VIII aurait eu en effet des vues sur Thomas Seymour. Joseph Stevenson, *Calendar for.*, 1558-1559, p. xxxii, xxxiii, note ; Haynes, Confession de Thomas Parry, p. 96.
[2]. Tytler, *England*, etc., t. I, p. 142-145, dépositions de lord Russell.

duira cela à la Chambre? — Moi, dit l'amiral. — Alors, vous ne comptez pas conserver plus longtemps l'amitié de votre frère, si vous y allez par ce chemin. — Bon, cela m'est égal; je ne ferai rien que je ne sois en état de soutenir. » Aux objections sur les dangers auxquels il s'exposerait, à l'éventualité d'une arrestation par ordre du Protecteur, il répondit : « Non ; par la précieuse âme de Dieu, il ne me fera pas arrêter. Non, non ; je vous le garantis. — Mais s'il le fait, dit Blagge, comment vous en tirerez-vous? — Bon ; quant à cela, je ne m'en inquiète pas. Qui donc me mettrait en prison? — Mais votre frère. — Et par quel moyen? — Mais très-facilement : vous mander et vous retenir; et, je vous prie, qui l'en empêchera? » Seymour, impatienté de la persistance de son interlocuteur à lui réitérer cette question, répétait à satiété : « Ne vous en inquiétez pas [1]. » Langage de l'homme irréfléchi et aveuglé, qui court au-devant de son mauvais destin. Cela ne tarda guère.

1. Tytler, *England*, p. 146-148.

III

L'ENQUÊTE CONTRE ÉLISABETH

Le règne de Henri VIII avait habitué les personnages de haut rang à compter pour rien les liens les plus sacrés. Le plus fort des deux frères résolut de tuer l'autre. Le 16 janvier 1549, l'amiral fut arrêté et conduit à la Tour, sous l'inculpation de haute trahison et de complot pour enlever le roi et changer la forme du gouvernement. La Chambre des lords fut saisie sans désemparer d'un *bill d'attainder*. Odieuse invention du règne précédent, le *bill d'attainder* consistait à déclarer par acte législatif la culpabilité d'un homme, sans qu'il eût été ni jugé ni admis à se défendre. Après que la loi avait passé, comme les autres, par la filière des trois lectures dans les deux Chambres, on livrait le proscrit au supplice [1].

La même prison s'ouvrit pour l'intendant Thomas Parry, la gouvernante Kate Ashley et son mari, tandis qu'Élisabeth se voyait détenue dans sa résidence d'Hatfield sous l'autorité de

---

1. C'est en 1539 qu'on employa ce système pour la première fois, lorsque Henri VIII voulut frapper à coup sûr la comtesse d'Exeter, mère du cardinal Pole, et la comtesse de Sarum. Dans cette année, seize personnes furent ainsi condamnées, pareil nombre en 1540. Burnet, *History of the Reformation of the Church of England*, t. I, p. 341.

sir Robert Tyrwhit, commissaire du Conseil. Le Protecteur voulait savoir jusqu'à quel point elle était entrée dans les vues de l'amiral, et si le mariage avait été convenu entre eux, auquel cas le fait de haute trahison était patent, pour avoir omis de prendre le consentement du Conseil privé.

Quelle situation pour une jeune fille dépourvue d'expérience, au pouvoir d'hommes sans scrupule et avides de son déshonneur; en butte tour à tour à leurs menaces terribles et à leurs caresses sournoises, encore plus dangereuses; attaquée dans sa réputation, qu'elle avait compromise étourdiment; craignant de ses gens les témoignages vrais, exagérés ou faux, que l'effroi pouvait leur arracher; inquiète pour leur vie, comme pour la vie de l'homme qu'elle avait commencé d'aimer! Destituée d'amis et de conseils, exclue de la présence de son frère et de celle du duc de Somerset, malgré ses instantes sollicitations, elle dut se résigner et descendre au rôle d'accusée, au terme duquel on lui faisait apercevoir les plus sinistres fantômes.

Mais si, à l'aspect des torrents de larmes qu'elle répandit en apprenant l'arrestation de sa gouvernante et de l'intendant, à cause d'elle, sir Robert Tyrwhit se flatta qu'elle ne serait pas difficile à confesser, il reconnut bientôt son erreur. Ce tribut payé à la faiblesse de l'âge et de la nature, elle recouvra toute sa présence d'esprit; et acceptant la lutte, quelque inégale qu'elle fût en apparence, elle se redressa précautionnée, ferme, invincible.

Tout d'abord, dans son trouble, elle avait failli se trahir en demandant si Mrs. Ashley et Parry avaient avoué quelque chose. Alors elle fit appeler Tyrwhit, comme pour compléter les réponses qu'elle venait de faire à deux commissaires que le Conseil avait députés aussitôt après s'être assuré de la personne de lord Seymour. Mais, au moment de parler, elle ne conta que des circonstances insignifiantes. Il l'exhorta à tout dire, en l'adjurant au nom de son honneur et par le danger auquel son silence l'exposerait; « car, disait-il, elle n'était que sujette » : insinuation bien capable de faire pâlir la fille d'une reine morte sur l'échafaud. Si, au contraire, elle s'ouvrait franchement, le mal et la honte seraient pour ses gens ; sa jeunesse serait prise en considération par le roi, le Protecteur et le Conseil. Éloquence perdue : il lui fallut conclure son rapport au Protecteur par ces mots : « En aucune manière, elle ne confessera qu'elle ait eu, par Mrs. Ashley ou par l'intendant, quelque intrigue avec le lord amiral ; et cependant je vois sur sa figure qu'elle est coupable. Il est clair qu'elle endurera encore plus d'un orage, avant d'accuser Mrs. Ashley [1]. » Le lendemain, « par douceur et persuasion, » il obtint d'Élisabeth quelques particularités, bien lentes à sortir de ses lèvres, sur l'offre que l'amiral lui avait faite de sa maison de Londres, sur les questions relatives à sa fortune et à sa dépense qu'il avait posées à Parry ; et comment elle avait refusé de répondre, quand ce dernier lui avait demandé quel parti elle prendrait, supposé que le Conseil agréât son mariage. « Je vous assure, écrivait-il au Protecteur, qu'elle a une fort bonne tête, et que l'on ne gagnera rien sur elle qu'à force de politique. » Il se flattait d'être déjà quelque peu en crédit auprès d'elle [2]. Il lui montrait en grande confidence, comme s'il bravait le risque de déplaire par cette indiscrétion [3], une lettre du Protecteur, dont la teneur bienveillante avait été calculée pour surprendre son ingénuité. Élisabeth se confondait en remerciements et se rassérénait, après cette lettre ; mais elle ne disait rien [4].

Alors, Tyrwhit changea de batterie. Dans l'espoir de la mettre hors d'elle et de briser son énergie, il lui redit quels bruits déshonorants couraient sur son compte ; que l'amiral l'avait rendue mère, qu'elle cachait sa honte à la Tour. Elle s'indigna de ces calomnies, et ne faiblit pas.

---

1. Haynes, lettre de sir Robert Tyrwhit au Protecteur, 22 janvier 1549, p. 70.
2. *Id.*, lettre du 23 janvier 1549, p. 71.
3. « Je ne voudrais pas pour mille livres qu'on le sût, » lui disait-il. — Tyrwhit au Protecteur, 25 janvier 1549 ; Haynes, p. 88.
4. *Id., ibid.*, et lett. du 28 janvier, Haynes, p. 88, 89.

Ce qu'elle voulut bien avouer, elle l'écrivit elle-même au Protecteur. Plusieurs des indications contenues dans cette lettre ont déjà trouvé leur place dans notre récit ; néanmoins nous la reproduisons intégralement, de peur d'en altérer la physionomie :

« Milord, je sens ce que vous apportez de courtoisie et de bienveillance pour moi, dans cette circonstance comme dans toutes les autres ; et je vous en fais, ainsi que je le dois, mes humbles remerciements. Puisque Votre Seigneurie me demande et me conseille, en sincère ami, de déclarer ce que je sais sur cette affaire, et de mettre par écrit ce que j'ai déclaré à M. Tyrwhit, je le fais volontiers. Je lui déclarai d'abord que l'intendant, après m'avoir rapporté la réponse du lord amiral relativement à Allen et à Durham-place [1], me dit que le lord amiral m'offrait sa maison pour les séjours que je ferais auprès du roi. De plus, il me demanda si, dans le cas où le Conseil consentirait à ce que j'épousasse le lord amiral, j'y consentirais ou non. Je répondis que je n'avais pas à m'en expliquer ; et je lui demandai pourquoi il me faisait cette question, et qui l'avait chargé de la faire. Il me répondit que personne ne l'en avait chargé ; mais qu'il croyait avoir compris aux questions du lord amiral, si mes lettres patentes étaient scellées ou non, à ses explications sur sa propre dépense et à ses informations sur la mienne, qu'il pensait à cela de préférence à autre chose.

« Pour ce qui est de Kate Ashley, jamais elle ne m'en donna le conseil ; mais elle dit toujours, quand on parlait de mon mariage, qu'elle ne voudrait jamais me voir mariée en Angleterre ou hors de l'Angleterre, sans le consentement de S. M. le Roi, de Votre Grâce et du Conseil. Et après le décès de la reine (Catherine Parr), quand je lui demandai les nouvelles de Londres, elle me répondit en plaisantant : « On dit que Votre Grâce épousera milord amiral, et que lui-même viendra bientôt vous

---

[1]. Ou Durham-house. Voir plus haut, p. 26.

faire sa cour. » J'ai raconté aussi à M. Tyrwhit que l'intendant avait écrit ici que milord disait qu'il prendrait son chemin par notre côté, en allant à la campagne. Alors je commandai à Kate de lui écrire de la manière qu'elle jugerait la plus convenable, et de me montrer sa lettre, une fois achevée. Elle écrivit donc qu'elle n'approuvait pas ce projet, de peur de suspicion; et la lettre fut envoyée dans ces termes. Milord amiral, après en avoir pris connaissance, demanda à l'intendant pourquoi donc il ne pourrait pas venir chez moi, comme il allait chez ma sœur. Là-dessus, je fis récrire par Kate Ashley (dans la crainte que milord ne pensât qu'elle en savait à cet égard plus que lui) qu'elle ne savait rien, mais qu'elle se défiait. En conséquence, j'ai dit à M. Tyrwhit que, pour ce qui est de cet article [1], je n'ai jamais consenti à rien de pareil, si l'on n'avait pas le consentement du Conseil. Quant à Kate Ashley et à l'intendant, jamais ils ne m'ont dit qu'ils voulussent y coopérer [2].

« Voilà les choses que j'ai déclarées à M. Tyrwhit et dont ma conscience me rend témoignage, elle que, pour rien au monde, je ne voudrais offenser en quoi que ce fût. Car je sais que j'ai une âme à sauver, tout comme les autres; et je m'en préoccupe par-dessus tout le reste. Si quelque autre chose me revient en mémoire, je l'écrirai moi-même, ou je le ferai écrire par M. Tyrwhit.

« M. Tyrwhit et d'autres personnes m'ont dit qu'il circule des rumeurs grandement contraires à mon honneur et à mon honnêteté, que j'estime plus que tout le reste : à savoir, que je suis à la Tour et grosse de milord amiral. Milord, ce sont de honteuses calomnies; raison de plus pour moi, outre le grand désir que j'ai de voir le roi, de solliciter ardemment de Votre Seigneurie qu'elle me permette de venir à la cour aussitôt que vous l'aurez décidé, afin que je puisse me montrer telle que je suis. — Écrit à la hâte. — Hatfield, ce 28 janvier (1549).

1. La recherche de l'amiral.
2 Elisabeth ne veut pas articuler le mot cour ou mariage.

« Votre amie constante, selon mon faible pouvoir [1]. »

On a remarqué la simplicité apparente et la finesse madrée de ces demi-aveux; les courageux efforts de la pupille pour mettre sa gouvernante à l'abri; la brève et sèche mention de la mort de cette Catherine Parr, en qui elle avait trouvé une seconde mère et dont elle s'était faite la rivale; enfin la netteté, au reste beaucoup moins surprenante alors qu'aujourd'hui, avec laquelle cette jeune fille aborde sans réticence ni circonlocution les mauvais bruits dont elle est l'objet. Ses ennemis avaient été mal inspirés de lui fournir ainsi l'occasion d'une vive escarmouche et d'une revanche légitime sur des noirceurs dont ils savaient le mensonge. Il n'y avait à lui reprocher que des coquetteries trop vives et ce penchant héréditaire à la légèreté qui, déjà si fatal à sa mère, venait de l'entraîner elle-même parmi les écueils les plus redoutables.

De guerre lasse, on la laissa quelques jours en repos. Tyrwhit conseilla de chercher des armes autre part, c'est-à-dire dans des interrogatoires à faire subir à l'intendant et à Kate Ashley. Le 31 janvier (1549), il informait le Protecteur que, sauf quelques circonstances insignifiantes, arrachées pièce à pièce, il n'obtenait rien. On voit même que sa captive réfractaire avait pris l'offensive. Aussi peu disposée à accuser Mrs. Ashley qu'à s'accuser elle-même, elle ne supportait pas davantage qu'on blâmât sa conduite et disait que ceux qui parlaient ainsi s'en repentiraient. Le malencontreux questionneur s'excusait auprès de Somerset. « Si Votre Grâce savait, disait-il, les persuasions de toutes sortes que j'emploie, et comme je lui fais valoir son honneur, sa sûreté et le danger de son pays, votre étonnement ne serait pas médiocre qu'elle n'en veuille pas cracher davantage [2]. Mais son amour pour Ashley est surprenant, et néces-

---

1. Haynes, p. 89, 90.
2. *That she will no more cough out matter than she doth.* Comme nous tâchons de dépeindre une époque et ses mœurs, nous demandons la permission de ne pas traduire noblement la très-familière et humoristique expression du texte.

sairement ne peut être que pour le mal. Cependant si Mrs. Ashley voulait bien s'ouvrir de quelques-unes des choses dont elle regorge, et qu'ici on en vît quelque partie, alors j'aurais bon espoir de lui faire cracher le tout [1]. »

Pour cette nouvelle campagne, on s'attaqua d'abord à Thomas Parry. Dans d'autres temps, celui-ci, à qui la gouvernante demandait le silence sur un trait de leur maîtresse qu'elle venait de lui raconter à la légère, avait répondu qu'on le tirerait à quatre chevaux plutôt que de le faire parler; mais, au jour de la crise, à peine avait-il su les commissaires du Conseil à l'entrée d'Hatfield, que sa constance l'avait abandonné. Lui que n'animaient ni le sang ni la fierté des Tudors, à la fois péril et protection, il courut à la chambre de sa femme en se tordant les mains, avec des cris qu'il aurait mieux valu qu'il ne fût jamais né, qu'il était perdu. Il arracha et jeta à terre ses bagues et sa chaîne de cou, insigne de sa fonction [2]. Prisonnier à la Tour, il dévoila sans marchander une partie des détails que nous avons relatés, détails si compromettants pour Élisabeth et sa délicatesse de jeune fille. Kate Ashley s'obstinait à se taire; mais, confrontée avec Parry, elle plia et, à son tour, ne fut pas avare non plus de confidences du même genre.

Armé de cette double confession, et tout triomphant, Tyrwhit étala devant Élisabeth le minutieux inventaire de ses familiarités choquantes avec l'amiral, du vivant de la reine douairière. Interdite, à demi suffoquée par la honte, elle eut néanmoins la force de lire jusqu'au bout cet écrit mortifiant. Elle affecta même d'examiner attentivement les signatures de ses deux serviteurs, comme si elle suspectait une fraude, quoiqu'il fût évident, dit Tyrwhit, qu'elle les avait reconnues d'un demi-coup d'œil. Alors elle traita l'intendant de misérable; il avait promis de ne rien avouer, fût-ce devant la mort. « C'était, continuait-elle,

---

1. Joseph Stevenson, *Calendar for.*, 1558-1559, préf., p. xxxv-xxxvi, d'après l'original conservé au *Record Office*.
2. Robert Tyrwhit au Protecteur, 22 janvier 1549. Haynes, p. 70.

une chose grave pour lui que d'avoir fait une telle promesse et d'y avoir manqué. » Tyrwhit s'en alla ravi, ne doutant plus que, en l'épouvantant le lendemain pour elle-même, il ne lui extorquât la vérité tout entière [1].

Mais il s'abusait. Un peu remise de son émotion, Élisabeth reconnut que Kate et Parry n'avaient pas dit un seul mot compromettant sur l'unique point dangereux, le projet de mariage avec l'amiral, puisque leurs déclarations réservaient toujours avec le plus grand soin l'assentiment du Conseil, et qu'ils avaient livré le passé, pour sauver le présent et l'avenir. Aussi, quand M. Tyrwhit se présenta devant elle pour recueillir les fruits de sa victoire de la veille, elle écrivit elle-même ou lui dicta un certain nombre de redites, abrégées de ce qui se trouvait déjà dans les confessions qu'il lui avait communiquées deux jours auparavant, comme la lettre de condoléance de Kate à l'amiral, après la mort de la reine ; les questions de Seymour à Parry sur le chiffre des revenus et sur les lettres patentes ; ou bien des niaiseries : que Kate lui avait dit que l'amiral aurait mieux aimé l'épouser que la reine ; ses réponses à Kate et à Parry, à propos du bruit qui courait de son mariage prochain : à l'une, que c'étaient des nouvelles à la mode de Londres ; à l'autre, qu'il faisait des suppositions ridicules, etc. ; elle aussi réservait avec scrupule l'autorité du Conseil. Cela se terminait par quelques lignes de sa main, dans lesquelles elle affirmait que c'était tout ce qu'elle se rappelait de ses conversations avec son intendant et sa gouvernante ; que s'il y avait quelques articles d'omis, elle désirait très-vivement que le Protecteur et le Conseil ne crussent pas que ce fût de sa part intention de rien céler, mais pur oubli. « Car, ajoutait-elle du ton le plus sérieux, si je savais des faits sans les déclarer, je mériterais d'être prodigieusement blâmée, après que Votre Grâce m'a si amicalement écrit par lettres et conseillé par messages de déclarer tout ce que je

---

[1]. Tyrwhit au Protecteur, 5 février 1549. Haynes, p. 94, 95.

sais. J'assure donc Votre Seigneurie que, s'il reste encore quelque chose que je n'aie pas dit (ce que je ne crois pas), je vous le ferai connaître, dès que cela me reviendra à l'esprit [1]. »

M. Tyrwhit, déçu et confus, ne se dissimula pas sa défaite, et ne la dissimula pas davantage au Protecteur. En lui envoyant ce curieux factum, il disait : « Il ne contient pas autant de choses que je voulais, ni en proportion de mes efforts auprès d'elle. Mais il n'y a pas moyen de lui faire avouer que notre Mrs. Ashley ou Parry l'aient incitée à correspondre avec le lord amiral par messages ou par lettres. Ils chantent tous la même chanson; et je crois que cela ne serait pas, s'ils ne s'étaient pas d'avance donné la note : car certainement ils feraient des aveux; ou, du moins, ils ne s'accorderaient pas si bien ensemble [2]. »

C'est sur cette lettre du 7 février 1549, c'est-à-dire sur un échec complet, que finit la lutte. La proie, que les limiers comptaient réduire aux abois en un moment, avait soutenu près de trois semaines leur âpre poursuite, et enfin leur échappait en les dépistant. En d'autres termes, la diplomatie d'une fille de seize ans et d'une femme de service avait joué l'expérience et la subtilité des hommes d'État.

1. Confession d'Elisabeth, Haynes, p. 102, 103.
2. Haynes, p. 102.

IV

ÉLISABETH ET LADY TYRWHIT

Le Conseil se passa du moins la satisfaction de casser Catherine Ashley de sa fonction près d'Élisabeth. Il est certain qu'elle avait mal compris et mal rempli ses devoirs de gouvernante. De plus, une lettre des lords chapitra la jeune princesse, en ces termes : « Catherine Ashley, qui jusqu'ici avait spécialement la charge de veiller à la bonne éducation et au gouvernement de votre personne, a montré qu'elle n'était nullement faite pour occuper davantage un tel poste auprès de Votre Grâce. En conséquence, nous avons pensé qu'il convenait de vous envoyer lady Tyrwhit, pour demeurer avec vous au lieu de ladite Ashley, et de lui confier près de votre personne la même charge qu'Ashley occupait auparavant. Informés qu'elle n'avait pas mis à se rendre à son office l'empressement sur lequel nous comptions de sa part, nous avons jugé à propos, en apprenant dernièrement qu'elle était ici [1], de nous expliquer franchement avec elle. D'après cela, de même que nous ne doutons pas qu'à l'avenir elle ne s'emploie en toute chose pour le bien et l'honneur de Votre Grâce, de même nous avons la confiance que vous accepterez ses services avec recon-

---

1. A Londres, près de la Cour.

naissance, que vous écouterez et suivrez ses bons conseils à l'occasion, particulièrement dans les choses qu'elle a mission de notre part de vous mettre sous les yeux : de quoi les effets ultérieurs tourneront au grand honneur et profit de Votre Grâce, au bon contentement de Sa Majesté et à la satisfaction de tous ceux qui souhaitent de vous voir prospérer en toute vertu et honneur [1]. »

Lady Tyrwhit, fille du premier mari de Catherine Parr, lord Borough de Gainsborough, avait fait partie de la maison de sa belle-mère. Elle était, comme elle, instruite, judicieuse ; comme elle, protestante zélée, et l'une des trois dames que l'on avait englobées avec la reine dans le bill d'accusation d'hérésie, préparé un moment par Henri VIII contre sa sixième femme. Elle n'accepta qu'à son corps défendant, sur les injonctions et les réprimandes du Conseil, la fonction épineuse qu'on lui imposait au manoir de Hatfield et dont les débuts n'eurent rien d'encourageant.

Silencieuse, en effet, et digne tant qu'elle avait été devant ses juges, Élisabeth laissa éclater son humeur sur la duègne, qu'on lui préconisait avec cette solennité sévère. Quand lady Tyrwhit voulut prendre possession de son office, elle se récria que Mrs. Ashley était sa maîtresse, et qu'elle-même ne s'était pas conduite de façon que le Conseil pût croire nécessaire de l'astreindre encore à des gouvernantes. Elle pleura toute la nuit et gémit tout le lendemain : « Le monde, disait-elle, la croirait donc bien coupable, puisqu'on se hâtait si fort de lui imposer une maîtresse. »

Sir Tyrwhit, appelé à l'aide par sa femme, ripostait que, pour le soin de son honneur, elle aurait dû être la première, à cause de son jeune âge, à demander une gouvernante, plutôt que de rester seulement une heure sans en avoir. « Mais, écrivait-il au duc de Somerset, elle ne veut pas absolument digérer ce con-

---

[1]. 17 février 1549, Haynes, p. 107.

seil, bien qu'à mon gré deux gouvernantes valussent encore mieux qu'une seule. »

Cependant le Protecteur, peu satisfait des aveux insignifiants contenus dans la lettre du 28 janvier, et de l'accueil qu'avait reçu lady Tyrwhit, envoya des remontrances à Élisabeth et voulut lui dicter directement, ou par Tyrwhit, les termes d'une nouvelle lettre, qu'il aurait calculée de manière à presser chez les lords le vote du bill d'*attainder* contre Seymour. Quel spectacle repoussant que ces embûches tendues sous chacun des pas de la jeune princesse ; cette opiniâtreté à lui surprendre quelques mots imprudents, par lesquels on lui plongera, bon gré mal gré, la main dans le sang du malheureux amiral ; cette analyse et ce commentaire perpétuel de son attitude, de ses moindres paroles épiées, rapportées avec une joie basse et féroce ! Ce spectacle, un jour aussi, elle le donnera sans scrupule et sans remords, contre une reine, victime de sa jalousie. Comme le Protecteur, elle trouvera des ministres exaltés par la joie de calomnier et d'abattre sous ses pieds la victime désignée. Le souvenir de ses premières souffrances n'aura-t-il servi qu'à lui faire un cœur de marbre ? Dans le moment, on ne lui laissait pas ignorer la perte imminente de Seymour, la dissolution de sa maison qu'il avait gardée sur un pied princier, malgré son veuvage, en vue de ses noces futures ; et sous ces atteintes continuelles, elle se départait peu à peu de son imperturbable fermeté et se laissait aller par moments à des impatiences nerveuses. « Elle commence à faiblir, écrit toujours Tyrwhit, depuis qu'elle sait qu'on a dispersé les gens de milord amiral ; ma femme me dit qu'elle ne peut pas entendre mal parler de lui, sans être prête à répondre, chose qu'elle n'avait pas accoutumé de faire, excepté quand on touchait à Mrs. Ashley, car alors elle était toujours prête à répliquer avec véhémence pour la défendre. » — « Son attachement pour cette femme, disait-il encore, est extraordinaire [1]. »

---

[1]. Tyrwhit au Protecteur, Hatfield, 19 février 1549 ; Haynes's Papers, p. 108 ; Jos. Stevenson, *Calend. for.*, 1558-1559, p. xxxviii. Miss Agnès Strickland, *Elizab.*, p. 41 et suiv.

La lettre au Protecteur, elle déclara qu'elle la ferait « à sa fantaisie ».

Si nous ne nous trompons, ici s'accomplit en elle une décisive évolution de caractère et de nature. La crise douloureuse où les entraînements d'une coquetterie puérilement naïve, plutôt qu'intentionnelle, avaient jeté Élisabeth, fut comme un creuset au fond duquel se consumèrent et les pensers et les jours de l'adolescence. Il en sortit une personnalité toute nouvelle, telle que les plus avisés eussent été bien loin de la soupçonner quelques semaines auparavant. L'énergie, endormie au fond de cette âme, s'éveilla et se reconnut elle-même. La femme dépouilla la jeune fille ; l'homme d'État, disons-le, se dégagea de l'enfant. Trempée par le péril et la lutte, Élisabeth s'arma vaillamment, aussi capable d'attaquer que de se défendre.

Sa seconde lettre au Protecteur, hautaine, virile, heurtée, écrite par places du style énigmatique qu'elle affectionnera, bouillonne de colère. Mais l'expression est prudente et mesurée, de manière à ne fournir d'arme à personne. Déjà aussi, une précoce intuition de son plus vital intérêt l'éclaire et la guide dans le soin qu'elle prend de sa popularité. Elle veut la conserver intacte : car elle le sait, elle ne l'oubliera jamais, la popularité est toute sa force, son unique rempart.

« Milord, disait-elle, je vois, par la lettre que j'ai reçue de Votre Seigneurie, quelle est votre bienveillance pour moi, puisque vous m'y faites connaître toute votre pensée sur cette affaire, et que, de plus, vous exprimez le souhait que je ne fasse rien qui puisse ne pas sembler bon au Conseil. Je vous en offre mes sincères remerciements. J'apprends aussi que vous avez pris en mauvaise part ma lettre à Votre Seigneurie. J'en serais très-affligée, car ma pensée était de vous exposer simplement, comme je le croyais, ma conduite dans cette affaire. Je le fis d'autant plus volontiers que vous désiriez de moi (et c'est ainsi que je vous écris) des explications franches sur tous les points. Quant à ce que vous m'écrivez, que je vous parais pré-

somptueuse en me tenant pour si fort assurée de moi-même, je
n'ai pas présumé de moi au delà de ce que la vérité établira,
j'en suis persuadée ; et lorsque je disais ce que je sais sur moi-
même, je n'aurais pas cru déplaire au Conseil ou à Votre Grâce.
Assurément, si j'étais chagrine que l'on mît quelqu'un de cette
sorte auprès de moi, c'était dans la pensée que le peuple dirait
que j'avais mérité par ma mauvaise conduite d'avoir quelqu'un de cette espèce [1]. Ce n'était pas mécontentement de ma
part au sujet de ce que Votre Seigneurie ou le Conseil trouviez
bon, car je sais que vous et le Conseil avez la charge de ma personne. Ce n'est pas non plus que je prétende me gouverner moi-
même, car je sais que ceux-là se trompent le plus qui se con-
fient davantage en eux-mêmes. Certes j'ose croire que vous ne
me trouverez jamais ce genre de défaut ; je ne vois pas que Votre
Grâce me réponde directement à ce sujet. Avec les mauvais
bruits déjà mis en circulation, ce sera un aliment de plus pour
les mauvaises langues.

« Vous m'avez écrit, il est vrai, que si je dénonçais quelqu'un
qui eût tenu de tels propos, vous et le Conseil en feriez justice.
Sans doute, il me serait aisé de le faire ; mais j'y répugne, parce
qu'il s'agit de ma propre cause ; et d'ailleurs je n'y gagnerais
que le fâcheux renom d'être heureuse de les punir ; je m'atti-
rerais ainsi le mauvais vouloir du peuple, chose dont je serais
désolée. Mais s'il semblait bon à Votre Seigneurie et au reste
du Conseil de publier une proclamation dans le pays, pour
qu'ils eussent à réfréner leurs langues, avec déclaration que
tous ces récits ne sont que mensonge, cela donnerait lieu aux
gens de penser que vous et le Conseil tenez beaucoup à ce que
des rumeurs pareilles ne circulent pas sur l'une des sœurs de
Sa Majesté (car je le suis, quoique indigne), et à moi de croire
que je trouve en vous l'amitié que vous m'avez promise et dont
Votre Seigneurie m'a déjà donné de grandes marques. Pour-

---

1. Elle ne daigne pas désigner autrement lady Tyrwhit.

tant j'ai honte de vous le demander encore, d'autant que je vous y vois peu disposé.

« Lorsque vous dites que je donne à penser au monde, en repoussant le bien pour soutenir le mal [1], je ne suis pas tellement simple d'entendement, et je ne voudrais pas non plus que Votre Grâce eût assez mauvaise opinion de moi, pour croire que je fais si peu de cas de ma propre honnêteté, que de vouloir m'obstiner si j'avais promesse suffisante ; Votre Grâce pourra me mettre à l'épreuve quand on en viendra aux faits [2]. Sur ce, je vous salue, souhaitant que Dieu vous assiste toujours en toutes vos affaires.

« Écrit à la hâte. Hatfield, ce 21 février 1549.

« Votre constante amie, selon mon petit pouvoir [3]. »

Le 4 mars 1549, la Chambre des lords vota la troisième lecture du bill d'*attainder* contre lord Seymour. Parmi les motifs, on alléguait qu'il avait entrepris d'épouser la sœur du roi, lady Élisabeth, seconde héritière de la couronne dans l'ordre de réversibilité.

Que pouvait-elle en faveur du proscrit ? Du moins, elle n'abandonna pas ses propres serviteurs, acte courageux dans sa situation et dont il faut lui tenir compte. Catherine Ashley et son mari, à la Tour, étaient trop près de la hache aiguisée contre l'amiral, pour n'en pas redouter eux-mêmes le tranchant : les mœurs étaient impitoyables. Mais comme le Protecteur venait de lancer, pour satisfaire Élisabeth, la proclamation qu'elle avait réclamée contre les mauvais bruits, elle profita de ces dispositions meilleures et lui recommanda instamment celle qui tant d'années, disait-elle, avait peiné et travaillé pour l'élever dans la science et l'honnêteté. Elle citait la parole de saint Grégoire, que nous sommes encore plus

---

1. C'est-à-dire la mauvaise gouvernante contre la bonne, Ashley contre Tyrwhit.
2. Elle veut dire que si on lui rend Mrs. Ashley, sa conduite justifiera la concession qu'on lui aura faite.
3. Miss Agnès Strickland, p. 42, 43, d'après les Lansdowne mss. Ellis. *Original Letters*, 1re série, t. II, p. 155.

obligés à ceux qui nous ont appris à bien vivre qu'aux parents qui nous ont seulement donné l'être. Puis elle affirmait de nouveau que Catherine Ashley ne lui avait jamais parlé de mariage, sans réserver avant tout le consentement du Protecteur et du Conseil. Quant à elle, le monde ne la croirait pas exempte de reproche, mais seulement pardonnée en faveur de sa jeunesse, si celle qu'elle aimait tant continuait à être gardée en prison. « Voilà, terminait-elle, comment l'espérance, l'emportant chez moi sur la crainte, a gagné la bataille; et je me suis avancée aujourd'hui sous ses auspices. Je prie Dieu que ma démarche ne soit pas prise dans un autre esprit que celui où je la fais. » Enfin, elle ajoutait quelques mots en faveur de M. Ashley, en rappelant sa parenté avec lui [1].

Quinze jours plus tard, la tête de lord Seymour tombait sur l'échafaud, le 20 mars 1549.

Les espions du Protecteur coururent en informer Élisabeth : ils voulaient se repaître de sa douleur et la dénoncer. O prodige! Impassible et impénétrable, elle dit, à ce qu'on rapporte : « Il est mort un homme de beaucoup d'esprit et de peu de sens [2]. »

---

1. Lettre du 7 mars 1549. Ellis, *Original Letters*, 1re série, t. II, p. 153. Miss Agnès Strickland, p. 45, en louant l'attachement d'Elisabeth pour ses parents, dit avec esprit que la légèreté qu'elle avait héritée de sa mère paraît avoir été, à cette époque de sa vie, son plus grave défaut; quoiqu'elle ait acquis, par la suite, l'art de le voiler sous une affectation d'extrême pruderie, son penchant naturel s'échappait à chaque instant et se trahissait par des folies, comme la chatte de la fable, qui, métamorphosée en femme, ne pouvait pas s'empêcher de chasser la souris.

2. Leti, *Histoire d'Elisabeth*. Miss Agnès Strickland, p. 45, 46, admet sans difficulté l'authenticité de ces paroles. Nous croyons cependant devoir faire remarquer que nous ne les avons trouvées que chez Leti. Edouard VI, doux de caractère, ne paraît pas non plus avoir eu la sensibilité en partage, du moins dès qu'on l'inquiétait sur les droits de sa couronne; il nota dans son journal, en quelques mots très-secs, l'exécution de son oncle : « Le lord Sudeley, amiral d'Angleterre, fut condamné à mort et mourut au mois de mars suivant. » Burnet, t. II, *A Collection of Records*, n° 1, p. 4. Pendant les débats qu'on ne saurait appeler procès, car Thomas Seymour ne fut pas admis à se défendre, la Chambre basse regimbait, en demandant la présence de l'accusé. Le roi mit un terme à

C'est aussi par trop se commander. Quoi! dans cet âge de spontanéité et d'élan, pas une larme à la paupière! Pas un cri de douleur! Si la bouche s'entr'ouvre, ce sera pour signifier une sorte de congé ironique à la mémoire de l'homme avec qui l'on rêvait tout à l'heure le mariage et la félicité, comme on peut rêver à seize ans! Quelle promptitude et quelle aisance à mâter son cœur, à dérober son visage sous le masque de la politique! Et pour quel motif? Pas d'autre, ce semble, que de sauver l'amour-propre du moi et de mettre à néant les méchants propos à force de détachement à l'endroit de la victime. Ainsi le bronze renvoie le dard, qui retombe, émoussé et impuissant, au pied de la statue.

Pourtant, il avait battu pour le beau cavalier, cela est certain, ce cœur dont l'empire sur lui-même est si voisin de la plus dure sécheresse. Plus tard, Élisabeth étant sur le trône, sir John Harrington, qui avait été l'un des principaux serviteurs de l'amiral, osa lui présenter le portrait de lord Seymour, avec un sonnet dans lequel il célébrait la beauté virile, les nombreux mérites, et flétrissait l'injuste mort de son ancien seigneur. Elle accepta le présent funèbre [1]. On veut que le dénouement tragique de son premier amour l'ait éloignée à jamais du mariage.

Il faut dire, à l'honneur d'Élisabeth, que si, par un effort surhumain de sa volonté, elle ne chancela pas sous la catastrophe de celui qu'elle aimait, elle en reçut néanmoins une atteinte si cruelle et si profonde, que bientôt ses forces la trahirent. Elle faillit succomber à une maladie de langueur. Le Protecteur lui envoya les médecins du roi; il expédia ses lettres patentes, ajournées jusque-là, et qui avaient tant préoccupé

sa résistance par un message formel; et quand, après le vote du *bill d'attainder*, les lords du Conseil lui demandèrent qu'il lui plût d'ordonner que justice s'accomplît, il les remercia du soin qu'ils prenaient de sa sûreté et leur commanda de procéder à ce qu'ils requéraient, sans plus en tourmenter ni lui ni le Protecteur. « Et je vous prie, milords, dit-il pour finir, de faire ainsi. » Burnet, t. II, p. 94, 95. *Registre du Conseil privé d'Edouard VI*, t. I, fol. 105, *a* et *b*.

1. Miss Agnès Strickland, p. 46, 47.

l'amiral [1]. Il lui rendit même Kate Ashley avec l'intendant Parry. Il lui écrivit des lettres amicales. Toutefois ce ne fut qu'au bout d'un an qu'enfin la jeunesse triompha de la maladie.

La rude discipline de la disgrâce et de la souffrance ramena Élisabeth au soin de la vie intérieure. Elle comprit la nécessité de se renfermer et de disparaître en quelque sorte du monde, afin de réparer dans l'ombre et le silence son honneur endommagé. N'avait-on pas colporté l'histoire d'une sage-femme, introduite la nuit, les yeux bandés, chez une jeune et belle dame, d'un enfant mis au monde et détruit mystérieusement? Elle accepta, sans plus se cabrer, la direction de lady Tyrwhit. Il reste de cette dame un volume de prières du matin et du soir, avec des hymnes et des méditations, qu'elle composa pour l'usage de sa royale pupille. Il abonde en sages et utiles préceptes, plusieurs particulièrement opportuns : « Pensez une fois le jour aux nécessiteux. — Soutenez le pauvre en sa juste querelle. — Aidez à pacifier les différends. — Tuez la colère par la patience. — Faites grand cas de la modestie. — Soyez toujours la même. — Ayez les yeux ouverts surtout sur vous-même, etc. [2]. »

---

[1]. Tout en lui faisant des remerciements chaleureux, la princesse s'observait dans ses actions avec la plus extrême prudence, comme on le voit par une lettre de Thomas Parry à William Cecil, secrétaire du Protecteur (25 septembre 1549). L'ambassadeur de Venise, obéissant à ses instructions, est venu faire visite à Élisabeth ; on a causé, il a chassé, et il est reparti le soir. Dès le lendemain, elle ordonne à Parry d'en avertir Cécil pour qu'il en parle ou qu'il dise s'il vaut mieux qu'elle en écrive elle-même au Protecteur. Ce n'est pas que l'entretien ait eu quelque portée ; mais elle ne veut ni recevoir des informations, ni agir en aucune affaire qui ait un air ou une apparence d'importance sans le lui faire savoir ; surtout elle tient à ce que Cécil, dans le cas où il en parlerait au Protecteur, ne manque pas d'ajouter que c'est sur ses instances formelles. « Toute affaire, même de peu de chose en elle-même, si elle a un air, un semblant ou une apparence quelconque d'importance, ne sera pas plus tôt dans la tête de la princesse, que milord (Somerset) en aura nouvelles. » Quelques mots de la même lettre indiquent qu'Élisabeth était déjà en rapports de confiance avec Cécil, qui devait être, neuf ans après, son premier ministre. — Tytler, *England under the reigns of Edward VI and Mary*, t. I, p. 201, 202.

[2]. Jos. Stevenson, *Calend. for.*, 1558-1559, préf., p. LX.

Pendant le reste de cette terrible année, l'affaiblissement de ses forces ralentit ses études, dans lesquelles elle cherchait le calme et la consolation. Le 2 janvier 1550, elle écrivit à Édouard VI une touchante lettre latine, où elle s'excusait par cette raison de ne pas lui envoyer son cadeau d'usage, c'est-à-dire « un échantillon de sa faible provision de science ». Mais, continuait-elle avec une aimable flatterie, lors même que sa santé ne l'eût pas obligée de s'abstenir, elle aurait eu grand'-peur de lui adresser maintenant quelque essai de ce genre, car elle savait que la justesse de son jugement ne lui permettrait pas d'approuver une œuvre défectueuse. Au moins aurait-elle voulu lui offrir un présent, quelque bijou; mais, tandis qu'elle était dans la perplexité, n'ayant rien qui fût digne d'être agréé, elle avait reçu du lord Protecteur avis de la suppression des étrennes, « mesure très-sage, » dit-elle. On est sujet au changement. Une fois reine, elle trouva fort agréable de recevoir des étrennes, fort peu d'en donner. — Les dernières lignes exprimaient timidement le vœu d'être admise à présenter en personne ses souhaits à son frère, si tel était son bon plaisir [1]. Mais la disgrâce qu'elle subissait ne touchait pas encore à son terme. Plus que jamais, l'étude lui servit de refuge. A mesure qu'elle sentait ses forces renaître, elle s'y absorbait avec une passion croissante.

1. Miss Agnès Strickland, p. 48.

V

LES ÉTUDES D'ÉLISABETH

L'étude! Jusqu'ici, nous avons à peine effleuré cette partie de la jeunesse d'Élisabeth. Au lieu d'en rapporter les traits épars à mesure que l'ordre des temps nous les offrait, nous préférions les réunir dans leur ensemble, et, en élargissant le cadre, observer chez l'un de ses plus brillants *sujets* la forte et puissante discipline de l'esprit, telle qu'on la pratiquait en Angleterre au temps de la Renaissance.

L'enthousiasme de l'antiquité latine et grecque s'était communiqué de l'Italie à l'Angleterre, à travers le continent. Au commencement du XVIe siècle, l'étude du grec prit place, dans les écoles anglaises, à côté de celle du latin, qui elle-même se régénérait, non sans avoir à surmonter, là comme ailleurs, l'hostilité de la routine et de l'ignorance. Le cardinal Wolsey, alors le tout-puissant favori de Henri VIII, fonda le collége de Christchurch à Oxford et l'école d'Ipswich, sa ville natale, pour l'enseignement des deux langues classiques. L'Anglais Thomas Linacre, après s'être instruit en Italie dans la médecine et dans la littérature grecque; deux étrangers, Érasme et l'Espagnol Jean-Louis Vivès, durant leur séjour en Angleterre, suscitèrent autour d'eux, à Oxford et à Cambridge, l'étude et les disciples. Sous leur direction se formèrent Thomas More, qu'ont illustré à jamais son savoir, la savante éducation qu'il se plut à donner lui-même à ses trois filles, plus encore l'incorruptible vertu que, monté au faîte des honneurs, il opposa à l'injuste Henri VIII, lors du divorce de ce prince avec Catherine d'Aragon ; Gardiner et Réginald Pole, plus tard, l'un évêque, l'autre cardinal; John Hooper, John Aylmer, célèbres dans l'histoire de la Réforme en Angleterre; mais, pour nous borner à ceux qui constituèrent dans leur patrie l'enseignement national de la renaissance, John Cheke et Thomas Smith, les principaux; Roger Ascham, parmi la foule de leurs élèves.

Henri VIII ne fut pas insensible à l'attrait de la rénovation. A peine sa fille aînée, Marie, eut-elle atteint l'âge de sept ans, qu'il confia la direction de ses études à Vivès et à Linacre (1523). Le premier écrivit pour elle un traité sur l'éducation des femmes [1] et des recueils de maximes morales [2]; le second, une grammaire latine en anglais. Vivès stimule l'ardeur de son élève par l'exemple des filles de Thomas More. Comme méthode, il veut qu'elle traduise de l'anglais en latin et qu'elle s'exerce à parler latin avec ses maîtres. Quant aux livres qu'il conseille après les Livres saints, on ne peut se défendre d'un certain effroi, pour une enfant à peine échappée aux lisières, en voyant les noms de St. Cyprien, St. Jérôme, St. Augustin, de Boëce, Platon, Cicéron, Sénèque, Lucain, Prudence, Sidoine Apollinaire, sans compter la vaste série des écrits d'Erasme, et jusqu'à l'*Utopie* de Thomas More. Il faut bien que les éloges prodigués par les courtisans à la jeune princesse sur son application, son goût des études sérieuses, sa facile compréhension, aient été autre chose que de menteuses flatteries, puisque, au lieu de succomber sous un tel programme, elle en vint à savoir le grec, à écrire le latin, à parler l'espagnol et le français, à comprendre l'italien. Même le

---

1. *De institutione Fæminæ christianæ*, dédié à la reine Catherine (d'Aragon), 1523 ; imprimé à Anvers en 1524.
2. *Ad Sapientiam introductio, Satellitia.*

ton simple et naturel de ses lettres contraste avantageusement avec le style tourmenté de sa sœur Élisabeth [1]. Avant celle-ci, elle sut employer les loisirs amers de la disgrâce au profit de l'âme et de l'intelligence.

Chez le public des universités, le grec triompha des scolastiques en 1535. Cinq ans après, Henri VIII créait à Cambridge la première chaire de grec et y appelait John Cheke (1540). Il se fit entre les deux universités de Cambridge et d'Oxford comme un partage assez singulier de la littérature grecque.

Tandis que, sous l'impulsion de Cheke et de Thomas Smith, la première s'attachait aux plus grands et aux plus purs modèles : Aristote, Platon, Démosthènes, Socrate, Hérodote, Thucydide, les tragiques ; en latin, Cicéron, Térence, César, Tite-Live ; la seconde recherchait de préférence les écrivains de deuxième rang ou même de décadence : Lucien, Plutarque, Hérodien, chez les Grecs ; Sénèque, Aulu-Gelle, Apulée, chez les Latins [2]. Les érudits d'Angleterre présentent aussi ce trait distinctif par rapport à ceux du continent, qu'on ne peut pas les ranger parmi les *Cicéroniens* proprement dits. La ferveur du culte voué par eux au génie hellénique, source première du beau dans l'antiquité, les rend injustes envers l'Italie ; et, bien qu'ils comptent Cicéron avec Aristote, Platon et Démosthènes, parmi les *quatre colonnes de la science* [3], il leur arrive de parler sur un ton méprisant des lettres latines, comme d'une littérature seconde, ne valant que par le modèle qu'elle a copié ou pillé [4]. C'est au plus fort de ce mouvement des esprits que se place l'éducation des deux plus jeunes enfants

---

1. V. Madden, *Privy Purse expenses,* etc., introduction, p. xli, cxviii et suiv.
2. *Ascham's Works*, t. I, p. 190, lett. d'Ascham à Sturmius, Cambridge, 4 avril 1550. Édition du Dr Giles, Londres, 1865.
3. *Ascham's Works*, t. III, *the Scholemaster*, l. II, p. 237.
4. Témoin cette boutade d'Ascham (*the Scholemaster*, l. I, p. 134). Il vient de tracer la splendide énumération des auteurs grecs ; puis il continue : « Maintenant que l'italien, le latin lui-même, l'espagnol, le français, l'allemand et l'anglais viennent produire leur savoir, qu'ils apportent leurs titres. Si l'on excepte le seul Cicéron et un ou deux autres d'entre les Latins, ce ne sont tous que torchons rapiécés et guenilles, mis

de Henri VIII [1]. Rapprochés par l'âge, Élisabeth, née en 1533, Édouard en 1537, avaient d'abord été instruits ensemble par les mêmes maîtres, sir John Cheke et Richard Coxe pour le latin. Deux étrangers, obligés de fuir hors du continent à cause de leurs opinions religieuses, leur enseignaient, Jean Belmain le français, Battista Castiglione l'italien [2]. Roger Ascham, qui ne dédaignait pas d'ajouter à l'érudition un brillant talent calligraphique, leur façonna cette *belle main*, qu'aujourd'hui encore on admire. Édouard, entré dans sa septième année quand il passa sous l'autorité de ces savants personnages (juillet 1544), fit des progrès rapides. Dès le mois de janvier 1546, un de ses maîtres, probablement Coxe, rendait compte à Cranmer, archevêque de Cantorbéry et parrain de son jeune élève, que celui-ci avait vu presque en entier les quatre livres de Caton [3] ; qu'il savait construire, analyser, réciter à livre fermé ; sans compter des extraits de la Bible, le *Satellitium* de Vivès, les fables d'Ésope et la composition latine.

Ces divers maîtres, ennemis secrets du catholicisme [4], ainsi que nous avons déjà eu occasion de le dire, n'avaient pas craint, du vivant même de Henri VIII et sous l'œil soupçonneux de ce terrible théologien, d'inculquer sourdement aux deux enfants

---

en comparaison avec un ample vêtement d'un beau tissu ; et franchement, s'ils ont quelque mérite, ils l'ont acquis, emprunté ou volé chez ces grands esprits d'Athènes. »

1. La préface de M. Joseph Stevenson, *Calend. for.*, 1558-1559, nous offre, sur ce sujet des études d'Édouard et d'Élisabeth, de nombreux et précieux renseignements, que nous mettons à profit. On ne peut pas suivre un guide plus instruit ni plus sûr.

2. Battista Castiglione fut sans doute le maître d'Édouard, comme il était celui d'Élisabeth. Mais nous ne trouvons son nom que pour la princesse, quoique Édouard aussi étudiât l'italien.

Une année, elle envoie comme étrennes à son frère un sermon italien copié de sa propre main (miss Agnès Strickland, *Élizabeth*, p. 48).

3. Dionysius Caton, dont on place l'existence au IIIe siècle après J.-C., auteur de quatre livres de distiques moraux, à l'usage de la jeunesse. — Joseph Stevenson, *Calendar foreign*, 1558-1559, introd., p. xv, et Foxe, t. VI, p. 351.

4. Vivès excepté.

leurs tendances religieuses. Même Anne Boleyn, six jours avant d'être arrêtée et conduite à la Tour, avait recommandé expressément au Dr Parker, son chapelain, d'instruire sa fille dans les principes de la *vraie religion* 1. Tels étaient au●, on s'en souvient, les sentiments de Catherine Parr ; tels ceux de Catherine Ashley, à en juger, pour cette dernière, par l'ardeur mystérieuse avec laquelle l'anti-papiste Ascham la félicite, dès ce temps, du chemin que la jeune princesse fait sous sa direction dans la parfaite piété 2.

A l'avénement d'Édouard VI, le Protecteur et le Conseil établirent officiellement la réforme religieuse par la substitution de la cène à la communion. Mais leur zèle évangélique n'était pas sans alliage ; les grands prouvèrent, en pillant les biens ecclésiastiques, qu'en Angleterre, comme en Allemagne, le désir de s'enrichir n'avait pas médiocrement contribué à leur ouvrir les yeux sur la *vérité*. Quelques docteurs candides avaient cru au contraire que le profit en serait pour les fondations d'écoles, de piété et de bienfaisance. Richard Coxe, entre autres, manifesta sa surprise et sa douleur, sans ménagement pour les *loups du monde*. Alors le Protecteur craignant son influence sur Édouard VI se hâta de le relever de ses fonctions d'instituteur auprès du prince et les laissa tout entières à John Cheke, érudit de premier ordre, mais sans doute moins susceptible sur l'article des sécularisations.

Déjà, depuis quelque temps, Élisabeth étudiait séparément de son frère, car il était naturel qu'à l'âge de douze à quinze ans elle le devançât. Dans le courant de 1545, Cheke lui choisit pour professeur William Grindall, comme lui de l'université de Cambridge au collége Saint-John : élève et ami de Roger Ascham,

---

1. Burnet, *History of the Reformation*...., t. II, p. 167. Le Dr Parker, dans la suite archevêque protestant de Cantorbéry, parle plusieurs fois dans sa correspondance des injonctions formelles, qu'il reçut dans ce sens, de la mère d'Élisabeth. *Correspondence of Matthew Parker, archbishop of Canterbury*, Cambridge, 1853, p. 59, 391, 400.

2. *In all good godliness.* Lettre écrite vers l'an 1545, *Ascham's Letters*, t. I, part. I, n° XXXIX, p. 85.

Grindall avait partagé la chambre de celui-ci pendant sept années d'études et de misère. Au témoignage d'Ascham, qui s'efface modestement, il ne le cédait dans la connaissance du grec qu'à Cheke et à Smith. Il passa trois années près d'Élisabeth et mourut prématurément, en janvier 1548, victime d'une de ces épidémies alors si fréquentes en Angleterre. Souvent il avait vanté les lumières d'Ascham, dont il recherchait les conseils dans son enseignement [1]. D'autre part, Élisabeth affectionnait son maître de calligraphie. Elle le demanda pour continuer Grindall et sut l'obtenir, malgré l'opposition de Catherine Parr et de lord Seymour, dont elle dépendait encore et qui avaient fait un autre choix, février 1548 [2].

Doué d'aptitudes très-variées, professeur de mathématiques à l'université de Cambridge, chargé par l'université elle-même du cours de grec qu'elle institua au collège Saint-John avant la création de la chaire de grec par Henri VIII, élevé à l'unanimité des suffrages à la dignité d'*Orateur* de l'Université, admirateur passionné des anciens, d'ailleurs judicieux, homme de goût et d'esprit, musicien, Roger Ascham captiva tellement son écolière, qu'elle en vint bientôt à ne pouvoir plus se passer de lui [3]; c'était aussi le moment des cruelles traverses où elle se jeta et de l'abattement qui les suivit; elle s'estimait trop heureuse d'avoir près d'elle quelqu'un qui n'eût pas été du nombre de ses ennemis ou n'eût point pactisé avec eux. Mais peu à peu le maître, soit inquiétude naturelle de caractère, soit irritation des

---

1. On voit que de bonne heure Ascham prenait part indirectement à l'éducation d'Élisabeth. Dans une lettre à Catherine Ashley (1545), il recommande à celle-ci de ne pas surcharger son élève et de lui mesurer l'effort : « Si vous voulez, dit-il, remplir d'un seul coup un verre à boire, la plus grande partie du liquide rejaillira et se répandra par-dessus le bord... » *Ascham's Letters*, n° XXXIX, t. I, part. I, p. 86. Il semble que Kate ne fût pas plus sage sur ce chapitre, que sur le reste.

2. *Ascham's Letters*, n° LXXXV, lettre à sir John Cheke, 13 février 1548; t. I, part. I, p. 160.

3. Il écrit à un ami (8 juillet 1549), en parlant de sa très-illustre dame : « libenter me nusquam dimittit... favet enim mihi unice. » T. I, part. I, p. 167.

tracasseries que lui suscitait d'en bas l'intendant [1], jaloux peut-être de son crédit, finit par sentir le poids de sa chaîne plus que le charme d'une amitié si haut placée. Vers le mois de janvier 1550, il s'affranchit un peu à la légère, comme il l'avoua dans la suite, et alla renouer à Cambridge, dans son cher collége Saint-John, ses études interrompues. Du moins, en deux années, son enseignement avait achevé et mûri les leçons de Grindall, et mis Élisabeth en pleine familiarité avec l'antiquité grecque et latine. Quelques mois après avoir recouvré sa liberté, Ascham, écrivant à Sturmius (Jean Sturm), recteur du gymnase protestant de Strasbourg, traçait le tableau suivant des études et des mérites de celle qui brillait, disait-il, comme une étoile parmi toutes les dames d'Angleterre, moins encore par l'illustration de la naissance que par l'éclat de la vertu et des belles-lettres [2] :

« Tout ce qu'Aristote requiert de qualités s'est donné rendez-vous dans sa personne : beauté, grandeur d'âme, sagesse, amour du travail, elle possède tout au plus haut degré. Elle compte un peu plus de seize ans; et l'on n'imaginerait jamais tant de gravité à cet âge, ni d'affabilité dans ce rang élevé. Elle a la passion de la vraie religion et de la meilleure littérature. Exempte de toute faiblesse féminine dans la trempe de son esprit, elle est douée d'une force virile d'application, et d'une mémoire ! impossible de l'avoir plus prompte et plus sûre. Elle parle le français et l'italien comme l'anglais ; le latin, avec facilité, propriété et jugement ; le grec, médiocrement, mais souvent et volontiers dans nos entretiens. Rien de plus beau que son écriture en grec et en latin. Elle est fort habile en musique, sans y prendre grand plaisir. S'il faut parler de sa toilette, elle préfère de beaucoup l'élégance simple à la recherche. A voir

1. Thomas Parry réintégré.
2. Lettre datée de S^t. *John's College,* Cambridge, 4 avril 1550.
Ascham's Letters, t. I, part. 1, p. 191, 192. Ordinairement, on n'en cite que des extraits ; nous croyons préférable de donner intégralement la partie relative à Élisabeth.

son mépris des artifices de la coiffure et des ornements d'or, ce n'est pas Phèdre, c'est Hippolyte que rappellerait sa manière d'être [1].

« Elle a lu avec moi presque tout Cicéron et une grande partie de Tite-Live. Nous avons tiré à peu près de ces deux seuls auteurs ce qu'elle sait de latin. Commençant invariablement la journée par le *Nouveau Testament* en grec, elle passait ensuite aux discours choisis d'Isocrate et aux tragédies de Sophocle. Car je pensais former, de cette manière, son langage à la plus pure diction, son esprit aux plus excellents préceptes, et la prémunir, dans sa haute situation, pour toutes les chances de la fortune. Quant à l'instruction religieuse, après les sources de l'Écriture, elle la puisa dans saint Cyprien, dans les *Lieux communs* de Mélanchthon [2] et autres ouvrages analogues, capables d'inculquer la pure doctrine avec un style élégant.

« En toute espèce d'écrits, un mot est-il employé mal à propos ou tiré de trop loin, elle s'en aperçoit sur-le-champ. Elle ne peut supporter ces sots imitateurs d'Erasme qui enlacent la langue latine dans les misérables entraves des proverbes [3]. Une diction née du sujet même, soigneuse de la propriété des termes, brillante de clarté, voilà ce qui lui plaît. Elle admire par-dessus tout les métaphores discrètes, les contrastes habilement ménagés au moyen d'heureuses oppositions. Son oreille, exercée par une étude soutenue, est si délicate, et son jugement si éclairé, que, soit en grec, en latin ou en anglais, il ne se présente rien de négligé et de banal, ou bien de précis et d'harmonieux, de

---

1. Compliment assez bizarre, à y regarder de près. Douze ans plus tard, l'auteur y revenait et s'expliquait : « Je vous ai écrit autrefois, disait-il encore à Sturmius, que sa manière d'être faisait penser à Hippolyte et non pas à Phèdre. Je ne voulais pas parler du soin extérieur de sa personne, mais de sa chasteté d'âme, car c'est par sa propre nature, et non par les conseils de qui que ce soit, qu'elle est si éloignée du mariage et si retenue. » Londres, 11 avril 1562. *Ascham's Letters*, t. II, p. 61.

2. *Loci communes rerum theologicarum seu hypotyposes theologicæ* (1521).

3. Allusion aux recueils d'adages, tirés des anciens, qu'Érasme avait publiés, *Adagiorum Collectanea* (1500), *Adagiorum Chiliades* (1508).

surabondant par l'affectation du nombre, ou de réglé dans une juste mesure, que sur-le-champ, à la simple lecture, tant elle y met d'attention et de scrupule, elle ne le rejette avec dégoût ou ne l'accueille avec le plaisir le plus vif.

« Je n'imagine rien, cher Sturmius. Cela n'est pas nécessaire. J'ai voulu seulement vous esquisser le tableau de son excellent génie et de ses inclinations ; et, tout entier à la contemplation de mon modèle, je me suis étendu de bon cœur et avec plaisir, en vous écrivant, sur le souvenir aimé de ma très-illustre maîtresse. »

Ainsi, lettré et réformé, Ascham se mirait avec une égale complaisance dans la savante écolière, objet d'orgueil et d'espoir. Un autre, encore plus ardent, John Hooper, en écrivant à Henri Bullinger, chef de l'Église de Zurich (Londres, 5 février 1550), se félicitait du zèle dont elle brûlait pour la religion du Christ. Non-seulement elle connaissait, disait-il, la vraie religion, mais elle était devenue si forte en latin et en grec, qu'elle était en état de la défendre avec les arguments les plus justes et le plus heureux talent, en sorte qu'elle rencontrait peu d'adversaires dont elle ne triomphât [1].

Cet amour de l'étude, compagnon assidu et honneur de sa vie, n'était pas uniquement l'emploi calculé des loisirs que lui créait l'espèce de réclusion où elle vivait alors. C'était aussi l'impérieux besoin des nobles occupations de l'intelligence, en même temps qu'une force morale dans les jours d'épreuve. Sous un autre règne encore, celui de sa sœur Marie, ces jours d'extrême péril reviendront. A peine la vision de l'échafaud entrevu pour la seconde fois se sera-t-elle éloignée, qu'elle rouvrira paisiblement ses livres. C'est alors, en 1555, que, retenue près de la reine à Greenwich, elle rappelle Ascham et lit avec lui les discours d'Eschine et de Démosthènes *Pour la Couronne.*

---

[1]. Joseph Stevenson, *Calendar foreign,* 1558-1559, préf., p. xliii ; et *Original Letters relative to the english Reformation, chiefly from the Archives of Zurich,* Cambridge, 1846 ; 1re partie, p. 76.

« Elle explique devant moi, écrit-il encore à Sturmius ; et, du premier coup d'œil, elle sait si bien comprendre la propriété du style, la pensée de l'orateur, l'ensemble de la cause, les décrets du peuple, les coutumes et les mœurs de cette cité, que vous en seriez frappé d'admiration [1]. » Il y avait là, en effet, une étape considérable dans le développement de son esprit. Sortie de la période des études classiques, elle s'attaquait au fond des choses, et, par une pente naturelle, se formait, sans y songer, au maniement des affaires politiques.

Reine, elle persévéra ; Ascham, son secrétaire pour la correspondance latine, l'atteste de nouveau à Sturmius, en 1562, quatre ans après l'avénement d'Élisabeth. A l'en croire, et il n'y a aucune raison d'en douter, personne à la cour ou dans les universités, dans l'Eglise ou dans le gouvernement de l'Etat, ne savait le grec mieux qu'elle. Il parle de la continuation de leurs lectures dans Eschine et Démosthènes, dont l'éloquence élevée et pratique semble avoir attiré Élisabeth par un charme tout spécial ; comment elle se rend compte de la valeur des mots, de la structure des phrases, des ornements du langage, du tour élégant et nombreux de la harangue ; et, dans un ordre d'idées supérieur encore, de la pensée et de la passion chez l'orateur, du caractère du peuple athénien, des lois et des mœurs de chaque ville.

« Quant aux autres langues, ajoute-t-il, tous les Anglais et bon nombre d'étrangers sont témoins de ce qu'elle sait faire. Je l'ai vue un jour recevoir en même temps les trois ambassadeurs de l'Empereur, des rois de France et de Suède, et répondre en trois langues, italien à l'un, français à l'autre, latin au troisième, et cela facilement, sans hésitation, couramment et sans se troubler, sur les différents sujets dont ils l'avaient entretenue dans leurs discours [2]. »

---

1. Greenwich, 14 septembre 1555. *Ascham's Letters*, Let. CXCI, t. I, part. II, p. 447.

2. Lettre à Sturmius, Londres, 11 avril 1562. *Ascham's Letters*, t. II, p. 63. Afin que son ami voie par lui-même combien la souveraine s'entend à

C'était donc raison, et non pas métier de complaisant, lorsque, pour aiguillonner la nonchalance de ses compatriotes, il leur proposait leur reine comme le modèle à imiter. « Ne rougissez-vous pas, s'écriait-il dans son traité du *Scholemaster* (*le Maître d'école*), ne rougissez-vous pas, vous, jeunes gentilshommes d'Angleterre, qu'une vierge vous surpasse tous dans la perfection de la science et la connaissance des langues? Désignez six des mieux doués parmi les gentilshommes de cette cour ; et, à eux tous ensemble, ils ne montreront pas autant de bonne volonté, ils ne passeront pas autant de temps, ils ne consacreront pas autant d'heures par jour, régulièrement, constamment, à augmenter leur instruction et leurs connaissances, que ne le fait Sa Majesté. Oui, je dis vrai ; outre sa parfaite facilité en latin, en italien, en français et en espagnol, elle lit à Windsor plus de grec en un jour que tels prébendés de cette église ne lisent de latin en toute une semaine [1]. »

La savante Élisabeth, après les jours troublés de sa jeunesse, a donc la gloire d'être la grande reine de l'Angleterre. Pour employer une image qui revient à chaque instant sous la plume de ses contemporains, elle est comme l'astre, dont l'éclat rayonnant obscurcit la foule des étoiles. Mais, si nous voulons nous faire une idée plus juste encore de son mérite et mieux la mettre à sa véritable place, il ne faut pas oublier celles qui s'illustrèrent à ses côtés. En première ligne, l'infortunée Jane Grey. Tout le monde connaît le récit d'Ascham, qui, en lui faisant visite à la campagne pendant l'été de 1550, trouva la jeune helléniste de treize ans occupée à lire le *Phédon* dans l'original, seule, tandis que son père et sa mère, ses parents et toute sa famille, étaient allés chasser dans le parc. Elle se consolait avec le divin Platon des injustes sévérités de son père et de sa mère, dont elle fut

---

l'élégance du style, il joint à sa lettre la minute d'une pièce, où elle a inséré de sa main le mot *quemadmodum*, corrigeant ainsi son maître, ravi d'être dépassé.

1. *Ascham's Works, the Scholemaster*, t. III, p. 142, 143.

le souffre-douleur, avant d'être la victime de leur ambition.

Il y avait beaucoup d'autres femmes de haut rang, à qui l'on accordait cette louange qu'elles l'emportaient en tout genre de littérature sur les filles de Thomas More, ces merveilles des premiers temps du siècle.

Telles, Marie, la fille de Catherine d'Aragon, douée peut-être moins richement que sa sœur cadette, mais surtout éclipsée à cause d'un règne malheureux; la reine Catherine Parr; la duchesse de Suffolk; les filles du duc de Somerset; la comtesse de Pembroke; lady Clarke, petite-fille de Thomas More; lady Tyrwhit; Catherine Ashley elle-même; les trois filles d'Anthony Cooke, l'un des maîtres du roi. L'aînée, Mildreda, comprenant et parlant le grec aussi bien que l'anglais, dit Ascham, épousa William Cecil, le futur ministre d'Elisabeth; Anne, la seconde, gouvernante d'Edouard VI, fut mère du grand philosophe François Bacon; la troisième, plus tard lady Killigrew, joignait à la connaissance du latin et du grec celle de l'hébreu.

Le roi, malgré son jeune âge, formait brillamment l'autre partie du tableau. L'allégresse, autour de lui, ne tarit pas sur ses dispositions extraordinaires, son ardeur au travail, son savoir au-dessus de son âge et de l'attente de ses maîtres. En 1550, à treize ans, il est pieux et « instruit à miracle ». Outre l'italien et le français, il comprend, parle, écrit le latin. Il est assez avancé en grec pour traduire facilement dans cette langue les écrits philosophiques de Cicéron. Après la *Logique*, il étudie l'*Ethique* d'Aristote, afin d'acquérir d'abord les règles de morale à l'aide desquelles il jugera sainement les faits de l'histoire. Il passera ensuite à la *Rhétorique* du même auteur. Faut-il parler de ses penchants? Le « chœur de toutes les vertus » a élu domicile dans son âme [1]. De sa religion? C'est un nouveau Josias,

---

[1]. « Ah! M. Cheke, disait (1550) l'archevêque Cranmer, soyez heureux tous les jours de votre vie d'avoir un tel élève, car il possède plus de théologie dans son petit doigt que nous tous dans tout notre corps [2]. » Joseph Stevenson, *Calendar foreign*, 1558-1559, préf., p. XLVII, note.

si pur qu'il ne peut même pas être atteint du soupçon d'avoir péché avec la prostituée de Babylone [1]. Lui-même n'est pas éloigné de croire que Dieu l'écoute et l'exauce spécialement [2]. Ainsi, c'est à qui admirera davantage les grâces divines dont il est comblé et saura le mieux lire, dans les desseins de la Providence, pour quelle glorieuse mission elle a suscité et orné de tant et de si précieux dons le roi, ce roi dont la consomption s'apprête à rompre les destinées et que déjà peut-être elle mine sourdement.

La jeunesse de la cour s'inspirait de la gravité et des goûts studieux d'Édouard. Lorsque, à la paix avec Henri II en 1550, on envoya des otages à ce prince, Ascham put se promettre que la France connaîtrait, par le duc de Suffolk [3] et par la jeune noblesse qui l'accompagnait, avec quel succès l'Angleterre cultivait les lettres grecques et latines [4]. Cette même année, celle où il quittait Élisabeth, il s'attacha, comme secrétaire et professeur de grec, à sir Richard Morison, nommé ambassadeur près de Charles-Quint, et prit avec lui le chemin de l'Allemagne. Cinq

---

1. La phrase d'Ascham est d'un enthousiasme risible. L'écrivain s'adresse au Protecteur, le duc de Somerset : « In sacrosancta custodia Josiæ nostri tam divinam suscipis curam, ut hic rex Virgo primus nostræ memoriæ regum merito esse dicatur, qui ab omni non labe solum, sed suspicione etiam fornicationis cum meretrice Babylonica purus et integer Virgo existat. « (14 novembre 1547.) T. I, part. I, p. 135, 136. — Quant aux études, *id.*, *ib.*, p. 84, 190 ; t. I, part. II, p. 226. — *Original Letters relative to the English Reformation,* lettre de Barthélemy Traheron à Henri Bullinger, Londres, 28 septembre 1548, t. I, p. 321. Martin Bucer à Brentius, Cambrige, 15 mai 1550, t. II, p. 543.

2. John Cheke étant tombé gravement malade en 1552, le roi dit aux médecins qui désespéraient : « Ah! Cheke ne mourra pas encore de cette fois; car ce matin, dans ma prière, j'ai demandé sa vie, et je l'ai obtenue. » Le malade se rétablit en effet. Cheke vécut jusqu'en 1557. *Original Letters relative...*, t. II, p. 456, not. 2.

3. Il s'agit du jeune duc de Suffolk, qui, revenu en Angleterre, mourut d'une épidémie en 1551.

4. Ascham's Works, t. III ; *the Scholemaster*, l. I, p. 185. Au même endroit, Ascham rend hommage à ceux des seigneurs français qui, tels que les du Bellay, n'avaient pas cru déroger en s'instruisant, ainsi qu'à « ce noble prince, François Ier. »

fois la semaine, ils expliquaient ensemble, le matin, Hérodote, Isocrate et Démosthènes ; l'après-midi, Euripide ou Sophocle [1].

1. *Ascham's Works*, lettre à Edward Raven, Augsbourg, 20 janvier et 18 mai 1551, t. I, part. II, p. 265, 285, et t. III, p. 327, *Edvardi Grant Oratio*. Les lettrés allemands avec lesquels Ascham était en correspondance, par exemple Sturmius, portaient envie à l'ardeur des Anglais pour s'instruire, par comparaison avec la froideur de l'aristocratie germanique. « Ils sont bien rares en Allemagne, disent-ils, les nobles qui pensent que le lustre des lettres ait quelque chose à faire avec leur ordre. » Sturmius à Ascham, Strasbourg, 5 septembre 1550, t. I, part. II, part. II, p. 196.

VI

LA MÉTHODE D'ENSEIGNEMENT [1]

C'est un beau spectacle, dans l'histoire de l'esprit humain, que ces époques de fièvre généreuse s'emparant des peuples, et, par un double mouvement, entraînant leurs rangs confondus à la fois vers la conquête dans le passé des trésors qu'a légués le génie des devanciers, et vers l'accomplissement dans l'avenir du progrès le plus fécond de culture et de civilisation. Comment, à l'aide de quelles méthodes, les hommes d'élite du xvie siècle, parvenus les premiers au but, propagèrent-ils leur science et produisirent-ils chez leurs disciples les résultats extraordinaires que nous venons de rapporter? Eux-mêmes nous fourniront la réponse. Elle se trouve dans les écrits de Roger Ascham, spécialement son traité du *Maître d'école (the Scholemaster)*. Ce ne sera pas sortir de notre sujet que de nous arrêter quelques moments sur ce livre, puisqu'il s'agit de l'enseignement que reçut Élisabeth [2].

---

[1]. Ce chapitre, qui traite d'un sujet technique, c'est-à-dire de la méthode d'enseignement suivie par le maître d'Élisabeth, étude entièrement neuve, nous croyons pouvoir le dire, forme une sorte de digression, bien qu'à notre sens il se rattache étroitement à l'histoire de la personnalité de cette grande reine. Le lecteur peut le passer, sans que l'enchaînement du récit ait à en souffrir.

[2]. Voir Ascham's Works, t. III, *the Scholemaster*, le Maître d'école,

Le système usité alors dans les écoles était barbare. On faisait apprendre aux enfants la grammaire séparément des textes, sans se mettre en peine de les familiariser avec les règles par des exemples. Le maître expliquait de vive voix les auteurs anciens. On n'écrivait pas. C'était affaire aux écoliers de saisir et de retenir ; sinon, la verge s'abattait sur eux, prompte et impitoyable. Outre la grammaire, ils avaient à étudier des recueils de sentences, mises en latin et jetées pêle-mêle dans des livres, non moins indigestes ni moins rebutants que la grammaire elle-même.

Il leur fallait parler latin ; et ils s'habituaient à une barbarie de langage, funeste à la diction, comme au goût. Aussi Ascham, parlant de l'école qu'il avait suivie dans ses jeunes années, dit-il que les élèves y devenaient de grands lourdauds, étudiant toujours et ne profitant guère ; souvent sans livre, et, s'ils en avaient, n'y comprenant que peu de chose ou rien. Pour emprunter les termes dont il se sert, ce qu'ils apprenaient sans livre n'allait pas plus avant que la langue et les lèvres, sans monter jamais jusqu'au cerveau et à la tête, de manière que leur bouche ne tardait pas à rejeter le tout. Il les compare aussi à des gens qui marcheraient toujours et seraient toujours hors de leur chemin, car la peine énorme qu'ils s'imposaient sans méthode n'était qu'un vain gaspillage. En réalité, ils se donnaient beaucoup de mal pour apprendre et n'y apportaient que fort peu de vrai travail[1].

---

traité d'instruction et d'éducation en deux livres, commencé par Ascham en 1568, et en quelque sorte testament du grand *Scholar*. L'auteur mourut la même année, sans l'avoir terminé. Sa veuve le publia en 1570. — Ascham a aussi résumé ses vues dans une lettre à Sturmius, vers le mois de décembre 1568. T. II, p. 174-191. Voici le titre complet du traité : THE SCHOLEMASTER, *or plaine and perfite way of teachyng children, to understand, write, and speake, the Latin tonge, but specially purposed for the private brynging up of youth in Ientlemen and Noble mens houses, and commodius also for all such, as have forgot the Latin tonge, and would, by themselves, without a Scholemaster, in short tyme, and with small paines, recover a sufficient habilitie, to understand, write, and speake Latin.* » — BY ROGER ASCHAM. An. 1570. *At London.*

1. ASCHAM's WORKS, t. III, *the Scholemaster*, liv. I, p. 170.

Les rudes et terribles corrections étaient les seuls guides de ces pauvres enfants, réduits à tâtonner sur cette voie ingrate, dans l'effort et l'épouvante. Ascham s'en indigne. Il voudrait que, par la douceur du maître et par une équitable compensation entre les fautes et le travail, l'école fût pour l'élève de bonne volonté « un asile contre la crainte » [1]. Au contraire, que voyait-on? Les jeunes gens sortaient de l'école, haïssant à la perfection leur maître, et désormais pleins de mépris pour l'étude. « Demandez à dix gentilshommes pourquoi ils ont oublié si vite, une fois à la cour, ce qu'ils avaient appris à grand renfort de temps à l'école, huit d'entre eux, ou je veux qu'on me cherche querelle, en rejetteront la faute sur les mauvais traitements de leurs maîtres [2]. »

Douceur, enseignement raisonné, voilà l'un des secrets d'Ascham, aussi honorable pour son cœur que pour son esprit. Maintenant, en quoi consiste cet enseignement? D'abord, apprendre à l'enfant les parties du discours; puis, l'accord du substantif avec l'adjectif, du sujet avec le verbe, du relatif avec l'antécédent; se garder de lui faire parler latin dans ses exercices sur la syntaxe, en souvenir de cette parole de César que le choix des expressions est la source de l'éloquence [3]; et, sans perdre de temps, le mettre aux prises avec les auteurs anciens. Alors, et c'est ici qu'est l'originalité de sa méthode, il place entre les mains de l'écolier un recueil de lettres de Cicéron, que Sturmius avait choisies et graduées à l'usage des commençants; il lui indique le sujet et la matière de l'une d'elles, la lui explique en anglais et l'analyse très-soigneusement, de façon à lui en donner la complète intelligence. L'enfant répète; après quoi, sûr de son texte et laissé seul, il le traduit en anglais par écrit sur un cahier. Cela fait, il met de côté le livre latin, et, après

---

[1]. *As the school-house should be counted a sanctuary against fear.* Liv. I, p. 120.
[2]. *Id., ib.*, liv. I, p. 114, 120.
[3]. Cicéron, *De claris Oratoribus*, ch. 72 : *Verborum delectum esse originem eloquentiæ.*

avoir laissé passer un intervalle d'une heure au moins, il traduit sur un autre cahier son anglais en latin. Chaque morceau lui fournit ainsi la matière d'une double traduction; chaque fois, le maître compare l'une et l'autre avec le texte. Il loue aux endroits réussis. Quant aux fautes, s'il y a eu de la bonne volonté chez l'élève, il ne fronce pas le sourcil, ni ne gronde : et, « sachant par expérience que l'enfant profite plus de deux fautes relevées amicalement que de quatre choses bien trouvées », il lui dit : « Cicéron se serait servi de telle expression de préférence à celle-ci; il aurait placé tel mot ici et non là; il aurait employé tel cas, tel nombre, telle personne, tel mode, tel temps, le simple plutôt que le composé, etc. » Au moyen de ces observations, il enseigne le fond de presque toutes les règles et sauve à son élève la partie la plus fastidieuse de la grammaire. Certain lui-même de ne pas errer en fait de latinité, avec un guide tel que Cicéron, ils avancent ensemble sur une route unie et facile. Non pas, ajoute-t-il, qu'il méprise les règles; mais il en rend l'étude agréable. En comparant le texte avec la traduction de l'écolier, il ajuste aux règles de la grammaire des exemples tirés de la leçon du jour, et il met l'écolier à même de tirer de sa grammaire chaque règle pour chaque exemple, de telle sorte qu'il ait toujours la grammaire en main et qu'elle lui fasse à tout moment l'office d'un dictionnaire.

Alors, quand il s'est familiarisé par l'explication du premier livre des lettres de Cicéron dans Sturmius, et de telle ou telle pièce de Térence, avec le mécanisme de la syntaxe, il est temps de lui faire franchir un degré de plus et de l'initier à l'art de se rendre compte de la valeur des expressions. Qu'on lui apprenne à distinguer le sens propre et le sens figuré (*proprium, translatum*), les synonymes (*synonyma*), les expressions diverses et les contrastes (*diversa, contraria*), les phrases (*phrases*) ou manières de parler remarquables : en tout six catégories [1]. C'est

1. Voici les exemples explicatifs donnés par l'auteur : PROPRIUM : *Rex Sepultus est magnifice.* — TRANSLATUM : *Cum illo principe, sepulta est et gloria*

le moment de se pourvoir d'un troisième cahier. Les deux premiers continueront à recevoir ses doubles traductions du latin en anglais, de l'anglais en latin. Il inscrira sur le nouveau, dans leur ordre, les expressions susceptibles d'appartenir à l'une ou l'autre des six catégories. Aux lettres de Cicéron il joindra quelques-uns des discours du grand orateur. Ils lui offriront l'avantage de travailler sur un choix si juste d'expressions, sur des phrases construites si correctement, sur un goût si sûr, qu'il se rendra capable d'écrire avec habileté et de parler selon le génie de la langue, de façon à mériter l'éloge et l'admiration des hommes instruits [1].

Ce nouveau progrès acquis, le cercle de ses études s'étend. Outre Cicéron (lettres, discours, traités philosophiques), il lit Térence, même Plaute, César, dont les *Commentaires* représentent la pureté suprême de la latinité, les discours de Tite-Live. Il les lit par longs morceaux à chaque leçon, sans s'astreindre à la traduction quotidienne, et en s'arrêtant seulement pour construire et analyser, là où le maître le juge nécessaire; mais, dans aucun cas, on ne devra négliger de marquer exactement et d'écrire dans leur ordre les six points. Quant à l'art d'écrire en latin, Ascham conseille au professeur de mettre en anglais, deux ou trois jours après l'explication, une lettre à Atticus ou quelque autre endroit de Cicéron, et de donner cette traduction à l'élève, pour qu'il la remette en latin, en lui laissant le temps de s'y appliquer avec soin et réflexion.

« C'est là que son esprit entrera de nouveau en travail; que son jugement sera mis à bonne épreuve sur le juste choix des mots, sa mémoire mieux exercée pour retenir sûrement, qu'en apprenant par cœur; là, qu'on verra clairement ses progrès.

---

et salus reipublicæ. — Synonyma : *Ensis, gladius; laudare, prædicare*. — Diversa : *Diligere, amare; calere, exardescere; inimicus, hostis*. — Contraria : *Acerbum et luctuosum bellum; Dulcis et læta pax*. — Phrases : *Dare verba; Abjicere obedientiam*. The Scholemaster, liv. I, p. 94, 95.

1. *The Scholemaster*, liv. I, p. 96.

Vous apporte-t-il sa traduction, ouvrez Cicéron, et, les deux textes en regard, comparez-les. Louez chez votre élève les expressions bien choisies et bien placées; montrez-lui ses fautes gentiment, et ne soyez pas trop sévère à les blâmer, car de tels manquements, si vous les reprenez avec douceur, produisent une joyeuse et bonne disposition d'esprit; et de cette bonne disposition jaillit plus particulièrement la science, qui parvient ensuite à la perfection, pourvu que l'élève s'applique à suivre cette méthode et que le maître le traite bien. Il arrivera ainsi sans peine et avec certitude à posséder toutes les difficultés de la grammaire [1]. »

Ici, à l'écolier dégoûté par les aspérités et la stérilité du vieux système, le grammairien philosophe oppose son élève, devant lequel il a ouvert un chemin droit, uni et commode, et qui toujours travaille avec plaisir et profit. « Toujours il travaille, dis-je; car, pour construire et analyser, pour opérer la double traduction et marquer les six points, il devra nécessairement lire chaque morceau une douzaine de fois au moins. Et comme il le fera toujours avec méthode, ce sera toujours aussi avec plaisir. Or le plaisir est l'amorce de l'amour; l'amour court au-devant du travail, et le travail ne manque jamais son but. » Au fond, poursuit-il, son idée est la mise en pratique du conseil de Pline (le jeune) à Fuscus : se concentrer sur certains points choisis, au lieu d'éparpiller son effort : « *multum, non multa* [2]. »

Le jeune humaniste ainsi aguerri, on pourra essayer une troisième sorte de traduction. Le maître composera en anglais

---

1. *The Scholemaster*, liv. II, p. 169. Il serait difficile de compter combien de fois revient sous la plume d'Ascham la recommandation au maître d'agir *gently* avec l'élève et de ne pas le battre.
2. *The scholemaster*, liv. II, p. 170, 171.
Pline, *Epist.*, VII, 9 : « *Tu memineris sui cujusque generis auctores diligenter eligere. Aiunt enim multum legendum esse non multa.* » Souvenez-vous de faire un choix attentif des auteurs dans chaque genre. Car c'est une maxime qu'il vaut mieux approfondir ses lectures que de les étendre.

une lettre ou un récit, emprunté pour le fond et les expressions aux textes expliqués en dernier lieu. L'élève le transportera en latin; et l'on terminera, comme d'habitude, par le rapprochement avec l'original [1].

A côté de l'étude du latin, celle du grec suivra une marche semblable, l'une se reliant à l'autre, au moyen de la traduction du grec en latin, et du latin en grec [2].

Ascham, outre l'esprit et le fond des méthodes contemporaines, en combat encore très-vivement la forme, c'est-à-dire l'enseignement oral, qui dominait à peu près exclusivement. Il veut que l'élève écrive, et qu'il écrive assidûment. « Écrire tous les jours, dit-il, c'est le seul moyen de développer dans l'esprit la facilité de compréhension et la fidélité chez la mémoire [3]. »

---

1. Ascham (p. 174) continue son livre par l'examen des divers procédés que les humanistes employaient pour l'étude des langues. Il en compte six : la traduction, la paraphrase, la métaphrase, l'abrégé, l'imitation, la déclamation (*Translatio linguarum, Paraphrasis, Metaphrasis, Epitome, Imitatio, Declamatio*). La traduction constitue la base de son système particulier. Il conseille aussi l'imitation, comme moyen de s'approprier les modèles. Mais il désapprouve le reste. Nous n'avons donc pas à le suivre plus loin.

2. Ici encore, les anciens servent de guides. Cicéron, *de Oratore*, I, 34, recommande par la bouche de Crassus, à celui qui se forme à l'éloquence, de traduire en latin les discours des grands orateurs grecs. Pline (*Lett.*, VII, 9, à Fuscus) veut également qu'on s'exerce à traduire du grec en latin et du latin en grec.

3. *The Scholemaster*, liv. II, p. 175. V. aussi liv. I, p. 93, 94. Quand il tient ce langage, outre son expérience personnelle, Ascham a en vue les préceptes de Cicéron, dont il s'inspire avec une fidélité scrupuleuse.

« Ce qui doit passer avant tout, a dit le grand orateur, et ce que nous ne faisons guère, parce que cela exige un travail que nous craignons, c'est d'écrire beaucoup. »

La plume est le meilleur et le plus excellent des maîtres pour nous former à l'éloquence : « *Stilus optimus et præstantissimus dicendi effector ac magister.* » *De Oratore* I, 33. — Est-il besoin de dire que la méthode appliquée par Cicéron à l'éloquence est également applicable à tous les autres genres de culture de l'esprit? Tout récemment, ces questions de méthode ont été posées de nouveau et débattues parmi nous. La méthode orale a été préconisée avec beaucoup d'ardeur et d'exagération. Sans doute, quand on se représente le maître au milieu de ses élèves, qu'il tient sus-

Ne nous arrêtons pas davantage sur ce livre; et, afin de ne pas perdre de vue qu'il contient la substance de l'éducation littéraire d'Élisabeth et pour ainsi dire de toute une époque, finissons par le témoignage que l'illustre érudit rendait à la fois à son écolière et à son propre enseignement : « Notre très-noble reine Élisabeth n'eut jamais en main une grammaire grecque ou latine, une fois qu'elle posséda la déclinaison et la conjugaison. Mais, uniquement par cette double traduction quotidienne de Démosthènes et d'Isocrate [1], chaque matin, sans y manquer, et de quelque endroit de Cicéron l'après-midi, elle arriva, en persévérant dans ce travail un an ou deux, à une si parfaite intelligence des deux langues, à une telle facilité d'élocution en latin, et cela avec tant de jugement, qu'il y a bien peu d'hommes dans les universités ou autre part en Angleterre qu'on puisse mettre en comparaison avec Sa Majesté dans les deux langues [2]. »

pendus à sa parole, comme jadis les philosophes lorsqu'ils s'entretenaient avec leurs disciples dans les jardins d'Athènes, la beauté pittoresque et morale du tableau séduit ; et il semble qu'on atteigne à l'idéal même de la didactique. Mais la nature humaine a des exigences plus complexes. Disons-le après les autorités imposantes que nous citions tout à l'heure, la méthode orale, loin de suffire, n'est en réalité qu'une partie, et pas la plus substantielle, du véritable enseignement. L'élève, parvenu à un certain degré d'instruction, ne profite utilement des leçons du maître qu'à condition de s'approprier ce qu'il a entendu ; et il ne saurait y parvenir qu'au moyen du travail écrit, qui l'oblige à se recueillir, afin, d'une part, de fixer et de classer les idées acquises, et, d'autre part, de les exprimer dans les meilleurs termes, qu'il se serve soit de sa propre langue, soit des langues classiques ou étrangères : double effort d'analyse et de synthèse, éminemment favorable à la culture des facultés. Ascham a raison ; l'autre méthode est chimérique. On peut dire, il est vrai, de la sienne que le détail de ses prescriptions n'est pleinement praticable que dans l'éducation privée (comme, au reste, l'annonçait le titre même du *Scholemaster*, *spécialement à l'usage de l'éducation privée de la jeunesse chez les gentilshommes et les nobles*). Plusieurs de ses procédés peuvent être surannés ; soit. Mais les principes essentiels demeurent excellents ; et l'ensemble du *Scholemaster* offre un modèle digne d'admiration.

1. Du grec en latin, et *vice versa*.
2. Achevons ici la citation : « Et pour conclure en peu de mots sur les avantages de cette double traduction, il est certain qu'en notant tous

les jours, d'abord l'objet et le fond du sujet, ensuite les expressions et le style, puis l'ordre et la composition; après, les motifs et les arguments, les formes et les figures des deux langues, enfin la mesure et la portée de chaque pensée, l'esprit doit nécessairement peu à peu contracter la même forme d'éloquence que celle dont se sert l'auteur sur lequel on étudie. » (*The Scholemaster*, liv. II, p. 180.)

Dans sa lettre à Sturmius, t. II, p. 177, en décembre 1568 : « Il est à peine croyable à quelle parfaite intelligence du grec et du latin, avec ce procédé de double traduction, toujours faite par écrit, j'ai amené en peu de temps Élisabeth, notre souveraine. »

VII

DERNIERS TEMPS D'ÉDOUARD VI. — ÉLISABETH A LA COUR

Il est permis de croire que les louanges d'Ascham sur les dispositions et les merveilleux progrès de la solitaire Élisabeth parvinrent jusqu'à Édouard VI. Toujours est-il que l'affection du frère pour la sœur se réveilla. Il la pria de lui donner son portrait. Elle joignit à un prompt envoi ses périodes les plus riches en métaphores, contrastes et rapprochements qui émerveillaient le bon Ascham : « Comme le riche accumule chaque jour richesses sur richesses, et entasse l'argent dans son sac à l'infini, telle, à ce qu'il me semble, Votre Majesté, peu contente de ses nombreux bienfaits et des bontés qu'elle m'a marquées jusqu'ici, vient y ajouter encore aujourd'hui, lorsqu'elle prie et désire, elle qui pourrait exiger et ordonner; et cela pour une chose qui ne vaut pas la peine d'être désirée en elle-même et n'acquiert de prix que par la requête de Votre Altesse : je veux dire mon portrait. Si l'affection que je porte intérieurement à Votre Grâce pouvait s'y manifester, tout comme, à l'extérieur, le visage et la physionomie se découvrent aux regards, bien loin d'attendre votre commandement, je l'aurais prévenu ; je n'aurais pas été la dernière à octroyer, mais la première à offrir. La figure que je vous donne, je rougirais à bon droit de l'offrir;

mais le fond de l'âme, je n'aurai jamais honte de vous le présenter. Car si, dans un portrait, le charme du coloris peut se flétrir avec le temps, s'il peut s'affaiblir à l'air, se tacher par accident, l'autre, ni le temps ne saurait l'atteindre de ses ailes rapides, ni les sombres nuées l'obscurcir de leurs ténèbres, ni le pied inconstant de la fortune le détruire.

« De tout cela, jusqu'à présent, je n'ai pas donné grandes preuves, parce que les occasions étaient petites. Mais, ainsi que le chien peut avoir son jour, moi aussi, j'aurai peut-être mon heure, où je manifesterai par des actes ce qui n'est encore que des mots sous ma plume. Au surplus, je supplie très-humblement Votre Majesté, quand vous jetterez les yeux sur mon portrait, de daigner penser que si vous n'avez là que l'apparence extérieure du corps, l'âme qui habite l'intérieur souhaiterait que le corps lui-même se trouvât plus souvent en votre présence. Pourtant, comme je crois que, telle que je suis en ce moment, je ferais peu de plaisir à Votre Majesté, quoique cela me fît grand bien, et comme je vois, d'autre part, que les temps ne sont pas encore propices, je saurai me conformer à la parole d'Horace : *Feras, non culpes quod vitari non potest* [1]. Et ainsi, de peur d'importuner Votre Majesté, je finis par mes très-humbles remerciements, en priant Dieu de vous conserver longtemps pour sa gloire, pour votre bonheur, le bien du royaume et ma joie [2]. »

---

[1]. *Supporter sans se plaindre ce qu'on ne peut éviter*. Ici, la mémoire d'Élisabeth est en défaut : ce précepte n'est pas d'Horace ; il est tiré des *Sentences* de P. Syrus, v. 218. Elle a substitué aussi le mot *vitari* à celui du texte original, *mutari* (*Supporter sans se plaindre ce qu'on ne peut changer*).

[2]. Hatfield, 15 mai (1550). Miss Strickland, *Eliz.*, p. 52 ; Ellis, 1re série, t. II, p. 146 ; et Strype, t. II, p. 234. Cette lettre est en anglais. Peut-être le lecteur ne sera-t-il pas fâché de juger du latin d'Élisabeth. Voici une lettre de félicitations à Édouard VI, convalescent d'une grave maladie : « *Quod tanto temporis intervallo tam raras a me litteras acceperis, Rex illustrissime, quibus vel gratias agerem pro beneficiis, vel saltem debitam meam erga te observantiam testatam facerem, spero facile me veniam impetraturam : præsertim cum nulla admissa sit cessatio oblivione quadam tui,*

Vers ce temps (1550), Édouard lui fit don de Hatfield, dans le comté de Hertford, à dix-neuf milles au nord de Londres, maison qui fut sa demeure de prédilection [1].

Les conjonctures peu favorables auxquelles Élisabeth fait une sobre allusion n'étaient pas autre chose que les nouvelles fureurs déchaînées dans les hautes régions du gouvernement. Le duc de Somerset, en ne reculant pas, pour s'affermir au pouvoir, devant le meurtre juridique de son frère, n'avait pas songé qu'il enseignait le chemin aux autres. Derrière lui se préparait un redoutable rival, John Dudley, vicomte Lisle, que, pour prix de son appui lors de l'avénement d'Edouard VI, il avait créé comte de Warwick et grand-chambellan. Toutefois, le nouveau comte ayant dû résigner en même temps au profit de lord Seymour la dignité de grand-amiral qu'il tenait de Henri VIII, plus sensible au chagrin de perdre qu'au plaisir d'acquérir, en avait gardé une profonde rancune. Dès lors il avait, dit-on, soufflé la discorde entre les deux frères et dressé, pour sa part, l'échafaud de

---

cujus nunquam oblivisci vel possum, vel debeo. Nunc vero cum tuam Majestatem in locis non procul Londino sitis versari intelligam, rumpendum mihi silentium esse duxi, ut testificarer, neque de debito meo erga te cultu quicquam esse remissum, neque tua incolumitate quicquam mihi esse posse optabilius quam firmam et integram esse ex quorundam sermone cognovi. Ego sane dum singula Dei Optimi et Maximi beneficia mente recolo, hoc unum ex omnibus maximum fuisse judico, quod te Londini ex proximo morbo tam subitò et clementer restituit. In quem quidem te Dei quadam providentia lapsum esse arbitror, quemadmodum proxim's litteris ad tuam Majestatem scripsi, ut omni morborum materia pulsa, tu hujusce regni habenis tractandis quamdiutissime servareris. Nihil æque incertum aut minus diuturnum quam vita hominis, nimirum qui Pindari testimonio nihil sit aliud, quam umbræ somnium. Et homine, ut ait Homerus, nihil terra alit fragilius. Cum itaque cujusque hominis vita tot tantisque casibus non modo sit exposita, sed etiam vincatur, singulari quadam divinæ providentiæ clementia et morbum præteritum abs te depulsum, et istis locorum (quos a morbis non plane immunes fuisse cognovi) et aeris mutationibus tam crebris ab omnibus omnium morborum periculis te servatum esse judicamus. Cui providentiæ Majestatis tuæ tutelam committo, simulque rogo ut eandem quamdiutissime incolumem servet. Ashrigæ, 20 septembris. — Majestatis tuæ humillima soror ELIZABETA. » — Ellis, 1re série, t. II, p. 158.

1. On rouve, dans le recueil des lettres d'Ascham (t. I, part. II, p. 276), le remerciement en latin d'Élisabeth à son frère. Hatfield, 2 février 1551.

l'amiral. Ensuite, il avait grandi dans l'opinion par la répression (août 1549) des paysans de Norfolk, qui s'étaient mis en révolte, comme ceux de dix-huit autres comtés, excédés de misère et furieux de la suppression de la liturgie catholique, que le Parlement venait de prononcer. Le Protecteur, au contraire, descendait par les affronts des troupes anglaises, d'un côté, rejetées hors de l'Ecosse, de l'autre, sur le continent, chassées des forts qui entouraient Boulogne et resserrées dans cette place, où le roi de France, Henri II, ne doutait plus de rentrer au printemps suivant.

Ainsi dépopularisé, il fut arrêté tout à coup par ordre du Conseil et envoyé à la Tour (13 octobre 1549), sept mois environ après le supplice de son frère, sous les mêmes accusations qui avaient perdu celui-ci.

Au moment de la rupture, les lords, ses ennemis, jugèrent que les sœurs du roi, bien que tenues à l'écart, avaient assez d'importance politique pour qu'ils leur fissent connaître par une lettre collective (9 octobre) leurs griefs contre le Protecteur [1]. Ils prétendaient, entre autres choses, avoir été accusés par lui de vouloir donner la régence aux princesses; et il aurait dénoncé aux habitants des villes circonvoisines, appelés à Hamptoncourt, l'énorme danger du roi, placé ainsi sous l'autorité de celles qui venaient immédiatement après lui dans l'ordre de succession. Le duc de Somerset avait-il tenu effectivement ce langage? On l'ignore. Mais il est bon de dire que Warwick, l'homme qui le chargeait d'une telle imputation, tenta précisément, bien peu d'années après, d'usurper la couronne au profit de l'un de ses fils et au détriment des filles de Henri VIII. On pense même qu'il y songeait dès lors, et que, en renversant le Protecteur, il n'avait pas d'autre but que de se défaire d'un obstacle capable de lui

---

[1]. Tytler, *England under the reigns of Edward VI and Mary*, t. 1, p. 248-251. Miss Agnès Strickland, *Mary*, p. 539, fait observer probablement avec raison que, bien que la lettre du Conseil fût adressée nommément aux deux princesses, la teneur se rapportait seulement à l'aînée.

barrer la route. Cependant, sans porter encore les choses aux dernières extrémités, il se contenta d'arracher à Somerset, avec la confession, à genoux, de sa présomption, de sa négligence et de son incapacité, le sacrifice de ses charges, de ses biens meubles et de la plus grande partie de ses terres (janvier 1550). Remis en liberté à ce prix, le disgracié vit même, trois mois après, les portes du Conseil se rouvrir devant lui. Warwick prit parmi ses dépouilles la charge de grand-maître et celle de grand-amiral, objet de ses regrets. Après quoi, il accomplit impunément ce que Somerset avait à peine osé murmurer au Conseil : il restitua Boulogne à Henri II (mars 1550).

Ces vicissitudes violentes réagirent sur la condition d'Élisabeth, d'abord pour prolonger son éloignement de la cour, ensuite pour y mettre fin et la relever de sa longue humiliation. Elle en fut redevable à la question religieuse et aux calculs personnels du comte de Warwick. Celui-ci, dès qu'il se vit maître du pouvoir, travailla, comme son prédécesseur, soit conviction, soit plutôt pour s'emparer de l'esprit d'Edouard VI [1], à consommer le triomphe du calvinisme, non-seulement sur le catholicisme anglican de Henri VIII, mais encore sur toutes les sectes dissidentes. Plusieurs prélats, Bonner, évêque de Londres, Gardiner, de Winchester, furent déclarés déchus de leurs siéges, en punition de leur résistance, et remplacés par des réformés. Les évêchés eux-mêmes partagèrent la dégradation de leurs titulaires; ils furent traités en pays conquis. Terres et revenus démembrés payèrent le fructueux apostolat du comte de Warwick et de ses amis. D'autre part, l'archevêque de Cantorbéry, Cranmer, imposait dans tout le royaume le livre de *Commune Prière* et envoyait de malheureux hérétiques au bûcher. Mais, parmi les personnages réfractaires, il y en avait un obstiné et embarrassant : nous voulons dire la fille aînée de Henri VIII. Ferme au fond du cœur

---

1. Lors de son exécution en août 1553, il déclara publiquement qu'il avait toujours été catholique et qu'il ne s'était écarté de la croyance de ses pères que par ambition.

dans la foi catholique, Marie se retranchait derrière la forme qui en était la plus rapprochée, c'est-à-dire la religion officielle de son père, et déniait aux ministres de la couronne le droit de défaire, de leur propre autorité, ce qui avait été fait par un roi. Elle fut citée à comparaître à Londres par-devant les lords du Conseil. Le comte de Warwick, sans doute afin de mettre en partage les sympathies des masses, voulut montrer, à côté de Marie, sa jeune sœur, celle que la conformité de religion rendait surtout agréable au public et au roi. Peut-être aussi espérait-il attacher à ses intérêts cette princesse, qu'il vengeait en même temps de Somerset, frappé alors d'une première déchéance. En conséquence, tirée de son exil après deux ans, elle entra solennellement à Londres le 17 mars 1551, avec une suite de deux cents dames et une escorte brillante de lords et de gentilshommes. Elle traversa toute la ville à cheval jusqu'au palais de Saint-James. Deux jours après, elle se rendit avec le même appareil près du roi à Westminster, en traversant le parc, dont les allées avaient été sablées à neuf.

Marie eut aussi son entrée solennelle, le 18. Mais, quoiqu'elle aimât passionnément les vêtements somptueux, ce jour-là, les noirs chapelets et les croix suspendus à la ceinture formèrent le principal ornement de son cortége. C'était tenir vaillamment son drapeau religieux et annoncer d'une manière éclatante le refus catégorique qu'elle opposa en effet aux sommations du Conseil. Peut-être en aurait-elle porté la peine, sans l'efficace intervention de l'empereur Charles V, son cousin germain. On n'osa pas braver un prince qui, vainqueur des protestants d'Allemagne, tenait depuis quatre ans l'Empire sous ses pieds. Alors les mêmes conseillers qui avaient enflammé Édouard VI, en lui attestant qu'il ne pouvait plus, sans commettre un péché mortel par jour, tolérer l'idolâtrie de sa sœur, retournèrent leur éloquence et lui démontrèrent que, « bien que ce fût un péché de permettre le péché », mieux valait fermer les yeux pour un temps. Il céda, en déplorant, avec larmes, à la fois l'obstination de Marie et la faiblesse de ceux qui l'empêchaient de la sauver malgré elle, par d'utiles rigueurs.

D'autant plus tendre était l'affection du théologien de quatorze ans pour sa seconde sœur, qui étudiait et croyait comme lui, « sa très-chère sœur, sa douce sœur Tempérance, disait-il. » Jamais éloge n'avait résonné plus délicieusement aux oreilles d'Élisabeth. Tombées d'une telle bouche et répétées d'un courtisan à l'autre, ces paroles apportaient, spontanée et caressante, la réhabilitation dont elle avait tant besoin et vers laquelle, depuis la chute de Seymour, elle tendait de toutes les forces et de tous les calculs de son esprit profond, tenace et délié. En signe de rupture perpétuelle avec les suggestions sataniques de l'orgueil et de la coquetterie, elle affectait une extrême simplicité de manières et de vêtements, une attitude réservée, strictement conforme aux sévères coutumes de l'Église de Calvin, se flattant qu'on oublierait les faiblesses d'un plus jeune âge, pour ne plus compter que la perfection présente.

En effet, le docteur John Aylmer, le maître de Jane Grey, célébrait encore, quelques années plus tard, le dédain d'Élisabeth pour les beaux habits et les bijoux précieux, qu'elle avait trouvés en quantité dans l'héritage paternel. Sept années se passèrent sans qu'elle y jetât seulement un coup d'œil. Jamais ni or ni diamants sur sa tête, du moins tant que sa sœur ne la contraignit pas à lui tenir compagnie dans ses superbes atours ; et quand elle en portait, c'était de façon à faire connaître que ce qui chargeait son corps répugnait à son cœur.

« Certes, ajoute le docteur, sa tenue virginale faisait rougir les femmes et les filles de la noblesse de se parer et de se peindre comme des paons ; et le très-vertueux exemple qu'elle leur donnait les touchait plus que tout ce que Pierre et Paul ont écrit sur la matière [1]. »

---

1. Extrait du traité d'Aylmer, *Harbour for Faithful Subjects*, Strasbourg, 1559 (*le Port pour les sujets fidèles*). Strype, III, p. 483. Miss Agnès Strickland, *Eliz.*, p. 54. Foxe reproduit et commente le langage d'Aylmer,

Cette vertu reluisit d'un nouveau lustre, lorsque, en octobre de la même année (1551), la reine douairière d'Écossse, Marie de Lorraine, mère de Marie Stuart, retournant de France à Edimbourg, prit son chemin par l'Angleterre. Édouard VI l'honora d'une réception magnifique. L'élégance des dames qu'elle emmenait avec elle produisit un tel effet sur les *ladies* de la cour d'Édouard, qu'elles adoptèrent, entre deux fêtes, les modes françaises. Du jour au lendemain, elles parurent « les cheveux frisés, bouclés et rebouclés. » Seule, Élisabeth ne changea rien à sa coiffure et garda sa modestie de jeune fille.

Qu'aurait-il dit, l'honnête panégyriste à qui nous devons ces détails, si le voile de l'avenir, soulevé par un coin, lui avait laissé apercevoir, et les innombrables chaînes et colliers, et les trois mille robes, et les quatre-vingts perruques de couleurs différentes, qui devaient un jour encombrer la garde-robe de la reine-vierge ?

Pour le moment, elle reconquit si complétement l'opinion, que dès lors elle devint, chez le parti réformé, un modèle et un guide ; témoin ces paroles de Jane Grey, sa cousine, repoussant les riches vêtements que Marie lui envoyait en présent : « Non, ce serait une honte de suivre lady Marie, qui laisse la parole de Dieu, et de laisser lady Élisabeth, qui suit la parole de Dieu [1]. »

Élisabeth était retournée à Hatfield. Ce qui nous reste de plus

---

Acts and Monuments, t. VIII, p. 603 et suiv., Londres, 1849. De même pour les paroles de Roger Ascham, auquel il fait dire, à propos d'Élisabeth, qu'il apprend d'elle chaque jour plus qu'elle n'apprend de lui : « Je lui enseigne les mots, elle m'apprend les choses. Je lui enseigne les langues que l'on parle ; sa vie modeste et virginale m'enseigne les paroles qu'on pratique. » *Id., ib.*, p. 604. Ces mots ne se rencontrent nulle part dans les écrits d'Ascham ; mais ils sont rapportés comme ayant été dits par lui à un ami ; et cet ami était John Aylmer, d'après Strype.

1. Miss Agnès Strickland, *Élizabeth*, p. 55, 56 ; et Strype, t. III, p. 483. Ceci se passait sous Édouard VI, avant que Marie fût reine. On voit aussi, dans l'Inventaire des bijoux de Marie, qu'elle donna à Jane des colliers d'or garnis de perles et de rubis. Madden, *Privy Purse*, p. 199.

intéressant sur ce temps, c'est son livre de comptes, d'octobre 1551 à septembre 1552, sorte de confidents que l'on aime à interroger pour saisir quelques traits de caractère. Son trésorier est toujours Thomas Parry, dont elle avait obtenu la réintégration dès l'été de 1549. A la vérité, sir Tyrwhit, examen fait des dépenses, lors de la grande et douloureuse enquête de janvier 1549, avait trouvé le comptable en défaut. Mais, apparemment, Parry s'était montré plus fidèle gardien des secrets qu'administrateur exact des revenus de sa jeune maîtresse; et celle-ci lui avait pardonné un tort secondaire, en faveur d'un service plus important. Il semble, au reste, qu'ensuite tout rentra dans l'ordre.

Le revenu de l'année est fort convenable : 5,890 livres sterling, évaluées à 30,000 d'aujourd'hui (750,000 francs).

La maison d'Élisabeth se compose de treize gentilshommes et de serviteurs nombreux. Sa dépense personnelle est fort peu de chose. Qu'est-ce en fait de toilette, et en un an, qu'une paire de corsages de douze pence, doublure quinze deniers, soie quatre deniers [1]? C'est que nous sommes au plus beau temps du rigorisme puritain. Une Bible, vingt schillings; une Bible encore et d'autres livres, vingt-sept schillings; pas de livres de littérature. — Quelques gratifications à des joueurs de luth et de harpe. — En aumônes, un peu plus de sept livres, chiffre que que l'on trouve assez notable, en comparaison de l'excessive parcimonie qui, plus tard, prendra le dessus.

Au total, ce budget se règle par une balance de quinze cent sept livres à l'avantage de la recette [2]. Il est louable de savoir compter et de ne pas embarrasser ses affaires. Mais l'ensemble cause une impression de sécheresse, presque une déception,

---

1. On sait que le penny, 12e partie du shilling, vaut environ 10 centimes. Le denier est la moitié du penny. On compte 20 shillings dans la livre sterling.
2. Jos. Stevenson, *Calend. for.*, 1558-1559, préf., p. XLIII et suiv. Miss Agnès Strickland, *Elizabeth*, p. 59. Il est fait mention aussi de quelques autres comptes relatifs à l'année 1553.

comme si, dans une terre d'aspect brillant, on rencontrait le tuf au premier coup de sonde.

A la cour, le comte de Warwick poursuivait ses plans de grandeur. Il travaillait à concentrer dans sa personne et sa faction les forces du royaume. Au commencement d'octobre 1551, il rétablit à son profit le titre de duc de Northumberland, titre éteint depuis la proscription des Percy sous Henri VIII, en 1537; et il y joignit la garde générale des frontières du nord, commandement militaire de première importance.

Il dirigea une pluie de faveurs et de titres sur la noblesse, et en particulier créa duc de Suffolk Henri Grey, alors marquis de Dorset. C'était de celui-ci qu'il avait surtout besoin, et par lui qu'il comptait faire entrer la couronne royale dans sa propre maison. En effet, Henri Grey avait épousé Frances, fille aînée de Charles Brandon et de Marie, la seconde sœur de Henri VIII, celle qui avait été un instant reine de France, pendant les derniers jours de Louis XII. Lady Frances avait donné à Henri Grey deux filles, dont l'aînée fut Jane Grey, douée de tant de grâces et destinée à un sort si lamentable [1]. Le nouveau duc de Northumberland, de son côté, avait quatre fils; les trois premiers étaient déjà mariés; il avait résolu d'imposer le quatrième, Guilford Dudley, comme époux à Jane Grey. Assuré de l'appui du marquis de Dorset, il se sentit assez fort pour consommer la perte de l'ancien Protecteur. Sous prétexte que celui-ci ranimait sa faction, il l'envoya pour la seconde fois à la Tour (15 octobre 1551) et le traduisit devant les pairs, qui prononcèrent une sentence de mort (1er décembre 1551), attendu qu'il avait comploté de saisir et d'emprisonner le duc de Northumberland, ainsi que plusieurs autres conseillers du roi [2]. On rapporte que le condamné, dans sa détresse, se tourna vers celle qu'il avait

---

1. Née en 1537.
2. Tytler a prouvé, contre l'opinion de Lingard, que les allégations qui perdirent Somerset étaient mensongères. *England under the reigns of Edward VI and Mary*, t. II, p. 1-75.

tant offensée et supplia Élisabeth d'intercéder en sa faveur auprès du roi. Mais elle, n'étant pas de la race des magnanimes, se serait excusée sur sa jeunesse et son peu d'influence à la cour [1]. Peut-être aussi ne se trouvait-elle pas entièrement rassurée. Comme s'il était dit qu'il ne pouvait pas surgir un seul de ces redoutables procès sans que son nom y fût impliqué, l'un des chefs d'accusation dirigés contre le malheureux duc était d'avoir cherché à brouiller lady Élisabeth avec le duc de Northumberland et d'autres lords du Conseil [2]. L'exécution eut lieu le 22 janvier 1552. Édouard VI abondonna son deuxième oncle, comme il avait abandonné le premier, trois ans auparavant [3]. Non, ce n'était pas en vain qu'il était né de Henri VIII. Qui sait ce que cet adolescent, alors si doux et si paisible, mais si détaché des affections de la famille et des émotions de la pitié, qui sait ce qu'il aurait donné à l'âge d'homme?

Cependant le jeune prince, qui avait toujours langui, succombait à la phthisie. Les jours de chevauchée royale, on le voyait courbé en deux sous le poids de sa chaîne d'or. Le duc de Northumberland n'avait plus de temps à perdre pour franchir le pas décisif. Il célébra, au mois de mai 1553, le mariage de son fils Guilford Dudley avec Jane Grey. Ensuite, tandis qu'il interdisait rigoureusement l'accès du mourant à ses deux sœurs, il obséda Édouard, au nom de l'Évangile et de la responsabilité qu'il encourrait devant Dieu s'il permettait que sa sœur Marie, en lui succédant, replongeât le royaume dans l'idolâtrie, d'où il l'avait tiré si glorieusement. Quant à Élisabeth, après avoir pensé à l'éloigner par un mariage en Danemark, il alléguait

---

1. Greg. Leti. Cet historien a su beaucoup de choses sur Élisabeth; mais il en a hasardé aussi beaucoup. Nous n'avons pas trouvé, dans les documents authentiques, mention de ce fait, qui du reste n'a rien d'invraisemblable. Miss Agnès Strickland l'admet sans hésiter. *Elizabeth*, p. 56.
2. Tytler, *England under the Reigns...*, t. II, p. 49.
3. Voici tout ce qu'il en dit dans son journal : « 22 janvier 1552, le duc de Somerset eut la tête tranchée sur la colline de la Tour, entre huit et neuf heures du matin. » Burnet, t. II, pièces, n° I, p. 41.

contre elle l'illégitimité de sa naissance. Car, s'il était vrai qu'un acte du Parlement, sous Henri VIII, avait maintenu les deux princesses à leur rang d'héritières, et que leur père les y avait confirmées par son testament, néanmoins les bills antérieurs qui les avaient frappées d'exclusion pour le vice de leur naissance n'avaient jamais été rapportés. Ainsi, avec cette arme à deux tranchants, le duc de Northumberland écartait la descendance féminine de Henri. Restaient les deux lignes issues des deux sœurs de ce monarque : l'aînée par Marguerite, qui avait épousé Jacques IV, roi d'Écosse, et dont la petite-fille, Marie Stuart, représentait les droits; la cadette, par Marie, épouse de Charles Brandon en secondes noces, et que représentait Jane Grey, leur petite-fille. Or, Henri VIII, dans son testament, avait passé sous silence la première et admis formellement les droits éventuels de la seconde. Voilà comment le duc parvint à dicter à Édouard VI un testament aux termes duquel le mourant transférait de sa propre autorité le royaume à Jane Grey. Il lui inspira encore assez d'énergie pour imposer rudement silence aux objections de quelques-uns des grands officiers de la couronne (juin 1553). Édouard expira, le 6 juillet suivant, à Greenwich. On parla de poison. Il n'en était rien. Seulement, comme le duc de Northumberland avait eu intérêt à dissimuler la maladie pour se donner le loisir de combiner ses mesures, il avait établi au palais des empiriques qui cherchaient à ranimer le pauvre malade à force de stimulants [1]. L'usurpateur aurait bien souhaité aussi s'assurer des deux filles de Henri VIII. Il essaya d'endormir la défiance de Marie par des procédés gracieux. Il lui rendit les armes de princesse, telles qu'elle les avait portées du temps de son père ; il lui fit accorder des échanges de terres et de maisons du domaine royal, surtout du côté de la mer, comme si, en cas qu'il ne parvînt pas à l'attirer dans ses panneaux, il voulait lui inspirer la tentation de fuir hors du

---

1. Jos. Stevenson, *Calend. for.*, 1558-1559, préf., p. xlvii. Lingard, *Histoire d'Angleterre*.

royaume [1]. Tout à coup, alors qu'Édouard VI avait cessé de vivre, les deux princesses reçurent, au nom de leur frère, l'invitation de se rendre auprès de lui. Mais elles possédaient des amis secrets. Sur l'avis de sir Nicolas Throgmorton [2], attaché loyalement à Marie, quoique zélé protestant, cette princesse, déjà en route pour Greenwich, rebroussa chemin et s'enfuit à son château de Kenninghall, dans le Norfolk. Élisabeth, menacée moins directement, en qualité de cadette, demeura blottie à Hatfield.

1. Jehan Scheyfve, ambassadeur de Charles-Quint en Angleterre ; lettre à l'évêque d'Arras, Granvelle, Londres, 28 avril 1553 ; à Charles-Quint, 11 juin 1553. Manuscrit du *Record Office*, t. I.
2. *The chronicle of queen Jane, and of two years of queen Mary*, éditée par John Gough Nichols, Londres, 1850, p. 1 et 2, note. — Miss Agnès Strickland, *Mary,* p. 512, 513. On avait pensé, mais à tort, que l'avis était venu du comte d'Arundel.

VIII

JANE GREY PROCLAMÉE. — AVÉNEMENT DE MARIE TUDOR

Le duc de Northumberland cacha la mort d'Édouard VI [1] pendant quatre jours. Le 10 juillet seulement, ses mesures prises, il proclama reine Jane Grey. Trésor, flotte, armée, forteresses, et même la plupart des grandes familles, les unes rattachées à ses intérêts par des mariages récents, les autres attirées à Londres, sous des prétextes, tout était en son pouvoir. Au dehors, si l'empereur Charles-Quint, précédemment protecteur déclaré de sa cousine, n'était pas sans inspirer des craintes, d'un autre côté, l'ambassadeur de France, Antoine de Noailles, arrivé en Angleterre depuis deux mois [2], s'attachait à rassurer le duc, d'abord ombrageux, et à lui faire comprendre que le roi Henri II serait volontiers son ami [3]. L'ambassadeur de Charles-Quint, Jean Scheyfve, les observant de près, sut qu'ils se rencontraient dans des entrevues nocturnes, et manda à l'évêque d'Arras, Granvelle, principal ministre de l'empereur, que l'Aubespine, l'un des secrétaires d'État de Henri II, était venu dire au duc de

---

1. 6 juillet 1553.
2. 30 avril 1553.
3. Vertot, *Ambassades de MM. de Noailles*, M. de Noailles et M. de Bois-Dauphin au roi, 7 mai 1553, t. II, p. 7; M. de Noailles au roi, 7 juillet 1553, *id.*, p. 50-53.

Northumberland que sa cause serait « celle propre » du roi son maître [1]. Le roi craignait en effet que l'Angleterre, avec Marie Tudor, n'entrât dans la clientèle de Charles-Quint ; tandis que l'avénement de Jane Grey, en excluant le sang de Henri VIII, devait ranger nécessairement ce royaume dans le parti français, ou tout au moins le paralyser au dehors : épisode, sur une nouvelle scène, de la grande rivalité entre les maisons de France et d'Autriche.

Marie se sentait en péril, sans démêler au juste la trame ourdie contre ses droits. Dès les premiers jours de juin, elle avait sollicité les conseils de l'empereur sur la conduite à tenir [2]. Ce prince, afin de s'éclairer, décida l'envoi d'une ambassade extraordinaire, dont la mission publique était de témoigner l'intérêt qu'il prenait à la santé du jeune roi et de renouveler l'ancienne alliance entre les deux Etats. Elle se composait de Jean de Corrières, seigneur de Montmorency, de Jacques de Marnix, sieur de Toulouse, et de Simon Renard [3]. Ce dernier, formé à l'école de Granvelle, était destiné à demeurer ambassadeur en titre à la cour d'Angleterre. Au fond, ils avaient pour office de protéger la vie de Marie, de lui frayer le chemin du trône, de

---

[1]. Lettres des ambassadeurs de Charles-Quint, *Manuscrit du Record Office*, à Londres. Scheyfve à Granvelle, Londres, 11, 24, 27 juin 1553. T. I, p. 41, 61, 64. Lingard, Tytler (*England under the Reigns of Edward VI and Mary*), M. Froude dans son *Histoire d'Angleterre au* xvie *siècle*, se sont servis de ce manuscrit ; mais il y a encore une ample moisson à faire après eux. La correspondance des ambassadeurs impériaux commence le 10 avril 1553 ; celle de Renard, en juillet suivant. Tytler n'a commencé ses extraits qu'à partir du 20 février 1554, n'ayant pas pu avoir communication de ce qui précédait. Grâce à l'amitié de M. Joseph Stevenson, il nous a été possible de faire une étude complète de la correspondance tout entière. On sait aussi qu'au siècle dernier le P. Griffet avait tiré des papiers de Renard ses *Nouveaux Eclaircissements sur l'histoire de Marie, reine d'Angleterre... adressés à M. David Hume.* Amsterdam et Paris, 1766.

[2]. Scheyfve à Granvelle, 19 juin 1553 ; *Man. du Record Office*, t. I, p. 55.

[3]. Renard, né à Vesoul, portait le titre de bailli ou lieutenant d'Amont, c'est-à-dire de la haute Franche-Comté (cours supérieur de la Saône et du Doubs). Noailles en fait le lieutenant de Mons. L'empereur le nomma définitivement son ambassadeur près Marie Tudor, par lettres du 14 septembre, datées de Mons, *Calendar foreign*, 1558-1559, p. 12, n° 36.

dissiper chez les Anglais toute crainte à l'égard de l'empereur, et d'exclure les *pratiques* françaises [1]. Henri II s'empressa de déléguer pareillement des ambassadeurs extraordinaires, M. de Gyé et Jean de Morvilliers, évêque d'Orléans, plus tard garde des sceaux. Les uns et les autres arrivèrent après les événements, les Impériaux, le lendemain de la mort d'Édouard VI ; les Français, retardés sur la demande de Noailles, ne parurent que le 15 août, un mois après l'avénement de Marie.

Les Impériaux cependant auraient pu, dès le premier jour, servir la cause de cette princesse, car plusieurs lords vinrent les sonder sur les dispositions de l'empereur. Mais, trop fidèles peut-être à leurs instructions, s'exagérant le danger qu'elle courait, ils se rejetèrent du côté opposé ; et lorsque Marie, encore isolée, eut le courage de se déclarer reine, ils jugèrent cette résolution « étrange, difficile et dangereuse. » Ils l'en dissuadèrent et se bornèrent à recommander sa personne au redoutable duc : bien loin, disaient-ils à ce dernier, d'avoir charge de soutenir ses droits, ils ne l'avaient pas même visitée par lettres ni messagers. Ils allèrent jusqu'à demander au Conseil des « guides » pour se retirer, et certifièrent à Charles-Quint qu'avant quatre jours la princesse serait entre les mains du duc de Northumberland. Personne, croyaient-ils, n'oserait se déclarer pour elle. Toutefois, après le succès de Marie, auquel ils contribuèrent si peu, comme on le voit d'après leurs propres dépêches, ils narguèrent superbement les Français, dont les *dolosités* s'étaient *converties en fumée* [2].

---

1. Charles-Quint, sachant de quoi était capable l'ambitieux duc de Northumberland, croyait les jours de Marie en péril. Afin de les préserver, il enjoignit à ses représentants de dire qu'il trouverait bon qu'elle se mariât à quelqu'un du royaume, celui que le duc jugerait le plus à propos ; d'esquiver néanmoins ce mariage en gagnant du temps et en suscitant des rivalités ; mais, s'il le fallait absolument, de passer outre plutôt que de donner un prétexte de faire périr sa cousine. Charles-Quint à ses ambassadeurs, Bruxelles, 23 juin 1553. Granvelle, *Papiers d'État*, t. IV, p. 4-12.

2. Londres, 7, 10, 11, 12, 14, 22 juillet 1553. *Man. du Record Office*, t. I, p. 19, 83, 105, 109, 127, 181. Nous nous servons aussi des *Papiers d'État*

Antoine de Noailles avait eu, en effet, quelques instants de grande espérance en faveur du duc de Northumberland. On allait, il n'en doutait pas, arrêter Marie « et rompre cette mutination, dont j'espère, continuait-il, que tout succédera au bien et prospérité des affaires du roi, et commune et parfaite amitié de ces deux royaumes, à l'aide du Créateur. » Lui aussi, comme tant d'autres, comme naguère les maîtres d'Édouard VI, lisait couramment dans les desseins de la Providence, cette fois au profit de Jane Grey, « estimée sage, vertueuse et accomplie en toutes choses, digne de tel lieu qu'il a plu à Dieu de l'appeler [1]. »

de Granvelle, qui complètent çà et là le *Man. du Record Office*. Mais celui-ci est plus riche et sert à rectifier assez fréquemment les dates admises par le savant éditeur des *Papiers de Granvelle*.

1. Archives du ministère des affaires étrangères : *Dépêches et Mémoires des ambassades de M. de Noailles*, t. I et II (en un seul), 13 juillet 1553, p. 69. Il écrivait le même jour à l'évêque d'Orléans, Morvilliers, à propos de l'entrée triomphale de Jane Grey à la Tour, d'après le cérémonial de chaque nouveau règne, que c'était « le vray succez que pouvait désirer Sa Majesté (Henri II) pour le succez de ses affaires. » P. 71. Ici, nous avons à donner quelques explications sur la double source à laquelle nous puisons en ce qui regarde MM. Antoine et François de Noailles. 1° Au siècle dernier, Vertot avait préparé la publication de la vaste collection de ces papiers. La mort (1735) l'empêcha de terminer ce travail. Après lui, on imprima à Leyde, en 1763, un volume contenant une introduction historique qu'il avait composée, relative aux ambassades de MM. de Noailles, en Angleterre, de 1553 à 1558, et, de plus, quatre volumes de leurs correspondances. Les originaux des pièces qu'ils contiennent ne se sont pas retrouvés. 2° D'autre part, il existe aux Archives du ministère des affaires étrangères une collection considérable de lettres des mêmes personnages pendant leurs ambassades en Angleterre. Grâce à la libérale obligeance de l'éminent directeur des Archives, M. Prosper Faugère, il nous a été possible de dépouiller ce recueil. Les renseignements inédits et intéressants y abondent. Ce sont d'autres lettres que celles de l'ouvrage posthume de Vertot, mais elles en établiraient, si cela était nécessaire, l'incontestable authenticité par l'identité soit de certains passages, du style, de l'enchaînement des faits, soit encore de la méthode qu'a suivie l'éditeur des quatre volumes pour les en-tête, les annotations, etc. Ces deux séries de pièces se complètent l'une l'autre. Il existe à la Bibliothèque nationale un troisième groupe de papiers de Noailles (Fonds français, n°ˢ 6908-6918, 6948, 9291). Ils concernent les affaires de famille et les ambassades de François de Noailles à Venise et à Constantinople, et ne fournissent à peu près rien qui se rapporte à notre sujet. On y reconnaît que ces papiers aussi avaient été préparés, pourvus de sommaires et annotés comme les autres, sous la direction de Vertot, parfois de sa main, pour être publiés.

Il semblait donc que cette révolution effrontée, préparée avec tant de profondeur de calcul par le duc de Northumberland, allât s'accomplir d'elle-même et sans secousse. Mais jamais partie mieux liée en apparence ne se perdit en si peu de temps. Marie, après s'être réfugiée dans le Norfolk, au château de Kenninghall, puis à Framlingham, au fond des forêts du comté de Suffolk, demeure plus susceptible de défense et à proximité de la mer du Nord, Marie revendiqua son droit d'un ton ferme et intrépide.

La noblesse catholique des comtés de l'Est accourut près d'elle, tandis qu'à Londres le peuple dissimulait à peine sous un froid silence la haine qu'il avait vouée à l'audacieux intrigant, depuis le meurtre juridique du duc de Somerset. Alors l'usurpateur se troubla. Aussi vacillant dans l'exécution que présomptueux dans le complot, il jeta le découragement autour de lui par le spectacle de sa faiblesse. Ce furent ses propres partisans qui, pour se sauver, s'emparèrent de sa personne au nom de Marie ; et Jane Grey dut quitter cette grandeur funeste, dont l'annonce, dix jours auparavant (10-20 juillet 1553), loin de l'enorgueillir, lui avait arraché un flot de larmes, et dont l'éphémère possession, si peu désirée d'elle, lui coûta tout son sang [1].

---

[1]. « Ceste pauvre royne, qui s'en peut dire de la fève, est demeurée prisonnière..... » Noailles à Henri II, 20 juillet 1553, t. II, p. 79 (Vertot). Son père, le duc de Suffolk, qui l'avait contrainte à l'usurpation, courut la détrôner le premier : « Dès qu'il sut la délibération du Conseil (de proclamer Marie), il alla trouver sa fille, qui soupait, et, sans dire autre chose, tira à bas le doseret (le dais), disant qu'il ne lui apartenoit d'en user et que son estat ne le portoit. » Jane répondit « que d'aussi bon cœur elle l'avoit accepté, d'aussi bon cœur s'en demestoit-elle, et cognoissoit le droit apartenir à la royne Marie, et que ce qu'elle avoit faict estre procuré à son insceu. » Les ambassadeurs de Charles Quint à leur maître, Londres, 22 juillet 1553, *Manusc. du Record Office*, t. I, p. 176, 177. M. Froude (t. VI, p. 32) voit ci un trait du bon cœur du duc de Suffolk. C'est plutôt la continuation de la dureté avec laquelle on avait toujours traité Jane Grey en famille. Cette dépêche du 22 juillet est longue et importante. Les *Papiers d'État* de Granvelle n'en contiennent que le commencement, fragment assez court et le moins intéressant : t. IV, p. 57, 58.

Le triomphe de Marie Tudor fut véritablement une fête nationale. « J'ay veu, écrivait Noailles, le plus soubdain changement qui se pouvoit jamais croire des hommes, et cuyde que le seul Dieu a conduict cet ouvrage, faisant d'un innumérable peuple meu de la plus grande affection qui s'est jamais veue en subjetz ne se présentans seulement de leurs personnes au service de leur reyne, mais encores luy portant ce peu d'argent, vaisselle et bagues qu'ils avoient, et après l'avoir tellement servie que en si peu de jours l'on a veu quel succès est advenu en sa faveur, elle n'a peu leur faire recevoir solde ni aucun autre bienfait [1]. »

Pendant ces surprenantes péripéties, Élisabeth demeura immobile. Elle refusa les sommes d'argent et les terres que le duc lui offrait pour prix de son acquiescement à ses desseins. Elle n'avait pas de droits à réclamer ni à résigner, répondit-elle, tant que sa sœur aînée existait [2]. Le traître, nous l'avons déjà dit, se promettait soit de la faire sortir du pays en la mariant en Danemark ou bien à un fils du roi de France, soit de se l'approprier en la donnant au jeune comte de Warwick, l'un de ses fils, déjà marié, il est vrai, mais que le divorce, alors si facile, aurait rendu libre; ou encore, il l'aurait épousée lui-même, en se ren-

---

1. Vertot, t. II, p. 93, 94. Lett. à MM. d'Orléans (l'évêque) et de Gyé, 29 juillet 1553. Voici, d'après un Anglais anonyme, témoin oculaire, la physionomie de Londres, le 19 juillet, jour où le Conseil fit proclamer Marie : « Il y eut ici, à Londres, un grand triomphe. De ma vie, je n'ai vu le pareil; et, d'après ce qu'on rapporte, le pareil non plus ne s'est jamais vu. Ce qu'il y eut de chapeaux jetés en l'air à la proclamation ne saurait se dire. Le comte de Pembroke lança son chapeau plein d'angelots. J'ai vu de mes yeux jeter de l'argent par les fenêtres, en réjouissance. Les feux de joie étaient innombrables ; il y avait tant de coups de feu, de cris du peuple, de sonneries de cloches, qu'on pouvait à peine s'entendre d'un homme à l'autre, sans parler des banquets et des chants d'allégresse en pleine rue. » Madden, *Privy purse expenses of the princess Mary*, Londres. 1831, introd., p. cxiv, note ; et *the Chronicle of the Queen Jane and of two years of queen Mary*, p. 2, chronique anonyme publiée par John Gough Nichols, pour la Société Camden, Londres, 1850.

2. Camden, *Rerum Anglicarum et Hibernicarum annales, regnante Elizabetha, Apparatus*, p. x.

dant libre également par un divorce [1] : genre de marché où elle avait tout à perdre. Élisabeth ne voulut pas non plus se compromettre en faveur de Marie. Rien de moins exact qu'elle ait levé un corps de troupes pour rallier ses drapeaux [2]. Elle était malade alors, et cela lui servit à attendre plus sûrement que l'événement eût prononcé. Marie victorieuse, elle lui écrivit une lettre de félicitations ; elle demandait sous quels habits elle devait se présenter devant elle, en deuil ou autrement.

Le 29 juillet, tandis que Marie était encore dans le Suffolk, elle se rendit à Londres, au palais Somerset dont elle avait la jouissance, affable et accessible à tous, faisant ainsi figure pour son propre compte. Cinq cents cavaliers, vêtus de vert et de blanc, aux couleurs de la reine, se pressaient autour d'elle [3]. Le surlendemain, suivie d'un flot de dames et de chevaliers, elle se porta jusqu'à Wanstead, un peu au nord de Londres, à la rencontre de la souveraine, qui s'approchait pour prendre possession de sa capitale et faire le séjour d'usage à la Tour, jusqu'après la célébration des funérailles de son prédécesseur. Elle reçut l'accueil le plus gracieux. Marie lui assigna la première place immédiatement après elle et embrassa une à une toutes les dames de son cortège [4]. Les deux sœurs entrèrent solennellement dans la ville, à cheval, au milieu d'un peuple transporté de joie (3 août 1553).

1. Scheyfve à Charles-Quint, Londres, 5, 30 mai 1553. *Man. du Record Office*, t. I, p. 19, 31, 32.
2. C'est Heywood qui rapporte ce fait, dépourvu de tout fondement. *Prima, ibi ante omnes*, dit-il, p. 58.
3. Rosso, *I successi d'Inghilterra*, p. 25, Ferrare, 1560. Ce sont là probablement les cinq cents cavaliers que Heywood groupe quelques jours trop tôt près d'Elisabeth. Strype, t. III, p. 14, cite un Ms. qui parle de douze mille chevaux. C'est sans doute le Journal de Henry Machin, citoyen et marchand tailleur de Londres, de 1550 à 1563, ou *the Diary of Henry Machin*, publié en 1848 pour la Société Camden. Machin donne à Elisabeth une escorte de deux mille cavaliers, le 29 juillet, et de mille, le 31. John Strype, *Mémoires d'histoire ecclésiastique et civile sur les événements du règne de Marie I (Historical memorials ecclesiastical and civil, of events under the reign of queen Mary I)*. Londres, 1721.
4. Les ambassadeurs de Charles-Quint à leur maître, 22 juillet, 6 août 1553. *Manusc. du Record Office*, t. I, p. 180, 243, 244.

IX

ANTAGONISME DE SITUATION ENTRE LES DEUX SŒURS

Lorsque Marie, dans la simplicité de son cœur, honorait Élisabeth d'une si belle part de son triomphe, elle ne se doutait pas qu'à l'heure même, au fond de l'âme, celle-ci joutait avec elle par-devant la foule et prenait avantage dans cette première passe. De ces deux sœurs, telles que les ambassadeurs vénitiens les dépeignent, l'aînée, âgée de trente-sept ans, petite, passablement belle au temps de sa jeunesse, maintenant amaigrie, les traits fanés et creusés de rides précoces par les soucis et la mauvaise santé, la peau blanche marquée de rouge, la voix virile, de gros yeux gris, vifs, plus propres à inspirer le respect craintif que l'attrayante sympathie, était singulièrement éclipsée par sa cadette, dont elle aurait pu être la mère. Élisabeth, à la fleur de ses vingt ans, grande, la taille bien prise, avec une attitude de reine, gracieuse plutôt que belle, le teint mat, de beaux yeux, la main élégante et fine qu'elle avait soin de montrer, imposait et charmait à la fois, et n'en paraissait que plus au vrai la fille du beau roi Henri [1].

---

[1]. Relations de Giacomo Soranzo et de Giovanni Michieli, dans le livre si riche et si intéressant de M. Armand Baschet, *la Diplomatie vénitienne au XVIe siècle*, p. 121, 125, 128. V. aussi *Calendar Venetian*, par M. Rawdon Browne, 18 août 1554.

En entrant à la Tour, la reine aperçut, agenouillés sur le gazon, les prisonniers d'État, détenus illégalement par les deux derniers rois. C'étaient : le jeune Édouard Courtenay, dont le père, le marquis d'Exeter, avait été décapité sans preuve et sans crime en 1539, et dont la mère marchait après Élisabeth, dans le brillant cortége de ce jour ; le vieux duc de Norfolk, que le brusque dénouement de la maladie de Henri VIII avait seul sauvé de l'échafaud, six ans auparavant ; la duchesse de Somerset, enfermée depuis que son mari avait été envoyé à l'échafaud par l'inique Northumberland ; Cuthbert Tunstal et Stephen Gardiner, évêques dépossédés, l'un de Durham, l'autre de Winchester, tous deux détenus à la Tour par Thomas Cranmer et le Conseil d'Édouard, à cause de leur fidélité à la foi catholique [1]. Gardiner adressa un compliment à la reine et une supplique au nom de ses compagnons d'infortune. Marie, touchée jusqu'aux larmes, étendit la main sur eux. « Vous êtes mes prisonniers, » s'écria-t-elle. Puis, les relevant et les embrassant, elle les emmena avec elle, à l'intérieur de la forteresse, dans la demeure royale. Elle leur rendit leur liberté ; bientôt, leurs biens, leur rang et leurs siéges. Dès le surlendemain, Gardiner fut nommé membre du Conseil privé ; trois semaines après, lord chancelier [2], c'est-à-dire chef du gouvernement.

Cependant, les restes d'Édouard VI n'avaient pas reçu encore les derniers devoirs, retardés par ces révolutions. La reine voulait qu'on observât aux obsèques de son frère uniquement le rite catholique. Mais, sur les représentations des ambassadeurs de Charles-Quint qu'il fallait agir avec lenteur et précaution dans tout ce qui tenait à la religion, elle laissa célébrer la cérémonie

---

1. Ils avaient soutenu le catholicisme de Henri VIII contre le calvinisme, que le gouvernement d'Edouard VI imposait à l'Angleterre. Cranmer avait été le zélé champion du même système, et un brûleur d'hérétiques, c'est-à-dire de gens entachés des opinions protestantes, qu'il avait ensuite fait triompher par la force et la persécution sous le nouveau *Josias*.

2. 23 août 1553. *Haynes's Papers*, p. 173, procès-verbaux du Conseil privé. Strype, III, p. 17.

publique à Westminster par l'archevêque Cranmer, selon le rite réformé; tandis qu'elle-même, à la chapelle de la Tour, assistait à une messe de *requiem*, que Gardiner chanta selon la liturgie catholique [1].

Ces funérailles furent l'occasion du premier choc entre les deux sœurs.

Un antagonisme latent et inexorable faisait le fond de leur situation réciproque. Comment l'empêcher, lorsqu'une des deux princesses ne pouvait pas être réputée fille légitime de Henri VIII sans que l'autre fût en conséquence réputée illégitime? Comment étouffer le cri de malédiction qui sortait de la tombe de Catherine contre l'usurpatrice Anne Boleyn? Marie, tenue au devoir filial de laver la tache imprimée injustement au nom de sa mère, pouvait-elle s'en acquitter sans porter l'atteinte la plus cuisante à l'honneur d'Élisabeth et la plus dommageable à ses droits d'héritière?

Comme s'il ne suffisait pas de cette rivalité innée, infusée dans leurs veines avec le sang, la lutte religieuse du xvie siècle les trouva encore dans les deux camps opposés. Nous savons quel attachement invincible Marie tenait de Catherine d'Aragon pour le catholicisme, fût-ce même le symbole schismatique de son père. Plutôt que de suivre un autre service divin, qui l'eût éloignée davantage du service catholique, elle était prête, avait-elle déclaré aux ministres d'Édouard VI en 1551, à poser sa tête sur le billot. Au contraire, Anne Boleyn avait mis le protestantisme dans le berceau de sa fille. Toutefois celle-ci, obligée dès l'âge le plus tendre de se composer et de prendre sur soi en toutes choses, se façonna au calcul beaucoup plus qu'au dévouement. Protestante par opinion, par goût, par intérêt, elle n'eut pas, comme sa sœur aînée, l'ardeur et la puissance de la foi qui

---

1. 8 août 1553. Griffet, p. 51-53. — Correspondance de Renard. Lettr. de Charles-Quint, 22 et 29 juillet; des ambassadeurs, 24 juillet, 2 et 8 août; dans le *Manuscrit du Record Office*, t. I, p. 166, 187, 211, 237, 251, 254. Papiers d'Etat de Granvelle, t. IV, p. 55; Vertot, *Correspondance de MM. de Noailles*, lett. d'Antoine de Noailles au roi, 9 août, t. II, p. 108.

affronte le martyre. Les yeux fixés sur l'avenir, attentive à se réserver, elle montra clairement, sans aller jusqu'à l'extrême péril, de quel côté penchaient ses préférences en religion, et cela suffit pour attacher à sa personne, malgré les défaillances dont nous parlerons bientôt, l'enthousiasme des réformés. Dès ces premiers temps, le pape Jules III se plaignait que cette hérétique et schismatique fût dans le cœur et sur les lèvres de chacun [1].

Marie sollicita Élisabeth de l'accompagner à la messe pour le repos de l'âme de leur frère et rencontra un refus formel [2]. Aussitôt, les ambassadeurs impériaux la pressèrent de prendre des mesures contre une princesse qui, « par ambition ou persuasion, pourrait penser en chose dangereuse et exécuter sa pensée par moyen que seroit difficile d'éviter pour être d'esprit... [3]. » « Elle se maintenait en la nouvelle religion par pratique, disaient-ils encore, pour attirer et gagner à sa dévotion ceux qui étaient de cette religion et s'en aider, si elle avait intention de *maligner;* après tout, s'ils se trompaient, mieux valait encore prévenir qu'être prévenu [4]. Marie répondit seulement qu'elle songeait en effet à la renvoyer de la cour.

Bien loin de prendre des mesures contre sa sœur, elle ne se décidait qu'avec effort à punir les traîtres qui avaient usurpé sa couronne les armes à la main. Elle avait demandé l'avis de l'empereur, qui lui conseilla de sévir promptement contre les chefs, d'user de clémence envers les coupables secondaires et de modérer les désirs de vengeance chez les siens. Sur une liste de vingt-sept prisonniers à mettre en jugement, elle raya seize noms

---

1. Sharon Turner, *Histoire des règnes d'Édouard VI, de Marie et d'Élisabeth* (*The history of the reigns of Edward-the-sixth, Mary and Elizabeth*), t. III, p. 403, lettr. de Jules III, 20 septembre 1553. V. aussi miss Agnès Strickland, *Elizabeth*, p. 63.

2. Vertot, Ant. de Noailles au roi, 9 août 1553, t. II, p. 109.

3. *Manusc. du Record Office*, t. I, p. 276, 278 ; lett. à Charles-Quint, 16 août 1553. Ils ne qualifient pas le genre d'esprit.

4. Granvelle, *Papiers d'État*, t. IV, p. 68. Lettre des ambassadeurs impériaux à Marie, sans date (commencement d'août 1553).

et ne livra au bourreau que le duc de Northumberland, avec ses deux affidés, sir John Gates et sir Thomas Palmer (22 août 1553). Volontiers même les eût-elle épargnés, si elle eût supposé que l'empereur y inclinât. Mais Renard et ses collègues, fort âpres sur le « chastoy », ne le souffrirent pas. Toutefois, ils ne purent pas gagner sur elle qu'elle consentît à la mort de Jane Grey [1]. Elle se contenta de la garder prisonnière à la Tour [2].

Marie continua de travailler à la conversion d'Élisabeth : entreprise ardue. Vainement, comme pour la persuader par l'exemple, entendait-elle, entourée de son Conseil privé, tout à l'heure encore si parfait en protestantisme, jusqu'à six ou sept messes par jour : la jeune princesse, avec Anne de Clèves, seule survivante des femmes de Henri VIII, se tenait obstinément à l'écart. La reine, quand elle créa comte de Devon Édouard Courtenay, voulait qu'Élisabeth fût présente à la messe qui suivit cette cérémonie; mais les membres du Parlement et ceux du Conseil qu'elle députa les uns après les autres vers la récalcitrante ne rapportèrent qu'un rude refus. Elle alléguait aussi la maladie, qu'elle eût toujours à commandement. Sur ces entrefaites, la célébration publique de la messe à Saint-Paul avait mis en ébullition les préjugés et les passions de la foule. Des scènes de tumulte et de violence avaient eu lieu, bientôt réprimées, il est vrai. Mais on commença de craindre qu'Élisabeth ne reçût de quelques puissants personnages des encouragements secrets, signes précurseurs de cabales à la cour et de

[1]. Les ambassadeurs impériaux à Charles-Quint, Londres, 8 août, 16 août 1553 ; Charles-Quint à ses ambassadeurs, Bruxelles, 29 juillet, 9, 23 août 1553. *Man. du Record Office*, t. I, p. 250, 273-276, p. 211, 259, 295-297 ; Granvelle, *Papiers d'État*, t. IV, p. 59, 61 : la lettre de Charles-Quint, du 29 juillet. Griffet, p. 53-56.

[2]. La duchesse de Suffolk était allée se jeter aux pieds de la reine et avait obtenu la grâce et la liberté de son mari. Mais il paraît que, mère dénaturée, elle resta muette sur sa fille Jane Grey et qu'elle l'abandonna sous le coup du danger mortel où ils l'avaient jetée. Miss Agnès Strickland, *Mary*, p. 566.

troubles dans l'État. On répandit aussi, propos mensongers certainement, qu'elle détournait les prédicants français de quitter l'Angleterre, particulièrement celui qui l'avait instruite à la fois dans la réforme et dans la langue française, et qu'elle leur conseillait même d'aller prêcher par les rues [1].

Il y avait plus d'un mois qu'elle prolongeait la lutte. Enfin la reine lui fit savoir qu'elle devait céder, si elle voulait rester davantage à la cour.

Alors, comme une place assiégée capitule après une belle défense, l'honneur sauf, Élisabeth, dépourvue de l'ambition du martyre, nous l'avons dit, et même de celle de la disgrâce, pensa qu'elle avait combattu ce qu'il fallait de temps pour donner du prix à sa soumission. Elle fit entendre qu'elle se *reconnaîtrait* à la fête prochaine de la Nativité de la Vierge, et demanda une audience à la reine. L'entrevue se passa dans une galerie, où elles se rendirent accompagnées chacune d'une seule dame. Élisabeth se jeta aux genoux de sa sœur les yeux baignés de larmes, désolée, lui dit-elle, de ne pas posséder son affection, à ce qu'il lui semblait. Elle ne savait en quoi elle pouvait l'avoir offensée, si ce n'est sur l'article de la religion ; mais elle était excusable, puisqu'elle avait été élevée dans celle qu'elle professait, sans avoir jamais entendu aucun docteur qui lui en eût appris une autre. Bref, elle demandait des livres et un homme savant pour l'instruire. Elle rétracta donc ses erreurs ; et, le 8 septembre, elle se rendit à la messe de la Nativité de Notre-Dame. Ce ne fut pas sans avoir allégué la veille encore des maux d'estomac, dernière ressource de sa résistance ; et, jusque sur le chemin de la chapelle, elle jetait les hauts cris en se plaignant de l'excès de ses souffrances [2]. Cette conversion

---

1. *Man. du Record Office*, les ambassadeurs de Charles-Quint à leur maître, Londres, 27 août, 9 septembre 1553 ; t. I, p. 322, 349. Vertot, Noailles au roi et à la reine régente d'Écosse (Marie de Lorraine), 9 août, 4, 6, 7 septembre 1553 ; t. II, 109, 136, 138, 140, 141, 146, 147. Griffet, p. 105, 106.

2. Griffet, § XII, p. 106, 107, et *Manusc. du Record Office*, les ambassa-

éplorée aiguisa la malveillance des ambassadeurs impériaux. Ils revinrent secrètement à la charge, pour que l'on s'assurât de la personne d'Élisabeth par la force. Elle était d'accord, disaient-ils, avec les hérétiques et les rebelles [1] ; s'il arrivait malheur à la reine, et que la princesse parvînt à la couronne, le royaume passerait à l'hérésie et les catholiques seraient persécutés. Marie, tout en avouant qu'en effet elle ne se fiait guère à sa sœur, leur raconta que, peu de jours auparavant, elle l'avait fait venir. Elle lui avait demandé si elle partageait fermement la croyance des catholiques sur le saint sacrement, et l'avait priée de lui déclarer avec liberté et en conscience si, comme on le prétendait, elle allait à la messe par dissimulation, par crainte ou par feinte. Élisabeth avait répondu qu'elle était prête à déclarer publiquement qu'elle allait à la messe pour obéir à l'impulsion de sa conscience; qu'elle agissait de son propre mouvement et de sa franche volonté, sans crainte, feinte ou dissimulation. En parlant ainsi, elle tremblait de tout son corps.

Les Impériaux conseillèrent à Marie de ne pas s'arrêter à ces airs de timidité. On les informait que les prédicants étrangers reprenaient courage et débitaient que, si les papistes avaient leur temps, cela ne durerait guère; que la dame Élisabeth y pourvoirait. De même, toujours selon les Impériaux, les rebelles, les partisans du duc de Northumberland, n'attendaient, pour se venger, que le moment de servir et de seconder les intentions de celle qui était en secret sa rivale [2].

deurs impériaux à Charles-Quint, Londres, 9 septembre 1553, t. I, p. 360-362.

1. « Leurs conseilz et entreprises estoient participez à Madame Elisabeth, et en elle mis leur espoir et attente. » *Man. du Rec. Off.*, les ambassadeurs à Charles-Quint, Londres, 23 septembre 1558, t. I, p. 407. Il s'agit des rebelles qui avaient suivi le duc de Northumberland.

2. *Man. du Record Office*, les ambassadeurs à l'empereur, Londres, 23 septembre 1553, t. I, p. 407-409.

X

ÉLISABETH AU COURONNEMENT DE MARIE TUDOR

La reine, il faut le reconnaître, avait quelque mérite à décliner ces incitations venimeuses, sans cesse renaissantes. Satisfaite de la soumission qu'elle avait obtenue, sans prétendre sonder jusqu'au fond l'abîme du cœur, elle jugea que cet exemple contribuerait efficacement à la restauration du catholicisme et ne manquerait pas d'exercer la plus utile influence sur les déterminations du prochain Parlement [1]. Remplie d'égards pour Élisabeth, elle l'appelait sa bonne sœur, la conduisait par la main à toutes les *grandes assemblées* [2]. Elle lui fit de riches cadeaux en bijoux : une broche représentant l'histoire de Pyrame et Thisbé, avec une belle table de diamant, garnie de quatre rubis; deux volumes en or, l'un garni de rubis avec un diamant à l'agrafe, l'autre contenant les portraits de Henri VIII et de Catherine d'Aragon; une plaque carrée en or avec une cordelière; un chapelet de corail blanc, monté en or [3] : bref,

---

1. Vertot, t. II, p. 160. Antoine de Noailles au roi, Londres, 22 septembre 1553.
2. Griffet, p. 107. Vertot, t. II, p. 273. Ant. de Noailles au roi, Londres, 30 novembre 1553.
3. Madden, *Privy purse expenses of the princess Mary*, p. 194, 197, inventaire des bijoux de Marie, avec la mention de ceux qui ont été donnés à

une rosée de bons procédés, propres à maintenir dans le droit chemin une princesse jeune et amie de la parure. Mais cette princesse savait toujours subordonner ses goûts aux calculs de la politique. La résistance épuisée, elle n'était pas encore à bout de protestations. Noailles nous apprend qu'elle refusa de se parer de ces belles choses [1].

Néanmoins l'effort capital qu'elle avait fait d'aller à la messe porta ses fruits. Elle y gagna de rester en pied à la cour et de s'assurer, pour les fêtes du couronnement, sa place de sœur de la reine et d'héritière en première ligne. Ces fêtes étaient fixées au 1er octobre. Trois jours auparavant, la reine, avec Élisabeth et toutes ses dames, descendit la Tamise, du palais de Saint-James à la Tour, située à l'extrémité orientale de Londres.

La Tour, ouvrage des rois normands, symbole presque vivant de la conquête, représentait en principe le siége de la royauté. Abri des règnes nouveaux à la veille de leurs grandes journées d'inauguration, ou bien refuge dans les heures de crise, théâtre tour à tour de fêtes ou de tragédies, elle embrassait pêle-mêle dans ses fortes murailles les salles d'apparat, le trésor et l'unique Monnaie qui existât en Angleterre, la couronne et ses joyaux, les archives du royaume, l'arsenal, la prison d'État et le billot. Tantôt elle était comme la source d'où les marches triomphales s'écoulaient joyeusement par les rues de la cité vers les palais plus riants de l'ouest ; trop souvent, c'était la terre avide abreuvée à longs traits du sang des victimes, que sacrifiaient les fureurs du maître ou les arrêts d'une justice sans vertu et sans entrailles.

A ce moment brillaient les jours passagers de l'allégresse. Le 30 septembre, Marie quitta la Tour et, à travers la ville richement pavoisée, prit le chemin du palais de Whitehall, à proxi-

diverses personnes. Cet acte de libéralité envers Elisabeth est daté du 21 septembre 1553.

1. Archives des affaires étrangères. *Registre des copies des dépêches de MM. de Noailles*, t. I et II (en un), p. 125. Antoine de Noailles à la reine (douairière) d'Écosse, Londres, 24 septembre 1553.

mité de l'abbaye de Westminster [1]. Vêtue d'une robe de velours bleu garnie d'hermine, un manteau de drap d'argent sur les épaules, coiffée d'un réseau d'or tellement chargé de perles et de pierres précieuses qu'elle était obligée de se soutenir la tête avec la main, elle siégeait dans une litière à ciel d'or portée par des mules caparaçonnées d'or et de velours rouge. Derrière elle, un char recouvert en drap d'argent, attelé de chevaux étincelants d'argent, portait Élisabeth et Anne de Clèves, la seule survivante des nombreuses épousées de Henri VIII, toutes deux vêtues d'une robe d'argent à la française. Suivaient huit princesses dans deux chars, et soixante-dix dames à cheval, habillées aussi à la française, robes de velours cramoisi à passementeries d'or, garnies d'hermine, manches ouvertes pendantes, manteaux de drap d'or et d'argent [2]. Nous ne parlons pas de la multitude des seigneurs et des gentilshommes.

1. Nous dirons, pour la facilité du lecteur français, que la ville de Westminster s'étendait de l'est à l'ouest, le long de la Tamise, en dehors de la Cité, depuis Temple-Bar, limite de la Cité, jusque et compris l'abbaye de Westminster. A côté de l'abbaye s'élevait le palais de Westminster, résidence habituelle des rois jusqu'en 1512, époque où il fut consumé par un incendie. Henri VIII, alors régnant, fit remettre en état la grande salle qui servait aux fêtes, aux jugements, ainsi que les bâtiments nécessaires pour la justice et les solennités extraordinaires ; il se fixa autre part, soit à Saint-James, soit surtout à Whitehall, qu'il confisqua sur les Franciscains, lors de sa rupture avec le Saint-Siége. Il y construisit une somptueuse galerie, une belle porte, des jardins qui descendaient à la Tamise, un jeu de paume, un boulingrin pour le jeu de boules, une arène pour les combats de coqs. (John Stow, Description de Londres, A Survey of London, in-4°, Londres, 1598-1599, p. 374, 386, 389.) Toutes ces résidences sont comprises dans Westminster. C'est au palais de Whitehall, à *Westminster*, que Marie se rend le 30 septembre ; de là, au palais et à l'abbaye de Westminster, le 1er octobre, pour le couronnement.

2. Vertot, Noailles, t. II, p. 196-199, Relation de l'entrée de la reine d'Angleterre dans Londres (par Noailles). *The Chronicle of queen Jane and of two years of queen Mary*, Londres, 1850, p. 28-30. *I successi d'Inghilterra*, par Rosso, Ferrare, 1560, p. 34-39. Raph. Holinshed, *Chronicles of England*, Londres, 1587, 2e éd., t. II, p. 1091. Heywood, p. 60-61. John Stow, *Annals of England*, Londres, 1631, p. 614-615. Miss Agnès Strickland, *Mary*, p. 578-580. Une discussion assez amusante s'est élevée sur ce chapitre de l'histoire de la mode en Angleterre. Marie, qui avait le goût très-vif de la toilette, fort contenue jusque-là, se donna carrière dès qu'elle fut

Le lendemain, 1ᵉʳ octobre 1553, à la cérémonie du couronnement dans l'abbaye de Westminster, Élisabeth conserva le même rang, immédiatement après la reine, avant Anne de Clèves et les princesses. Les unes et les autres portaient des robes de velours cramoisi fourrées d'hermine, et sur la tête des couronnes d'or proportionnées au rang de chacune. Pendant les longues heures

reine et voulut qu'autour d'elle on l'imitât (Griffet, p. 19-22). Mais Tytler (*England under the reigns...*, t. II, p. 241) conteste ce fait d'un retour aux vêtements somptueux, ainsi que la sévérité puritaine d'Édouard VI, qui les aurait proscrits précédemment. Il donne pour raison qu'un simple coup d'œil jeté sur les portraits de cette époque, presque tous de la main d'Holbein, prouve que la toilette n'avait nullement abdiqué alors ses droits *imprescriptibles*, et conséquemment qu'elle n'eut pas à les revendiquer sous un règne féminin. Il pourrait rappeler aussi qu'au voyage de la reine douairière d'Écosse, Marie de Lorraine, à Londres, en 1551, les dames de la cour, éblouies de l'élégance de cette princesse et de sa suite, furent parfaitement libres d'adopter d'un élan les modes françaises. Cependant il n'est pas possible de rejeter purement et simplement les témoignages réitérés de Noailles, par exemple, lorsqu'écrivant à la reine d'Écosse, le 14 octobre 1553 (t. II, p. 211), il parle de la cour d'Angleterre, de « leurs triumphes et délices qui sont maintenant sy grandz, que j'estime ceste noblesse se destruire pour complaire à ceste royne, laquelle est tellement adonnée à la pompe et gourgiasceté (recherche excessive et de mauvais goût dans la parure), et jusqu'à faire porter aux femmes de sa compagnie, aagées de soixante ans, dorures et robes de couleur, et les millords et les jeunes seigneurs portent chausses aultant exquises, soit de thoiles et drapz d'or et broderies que j'en aye peu veoir en France, à l'advénement du feu roy ne ailleurs. » L'ambassadeur ajoute que, pour le bien et prospérité du roi (Henri II), ils ne sauraient prendre un meilleur chemin. D'où l'on peut conclure qu'on aura exagéré le tableau de la rigidité sous Édouard VI, mais que Noailles est témoin en effet d'une réaction très-prononcée, à la fois affaire de tempérament et d'émancipation. Il fait même un singulier amalgame des affaires de toilette et de religion. Il vante au roi les bons commencements du gouvernement de la reine, « m'estant d'hier apperceu en sa court, comme elle a desja osté les superstitions qui estoient par cy-devant que les femmes ne portassent dorures ni habillemens de couleurs, estant elle-mesme et beaucoup de sa compagnie, parées de dorures, et habillées à la françoise de robes à grandz manches, et davantage il s'estime que peu à peu elle trouvera ainsy ce chemin pour réduire les choses de la religion, comme le roi son père les laissa. » Lett. au Roi, 7 août 1553, p. 104. L'ambassadeur vénitien, Giacomo Soranzo, insiste, dans son rapport au doge et au Sénat (18 août 1554), sur le goût très-prononcé de la reine pour les belles étoffes, les draps d'or et d'argent et les bijoux de toute sorte (*Calendar Venetian*, par M. Rawdon Brown).

de la solennité, puis du défilé du cortége royal vers la grande salle de Westminster, où l'on avait dressé le banquet, les ambassadeurs de Charles-Quint, toujours en éveil sur Élisabeth, remarquèrent qu'elle avait *pratique et intelligence* avec l'ambassadeur de France, car elle le salua toutes les fois qu'elle passait devant lui, tandis que pour eux, qui étaient en face, elle ne fit pas semblant de les apercevoir. Elle se plaignit à Noailles du poids de sa couronne; elle était lasse de la porter. « Patience, répondit le tentateur; bientôt elle en engendrera une meilleure [1]. » A table, la princesse eut encore la place d'honneur après la reine. Il en fut de même lors du festin d'adieu donné quinze jours plus tard aux ambassadeurs extraordinaires de Charles-Quint [2].

Mais le déboire suivit de près, dès qu'on en vint aux mesures législatives par lesquelles le nouveau règne allait se constituer et se caractériser. Deux choses étroitement unies, la légitimité de la naissance de Marie et la question religieuse, devaient être portées dès l'abord devant les lords et les communes. Marie ne pouvait pas rester sous le coup des actes qui avaient déclaré sa naissance illégitime. Elle regardait aussi comme un devoir de

---

1. *Man. du Record Office*, t. I, p. 436. Les ambassadeurs à Charles-Quint, Londres, 5 octobre 1553. Bien entendu que Noailles, dans sa relation officielle à sa cour, ne dit pas un mot de l'incident. Le P. Griffet, p. 60, a cru, par erreur, qu'Elisabeth portait la couronne que l'on devait mettre sur la tête de la reine. Les ambassadeurs impériaux et Noailles, chacun de leur côté, sont très-explicites sur le genre de couronne qui fatiguait Elisabeth : c'était sa couronne de princesse. On voit d'ailleurs, par les divers récits, que la couronne royale, le sceptre, l'épée et autres insignes du rang suprême, étaient portés, selon l'usage, par les grands officiers du royaume. *I successi d'Inghilterra*, par Rosso, Ferrare, 1560, fol. 37, v°, Charles-Quint répondit à ses ambassadeurs en leur recommandant « de tenir le regard » sur Elisabeth : « et par adventure, en y procédant dextrement et directement, l'on pourra descouvrir choses et praticques que par iceulx ladite roine aura juste occasion de saisir et assheurer de ladite dame Elisabeth et la faire mectre en la Tour, que à la vérité seroit pour tous respects, ce que plus conviendroit à la sheureté et establissement du règne de ladite roine. » Bruxelles, 10 octobre 1553. *Record Office*, t. I, p. 472.

2. Vertot, t. II, p. 226. Noailles à la reine (douairière d'Écosse), Londres, 25 octobre 1553. *Man. Record Office*, t. I, p. 538, Renard à Charles-Quint, Londres, 19 octobre 1553.

restaurer le catholicisme, que Henri VIII n'avait frappé que pour parvenir à dégrader Catherine d'Aragon de son rang d'épouse. Elle ouvrit en personne son premier Parlement, le 5 octobre (1553). Cinq jours après, elle envoya à la Chambre des lords un bill abrogeant en bloc toutes les lois qui avaient été passées sous les deux derniers règnes, relativement à la religion et au divorce de Henri VIII. Mais, en cela, les conseillers de la nouvelle souveraine, qui, presque tous, avaient à effacer le souvenir de leur adhésion à Jane Grey ou leur infidélité envers l'ancienne religion, la servaient, comme il arrive, avec plus d'ardeur que de prudence [1]. Car, s'il n'y avait pas d'objections à craindre de la part des lords, entièrement assouplis, les communes n'avaient pas dépouillé toute aspérité. Non que l'institution catholique en elle-même leur répugnât beaucoup; mais le préjugé national se révoltait contre la personnification humaine de l'institution, c'est-à-dire contre le pape. Depuis une génération, bientôt, que le royaume avait rejeté l'autorité du Saint-Siége, elles en regardaient le retour comme une sorte de conquête étrangère, épouvantail de leur chère et ombrageuse indépendance. Il fallut retirer le bill et proroger le Parlement de quelques jours. A la reprise des séances, les esprits étant calmés, le gouvernement présenta deux bills séparés : l'un, sur le mariage de Henri VIII avec Catherine d'Aragon; l'autre, sur le culte.

Le premier passa d'emblée le 28 octobre. On y décidait que le mariage du roi avait été contracté légalement et n'était pas prohibé par la loi de Dieu; qu'en conséquence la sentence de divorce rendue par Cranmer était illégale et nulle dans son principe. Les deux actes des Parlements qui avaient confirmé le divorce et sanctionné l'illégitimité de la reine étaient abrogés [2].

---

[1]. Les ambassadeurs impériaux accusent fréquemment l'ardeur exagérée du chancelier Gardiner, évêque de Winchester. Ce prélat, qui avait travaillé très-activement au divorce de Henri VIII avec Catherine d'Aragon et à l'établissement de la suprématie religieuse du roi, brûlait d'effacer ses torts en brusquant la réconciliation avec le Saint-Siége.

[2]. Burnet, *History of the Reformation of the Church of England*, t. II, p. 234.

Alors, que devenaient et le mariage d'Anne Boleyn, et la naissance d'Élisabeth ? Marie, quoiqu'elle se sentît toujours fermenter d'indignation au souvenir de l'injure de sa mère, épargna Élisabeth ; elle n'exigea pas qu'à la réhabilitation du premier mariage de leur père on joignît la flétrissure officielle du second. Il n'en fut pas dit un seul mot. Mais Élisabeth se tint pour offensée. Son caractère était si entier et si absolu, qu'elle n'admettait pas qu'il existât d'autres droits ni d'autres intérêts que les siens. Alors qu'elle attachait tant de prix à ce qu'on regardât l'union de sa mère avec Henri VIII comme légitime, elle ne tolérait pas que Marie eût de son côté la sollicitude semblable. Malgré les ménagements manifestes de la reine, malgré ce qu'il y avait de difficile et de dangereux dans sa position, et au risque d'aggraver l'affront, elle fit un éclat. Cédant à l'une de ces insurmontables colères qui lui prenaient quand son orgueil était blessé, *les colères de la lionne Tudor,* elle déclara qu'elle voulait quitter la cour, resta six ou sept jours sans voir la reine, qui était malade, et s'abstint de paraître à la messe pendant les fêtes de la Toussaint[1].

Quant à la religion, le second bill, voté le 8 novembre, supprima la liturgie calviniste, instituée sous Édouard VI, et rétablit les cérémonies du culte, avec l'administration des sacrements, telles qu'elles étaient en usage dans la dernière année de Henri VIII, en d'autres termes le catholicisme, moins la juridiction du pape, question que l'on réserva pour un temps plus propice[2].

---

1. Vertot, t. II, p. 227, 234. Ant. de Noailles au roi, 25 octobre et 4 novembre 1553. La reine était sujette, chaque automne, à des battements de cœur, pendant lesquels elle ne cessait de pleurer.
2. Sauf ce point, sur lequel les esprits étaient encore montés, beaucoup parmi le peuple prirent assez gaiement leur parti du subit effondrement du système religieux, imposé avec tant de superbe sous Edouard VI. Raisonnant d'après le succès : « Si, disaient-ils, c'était la parole de Dieu, et que ces gens-là fussent les enfants de Dieu, sûrement ils auraient reçu de Dieu bénédiction et prospérité. Mais voilà qu'il n'y a pas de doctrine plus haïe, pas de gens plus malmenés que ceux-là : cela ne peut donc pas venir de Dieu. Alors, ce qui vient de Dieu, c'est la doctrine de notre reine et des anciens évêques. De quelle prospérité en effet ne les a-t-i

Marie était impatiente de déposer son titre de chef suprême de l'Église (d'Angleterre). Ce ne fut pas sans peine que Charles-Quint, plus politique, et le chancelier Gardiner, tout évêque qu'il fût de Winchester, gagnèrent sur elle de ne rien brusquer et de marcher d'un pas plus mesuré vers la complète réconciliation avec le Saint-Siége [1]. On n'y parvint que l'année suivante.

Mais dès cette heure les réformés, outrés de colère et d'effroi, ne demandaient qu'à repousser par la force les coups que le nouveau régime dirigeait contre leur Église.

A cette même fête de la Toussaint où Élisabeth refusa d'entendre la messe, on assaillit un chapelain de la reine qui prêchait à la Croix-de-Saint-Paul sur le culte des saints; et déjà les prophéties à courte échéance sur la mort de Marie circulaient chez les *gros chrétiens* [2].

Un autre parti, purement ambitieux, s'obstinait dans ses visées sur la couronne. Ses débris, épargnés par la clémence de la reine trois mois auparavant, se rejoignaient et travaillaient sournoisement à renouer l'entreprise avortée d'une façon si misérable, lors du changement de règne. Parmi ces conspirateurs endurcis était le duc de Suffolk, père de Jane Grey. Cet odieux personnage payait d'une noire ingratitude le pardon descendu sur lui et ne se souciait guère s'il amassait des charbons ardents sur la tête de sa fille, toujours détenue à la Tour. L'intéressante captive devait apprendre trop tôt que ses pires ennemis étaient les hommes de son propre sang.

---

pas comblés? Comme il a veillé sur eux! Et la reine, quelle victoire éclatante il lui a donnée! Autrement, il serait impossible que les choses se fussent passées comme elles ont fait, etc. » Extrait d'un écrit contemporain. L'auteur de cet écrit, qui est protestant et que Strype croit être Coverdale, évêque d'Exeter sous Edouard VI, réfute ensuite l'argumentation naïve de la foule par des raisons dont quelques-unes ne le cèdent guère en naïveté aux précédentes. Strype, t. III, p. 56.

1. La correspondance de Charles-Quint avec ses ambassadeurs est remplie de ces conseils de prudence.

2. C'est-à-dire les réformés revenus au catholicisme, mais de sincérité suspecte. Ant. de Noailles au roi, 4 novembre 1553. Vertot, t. II, p. 234.

Cependant ces germes de troubles n'avaient pas assez de force pour se développer spontanément. Il leur fallait un foyer, une sorte de véhicule. Ils trouvèrent l'un et l'autre dans une question qui surexcita au plus haut degré chez les masses la passion patriotique et rangea auprès de la princesse Élisabeth les diverses sortes d'ennemis de sa sœur aînée : nous voulons dire le mariage de la reine. Ce fut là le nœud de la situation.

XI

LA QUESTION DU MARIAGE DE MARIE TUDOR.
NOAILLES ET RENARD

A peine Marie eut-elle conquis sa couronne, qu'un cri universel la supplia de pourvoir à la succession et à la paix intérieure de l'État, en prenant un époux. Mais aussitôt se présenta une autre question, grosse d'orages avec le caractère de la nation : si l'époux serait choisi à l'étranger, ou bien au sein de l'aristocratie anglaise.

Déjà le 21 juillet, avant d'être informé de la chute de Jane Grey, qui avait eu lieu la veille, Charles-Quint, outre des conseils sur la conduite à tenir en politique et en religion, avait exhorté sa cousine au mariage [1]. Mais trop habile, quelle que fût son intention intime, pour rien compromettre par une hâte intempestive, il mandait en même temps à ses ambassadeurs de notifier aux lords du Conseil qu'on se tromperait si l'on supposait qu'il eût affection à un mariage « étranger [2] ».

---

[1]. Griffet, p. 51. On voit de plus par la correspondance de Renard, Londres, 12 juillet 1553, que l'empereur y pensait du vivant d'Édouard VI. *Man. du Record Office*, t. I, p. 115.

[2]. Les ambassadeurs impériaux à Charles-Quint, Londres, 24 juillet 1553. *Record Office*, t. I, p. 192. On se souvient que, dans ses instructions du 23 juin précédent, il leur avait prescrit de mettre en avant un mariage

Marie cependant reçut Renard en audience secrète à Beaulieu [1], le 29 juillet, dans les cinq jours qui précédèrent son entrée à Londres. Elle lui dit qu'avant d'être reine elle n'avait jamais pensé au mariage ; elle prit Dieu à témoin que, comme personne privée, elle avait résolu de finir ses jours dans le célibat. Mais, maintenant, d'autres devoirs lui étaient imposés [2].

Elle comprenait les motifs qui avaient guidé l'empereur ; elle se résolvait à suivre son avis et à choisir tel parti qu'il lui conseillerait ; car, après Dieu, elle ne désirait que de lui obéir comme à un père. Seulement, elle le priait de considérer son âge de trente-sept ans et de ne pas la presser de traiter d'alliance, « qu'elle n'ait veu et ouy parler de personnaige. » Enfin, devinant la pensée véritable de Charles-Quint, lorsqu'il lui recommandait bruyamment devant le Conseil, par l'organe de ses représentants, et près des ambassadeurs anglais à Bruxelles par Granvelle son ministre, de prendre pour mari un noble d'Angleterre plutôt qu'un étranger, elle montra qu'elle voyait bien que c'était une feinte dont l'objet était de donner une pâture momentanée à l'opinion [3] ; et, loin de le trouver mauvais,

anglais pour bannir de l'esprit de cette nation « la crainte d'avoir pour roy un estrangier tant abhorry d'eulx universellement ». Granvelle, *Papiers d'État*, t. IV, p. 10.

1. Château plus connu sous le nom de Newhall, dans le comté d'Essex.
2. Il serait difficile de dénombrer combien de fois, dans ses entretiens avec Renard, la candide princesse se crut obligée de protester « que jamais elle n'avoit senti esguillon de ce que l'on appelle amor, ni entré en pensement de volupté ; et qu'elle n'avoit jamais pensé à mariaige sinon depuis que a plu à Dieu la promovoir à la couronne ; et que celluy qu'elle fera sera contre sa propre affection, pour le respect de la chose publicque... » Ses dames, continue-t-elle, « ne lui preschent d'autre chose, sinon de mariaige. » Renard à Granvelle (8 septembre 1553). Granvelle, *Papiers d'État*, t. IV, p. 98.
3. « Que, entendant ce que nous remontrames dudit mariage au Conseil, que Votre Majesté n'entendoit qu'elle print party estrangier, que c'estoit remontrance pour servir à tempz, et estoit dissimulée. » Les ambassadeurs de Charles-Quint à ce prince, Londres, 2 août 1553. *Man. Record Office*, t. I, p. 231, 232. Le P. Griffet a indiqué la substance de cette pièce, p. 57. On voit dans la même lettre, p. 235, que la reine ne fut pas dupe d'une finesse de ses ambassadeurs à Bruxelles, Morison et Hoby. Granvelle leur aurait dit que son maître « n'entendoit que ladite dame se

elle déclara s'en remettre en toute chose à ce qu'il disposerait, tant au sujet de son mariage que de ses autres affaires, « puisque lui plaisoit prendre ceste peyne. »

Cette dépêche de Renard est très-importante, parce qu'elle prouve que Marie n'avait aucun choix particulier en vue; qu'elle s'en fiait à son cousin, avec cette simple réserve, fort naturelle, de la consulter avant de prendre une résolution; qu'elle penchait plutôt pour un prince étranger, et cela dès les premiers instants de son règne, avant qu'elle eût pris possession de sa capitale.

Ces indications serviront très-utilement à démêler le vrai et le faux dans les récits que l'on répandra par la suite sur l'histoire respective des deux sœurs.

Quelques jours après, au moment de quitter la Tour pour se rendre à Richmond [1], elle répétait à Renard, d'une manière plus formelle, que, décidée à se marier par raison d'État, elle ne voyait personne de convenable à son rang dans le royaume, et qu'elle prendrait un parti étranger, comptant que l'empereur lui proposerait un catholique, qu'elle pourrait le voir, lui parler, et qu'il ne serait pas trop jeune [2]. C'était son propre fils, Philippe d'Espagne, âgé seulement de vingt-six ans, que Charles destinait à ce mariage; mais il jugea utile de dissimuler et de temporiser, pour ne pas donner « une arène aux méchants [3] »;

---

mariast à un estrangier, ains avec quelque noble du royaulme, *et que le royaulme demeurast en bonne administration, police et religion, selon qu'il est maintenant.* » Marie dit à Renard qu'elle les soupçonnait d'avoir ajouté de leur propre fonds cette dernière phrase. Charles-Quint lui répondit le 9 août (p. 251) qu'en effet elle ne se trompait pas dans sa conjecture. L'empereur écrivit le même jour à ses ambassadeurs que la reine, en interprétant comme un moyen de s'accommoder au temps le conseil qu'il lui avait donné de ne pas prendre parti hors du royaume, montrait qu'elle inclinait de préférence à un mariage étranger (p. 259). V. aussi Granvelle, *Papiers d'État*, t. IV, p. 74.

1. D'après Noailles, ce départ eut lieu le 12 août. Lettre au Connét. Vertot, t. II, p. 110.

2. Les ambassadeurs à Charles-Quint, Londres, 16 août 1553. *Man. Rec. Off.*, t. I, p. 284-286.

3. Il trouvait un peu difficiles les conditions de la reine, pour l'âge,

il borna son art à déjouer les prétentions de ses compétiteurs, réels ou supposés, tels que Christiern III, roi de Danemark ; don Louis, infant de Portugal, frère du roi Jean III ; Emmanuel Philibert, duc de Savoie ; et jusque dans sa famille, son neveu, l'archiduc Charles, fils de son frère Ferdinand, le roi des Romains. Il défendit nettement à l'envoyé de celui-ci de faire autre chose que de visiter et de féliciter la reine sur son avénement ; et il enjoignit à ses ambassadeurs de faire entendre à cette princesse qu'il ne *convenait* pas qu'elle entrât en cette négociation [1].

Mais le rival le plus dangereux, du moins en apparence, s'éleva au cœur même du royaume, parmi la noblesse anglaise, chez le petit nombre de personnages que Marie avait honorés tout de suite d'une bienveillance marquée : ce fut Édouard Courtenay.

Il appartenait à la vieille maison française des Courtenay, près

les entrevues préalables. Nul prince ne voudrait s'exposer publiquement à un refus, « qui est la cause, continuait-il, pour laquelle non-seulement les princes, mais encores les seigneurs et particuliers, se marient sans que les parties se voyent l'ung l'autre. » Bruxelles, 23 août 1553, *Man. Rec. Off.*, t. I, p. 299-301.

1. Bruxelles, 14 août 1553. *Man. Rec. Off.*, t. I, p. 267, 268. Nous ne parlons pas, comme prétendant, du cardinal Pole, que plusieurs historiens ont inscrit mal à propos dans le nombre. Il est parfaitement démontré aujourd'hui que ni le cardinal ni la reine n'y pensèrent jamais. Réginald Pole, né en 1500, fils de Marguerite, comtesse de Salisbury, qui descendait du duc de Clarence, frère d'Édouard IV, avait refusé d'approuver le divorce de Henri VIII avec Catherine d'Aragon et avait dû fuir sur le continent. Là, il fut, malgré lui, nommé cardinal par le pape Paul III (1536). Henri VIII, furieux de ne pas pouvoir l'atteindre, se vengea du fils sur la mère. Il fit traîner à l'échafaud l'infortunée comtesse de Salisbury, avec qui s'éteignit la famille des Plantagenets (1541) ; à l'avénement de Marie, Pole reprit le chemin de l'Angleterre. Mais Charles-Quint lui interdit de dépasser les Pays-Bas. Il craignait qu'il ne comprît par un zèle inconsidéré la restauration du catholicisme, que l'empereur ne voulait opérer que par degrés, et qu'il ne fît opposition au mariage avec le prince d'Espagne, dans l'intérêt de quelque autre candidat, tel qu'Édouard Courtenay. Pole n'obtint l'autorisation de rentrer en Angleterre qu'en novembre 1554, cinq mois après le mariage, et lorsqu'il s'agissait de donner la dernière main à la réconciliation du royaume avec l'Église romaine.

de Montargis, dont une branche s'était établie en Angleterre à la suite des rois normands [1]. Vers la fin du xve siècle, le chef de cette famille, William Courtenay, avait épousé Catherine, fille d'Édouard IV, et acquis par cette alliance le droit de porter dans ses armes la Rose blanche, emblème de la maison d'York, dont Édouard avait été le héros dans la furieuse guerre civile des deux Roses [2]. Henri, fils de William et de Catherine, joignit au comté de Devon, qu'il tenait de son père, le marquisat d'Exeter, qu'il reçut de la munificence de Henri VIII, pour son malheur. Car ce tyran finit par prendre ombrage d'une famille qu'il avait comblée d'abord, mais à qui le sang royal d'York donnait encore un certain prestige. Il fit décapiter le marquis d'Exeter pour crime, semble-t-il, de catholicisme (1539), et retint prisonniers à la Tour Gertrude, la veuve, ainsi que leur fils Édouard Courtenay, déchu de sa noblesse et de ses biens par les effets du *bill d'attainder* fulminé contre le père. L'orphelin, âgé alors de douze ans, vécut et grandit captif. Les tuteurs d'Édouard VI ne se départirent point à son égard de la soupçonneuse rigueur de Henri VIII. Cependant les verrous de l'austère demeure s'ouvrirent pour laisser parvenir jusqu'à lui l'enseignement étendu et varié de la Renaissance. Outre ses études dans les langues classiques, il parlait le français,

---

1. Plus tard seulement, vers le milieu du xiie siècle, Ysabeau, héritière de la ligne directe demeurée en France, apporta en dot le titre et la seigneurie de Courtenay au prince capétien, Pierre, cinquième fils de Louis le Gros, et confondit par cette union la maison de Courtenay avec notre troisième dynastie.

2. On se rappelle que les deux branches des Plantagenets, York (Rose blanche) et Lancastre (Rose rouge), se disputèrent la couronne par trente années de combats (1455-1485) ; que la maison d'York, victorieuse avec Edouard IV, s'éteignit avec l'odieux Richard III, tué à la bataille de Bosworth ; et que le vainqueur, Henri Tudor, fonda sous le nom de Henri VII la dynastie des Tudors, dont la durée fut de cent dix-huit ans (1485-1603). Le nouveau roi, représentant des Lancastre par le sang, épousa Élisabeth d'York, fille aînée d'Édouard IV. Leur fils, Henri VIII, confondit donc dans sa personne les droits des deux branches ; mais, comme son père, il garda un fonds d'hostilité contre la Rose blanche.

l'espagnol et l'italien. On a vanté ses connaissances en mathématiques, son talent pour la musique et la peinture [1]. Même les ambassadeurs impériaux, poussant l'hyperbole un peu loin, certifient, dans ces premiers moments, « que sa prison et servitude ne lui a esté grefve, pour avoir esté convertie en liberté par l'estude et goust de lettres et sciences [2] », paroles que le jeune lettré n'allait pas tarder à faire mentir. Extérieurement, doué de toutes les grâces, les traits réguliers, la taille élevée et bien prise, les manières élégantes et courtoises, il mérita d'être réputé, à peine rendu au monde, « le plus beau et le plus agréable gentilhomme d'Angleterre [3]. » Il avait alors vingt-six ans et venait de passer quatorze années en prison.

L'infortune imméritée de ce dernier rejeton de la Rose blanche le rendait deux fois populaire; son origine, royale par sa grand'mère, le mettant à part du reste de la noblesse, le désignait aux vaines rumeurs des uns, à l'inquiète jalousie des autres. Dès les derniers mois de l'existence d'Édouard VI, il y avait des gens qui parlaient de le marier avec la princesse Marie; et, d'un autre côté, le duc de Northumberland, en arrangeant ses plans d'usurpation, que sa présence pouvait gêner, songeait, dit-on, à le *dépêcher* [4]. Quant à l'ambassadeur français, Antoine de Noailles, dont le regard portait loin, il allait visiter le prisonnier; il se flattait de l'avoir affectionné au roi et à la France, et se réjouissait de la perspective d'un mariage entre Courtenay et Marie [5].

Ce consentement général de l'opinion, formé de soi-même et à l'avance parmi le peuple, se changea en une sorte d'acclamation

---

1. Strype, t. III, ch. XLII, p. 338 ; et *Catalogue of Originals*, n° LVII, p. 191 et suiv.
2. Lettre à Charles-Quint, Londres, 22 juillet 1553. *Rec. Off.*, t. I, p. 178.
3. Vertot, t. II, p. 247. Mémoire (par Ant. de Noailles) de ce que La Marque aura à dire au roi, 9 novembre 1553.
4. Scheyfve à Charles-Quint, Londres, 11 juin, 10 juillet 1553. *Rec. Off.*, t. I, p. 39, 84.
5. Ant. de Noailles au roi, Londres, 20 juillet, 16 octobre 1553. Vertot, t. II, p. 81, 215.

après le triomphe de la légitime héritière, surtout lorsque, ayant délivré de leur captivité la mère et le fils à son entrée à la Tour, la reine fit de la marquise d'Exeter une de ses dames d'honneur et l'admit, suivant la coutume, à partager son lit. On répétait joyeusement une prétendue prophétie : qu'elle épouserait un *natif et prisonnier* [1]. Un natif : on ne verrait donc pas l'étranger, odieux, quel qu'il fût, s'immiscer dans la vie de l'Angleterre, y introduire le dangereux alliage de ses passions, de ses intérêts particuliers, de ses mœurs. L'ardeur patriotique des masses, qui saluait chez la nouvelle reine la représentante la plus directe de la dynastie nationale et lui désignait un époux issu de la plus pure noblesse du pays, venait de lui donner l'appui d'une force invincible ; mais ce même patriotisme, étroit et emporté, était capable, en cas de déception, si on l'inquiétait, si l'époux était choisi hors du royaume, de se rejeter dans le sens contraire et de produire la crise la plus effrayante.

Personne ne se rendit mieux compte d'une situation si glissante que l'ambassadeur français. Antoine de Noailles, successeur, comme nous l'avons vu, de M. de Bois-Dauphin près Édouard VI, lorsque déjà le jeune prince se mourait, possédait une remarquable vigueur d'esprit et de caractère. Fin et pénétrant, sachant embrasser dans ses vues l'ensemble et le détail des affaires, adroit à manier les hommes comme à tenter les passions, il réunissait la sagacité qui comprend et l'audace qui agit. La mission qu'il remplissait alors était pacifique et même amicale. Mais, imbu de l'animosité réciproque qu'avaient nourrie quatre siècles de guerre entre les deux nations, il redoutait ce qui pouvait accroître et souhaitait ce qui pouvait diminuer la force du pays rival du sien. Dans cette disposition, le triomphe de Marie Tudor devait lui inspirer l'inquiétude que, si proche parente de l'empereur, elle ne lançât l'Angleterre dans l'orbite de la politique autrichienne, aggravation considérable d'em-

---

[1]. Les ambassadeurs impériaux à Charles-Quint, Londres, 22 juillet 1553. *Rec. Off.*, t. I, p. 178.

barras et de périls pour la France. Aussi avait-il favorisé, en secret, nous le savons, le duc de Northumberland, et s'était-il réjoui du succès de Jane Grey, simplement parce qu'il attendait de cette révolution un règne contesté, par conséquent faible et sans action à l'extérieur. La crise terminée à l'encontre de ses espérances, il fit volte-face. Ce fut à Marie victorieuse qu'il porta ses félicitations et celles de son maître, avec des offres de service ; près d'elle, qu'il s'applaudit en bon voisin et en très-bon catholique de l'événement qui, disait-il, procurait à la fois le succès de la vraie et légitime héritière et le bien de la religion. Mais, en exprimant dans ses dépêches l'opinion que le roi en serait aise assurément *encore plus que de l'autre* (Jane Grey), il mandait que l'heureux retour de la messe, quoique désiré par une grande partie du royaume, ne s'effectuerait pas sans troubles. En outre, ajoutait-il, la reine, avec les mesures à prendre pour rétablir sa situation légale et pour s'affermir, avec son trésor vide, les récompenses à distribuer, les châtiments à infliger, l'arriéré à délivrer sur les pensions et les gages des serviteurs de la couronne, que le duc de Northumberland avait systématiquement négligé de payer, par le faux calcul de les lier plus sûrement à sa fortune, la reine aurait assez à faire chez elle, sans aller troubler autrui, au dehors [1]. Pour plus de sûreté cependant, il se tint prêt à profiter des circonstances susceptibles de réaliser son augure, bientôt à les faire naître.

Il demeura ainsi en démonstrations d'amitié apparente et en hostilité sourde, pendant qu'il observait et sondait le terrain ; puis, s'enhardissant à mesure, il agit en vrai boute-feu.

Le 3 septembre (1553), Marie, pour commencer la réparation envers les Courtenay, restitua solennellement au bel Édouard le titre de comte de Devon [2]. Nous avons déjà rapporté qu'Élisa-

---

[1]. Vertot, t. II. Noailles au roi, 23, 29 juillet 1553, p. 84, 91, 92 ; le connétable de Montmorency à Noailles, 31 juillet, p. 98.

[2]. Ou Devonshire. Noailles dit ordinairement *Dampchier* (pour Hampshire), bien que ce ne fût pas le même comté. Mais, pour lui, c'est en

beth refusa d'assister et à la cérémonie et à la messe que l'on célébra en cette occasion [1]. Peut-être, outre ses répugnances religieuses, cette fête, considérée généralement comme le prélude du mariage de sa sœur, lui causait-elle quelque maussaderie plus marquée. Courtenay n'avait point de demeure convenable au rang où il remontait : sa libératrice lui offrit à choisir la maison qui lui plairait le plus à Londres. Elle chargea l'un de ses gentilshommes de le guider parmi le monde, qu'il connaissait si peu jusque-là, et de le préserver des séductions de toute sorte, contre lesquelles sa triste geôle ne l'avait guère prémuni. Sollicitude excessive, elle prescrivit de ne pas le laisser seul un moment. Il ne pouvait pas sortir hors de sa maison, et à peine hors de sa chambre, sans permission. Affaire d'État, si l'ambassadeur de France l'invitait à dîner; encore ne pouvait-il s'y rendre, sinon accompagné [2]. Il est bon de dire ici que les Impériaux, surtout Simon Renard, poursuivant l'exécution du plan très-profond conçu par Charles-Quint et Granvelle, travaillaient sans relâche à éveiller la suspicion de Marie à l'égard de Courtenay, toutefois sans hasarder aucune attaque directe contre lui : « car, « leur avait écrit le prudent Granvelle, si elle (la reine) « y avait fantaisie, elle ne layroit (si elle est du naturel « des autres femmes) de passer oultre, et si se ressentiroit à

---

quelque sorte la dénomination typique de la région de l'ouest, dont les Courtenay étaient les seigneurs principaux.

1. V. plus haut, p. 101.

2. Vertot, t. II, p. 147. Noailles au roi, 7 septembre 1553. Noailles rapporte aussi au roi, 22 septembre, que le jeune homme s'étant fait faire pour le couronnement un magnifique habit de velours bleu, couvert d'orfèvrerie, reçut défense de le porter ; et il suppose que la reine avait quelque jalousie de sa grandeur et se repentait de l'avoir jusque-là tant favorisé (Vertot, t. II, p. 163). Il y a peut-être une autre explication plus juste : c'est que la reine devait, dans sa marche triomphale à travers Londres, porter un manteau de velours bleu, tandis que les princesses et les dames seraient vêtues de cramoisi. Courtenay se serait donc trouvé porter la couleur de la reine, ce qui l'aurait en quelque sorte désigné publiquement comme l'époux choisi. Or la reine ne voulait pas de lui.

« jamais de ce que vous luy en pourriés avoir dit [1]. » C'était donc par les voies obliques que l'on menait la sape, et ce que l'on incriminait le plus, c'étaient ses relations avec les envoyés français [2]. Ceux-ci, disait Renard dans un long mémoire qu'il remit à la reine, étaient venus porteurs de lettres de créance pour Courtenay et plusieurs du Conseil, manière d'agir, ajoutait-il, bien étrange et non permise; on voulait l'accréditer, l'élever et « lui faire sentir le goust du règne ». Puisqu'il n'avait, au sortir de la captivité, ni crédit ni ressources dont on se pût appuyer, il fallait que, sous prétexte d'amitié et de voisinage, l'on tendît à une autre fin; la reine devait se souvenir que la défiance envers les Français était le seul remède qu'elle pût choisir contre leurs pratiques [3]. Et sa religion? Savait-on ce qu'il serait? Catholique d'origine, sa foi semblait n'être pas demeurée pure durant sa prison; Charles-Quint croyait savoir qu'il avait été « ung petit séduyt » [4].

Ou bien, on la prenait par l'amour-propre; et, en encourageant chez elle la préférence instinctive qui la portait à un mariage étranger, Renard lui répétait qu'elle avait le cœur trop grand pour épouser un sujet. Il était difficile à la reine et à l'ambassadeur de se voir en particulier, tant les yeux étaient ouverts sur leurs moindres démarches. Enfin, dans les premiers jours de septembre [5], une audience secrète eut lieu à Richmond. L'habile envoyé de Charles-Quint fit d'abord tomber la conver-

---

1. *Papiers d'État* de Granvelle, t. IV, p. 76. Granvelle à Renard, Bruxelles, 14 août 1553.
2. Outre Noailles, l'évêque d'Orléans et M. de Gyé, envoyés extraordinaires, que nous avons mentionnés un peu plus haut, p. 83.
3. *Papiers d'État* de Granvelle, t. IV, p. 66, 67. Mémoire adressé par les ambassadeurs impériaux à la reine, sans date. L'éminent éditeur des *Papiers d'État* l'a daté des premiers d'août (1553). Mais il ne peut être que de la seconde moitié du mois, puisque les ambassadeurs extraordinaires de France, coupables d'avoir donné à dîner à Courtenay, n'étaient arrivés à Londres que le 15 août.
4. *Man. du Record Office*, t. I, p. 390, 391. Charles-Quint à Renard, Valenciennes, 20 septembre 1553.
5. Du 3 au 6 septembre.

sation sur le bruit de mariage avec Courtenay ; elle répondit qu'elle n'avait parlé à ce jeune homme qu'une seule fois, le jour où elle lui avait fait grâce (à la Tour), et qu'elle ne connaissait personne en Angleterre à qui elle se voulût allier. Alors, parlant comme de lui-même, car telles étaient ses instructions, Renard la pressa d'exprimer quelque préférence ; il énuméra, sous un masque d'impartialité, les divers princes du continent qu'il regardait comme dignes de son choix, combattit ses scrupules sur la différence d'âge, lorsqu'elle disait que ces princes étaient bien jeunes et qu'elle pourrait être leur mère à tous, et l'amena à exprimer le regret que le prince d'Espagne fût lié par des fiançailles à sa cousine, la princesse de Portugal [1]. En répliquant qu'il ne croyait pas les choses aussi avancées, il fit l'éloge des qualités de Philippe, du grand sens, du jugement, de l'expérience et de la modération qui reluisaient dans sa personne ; et puis, garantie précieuse, il était déjà *vieux marié;* il avait un fils âgé de six à sept ans [2]. La reine termina l'entretien en réitérant qu'elle ne doutait pas que l'empereur n'eût égard, dans la désignation d'un époux, à ce qu'elle avait souhaité, désireuse au reste, continuait-elle, de lui obéir et complaire en tout et pour tout, comme à son propre père [3].

Chose singulière : Renard, malgré sa finesse, se retira persuadé que Marie songeait sérieusement au roi des Romains, Ferdinand, frère puîné de Charles-Quint ; ce prince avait alors cinquante ans. Charles-Quint et Ferdinand étaient les frères ennemis depuis que le premier, enivré d'ambition paternelle, avait

1. Marie, née en 1521, fille d'Emmanuel le Fortuné, roi de Portugal, et de la troisième femme de ce prince, Eléonore, sœur de Charles-Quint. Eléonore, veuve d'Emmanuel, en 1521, épousa le roi de France, François Ier, en 1530.
2. Philippe, né à Valladolid le 21 mai 1527, avait épousé en 1543 Marie de Portugal, fille du roi Jean III. Elle mourut en 1545, après avoir donné le jour à don Carlos, dont la destinée fut si tragique. L'autre Marie de Portugal, que Charles-Quint projeta un moment de donner pour seconde femme à son fils, était tante de cette première femme.
3. *Papiers d'Etat*, Granvelle, t. IV, p. 96, 98. Renard à Granvelle, sans date (8 septembre) 1553.

formé le dessein de transférer la couronne impériale à Philippe, son fils, quoiqu'il en eût assuré la réversion à son frère en le faisant élire roi des Romains dès l'an 1531. Ferdinand, à son tour, contrecarrait les plans de l'empereur en Angleterre et convoitait le plus riche mariage d'Europe, comme on disait, soit pour lui-même, soit pour l'un de ses fils. Marie, de son côté, ne supposa pas qu'on lui destinât le prince d'Espagne.

Ni l'un ni l'autre des deux interlocuteurs n'avait donc réellement compris le sens et la portée de leur conversation. Mais l'entourage, guidé par l'instinct des cours, le saisit à merveille. Leur secret, quoiqu'à vrai dire il n'existât pas encore, fut aussitôt percé à jour et divulgué.

Dans la nuit du 6 septembre, Noailles était informé que l'ambassadeur impérial avait proposé à Marie d'épouser le prince d'Espagne. L'auteur de cet avis n'était rien moins qu'un Howard, neveu du vieux duc de Norfolk, et frère de cette reine Catherine Howard, que Henri VIII avait fait mourir sous la hache. Ce gentilhomme, très-avant dans la confiance de Marie, en abusait pour la trahir [1].

A cette nouvelle, Noailles agit sans perdre un moment. D'abord, il informa le roi par une *longue et fâcheuse lettre* [2]. Il demandait que, pour second dans la campagne qu'il allait

---

1. Noailles l'appelle Jehan Aly. Celui-ci prétendait même indiquer déjà, comme arrangements convenus, que le prince d'Espagne prendrait le titre d'Angleterre exclusivement à tout autre, résiderait dans ce royaume et donnerait à la reine les Pays-Bas pour douaire. Vertot, lettre de Noailles au roi, 7 septembre 1553, t. II, p. 143, 156; et autres dépêches, p. 174, 245, 247. Il ne nous a pas été possible de déterminer auquel des Howard s'applique ce nom de Jehan Aly, à moins que ce ne soit George, le troisième et le plus jeune frère de Catherine Howard. Renard connaît aussi le même Jean Aly (t. I, p. 958).

2. Expressions de sa dépêche du 8 septembre à l'Aubespine, secrétaire du roi. *Archiv. affair. étr., Copies des dépêches et ambassades de MM. de Noailles en Angleterre*, t. I et II (en un), p. 147. *La longue et fâcheuse* lettre ne peut être que celle qui est dans Vertot, t. II, p. 142 et suiv., en date du 7 septembre. Nous nous en servons plus bas.

entamer, on lui envoyât son frère [1], muni de bonnes lettres de créance près les lords du Conseil [2], lettres où l'on éviterait de témoigner aucune affection pour Courtenay et même de prononcer son nom.

La nuit suivante, il fit venir l'un des affidés de Courtenay et donna le conseil d'acquérir le plus d'amis possible parmi ceux qui approchaient la reine, de s'en faire surtout au futur Parlement, qu'on amènerait à demander à la souveraine de ne pas prendre son mari hors de l'Angleterre. Le 8, il s'aboucha secrètement avec l'ambassadeur vénitien, Giacomo Soranzo, et le trouva tout prêt à entrer dans sa brigue, quoique sans instructions de la République, tant il redoutait un accroissement si extraordinaire de fortune pour la maison d'Autriche.

Le 9, s'adressant encore plus haut, avec une remarquable hardiesse, Noailles, sous un prétexte, se présenta en secret chez le chancelier Gardiner. Il discourut deux heures sur le danger d'un tel mariage : pour la reine, en compatissant d'avance à l'abandon où il prévoyait que son mari la laisserait; pour les ministres, qui ne pouvaient pas ignorer que les Espagnols n'étaient pas gens à souffrir des *compagnons* dans le gouvernement; pour le royaume, dont ils occuperaient les forteresses, qu'ils entraîneraient dans leur guerre contre la France, car, disait-il, si l'empereur recherchait la reine, n'était-ce pas pour lui faire épouser, avec son fils, toutes ses querelles [3] ?

---

1. François de Noailles, qu'on appelait le protonotaire de Noailles et qui fut ensuite évêque d'Acqs (Dax). Il ne vint rejoindre son aîné que dans le courant de 1554.

2. Spécialement le comte de Pembroke et lord Clinton, « encores qu'ilz soyent deffavorisez; car je m'en ayderais plus tost que des autres, si tant estoit.... » On voudrait savoir quelle éventualité Noailles envisage ici. Malheureusement, dans le volume des *Copies*, la suite de l'idée est remplacée par des lignes de points ; et si l'on se reporte au volume des originaux, *Archiv. affair. étr.*, Angleterre, 1553-1554, on trouve que la phrase correspondante a été coupée du corps de la lettre et a disparu.

3. Noailles au roi, 7 et 22 septembre 1553 ; dans Vertot, t. II, p. 143-148; 22 septembre, p. 157, 158; *Mémoire au connétable de Montmorency* (25 sept.); *id.*, p. 174 et suiv.

Le chancelier, sans trop se découvrir et en s'efforçant de le rassurer quant au maintien de la paix, lui laissa voir qu'au fond il pensait de même. Il tenait, en effet, pour un mariage indigène, et portait à Courtenay une affection, *vraie ou simulée*, disait le soupçonneux Noailles, mais dont la suite démontra la sincérité [1]. Elle avait pris naissance durant leur commune captivité à la Tour. Comme tous les Anglais, Gardiner voyait l'étranger de mauvais œil, à plus forte raison s'il s'agissait d'introduire dans les affaires intérieures du pays le fils du puissant Charles-Quint. Plusieurs membres du Conseil privé, la plus grande partie de la noblesse et la masse du peuple soutenaient passionnément le candidat national.

Telle était l'acclamation publique en sa faveur, que déjà une cour se formait autour de lui. On achetait sa protection auprès de la reine [2]. Des prélats, admis en sa présence, s'agenouillaient, comme devant la souveraine elle-même. Lui, pour mieux jouer son personnage, lorsqu'un gentilhomme venait lui offrir ses services, il l'interrogeait sur sa foi, ne voulant, disait-il, que des serviteurs qui fussent de l'ancienne religion. Calcul ou reconnaissance, il appelait le chancelier *son père* [3], et rien n'était plus juste. En effet, à peine avait-il été créé comte de Devon, que

1. Gardiner et Noailles étaient, celui-là trop Anglais, celui-ci trop Français, pour être sympathiques l'un à l'autre. Le 22 août (Vertot, t. II, p. 123), Noailles écrivait à Henri II que l'évêque de Winchester ne serait pas moins arrogant ni moins violent, dans les affaires, que ceux qui l'avaient précédé, et qu'il n'avait rien oublié de sa façon accoutumée, dans la prison où il avait été sept ans. L'ambassadeur crut faire son office de bon Français en mettant des embarras sous les pas du chancelier ; le chancelier fit métier de bon Anglais, en se défendant. Bientôt Noailles en parlera avec plus de justice, novembre 1553 (t. II, p. 260).

2. Les ambassadeurs impériaux écrivent à Charles-Quint (27 août 1553) que le comte de Pembroke, pour être admis au Conseil, a donné à Courtenay une épée, un poignard, un bassin, une aiguière et des chevaux, valant plus de quatre mille écus ; d'autant plus que la mère de Courtenay avait fait rentrer le comte en grâce auprès de Marie, lors de la chute de Jane Grey. *Man. du Record Office*, t. I, p. 327.

3. Ces détails sont puisés dans la même correspondance, lettre à Charles-Quint, Londres, 19 septembre 1553. *Man. du Rec. Off.*, t. I, p. 385, 386.

Gardiner, sans s'avancer personnellement, et par l'organe de deux membres du Conseil, les lords Inglefield et Walgrave, avait entamé avec Marie le propos de ce mariage, comme le parti le plus désiré et le plus agréable dans le royaume. Elle avait répondu froidement que Courtenay était bien jeune ; qu'il avait toujours été nourri en captivité ; qu'il fallait voir ce qu'il savait faire ; et prié qu'on la laissât en repos jusqu'après la session du Parlement [1].

Le jeune homme ne montra que trop tôt ce qu'il savait faire. Tenu jusqu'à vingt-six ans sous les verrous, morne existence, sans autres émotions que les scènes terribles de la Tour, puis tout à coup visité de la fortune, qui, par delà le chemin de la délivrance qu'elle lui ouvrait, déployait encore à ses yeux le mirage des splendeurs royales, il n'eut pas la force de supporter son bonheur. Une frénésie de joie et de jeunesse le transporta ; et le peu de raison que lui avaient donné ou laissé la nature et la captivité parut s'éclipser entièrement. On le vit se jeter en éperdu dans les plaisirs les plus grossiers, comme les plus scandaleux. Remplissant Londres du spectacle de ses déportements, il rebuta le mentor que la reine lui avait donné pour « le dresser et gouverner ». Les ambassadeurs de Venise et de France, désolés qu'il fît si bien les affaires de l'Espagne, y perdaient leurs soins et leurs conseils : il ne se pouvait *saouller des délices* de la liberté [2].

---

[1]. *Man. du Rec. Off.*, t. I, p. 365-367. Les ambassadeurs impériaux à Charles-Quint, Londres, 13 septembre 1553. Marie, en racontant tout cela à Renard, s'*esmerveillait* que l'empereur différât si longuement de lui donner son avis et bon conseil, qu'elle attendait avec *grande dévocion*. Nous savons que l'empereur, au moyen de ses délais calculés, voulait à la fois étudier le terrain et irriter l'impatience de sa cousine. V. aussi la lettre des ambassadeurs du 23 septembre. *Id.*, *ibid.*, p. 410, 413.

[2]. Vertot, t. II, p. 219, 220. Noailles au roi, 17 octobre 1553. Le Vénitien lui donnait des soupers secrets, à l'instigation du Français, « pour l'adviser de se conduire discrètement en son affaire. » Noailles, 16 octobre.

XII

MARIE CHOISIT PHILIPPE D'ESPAGNE

Charles-Quint, toujours mesuré et n'ayant avancé jusqu'alors que pas à pas, crut l'heure arrivée de découvrir sa pensée à sa cousine. Puisqu'elle avait repoussé si expressément Courtenay, et que d'autre part le cardinal Pole [1] déclarait n'avoir nul désir de se marier, l'empereur en conclut qu'elle ne voulait pas épouser quelqu'un de ses sujets. Il chargea donc Renard de lui dire qu'il n'aurait pas eu de plus grande satisfaction que de se proposer lui-même; mais, empêché par l'âge et les infirmités, il n'avait personne à présenter qui lui fût plus cher que son propre fils. Si le prince était jeune, il ne l'était pas plus que Courtenay [2]. Puis, les motifs donnés précédemment, un premier mariage, la paternité [3], un veuvage déjà prolongé, qui l'avaient mûri; et les avantages que Marie, que l'Angleterre recueilleraient de cette alliance, pour ranger les Français à la raison, recouvrer le duché de Guyenne, et, qui sait? peut-être le

---

1. Toujours retenu en Allemagne par l'Empereur.
2. Philippe, né en 1527, avait vingt-six ans, juste le même âge que son rival.
3. Il avait eu de sa première femme, Marie de Portugal, don Carlos, né en 1545.

royaume de France. On rassurerait les Anglais en excluant les étrangers des offices et des affaires intérieures. On les gagnerait par des dignités, de l'argent, et en les opposant les uns aux autres dans leurs rivalités particulières. Enfin, Renard devait prier la reine de ne communiquer cette affaire à aucun de ses ministres avant de s'être décidée elle-même. L'empereur protestait aussi être prêt à se désister plutôt que de risquer de la mettre en hasard. Si elle ne jugeait pas la chose praticable, qu'elle le lui dît confidentiellement [1].

Les préparatifs et la célébration du couronnement, où, comme nous l'avons vu, Courtenay tint la place honorable que sa naissance pouvait prétendre, l'ouverture du Parlement, qui suivit à cinq jours de distance (5 octobre 1553), la difficulté d'entretenir la reine en particulier, tant elle était épiée par sa cour, par les créatures des Français et même par les autres ambassadeurs impériaux, jaloux de Renard leur collègue, ces diverses circonstances causèrent du retard. Après avoir tâté adroitement lord William Paget, l'un des secrétaires d'État et des membres les plus influents du Conseil privé, le représentant de Charles-Quint fut introduit le soir du 10 octobre à Westminster; il remit furtivement à la reine la lettre de l'empereur qui l'accréditait auprès d'elle, seul des ambassadeurs impériaux, pour traiter la négociation du mariage [2], et lui proposa officiellement Philippe, prince d'Espagne. Mais quel ne fut pas son désappointement de ne rencontrer chez Marie, au rebours de ses espérances, que froideur et objections! Que diraient le peuple d'Angleterre, son Conseil? Comment le prince, lorsqu'il succéderait à l'empereur, abandonnerait-il ses différents royaumes pour venir demeurer en Angleterre? Son caractère? elle ne le connaissait pas. Il

---

1. Charles-Quint à Renard, Valenciennes, 20 septembre 1553. *Manusc. Record Office*, t. I, p. 387 et suiv. Granvelle, *Papiers d'État*, t. IV, p. 108-116. — Voir aussi le P. Griffet, § XV, p. 62.

2. Cette lettre, datée du 20 septembre, n'avait donc pas moins de vingt jours de date, tant les communications confidentielles entre Marie et l'ambassadeur étaient difficiles.

n'était pas, disait-on, aussi sage que l'empereur; il était bien jeune [1]. Quoiqu'elle fût prête à obéir à son mari, il ne devait pas compter qu'elle le laissât gouverner, encore moins qu'elle donnât des places aux étrangers, car le royaume ne le supporterait pas. Elle avait appris aussi que Maximilien (fils du roi des Romains), ayant eu à gérer les affaires d'Espagne en l'absence du prince Philippe, y avait acquis un grand renom, « et que par le contraire, Son Altesse n'estoit estimé à comparaison de Maximilien [2]. » Elle affirmait d'ailleurs être *aussi libre* que *le premier jour de sa naissance*, et n'avoir encore *pris fantaisie à personne*.

Renard déploya toutes les ressources de sa fertile argumentation pour la convaincre. Après l'éloge du prince, il lui dépeignit les dangers qui la menaçaient de toutes parts et contre lesquels il lui fallait le soutien d'un puissant mariage. Elle avait, disait-il, quatre sortes d'ennemis, les hérétiques et schismatiques, les rebelles et adhérents au duc de Northumberland, les royaumes de France et d'Écosse, et Madame Élisabeth, lesquels ne cesseraient jamais de l'inquiéter et de la troubler, en épiant l'occasion d'attenter contre elle et contre le royaume. Elle répondit qu'elle ne se marierait jamais que l'empereur ne sût son intention avant son confesseur. Elle savait bien les pratiques des Français; mais elle n'ajouterait aucune foi à leurs propos sur le prince d'Espagne; et, trop grande simplicité de confiance, ils ne pratiqueraient rien avec Courtenay ni avec Élisabeth qu'elle n'en

---

[1] « Que s'il voulait estre voluptueux, ce n'est ce qu'elle désire, pour estre de tel eaige que Votre Majesté scet, et qu'elle n'a jamais eu affection ou pensée d'amour, qu'elle aimera et obéira parfaitement celui a cui elle soit dédiée, suivant le commandement divin et ne fera rien sans son vouloir; que si voulait attempter au gouvernement du roïaulme, elle ne le pouroit comporter... » Renard à Charles-Quint, Londres, 12 octobre 1553. *Man. Rec. Off.*, t. I, p. 485, 486.

[2] Maximilien, cousin de Philippe, était aussi depuis l'an 1548 son beau-frère, ayant épousé Marie, fille de Charles-Quint. La reine d'Angleterre ne le nommait ici que pour constater que Philippe jouissait d'une moindre considération. Maximilien, comme son cousin, comme Courtenay, était né en 1527.

fût avertie, car la mère de Courtenay lui avait promis expressément de lui dire tout. Et puis, trois jours auparavant [1], elle avait parlé à Courtenay plus qu'elle n'avait jamais fait. Il lui avait raconté qu'un seigneur anglais, dont il n'avait pas su taire le nom, lui avait dit qu'il devait se marier avec Élisabeth, car il ne pouvait pas s'attendre de parvenir à l'alliance de la reine. En prenant Élisabeth, il aurait, lui ou ses enfants, l'espoir de succéder au trône, puisque la reine était vieille et âgée [2]. Courtenay avait répondu qu'il n'avait jamais pensé ni à une si haute alliance, ni à celle d'Élisabeth ; il avait supplié la reine de considérer qu'il se reconnaissait toujours son serviteur ; qu'il ne voulait pas prétendre d'autre liberté que celle que « de sa grâce elle lui eslargiroit », encore moins être ingrat du bien et de l'honneur qu'il avait reçus d'elle. Quand elle voudrait le marier, que ce fût à une *simple demoiselle* plutôt qu'à Élisabeth, *hérétique, trop superbe, et de race suspecte quant à la mère.* Pour les Français, ils lui avaient fait tenir seulement des propos généraux et non particuliers. La reine avait clos l'entretien en lui disant que quand elle serait mariée, si elle faisait tant que de s'y résoudre, elle aviserait à lui choisir une femme catholique et honnête, et qu'elle procurerait son avancement selon sa conduite [3].

1. On voit, par la correspondance de Noailles, que c'était le 6 octobre.
2. Renversons les situations, et demandons-nous en passant quel accueil Élisabeth aurait fait à cet étrange compliment, que sa sœur subissait de la part de Courtenay et répétait à Renard en toute humilité. Le lord qui avait parlé à Courtenay de le marier avec Élisabeth était probablement Will. Paget, que nous verrons bientôt soutenir hautement cette combinaison.
3. Ces détails sont tirés de la longue narration de Renard à Charles-Quint. Londres, 12 octobre 1553. *Manu. Rec. Off.*, t. I, p. 481-495. Noailles n'ignora pas que la reine avait entretenu Courtenay et sa mère, le 6 octobre. Il écrivit d'abord au roi qu'ils étaient restés ensemble depuis une heure de l'après-midi jusqu'à six heures du soir (lettre du 8 octobre 1553). Mais, le 17, il se rectifia et réduisit ce long espace de temps à une simple demi-heure. Vertot, t. II, p. 217, 219. Il ajoute qu'il n'y a été question que de la réintégration dans leurs biens, que les Courtenay sollicitaient alors. Ainsi le jeune homme avait menti, et à la reine, sur ses dispositions personnelles, et à Noailles, en lui faisant croire qu'il avait parlé uniquement de sa réintégration.

Le lendemain, Marie pria Renard de lui mettre par écrit les raisons qu'il lui avait exposées. Il s'empressa de rédiger un mémoire sur les inconvénients d'un mariage avec l'un de ses sujets, les avantages avec un étranger; combien il importait que celui-ci eût de la puissance [1]; quel âge serait le plus convenable; le tout, sans proposer ni même nommer le prince d'Espagne; et quant à Courtenay, avec une allusion méprisante, sans le nommer non plus [2]. Dans une nouvelle entrevue, le 14 octobre au soir, avec le même mystère, Marie, en parlant d'Édouard, dit qu'elle songeait à le marier à l'étranger; et Renard, pris de générosité, parlait d'ajouter le duché d'York au comté de Devon, qu'Édouard avait reçu naguère de la bonté royale, afin de lui trouver un plus beau parti au dehors, avec la protection et l'amitié du prince d'Espagne [3]. Sincère ou non, l'ambassadeur suivait les instructions que Granvelle lui réitéra encore : observer de grands ménagements à l'égard de Courtenay, s'il voyait que la reine y inclinât de préférence, parce que, le mariage de leur prince venant à manquer, peut-être n'y aurait-il aucun autre prétendant pour qui l'empereur voulût faire davantage [4]. En effet, Charles-Quint repoussait absolument, et ses neveux d'Autriche, et les Portugais, dont la recherche obstinée l'inquiétait.

Cruelle était l'agitation de la pauvre reine ! Dans son incerti-

1. Tant pour la défendre contre ses quatre espèces d'ennemis que pour être respecté du peuple, lequel sans cela s'en moquerait et dirait que *solum serviret conjugio, non reipublicæ*.
2. Ce *Mémoire*, du 11 octobre 1553, se trouve dans les *Papiers d'État* de Granvelle, t. IV, p. 128-131, et dans le *Manuscrit du Record Office*, t. I, p. 513-519. On voit, par ce dernier recueil, que l'éditeur des *Papiers d'État* s'est trompé en donnant le *Mémoire* comme un fragment. Il est complet. A l'endroit de Courtenay, Renard engage la reine à considérer s'il convient qu'elle se marie à un *sien vassal, sans crédit, pouvoir, assistance,* « qui n'a veu ni sceu que s'est du monde, pour avoir esté norrie en servitude et n'estre jamais sortie d'Angleterre. »
3. Renard à Charles-Quint, Londres, 15 octobre 1553. *Man. Rec. Off.*, t. I, p. 502.
4. Granvelle à Renard, Gand, 15 octobre 1553. *Papiers d'État*, t. IV, p. 133, 134.

tude sur le caractère de Philippe, elle interrogea de nouveau Renard; et lui prenant les mains, le choisissant, disait-elle, pour *spirituel confesseur en ceci* [1], elle le conjura à plusieurs reprises de lui déclarer s'il était bien vrai que le prince fût tel qu'il le lui avait dépeint [2]. Les protestations chaleureuses de l'ambassadeur, qui s'engageait sur son honneur et sa vie, ne la rassuraient qu'à moitié. Si du moins elle pouvait le voir [3] ! A défaut de l'original que Charles-Quint ne voulait point exposer à l'affront de ne pas plaire, on lui présenta, quelques semaines plus tard, un portrait du prince, de la main du Titien [4].

Ces négociations, conduites avec le secret d'un complot, étaient jusque-là concentrées entre quatre personnes [5]. Seul des seigneurs anglais, lord Paget y avait été initié. Variable et fantasque (mais qui donc n'avait pas varié dans ces temps tragiques?), ardent, capable d'aller très-loin, une fois lancé, sensible aux caresses et aux promesses que les Impériaux n'épargnèrent pas [6], d'ailleurs

---

1. Renard à Charles-Quint, Londres, 15 octobre 1563. *Man. Rec. Off.*, t. I, p. 505.
2. « S'il estoit modéré, rassis et bien conditionné » (de bon caractère). *Id., ibid.*, p. 502.
3. Renard à Charles-Quint, Londres, 15 octobre 1553. *Man. Rec. Off.*, t. I, p. 497-505.
4. Marie, reine de Hongrie, sœur de l'Empereur, en envoyant le portrait, qui datait déjà de trois ans, mande à Renard que la peinture a été un peu gâtée par le temps et les voyages : « Si est-ce qu'elle (la reine d'Angleterre) verra assez par icelle sa ressemblance, la voyant à son jour et de loin, comme sont toutes poinctures (peintures) dudict Titian que de près ne se recongnoissent ; et jugera assez que ce n'est chose faicte à la main (pour la circonstance), pour être la poincture faicte de si long-temps. » Bruxelles, 19 novembre 1553. *Man. Rec. Off.*, t. I, p. 150. Granvelle faisait remarquer que, depuis le portrait, le prince avait encore gagné ; qu'il était plus formé et plus barbu. *Man. Rec. Off.*, t. I, p. 145.
5. « La négociation a été jusqu'ici démêlée entre nous quatre, » écrit Granvelle à Renard, Bruxelles, 13 novembre 1553. *Papiers d'État*, t. IV, p. 144. Les quatre, qu'il ne nomme pas, étaient sans doute Granvelle et Renard, Marie et Paget, l'Empereur et le Prince ne pouvant guère être compris dans les *nous quatre*.
6. Renard à Charles-Quint, Londres, 28 novembre 1553. *Man. Rec. Off.*, t. I, p. 778. Paget avait promis d'abord à Noailles de s'opposer au mariage espagnol (Noailles au roi, Londres, 7 octobre 1553 ; *Arch. aff. étr.*, t I et II, p. 137). Mais il se ravisa, quand il sut que Courtenay avait dit

grand ennemi de la France et de l'Écosse, ce personnage allait tenir le rôle principal au moment critique. Avec lui au sein du Conseil, mais d'ailleurs aussi peu instruits que le public sur le fond et le manége des choses, le duc de Norfolk et le comte d'Arundel voulaient le mariage étranger. On ne s'explique pas sur les motifs du premier; pour le second, Noailles nous apprend qu'il se flattait, en captant la faveur de la reine, de marier son propre fils à Élisabeth et de ménager ainsi à sa maison la succession éventuelle [1]. Un autre, sir John Masone, de Bruxelles, où il était ambassadeur près de Charles-Quint, écrivait que Courtenay était plus Français qu'Anglais [2].

Malgré leurs efforts, tout le bruit, toute la force apparente étaient du côté opposé, par aversion patriotique contre l'étranger et défiance de l'ambition autrichienne. Aussi Gardiner, malgré l'infructueuse démarche qu'il avait tentée une première fois indirectement en faveur du prétendant indigène, fit-il un second effort six semaines après, vers le 20 octobre, mais alors en personne et accompagné de sir Robert Rochester, contrôleur de la maison de la reine, des lords Walgrave, Inglefield et Southwell. Ils vantèrent la naissance, l'éducation, les qualités de leur candidat [3], et représentèrent à la reine que de son côté l'âge passait; il était plus que nécessaire, ajoutaient-ils, qu'elle se résolût au mariage, dans l'intérêt du royaume. Elle leur donna clairement à entendre par sa réponse qu'elle préférait un étranger. Toutefois cette détermination, où elle se fixait de plus en plus, ne l'empêchait pas d'être équitable et généreuse envers celui dont elle ne voulait pas comme époux. Car, à l'heure même, elle faisait relever

---

que, s'il devenait jamais le mari de la reine, il se souviendrait que, sous Henri VIII, Paget avait proposé de le mettre à mort. Les Impériaux l'attirèrent alors de leur côté (Rapport de Soranzo, 18 août 1554; *Calendar Venetian*, t. IV, p. 560).

1. Lettre au roi, 16 octobre 1553. Vertot, t. II, p. 214, 215.
2. Mémoire de ce que La Marque aura à dire au roi (de la part de Noailles), 9 novembre 1553. Vertot, t. II, p. 244, 245.
3. « Cortenai, bien né, bien morigéné, vertueux. » Renard à Charles-Quint, Londres, 21 octobre 1553. *Man. Rec. Off.*, t. I, p. 543.

par deux actes du Parlement lui et sa mère Gertrude, marquise d'Exeter, du *bill d'attainder* lancé contre eux sous Henri VIII, et les réintégrait dans leur noblesse et leurs biens. Le 20 octobre, elle sanctionna solennellement cette mesure devant les deux chambres réunies à Westminster. Renard trouva qu'elle avait été bien prompte; elle répondit qu'ils l'en avaient sollicitée par l'avis du chancelier, et qu'elle ne savait pas que cela eût été fait en vue du mariage [1]. Elle avait donc suivi naïvement l'inspiration de la justice et réparé au mieux l'un des crimes de son père. Mais le bruit de son mariage avec Courtenay en était devenu si grand, qu'elle n'osait plus parler au jeune homme qu'en présence de sa mère [2].

Alors celui-ci, inquiet des visites secrètes de l'ambassadeur impérial à la souveraine, regretta ses folies et revint à une vie plus régulière [3]. Mais, aussi peu sensé d'une façon que de l'autre, il joua ridiculement l'amoureux, affichant jusque dans la rue ses prétentions, sa jalousie contre ses rivaux. Chacun juge bien, continue Renard en rapportant ce trait, qu'il est plus jaloux du royaume que de la personne [4]. Il tenait des discours désobligeants sur Élisabeth, affectait de la dédaigner, sans doute comme dans son entretien précédent avec la reine. Élisabeth se fâcha [5].

Son protecteur le plus actif, outre le chancelier Gardiner, mais dans un esprit bien différent, était l'ambassadeur de France, Noailles; tant par lui-même que par l'ambassadeur vénitien, Giacomo Soranzo, dont il disposait pleinement, il frappait à toutes les portes pour trouver des opposants au mariage espagnol,

---

1. Renard à Charles-Quint, Londres, 23 octobre 1553. *Man. Rec. Off.*, t. I, p. 554, 555.
2. *Id., ibid.*, p. 553.
3. Mémoire de ce que La Marque aura à dire au roi, 9 novembre 1553. Vertot, t. II, p. 246, 247.
4. Lettre à Charles-Quint, 4 novembre, p. 624.
5. « Cortenai est en disgrâce de Madame Élisabeth pour avoir parlé d'elle autrement qu'elle n'espérait des amourettes qu'on semoit entre eulx. » Renard à Charles-Quint, Londres, 19 octobre 1553. *Man. Rec. Off.*, t. I, p. 538.

surtout pour organiser au sein du Parlement une résistance et une pression capables de forcer la main à la souveraine. En quête des mécontents de toute sorte, il s'évertuait à rassembler à tout hasard des éléments de complot et de rébellion. Des Écossais bannis de leur pays, pour y rentrer, proposaient d'entreprendre quelque chose en Angleterre, *sur la querelle* que leur reine pouvait y avoir. Bientôt ce n'étaient plus des exilés, gens sujets aux illusions et aux vaines intrigues, mais un membre du Parlement, venant offrir de faire valoir les droits de Marie Stuart et assurant qu'il en amènerait d'autres[1]. Mais Henri II refusait de croire, malgré les affirmations réitérées de son représentant, que l'on agitât sérieusement le mariage espagnol Dans sa pensée, c'était plutôt une feinte de l'empereur, avec lequel il était alors en guerre, pour l'inquiéter. Pourtant si, en parlant de cette manière, il montrait peu de clairvoyance, il avait la sagesse de recommander que le nom de la reine d'Écosse ne fût prononcé de près ni de loin[2]. Noailles alors se tempéra ; il écouta très-froidement quelques-uns de la noblesse qui vinrent le presser de fomenter des séditions en Angleterre et en Irlande[3]. La réhabilitation des Courtenay lui laissait sans doute quelque illusion. Mais il notait soigneusement les éventualités et les ressources.

Le Parlement, dont la session avait été suspendue le 21 oc-

---

1. Noailles au roi, 4, 22 septembre 1553. Vertot, t. II, p. 136, 161. Noailles à la régente d'Écosse, 14 octobre 1553. *Id., ibid.*, p. 211.
2. Le roi à Noailles, Saint-Quentin, 28 septembre 1553. Vertot, t. II, p. 191-194.
3. Noailles au roi, 17 octobre 1553. Vertot, t. II, p. 221. Renard écrit à Charles-Quint, Londres, 23 octobre, que deux serviteurs de Courtenay sont venus raconter que plusieurs hérétiques ont offert leur concours pour des troubles à l'ambassadeur français, qui s'est contenté de les engager à passer en France auprès du roi. *Man. Rec. Off.*, t. I, p. 552.

Noailles, malgré l'injonction de son maître, ne put pas s'empêcher d'avoir toujours l'œil du côté de l'Écosse et de mander à la reine douairière, Marie de Lorraine, que les mécontents d'Angleterre s'affectionnaient toujours plus à sa fille, et même avec plus de zèle qu'il ne l'aurait souhaité pour le moment. Lettre du 14 octobre 1553. Vertot, t. II, p. 211.

tobre (1553), ayant repris ses séances quelques jours après, les affidés de l'ambassadeur français à la Chambre basse firent voter par celle-ci une adresse de supplication à la reine de ne pas choisir d'autre époux qu'un noble anglais et de ne pas imposer au royaume l'autorité d'un prince de nation étrangère (31 octobre [1]).

Mais ils arrivaient trop tard. Marie, rassurée peu à peu sur le prince d'Espagne, venait de s'engager définitivement de ce côté. Comme première démarche publique, elle autorisa Renard à lui remettre, le 27 octobre, en présence du Conseil privé, les lettres de créance par lesquelles l'empereur l'instituait son représentant auprès d'elle. Après quoi, elle se retira. Alors il fit part au Conseil de la pensée de son maître, qu'elle devait se marier dans l'intérêt de l'État. Le Conseil remercia l'empereur d'avoir pris les devants sur une question où personne n'aurait eu la hardiesse de s'avancer si loin, et promit de chercher à connaître l'inclination de la souveraine. De part et d'autre, on savait fort bien qu'il s'en fallait qu'elle penchât vers Courtenay [2].

Le surlendemain, dimanche (29 octobre), elle fit le pas décisif. On sait avec quelle solennité mystique et romanesque elle reçut de nuit, en compagnie d'une seule de ses dames, lady Clarence, l'ambassadeur impérial mandé en grand secret.

A genoux devant le saint sacrement exposé dans sa chambre, elle récita le *Veni Creator*, que les deux assistants répétaient

---

1. Noailles au roi, 4 novembre 1553. Vertot, t. II, p. 233, 234.
2. Renard à Charles-Quint, Londres, 28 octobre 1553. *Man. Rec. Off.*, t. I, p. 567-576. Dans la même lettre, Renard demande que l'Empereur continue de retenir en Allemagne le cardinal Pole, parce que, étant cousin de Courtenay, il pourrait nuire au mariage (du prince d'Espagne). Cependant une lettre du cardinal à Courtenay ayant été ouverte, on n'y trouva que le conseil d'être fidèle à reine et reconnaissant du bien qu'il avait reçu d'elle. Renard à Charles-Quint, 31 octobre. *Id*, *ibid.*, p. 603. Cette lettre est sans doute celle datée de Trente, 3 octobre, qui existe dans le *Calendar Venetian* de M. Rawdon Brown. Le cardinal félicite son jeune parent de son élargissement de la Tour, de l'acte de bonté de la reine, qui lui a restitué ses biens et son rang ; il l'exhorte à bien servir Dieu, l'Église et sa souveraine.

avec elle, au moins des lèvres ; et, en se relevant, elle exprima devant Dieu, dont elle croyait sentir l'inspiration, la promesse irrévocable d'épouser le prince d'Espagne [1].

Le chancelier, tenu comme tout le monde dans l'ignorance de l'engagement contracté par la souveraine, continua de lutter pied à pied sur le terrain d'un mariage national. Outre les inconvénients et les dangers qu'il voyait dans l'autre parti, il représentait que, tant que la question religieuse serait en suspens au Parlement, on devait s'abstenir de mettre difficulté sur difficulté, et qu'il fallait d'abord voir comment elle se déciderait. Marie, quoiqu'elle suspectât son conseiller de chercher des délais, déféra néanmoins à son avis, tout en lui signifiant que,

---

1. Cette scène dramatique, que le P. Griffet a indiquée le premier (*Nouveaux Éclaircissements...*, § XXI, p. 83), se trouve au long dans une dépêche de Renard à l'Empereur, Londres, 31 octobre 1553. *Man. Rec. Off.*, t. I, p. 600-602. Jusqu'ici, elle n'a pas été reproduite intégralement, quoiqu'elle le mérite par sa singularité. La voici : « Dimanche au soir, ladite dame me manda pour venir devers elle, ce que je feis, et en la chambre où elle me parlit, le Saint-Sacrement y estoit, et me déclaira comme, depuis que lui avois présenté les lettres de Votre Majesté, elle n'avoit dormi, ains avoit tousjours ploré et prié Dieu qu'il la voulsist inspirer et conseiller, pour lui respondre sur le point de mariage dont lui avois entamé le propos à Beaulieu *, et que lors le Saint-Sacrement estoit ausi en sa chambre, qu'elle l'avoit tousjours invocqué comme son protecteur, conducteur et conseiller, qu'elle le prioit encore de bon cueur lui estre en aide en cecy, se mectant à deux genoulx, disant : *Veni Creator spiritus*; et n'y avoit en ladicte chambre sinon maitresse Clarence et moi ; qui feismes le semblable ; mais quand à ladite Clarence, je ne sçais si elle entendit ladite oraison, ce que je crois, par la caresse ** qu'elle me feit ; et après que ladite dame (la reine) fut relevée, elle me dit que comme Votre Majesté m'avoit choisi pour traicter ceste négociation avec elle, elle m'avoit choisi pour son premier père confesseur et Votre Majesté pour le second, et, que, comme elle avoit pesée toutes choses, et ramentué les divises que lui avois tenu, aussi aiant parlé avec lesdits d'Arondel, Paget et Pietre ***, confiant sur ce que lui assure des qualitez et conditions de Son Alteze, que Votre Majesté l'aura en bonne recommandation et souvenance, qu'elle (l'Empereur) s'accommodera à toutes conditions servans au publicque du roïaulme ; qu'elle lui demeurera bon père comme il a esté, et d'austant plus qu'elle sera deux fois père ; qu'elle procurera devers Son Alteze

* Le 29 juillet précédent.
** Signe d'intelligence. Les deux assistants voyaient les choses à un point de vue plus terrestre.
*** Membre du Conseil privé, qui s'était joint aux deux précédents.

plutôt que de faire un choix dans le royaume, elle ne se marierait jamais [1]. Enfin, le 8 novembre, le jour même du vote parlementaire qui supprima le calvinisme d'Édouard VI pour restaurer la liturgie catholique de Henri VIII [2], sans perdre un instant, elle permit à Renard de lui présenter la demande de mariage officiellement, en présence du Conseil privé. Alors, saisie d'une émotion profonde à cette première confidence devant témoins, elle écouta l'ambassadeur « avec contenance roiale, modestie convenante, visage intimidé et gestes tremblants; » puis elle remercia l'empereur et se retira suivie de son Conseil pour délibérer. Elle prolongea la délibération, ruse féminine, comme si jamais elle n'avait entendu parler de rien [3]. Elle reparut enfin rassérénée et souriante, et annonça que, pleine de confiance dans l'empereur, elle était prête à écouter les propositions qu'il voudrait bien lui faire [4].

qu'elle lui soit bon mari et époux; se sentant conseillée de Dieu qui lui a déjà fait tant de miracles en son endroit, elle me donnoit le mot de princesse de mariage pour Son Alteze devant ledit Saint-Sacrement, sentant absolutement son inclination tendre là; qu'elle ne changera jamais, ains l'aimera parfaitement, et ne lui donnera occasion d'estre jaloux; qu'elle avoit fainct d'estre malade ces deux jours passés, mais que la maladie despendoit du travail qu'elle a heu pour prendre cette résolution. Sire, la joye que je receu de ceste déclaration fust telle que Votre Majesté peult penser; et si elle avoit invocquée le Saint-Esprit, j'avois invocqué la Trinité pour l'inspirer à cette désirée responce. »

M. Froude (*Histoire d'Angleterre*, t. VI, p. 109), avec son goût de l'enluminure, ne trouvant pas le tableau suffisamment coloré, ajoute quelques coups de pinceau : « Lorsque *le chant (du Veni Creator) s'éteignit dans le silence, Marie se releva comme inspirée et annonça le divin message. Le prince d'Espagne était l'élu du Ciel pour la reine vierge; si des miracles étaient nécessaires pour qu'il lui appartînt, il y avait quelqu'un de plus fort que quiconque prétendrait se jeter à la traverse; la malice du monde serait impuissante à le détourner d'elle;* elle le chérirait, elle l'aimerait uniquement; et, dès ce moment, jamais, par aucune inconstance de sa part, elle ne lui donnerait sujet de jalousie. »

1. Renard à Charles-Quint, Londres, 6 novembre 1553. *Man. Rec. Off.*, t. I, p. 656, 657.
2. Voir plus haut, p. 111.
3. « Et longuement a communiquée sur ce qu'elle me debvoit respondre, desguisant le fait comme si jamais elle n'en eust ouy parler. » Renard à Charles-Quint, Londres, 8 novembre 1553. *Man. Rec. Off.*, t. I, p. 676, 677.
4. *Id., ibid.*, p. 677.

Cependant les communes attendaient depuis huit jours le plaisir de la reine pour lui présenter leur adresse. Elle les laissa se morfondre une semaine encore, sous prétexte d'indisposition. Tout à coup, le 16 novembre, elle manda l'Orateur ou président de la Chambre basse, tellement à l'improviste, que les principaux étaient absents. Il vint, accompagné seulement d'une vingtaine de membres du Parlement, et sans avoir eu le loisir de se munir de l'adresse votée. Il y suppléa par l'abondance de sa parole. Il requit la souveraine au nom des communes : 1° de se marier, 2° de choisir dans le royaume un de ses sujets. Son discours prit de telles proportions que Marie, impatientée et fatiguée, s'assit, contrairement à l'usage, pendant qu'il parlait, et, quand il eut fini, au lieu de laisser, selon un autre usage, le chancelier répondre pour elle, elle prit la parole, remercia d'un ton courtois le Parlement du zèle et de l'attachement qu'il montrait en l'exhortant au mariage, mais revendiqua sèchement la liberté dont les princes devaient jouir, aussi bien que les particuliers, dans leur choix ; si elle se mariait contre son gré, elle ne vivrait pas trois mois. Elle prierait Dieu de la conseiller et de l'inspirer, et, selon qu'il lui plairait l'inspirer, elle se marierait [1].

Le comte d'Arundel, l'un des partisans du prince d'Espagne, railla Gardiner de ce qu'il venait de perdre son office de chancelier, que la reine lui avait usurpé. Deux jours après, comme pour achever son ministre, Marie lui dit qu'elle l'avait soupçonné d'avoir fait la leçon à l'Orateur, car elle avait entendu de sa bouche toutes les raisons que celui-ci lui avait exposées. Elle ajouta que pour lui parler franchement et librement, comme à son bon et fidèle conseiller, elle n'épouserait jamais Courtenay. A ces mots, accompagnés de quelques paroles sé-

---

[1]. Renard à Charles-Quint, Londres, 17 novembre 1553. *Man. Rec. Off.*, t. I, p. 713-718. Noailles au roi, 24 novembre 1553, Vertot, t. II. p. 269-270, et *Mémoire de ce que le sieur d'Hogius fera entendre au roi...* (décembre 1553). *Id., ibid.*, p. 284.

vères à l'adresse du président des communes, Gardiner, tout en larmes, protesta qu'il ne s'était pas entendu avec lui. Quant à son affection pour Courtenay, elle avait commencé dans leur commune prison. Mais, lui demanda-t-elle, parce qu'il avait pris cette amitié en prison, était-ce un motif de la forcer à ce mariage ? Le chancelier reconnut qu'en effet il n'y avait pas de raison de la forcer à l'un plutôt qu'à l'autre, et que celui qu'elle désirerait serait celui auquel il obéirait [1]. Dès lors, en effet, il cessa toute opposition ouverte, sans être pour cela réconcilié avec l'alliance d'Espagne. Car il lui arriva encore de dire que le point du mariage étranger était aussi dangereux que celui des hérétiques [2].

1. Renard à Charles-Quint, Londres, 20 novembre 1553. *Man. Rec. Off.*, t. I, p. 735, 736.
2. Du même au même, 3 décembre 1553. *Man. Rec. Off.*, t. I, p. 832. Les Impériaux continuèrent de le suspecter. Granvelle écrit à Renard, Bruxelles, 19 novembre 1553 (*Papiers d'État*, t. IV, p. 151), qu'il ne doute pas que l'évêque de Winchester n'ait le projet de publier sous main toute la négociation qui se fait « pour veoir si quelque chose se pourroit lever qui rompit nostre deseing, et luy peut donner oportunité de conduyre ce qu'il désire. Mais enfin la royne est royne... »

XIII

LA PRÉTENDUE JALOUSIE DE MARIE CONTRE ÉLISABETH

Voilà donc comment Marie Tudor, après plus de trois mois de délibérations, disons d'anxiétés, prit la résolution d'épouser le fils de Charles-Quint. Certains auteurs ont défiguré cette histoire d'étrange sorte. Gregorio Leti [1], Burnet [2], David Hume [3], Vertot [4], ont rapporté que Marie s'était éprise du brillant Courtenay. Mais lui, magnanimement insensible à l'appât du trône, avait engagé son cœur à Élisabeth, plus jeune, plus attrayante, et, pour parler comme Burnet, celle des deux sœurs qui, dans le lot modéré de beauté qu'elles tenaient de la nature, avait reçu de beaucoup la meilleure part. Quand donc, chez une cadette dont elle détestait déjà la naissance et l'hérésie, l'aînée trouva encore une rivale préférée, alors, blessée jusqu'au fond de l'âme, elle ne mit point de bornes à sa colère et ne respira plus que

---

1. *Historia overo vita di Elisabetta regina d'Inghilterra detta per sopranome la comediante politica,* Amsterdam, 1693, t. I, p. 227-234, 240.
2. T. II, p. 236. *History of the Reformation.*
3. *History of England,* 1759-1765. Les Tudors, ch. XIII.
4. Dans ses *Ambassades de M. de Noailles en Angleterre*, introduction, t. I, p. 250, ouvrage posthume, 1763. Il est d'autant plus extraordinaire que Vertot ait admis ce conte, que les dépêches contenues ensuite dans le t. II en démontrent l'inanité. Son siége était fait.

vengeance. Dès ce moment, Élisabeth fut exposée aux plus graves dangers. Telle est la tradition qui a prévalu et fait loi dans l'histoire.

Mais, nous sommes en droit de le dire, c'est une fable de pure fantaisie. Les détails authentiques dans lesquels nous sommes entré, d'après les correspondances, pour ainsi dire, quotidiennes, parties des deux camps opposés, de l'ambassadeur de Charles-Quint et de l'ambassadeur de Henri II, l'ont prouvé à l'avance surabondamment. Que, pressée par le cri public d'épouser Courtenay, Marie l'ait suivi des yeux, en se demandant s'il méritait qu'elle surmontât pour lui sa répugnance à épouser un sujet et l'inconvénient de prendre un mari beaucoup plus jeune qu'elle, cela est possible; mais, de penchant pour lui, on n'en voit pas. Si elle le rétablit dans ses biens et ses honneurs et lui accorda quelques grâces de surplus, elle suivit seulement l'honnête désir d'effacer dans la mesure de son pouvoir une des plus odieuses iniquités de Henri VIII, iniquité qui lui pesait d'autant plus que le vrai crime du père de Courtenay avait été son attachement au catholicisme romain. Mais, en même temps, les désordres du jeune homme la scandalisèrent; elle s'en détourna avec dégoût, quand elle le connut ainsi, « superbe et luxurieux [1]. » De compétition amoureuse d'une sœur avec l'autre, il y en eut si peu que Marie n'était nullement éloignée de donner Élisabeth pour femme à Courtenay. Les sévérités dont elle usera plus tard envers elle naîtront de tout autres causes [2].

Ce fut dans le temps même où elle se promettait devant Renard au prince d'Espagne, qu'elle inclina vers la pensée de marier ensemble Élisabeth et Courtenay. L'ambassadeur impérial, à qui elle s'en ouvrit, peu flatté de cette perspective au premier abord, répondit avec ménagement que, si Courtenay

---

1. Noailles à Henri II, 9 novembre 1553. Vertot, t. II, p. 245.
2. Déjà, au siècle dernier, le P. Griffet, dans ses *Nouveaux Éclaircissements sur l'histoire de Marie*, 1766, § xxii-xxiv, avait prouvé à Hume qu'il avait travesti les rapports entre les deux princesses. Voir aussi Lingard, *Histoire d'Angleterre*.

persistait dans la fidélité dont il faisait montre, il méritait « d'être respecté ». Quant à le marier avec Élisabeth, cela devait « se peser et consulter [1] ».

L'auteur premier de ce plan était celui des membres du Conseil privé le plus en crédit alors auprès de la souveraine, grâce à son zèle pour le mariage d'Espagne, c'est-à-dire lord Paget. Soit patriotisme, soit calcul personnel, comme les Impériaux l'en soupçonnèrent [2], pour se réserver un lot dans toutes les éventualités, il protégeait les intérêts d'Élisabeth. Cette princesse, nous l'avons rapporté plus haut, avait parlé de quitter la cour, lorsque le Parlement avait validé le mariage de Catherine d'Aragon et, par le fait, invalidé celui d'Anne Boleyn, quoiqu'il n'en fût pas fait mention dans le bill. Paget s'était opposé à ce qu'on la prît au mot, et elle s'était cantonnée dans une altière bouderie, avec refus d'aller à la messe. Il soutint aussi qu'il était difficile de lui ôter, sans s'exposer à des troubles et à quelque entreprise des Français, le droit de succéder, qu'un acte du Parlement lui avait reconnu, malgré l'illégitimité de sa naissance. Il reproduisait l'argument national que l'écarter, ce serait appeler la reine d'Écosse, et recommandait comme l'arrangement le meilleur de confirmer en Parlement le droit de

---

[1]. Cette circonstance si originale que Marie inclinait à marier sa sœur avec Courtenay n'a pas encore été mise en lumière. La première indication se trouve dans une lettre de Renard à Charles-Quint, du 31 octobre 1553 (*Man. Rec. Off.*, t. I, p. 603), la même lettre qui contient le récit des fiançailles nocturnes de la reine. Nous verrons que cette princesse n'y renonça qu'à la fin de décembre. M. Froude, qui cependant a consulté le *Manuscrit du Record-Office*, n'en parle que comme d'une conception absolument particulière à lord Paget (t. VI, p. 120) et même redoutée de Marie (*Ibid.*, p. 97).

[2]. Renard à Charles-Quint, Londres, 28 novembre 1553. Charles-Quint à Renard, Bruxelles, 24 décembre 1553, *Man. Rec. Off.*, t. I, p. 772, 927. — Courtenay raconta quelques mois plus tard au gentilhomme qui le menait de la Tour au château de Fotheringay que Paget l'avait *importunément sollicité* de se marier avec Élisabeth, en lui disant que, s'il s'y refusait, le fils du comte d'Arundel épouserait cette princesse. Hoby et Morison l'y poussaient de concert avec Paget. Les ambassadeurs impériaux à Charles-Quint, sans date (Richmond, juin 1554). *Papiers d'État* de Granvelle, t. IV, p. 256.

succession d'Élisabeth, à condition qu'elle épousât Courtenay ; Courtenay, étant catholique, la maintiendrait dans la « vieille religion » dont elle faisait déjà profession ; elle et leurs hoirs succéderaient, si la reine mourait sans enfants, et Courtenay à Élisabeth, si elle n'en laissait pas ; ainsi, tout le monde serait content. Le peuple et la noblesse, certains que, si la reine venait à mourir sans enfants, le prince d'Espagne n'essayerait pas de se faire roi d'Angleterre, s'accommoderaient de son mariage bien plus facilement. A plus forte raison dissuadait-il, contrairement aux suggestions du chancelier, de la mettre à la Tour pour le fait de la religion et de la réduire autrement que par la douceur ; sur ce dernier point, Renard adhérait un peu à contre-cœur aux idées de Paget ; mais, quant au premier, le mariage, si les avantages l'alléchaient, les inconvénients l'inquiétaient. Avec son expérience des choses, au lieu de la paix, comme conséquence, il augurait des troubles, en cas que les deux jeunes époux fussent pris de l'impatience de régner [1].

Son raisonnement était si juste, que déjà les ennemis de la reine et de l'empereur méditaient de leur côté ce même mariage, à l'idée duquel Marie se portait avec une certaine complaisance, elle pour pacifier solidement le royaume, eux pour le bouleverser et la détrôner. Ici commencent les grandes machinations de Noailles.

Si épaisse avait été l'ombre dont la reine avait enveloppé ses nocturnes fiançailles du 29 octobre, que nul n'avait su la percer, pas même Noailles, malgré le zèle de ses espions. Il paraît également que l'audience de Renard devant le Conseil, le 8 novembre, ne fut pas divulguée ; du moins, on n'en trouve nulle mention dans la correspondance de l'ambassadeur français. Cependant, ayant aperçu à partir de ce moment chez la reine plus d'*audace* et de *gravité*, plus d'*assurance* et d'*autorité* dans le

---

[1]. De peur « qu'ilz ne tombissent en obliance et révoltassent le roïaulme. » Lettre à l'Empereur, Londres, 4 novembre 1553. *Man. Rec. Off.*, t. I, p. 627-632. Ce plan de Paget se trouve plus loin encore ; 28 novembre. *Id., ibid.*, p. 768-771.

commandement qu'elle n'avait usé jusque-là, le pénétrant diplomate ne douta plus qu'une grande résolution n'eût été prise [1]. Sans hésiter, il jeta bas tout scrupule, au mépris de son caractère d'ambassadeur. Comme si la reine, malgré ses protestations évidemment sincères d'amitié pour Henri II, avait déjà épousé les querelles de l'Autriche, il entama contre elle une de ces guerres d'intrigues subtiles et hasardeuses, que l'on nomme habiles, malgré l'échec que le dénouement leur inflige le plus souvent. Mais aussi, devant lui, quel terrain propice et séduisant avec un pareil génie! Aristocratie jalouse et inconstante; patriotes exaspérés à l'idée de mettre la Grande-Bretagne à la merci de l'ambition espagnole; protestants furieux des nouvelles lois religieuses et des premières rigueurs contre leur foi; anciens complices de la rébellion du duc de Northumberland prêts à recommencer pour leur propre compte; masses populaires en émoi par l'effet combiné de ces diverses causes; enfin, comme drapeaux et signes de ralliement, pour donner un corps et un but aux complots, deux noms propres, Élisabeth avec Courtenay. Noailles s'établit au cœur de cette situation. Il en saisit tous les éléments, comme autant de cartes à mettre dans son jeu pour la partie scabreuse et perfide qu'il allait entamer au mépris du droit des gens.

On voit alors dans ses dépêches l'orage, qu'il rassemblait de loin, se former et grossir avec une rapidité surprenante. Le 9 novembre, il annonce à Henri II que l'on tient pour certain que le mariage avec le prince d'Espagne est conclu; que la reine voudra couvrir son entreprise le plus longtemps possible; mais que, ayant perdu déjà beaucoup de la bonne volonté de ses sujets, elle achèvera de perdre le tout par cette union [2]. Un mémoire au roi, de la même date, qu'il confie à son agent La Marque, nous dévoile les premières trames. Édouard Courtenay, ou plu-

---

1. Noailles : *Mémoire de ce que le sieur d'Hogius aura à dire au roi...*, premiers jours de décembre 1553. Vertot, t. II, p. 288.
2. Noailles au roi, 9 novembre 1553. Vertot, t. II, p. 240, 241.

tôt peut-être ses parents et ses amis, tombés de leur haut, s'étaient mis en ébullition de complot. Ils avaient délibéré de tuer immédiatement lord Paget, patron principal du prince d'Espagne. Courtenay leur retint la bride, suivant l'expression de Noailles. Mais ce n'était là que le moindre de leurs desseins : ils voulaient marier Courtenay avec Élisabeth, les amener dans le Devonshire et le Cornouailles. Assurés, disaient-ils, du duc de Suffolk, des comtes de Pembroke et de Cumberland, de lord Clinton, et généralement des plus vaillants hommes de guerre du royaume, ils demandaient que le roi de France occupât la mer avec ses vaisseaux. Eux-mêmes attaqueraient Philippe à son débarquement à Plymouth [1]. Cependant, effrayé de sa propre audace, Courtenay projeta de se retirer en France, tandis que, la nuit de sa fuite, ses amis assassineraient le comte d'Arundel et lord Paget, puis courraient mettre en armes le Devonshire pour favoriser son mariage avec la reine ou sa sœur *par un moyen ou un autre.* Toutefois, dans son intérêt, et *pour le bien des affaires du roi,* Noailles l'en dissuada, en lui représentant qu'il découragerait ses amis et en lui proposant l'exemple de Marie Tudor, qui aurait certainement perdu sa couronne si elle avait écouté ceux qui voulaient qu'elle cherchât un refuge en Flandre à la mort d'Édouard VI [2]. Il resta donc, lui et ses amis, sur le qui-vive, à la fois désireux et craignant d'entreprendre, oscillant de la fidélité à la rébellion, selon les fluctuations de ses espérances du côté de la reine. Car il comptait toujours sur les bons offices du chancelier Gardiner [3]. On remarquera que l'ambassadeur de France, tenu si bien au courant des moindres incidents et si exact à les relater, ne fait aucune allusion, pas même la plus légère, à un amour d'Édouard pour Élisabeth. Et

---

1. *Mémoire de ce que La Marque aura à dire au roi,* 9 novembre 1553. Vertot, t. II, p. 245, 246.
2. Noailles au roi, 14, 17, 24 novembre 1553. Vertot, t. II, p. 253-256, 259, 271.
3. Noailles au roi, 17 novembre 1553. Vertot, *id.,* p. 260.

nous venons de voir que les conjurés étaient si peu décidés sur l'épouse à lui donner, qu'au milieu de novembre ils hésitaient entre les deux sœurs. Courtenay affecta de prendre avec résignation le congé que Marie avait signifié pour lui au chancelier. Il cessa ses démonstrations de poursuites et dit à Paget qu'en effet il ne méritait pas une telle élévation. Dépourvu de cœur, comme d'intelligence, il ne rougit pas de rejeter les torts sur Gardiner, son bienfaiteur, que Paget battait en brèche de toutes ses forces au Conseil. Il raconta que le chancelier, Walgrave, Southwell et Inglefield, l'avaient mis en fantaisie qu'il pourrait parvenir à cette alliance et incité à y prétendre, lui qui n'y pensait pas auparavant. Il promettait une entière fidélité à la reine, puisqu'il tenait d'elle la vie et les honneurs, les biens et la liberté [1]. Ainsi le malheureux trahissait tout le monde à la fois. Et néanmoins, pendant qu'il risquait ainsi sa tête ou au moins sa liberté, il différait de jour en jour le complot, pour voir si l'opposition obstinée du peuple au mariage avec le prince étranger n'induirait pas Marie à changer de sentiment [2].

Il ne se doutait pas qu'il était trahi lui-même par deux de ses serviteurs. Vers le milieu d'octobre, ils avaient révélé que leur maître savait qu'on voulait débaucher quelques-uns des capitaines anglais destinés pour l'Irlande; que plusieurs hérétiques avaient demandé à l'ambassadeur français si le roi ne voudrait pas les soutenir; qu'ils lui feraient bon service; que l'ambassadeur, sans promettre d'argent pour le moment, leur avait conseillé de passer à la cour de France, avec promesse d'y être écoutés, bien reçus et bien récompensés; qu'enfin l'ambassadeur ne négligeait rien pour circonvenir leur maître [3].

---

1. Renard à Charles-Quint, Londres, 28, 29 novembre 1553. *Man. Rec. Off.*, t. I, p. 774, 803, 804.
2. Noailles : *Mémoire de ce que le sieur d'Hogius fera entendre au roi...*, premiers jours de décembre 1553. Vertot, t. II, p. 286, 287.
3. Renard à Charles-Quint, Londres, 23 octobre 1553. *Man. Rec. Off.*, t. I, p. 552, 553. De l'autre côté, la correspondance de Noailles confirme ces révélations.

Complément du tableau : l'ambassadeur français, lui aussi, jouait double jeu des deux côtés à la fois. Avec la reine, il demanda bruyamment une audience, où il lui *éclaircit tous les doutes qu'elle pouvait avoir* et protesta des sentiments d'amitié du roi pour elle. Sur quoi elle répondit avec beaucoup d'*honnêtes paroles* et affirma qu'elle ne lui donnerait jamais occasion de la diminuer, ni d'aliéner la bonne volonté et l'affection dont elle le savait animé à son égard (19 novembre) [1]. Peut-être aurait-elle été dupe du stratagème, si Renard, aussi fin que son ennemi, ne l'avait pas avertie de se tenir sur ses gardes. Quand les Français, lui dit-il, ont quelque pratique sous main, ils font volontiers des négociations de cette espèce pour la couvrir [2]. Avec ses clients, les mécontents, Noailles n'était pas plus sincère. Car, s'il tendait à détrôner Marie Tudor, il ne songeait pas à lui substituer Élisabeth et Courtenay. Opiniâtre dans ses desseins en faveur de Marie Stuart, quoique Henri II les eût désapprouvés naguère, il considérait que, Marie renversée par la rébellion, Élisabeth écartée par le vice de sa naissance, le chemin était frayé à la jeune reine d'Écosse, élevée alors en France, comme future épouse du dauphin François. Elle régnerait sur l'Angleterre, de plein droit, en qualité de petite-fille de Marguerite Tudor, l'aînée des deux sœurs de Henri VIII [3].

Élisabeth se trouvait donc en péril de tous les côtés. Car, de même qu'il avait transpiré quelque chose des négociations mystérieuses de la reine avec Renard, de même aussi des rumeurs, d'abord sourdes et indistinctes, bientôt plus précises, parties du camp où l'on conspirait, étaient parvenues aux oreilles de Marie et des Impériaux. Deux des plus anciens serviteurs d'Élisabeth vinrent rapporter à Paget que leur maîtresse, qui jusque-là les

---

1. Noailles au roi, 24 novembre 1553, et *Mémoire de ce que le sieur d'Hogius fera entendre au roi...* Vertot, t. II, p. 267, 268, 281, 282.
2. Renard à Charles-Quint, Londres, 20 novembre 1553. *Man. Rec. Off.*, t. I, p. 733.
3. Marguerite avait épousé Jacques IV, roi d'Écosse. Jacques V, leur fils, avait eu, de Marie de Lorraine, Marie Stuart.

consultait dans toutes ses affaires, ne leur communiquait plus rien et se cachait d'eux depuis un mois. Elle recevait un inconnu, que l'on disait Français et ministre de la religion réformée. Pourquoi? Ils ne le savaient pas; mais ils ne voulaient pas être inculpés, si elle faisait quelque chose contre son devoir. Paget, ami d'Élisabeth en tant que sœur de la reine, mais toujours du côté du pouvoir, se récria qu'elle était « enfarinée de pratiques françaises et hérétiques », et qu'elle était l'instigatrice des menées qu'on avait découvertes les jours précédents (celles des ambassadeurs de France et de Venise). Renard en revint alors à sa conclusion ordinaire d'observer de près Élisabeth et de *l'enserrer* dans la Tour, plutôt que d'attendre l'issue de ces pratiques. Il dénonçait aussi des assemblées nocturnes d'hérétiques et de Français [1]

1. Renard à Charles-Quint, Londres, 29 novembre 1553. *Man. Rec. Off.*, t. 1, p. 805-807.

XIV

INTRIGUES DE NOAILLES. — ÉLISABETH QUITTE LA COUR

La reine était fort troublée, non par la crainte, sentiment qu'elle ne connaissait point, mais par le souci de sa responsabilité si elle venait à mourir sans enfants. Que deviendrait le royaume après elle ? A qui le trône irait-il ? On y prétendrait de trois côtés : la reine d'Écosse, qui avait le meilleur droit ; la duchesse de Suffolk [1], et la princesse Élisabeth. Elle les excluait toutes trois par divers motifs, surtout Élisabeth, hérétique, illégitime, et, de même que sa mère avait été *cause de troubler et altérer tout le royaume*, capable, elle à son tour, de le ruiner ; particulièrement, à l'exemple de sa mère, elle serait Française [2]. Marie se faisait conscience de consentir que la succession vînt à lui échoir. Quel parti prendre ? Il y avait une quatrième parente, à qui elle donnait de beaucoup la préférence : c'était

---

[1]. Mère de Jane Grey. Nous avons indiqué plus haut sur quoi se fondaient ses prétentions, p. 84.

[2]. Sur cet article, la crainte qu'elle fût Française, Paget répondait que cela ne pourrait être, à moins qu'elle ne voulût perdre le royaume, car il était impossible de faire le cœur du royaume français, sinon par l'extrême de la force. (Renard, 28 novembre 1553, t. I, p. 769, 770).

Marguerite Douglas, femme du comte de Lennox, petite-fille de Henri VII [1].

D'ailleurs, continuait Marie en présence de Paget et de Renard, Élisabeth n'allait à la messe que par hypocrisie. Elle n'avait chez elle ni un serviteur ni une demoiselle qui ne fussent hérétiques; elle conversait tous les jours avec des hérétiques: elle prêtait l'oreille à toutes les mauvaises suggestions. Enfin il ne serait pas honorable pour le royaume qu'une bâtarde succédât. Cependant, ajoutait Marie, elle y penserait encore; elle consulterait quelques-uns de son Conseil; elle attendrait l'avis de l'empereur [2].

Les agitations de son âme se manifestaient au dehors par du refroidissement envers Élisabeth. Au lieu que, précédemment, elle la tenait toujours par la main aux grandes assemblées et lui assignait la première place après la sienne, il lui arrivait maintenant de donner le pas sur elle à la comtesse de Lennox et à la duchesse de Suffolk. Pas une dame de la cour n'osait lui faire visite, ni lui parler, sans l'aveu de la souveraine. Mais elle, la suspecte de vingt ans, quelle était son attitude dans une situation si délicate? Elle s'en montrait si peu *étonnée*, qu'elle payait de fierté, même de bravade. Son logis ne désemplissait pas des jeunes gentilshommes de la cour, attirés et retenus auprès d'elle par les grâces calculées de son accueil [3].

---

1. Renard à Charles-Quint, Londres, 28 novembre 1553. *Man. Rec. Off.*, t. I, p. 766, 767, 772.

Marguerite Tudor, fille aînée de Henri VII et sœur aînée de Henri VIII, avait épousé, en premières noces (1503), Jacques IV, roi d'Ecosse; en secondes noces (1514), Archibald Douglas, comte d'Angus. De cette union était née Marguerite Douglas (1515), plus tard comtesse de Lennox et mère de Henri Darnley, celui qui fut le second époux de Marie Stuart. La reine poussa même l'amitié pour les Lennox jusqu'à songer à faire le comte de Lennox roi d'Écosse, à la place de la jeune Marie Stuart (Renard à Charles-Quint, 3 avril 1554; *Man. Rec. Off.*, t. II).

2. Renard, *id., ibid.*, p. 772, 773.

3. « Lesquelz elle met peyne d'entretenir, estimant (comme j'entendz) s'en prévaloir dans bien peu de jours; espérant d'avoir son congé en brief pour s'en aller en sa maison ou elle a par cy devant demouré. »

A ce spectacle d'Élisabeth et de Courtenay *défavorisés*, Noailles se réjouissait. Avec un plaisir d'artiste, il admirait combien l'un et l'autre seraient *instruments* propres à troubler le royaume, tout en regrettant, sur un ton de mélancolie assez comique, qu'on eût sujet de craindre, vu la jeunesse et le peu d'expérience de Courtenay, qu'il ne fût trop timide pour saisir l'occasion, et qu'il se laissât plutôt prendre que de rien exécuter, selon l'habitude des Anglais, « qui ne savent jamais fuir leur malheur ni prévenir le péril de leur vie [1]. » Courtenay, disait-il encore, vaudrait deux mille hommes pour le service du roi, et, ajoutait l'incorrigible, pour celui de la reine d'Écosse, dont l'avénement en Angleterre lui paraissait toujours, comme à beaucoup d'Anglais, la conséquence probable des troubles qui s'élaboraient [2].

Cette fois, le roi, loin de le rabrouer, pour employer une expression que les manières du connétable de Montmorency, son ministre dirigeant, avaient mise à la mode, entra pleinement dans les passions de son représentant. Convaincu enfin que le mariage espagnol était sérieux, il conçut une colère furieuse contre cette reine d'Angleterre, qui avait l'audace de ne pas conformer ses choix au goût de son bon frère de France. Il ne parla de rien moins que de la perdre entièrement. Il félicita Noailles d'avoir empêché Édouard Courtenay de passer sur le continent. Il lui ordonna, si la reine se résolvait à épouser le prince d'Espagne et qu'il y eût apparence que Courtenay fût *disposé* et eût *moyen de brouiller les cartes,* de lui promettre secrètement du soutien. Le roi ne doutait pas, « si ledict de Courtenay avait assez de cœur et de dextérité, qu'il ne luy fust aysé, avecques la faveur des aultres malcontans, faire ladicte Royne plus pauvre et plus malheureuse qu'elle ne fust oncques ; ce qui luy

---

Noailles au roi, 30 novembre 1553, et *Mémoire de ce que le sieur d'Hogius fera entendre au roi...* Vertot, t. II, p. 273-274, 288.

1. *Mémoire de ce que le sieur d'Hogius fera entendre au roi...* Vertot, t. II, p. 289. Premiers jours de décembre 1553.

2. *Id., ib.,* p. 290.

serait très-bien deu, puisqu'elle s'oublie si avant. » Venait ensuite la recommandation d'être très-froid aux ouvertures, jusqu'à ce que les choses fussent venues à point ; puis un conseil à l'usage de Courtenay et de ses amis, en cas qu'on les découvrît et que l'affaire fût *déplorée :* qu'ils se souvinssent alors des tragédies fraîchement exécutées pour ne se pas « laisser mettre la main au collet. Ce n'est qu'une femme peu pourvue de conseils, et de gens qui puissent beaucoup, d'autant leur soyt aysé à y pourvoir, s'ilz ont assez de sang aux ongles et de sagesse [1]. » Paroles qui sonnent étrangement dans la bouche d'un roi ; le même, en 1548, avait réprimé avec la dernière cruauté la révolte de Bordeaux, où il avait été question seulement de réclamer les franchises de la Guyenne et pas un instant de renverser le trône.

Élisabeth persistait dans sa demande de quitter la cour. Marie était incertaine. Renard, disant qu'elle voulait se rendre ainsi plus libre dans ses rapports avec les mécontents, conseillait de la retenir encore et de dissimuler avec elle, ou plutôt de la mettre à la Tour [2]. Il prétendait qu'elle avait reçu plusieurs fois la nuit dans sa chambre l'ambassadeur de France, pour s'entretenir avec lui de projets de mariage suggérés par le roi. L'accusation était fausse ; elle n'eut pas de peine à se disculper [3]. Marie alors consentit à son départ. Renard, modifiant sa tactique extérieure, alla visiter Élisabeth, comme elle allait partir, et, sous un masque d'amitié, il ne négligea rien pour l'éloigner des Français [4]. Après lui, ce fut le tour du comte d'Arundel et

---

1. Lettre du roi, Fontainebleau, 23 novembre 1553. Nous tirons cette curieuse pièce inédite des Archives du ministère des Affaires étrangères : *Angleterre*, 1553-1554, originaux, f. 550 ; et *Copies des dépêches et mémoires des ambassades de MM. Noailles en Angleterre*, t. I et II (en un seul), p. 175-176.

2. Renard à Charles-Quint, Londres, 3 décembre 1553. *Man. Rec. Off.*, t. I, p. 829-830.

3. Noailles au roi, 14 décembre 1553. Vertot, t. II, p. 309.

4. « Et feis tous efforts servant au temps, et contraires aux praticques françoises. » Lett. à Charles-Quint, Londres, 8 décembre 1553. *Man. Rec. Off.*, t. I, p. 852. Le sagace Noailles devine très-bien que l'autorisation

de lord Paget de lui faire de la morale : si elle suivait un autre chemin que le droit, lui dirent-ils, elle pourrait s'en repentir. Élisabeth ne demeura pas en reste : son mobile en religion, leur répondit-elle, n'était pas l'hypocrisie, mais la conscience et l'affection ; afin de le témoigner par des effets, elle prendrait dans sa maison des gens d'Église, éloignerait ceux de ses serviteurs qui étaient suspects, et ferait tout ce qui serait agréable à la reine. Elle offrit en outre de prouver qu'elle n'avait pas prêté l'oreille aux Français ni aux hérétiques [1].

Marie la gratifia d'une coiffe de martre zibeline et de deux riches garnitures de grosses perles, ses bijoux de prédilection. Aux adieux, Élisabeth la supplia, si jamais on lui faisait des rapports contre elle, de ne pas les écouter, mais de vouloir bien l'en avertir ; qu'elle se justifierait et dévoilerait les inventions et les mensonges de ceux qui ne désiraient que son malheur [2]. Enfin, le 6 décembre 1553, elle partit pour sa maison d'Ashridge [3]. La scène fut brillante. Près de cinq cents gentilshommes à cheval lui firent une escorte d'honneur [4], empressement qui, dans l'état de l'opinion, avait l'air moins d'un hommage rendu à une princesse de la maison royale que d'un défi de popularité à la souveraine. A peine en route, elle écrivit à Marie qu'elle était malade et lui demanda à emprunter sa litière ; à son arrivée, nouvelle lettre pour solliciter des ornements d'église, chapes, chasubles, calices, croix, plats, en un mot les objets nécessaires au service de sa chapelle, c'est-à-dire à la célébration de la messe. La reine se hâta d'exaucer un tel vœu, « puisque, dit-elle à Renard, c'estoit pour le service de Dieu, et que par effect

---

de départ et la « bonne chiere » que Marie fit à sa sœur lors de ce départ provenaient des conseils de l'ambassadeur impérial. Lett. au roi, 14 décembre 1553. Vertot, t. II, p. 308, 309.

1. *Id., ibid.*, p. 852, 853.
2. Renard à Charles-Quint, Londres, 8 décembre 1553. *Man. Rec. Off.*, t. 1, p. 853. Noailles au roi, 14 décembre 1553 ; Vertot, t. II, p. 309, 310.
3. Nous avons déjà dit que cette maison était située dans le comté de Buckingham, à trente-trois milles au N.-O. de Londres.
4. Noailles au roi, 6 décembre 1553. Vertot, t. 301-302.

elle vouloit tesmoigner la religion qu'elle a déclaré vouloir suivre [1]. » La brebis égarée était donc entrée au bercail. Elle voulait qu'on la sût au giron de l'Eglise catholique et dans la plus pure fidélité à sa sœur [2].

Et ses vrais sentiments? Noailles, bien placé pour les connaître, les explique à Henri II : « Toutefois je vous laisse à penser, sire,

---

1. Renard à Charles V, Londres, 17 décembre 1553. *Man. Rec. Off.*, t. I, p. 887. Le P. Griffet, *Nouveaux Éclaircissements*..., § XXV, p. 109, dit que c'est à l'empereur lui-même qu'Elisabeth adressa cette requête. Il cite à l'appui une dépêche de Charles-Quint, du 24 décembre. Elle ne se trouve pas dans le *Man. du Record Office*, où est la dépêche très-formelle de Renard, dont nous nous sommes servi. Si l'une des deux princesses eut recours à l'empereur, ce fut Marie. Elle le pria de lui permettre d'emprunter dix mille marcs en Flandre (alors le grand marché des capitaux), pour remplacer les vases sacrés et les ornements des églises d'Angleterre, qu'on avait fondus pendant le règne d'Edouard VI. L'empereur y consentit volontiers. Renard à Charles-Quint, Londres, 8 décembre 1553. Charles-Quint à Renard, Bruxelles, 15 décembre 1553. *Man. Rec. Off.*, t. I, p. 847, 881. En janvier 1554, Elisabeth remercia Marie de l'envoi en question.

2. Les auteurs protestants, voués au culte d'Élisabeth, ne s'aperçurent jamais de sa condescendance, ni des sacrifices qu'elle aussi offrit à l'idolâtrie romaine. Ils célébrèrent traditionnellement sa constance en religion, comme si, modèle sans défaut, elle ne se fût jamais démentie. — Foxe, publiant dans les premières années du règne d'Élisabeth, en 1563, ses *Actes et Monuments de l'Eglise*, ouvrage plus connu sous le nom de *Martyrologe*, commence hardiment la légende. Après le récit de la persécution sous le règne de Marie, il en vient aux qualités d'Élisabeth et aux épreuves qu'elle eut alors à supporter. « On peut aisément, dit-il, se figurer ce que subit de dangers et de tourments le commun peuple du royaume d'Angleterre, alors qu'une pareille princesse, d'un tel rang, à la fois fille de roi, sœur de reine, héritière présomptive de la couronne, ne put pas éviter de porter aussi sa croix. Or donc, puisque j'ai traité plus haut des afflictions et des souffrances des autres pauvres membres du Christ, objet jusqu'ici de cette histoire, je ne vois pas pourquoi je passerais sous silence la part d'affliction de Sa Grâce, parmi les autres saints du Christ, surtout lorsque je considère que dans ce récit le grand et merveilleux œuvre de la gloire de Dieu se découvre par-dessus tout le reste. » *The Acts and Monuments of John Foxe*, les *Actes et Monuments de ces derniers et périlleux jours touchant les matières d'Église*, t. VIII, p. 604, édit. de Georges Townsend, Londres, 1849. Pas un mot chez Burnet, ni chez David Hume, des messes d'Ashridge. On pourrait alléguer que ces deux historiens n'ont pas eu connaissance des sources. Mais ce qui surprend à bon droit, c'est que M. Froude, notre contemporain, qui puise à tout moment dans la correspondance de Renard, n'ait pas eu sur ce point de meilleurs yeux que ses devanciers, et que, comme eux, il garde le silence.

si ladite dame Elisabeth est en peyne d'estre de si pres esclairée (surveillée) ; ce qui n'est faict sans quelque raison, car je vous puis asseurer, sire, qu'elle désire fort de se mettre hors de tutelle et à ce que j'entends, il ne tiendra qu'à lord Courtenay qu'il ne l'espouse et qu'elle ne le suive jusques au pays de Dampshier et de Cornouailles, où il se peult croire que s'ils y estoient assemblez ils seroient pour avoir une bonne part à ceste couronne, et auroient l'empereur et le prince d'Espagne assez à faire à desmesler ceste fusée. » Mais de nouveau, l'ardent diplomate se prenait à déplorer que Courtenay fût tellement intimidé qu'il n'osait plus rien entreprendre. Il avait découvert quelques espions près de sa personne ; et ses amis craignaient qu'il n'y en eût d'autres encore. Malgré cela, plus braves que leur maître, ils n'en persistaient pas moins à le pousser en avant, et Noailles ne voyait d'obstacle au succès, que le défaut de cœur et de conduite chez ce jeune homme [1].

Quant à Marie, sans faire aucun fond sur les manifestations de *grand contentement* de la première, pas plus que sur les protestations de fidélité du second, elle ne répugnait pas à les marier ensemble ; chose encore plus extraordinaire, le très-prudent ministre impérial, si cauteleux et si profond, n'y avait pas d'objection absolue. De même qu'au commencement de ces négociations il s'était abstenu, sur les instructions de Granvelle, de tout propos offensant à l'égard de Courtenay, en cas que la reine eût une préférence de ce côté, afin de conserver au moins l'alliance, s'ils ne parvenaient pas au mariage ; de même à présent, il subordonnait toute autre considération à l'affaire principale, fallût-il affronter pour cela quelque péril ultérieur ; et il ne reculait pas devant l'idée de subir ou de favoriser cette union d'Élisabeth avec Courtenay, si, à ce prix, la promesse de

---

[1]. Lett. au roi, 14 décembre 1553. Vertot, t. II, p. 310. Peut-être l'ambassadeur, parlant d'après des amis très-emportés, prête-t-il à Élisabeth des vues plus arrêtées qu'elle n'en avait réellement, notamment sur la question de mariage.

lord Paget se réalisait, c'est-à-dire si l'on gagnait l'adhésion du peuple et des nobles d'Angleterre au mariage d'Espagne [1].

D'un autre côté, il avait fort à faire, disait-il, pour décider Marie à dissimuler comme lui. La sincère princesse se soulevait au souvenir de l'injure de sa mère et des persécutions qu'elle-même avait endurées; il n'était pas possible de lui ôter de l'esprit, que la fille d'Anne Boleyn ne dût être la cause de grands maux, si l'on n'y remédiait [2]. Cependant, malgré ce trop légitime ressentiment, elle entretint Courtenay du projet d'union avec Élisabeth. C'est de celui-ci que vinrent les difficultés; car au fond il espérait toujours que la reine le choisirait au dernier moment [3]. Il résista si bien qu'elle dut lui promettre de ne plus lui parler de ce mariage, et de ne pas l'y forcer. Elle n'avait pas intention de le contraindre, dit-elle, en racontant ces détails à Renard; mais comme elle avait appris de plusieurs de son Conseil « qu'il s'y accommoderoit, si elle en estoit contente », elle voulait, avant de leur répondre, connaître l'opinion de l'empereur.

1. Renard à Charles-Quint, Londres, 11 et 17 décembre 1553. *Man. Rec. Off.*, t. I, p. 861, 886-887.
2. « Et ne la peust l'on oster de l'opinion qu'elle a conceue que ladite Elisabet doige estre cause de grandz maulx, si l'on n'y remédie. » Renard à Charles-Quint, Londres, 8 décembre 1553. *Man. Rec. Off.*, t. I, p. 853. — M. Froude, t. VI, p. 129, cite comme extraits textuellement de la même dépêche, ces mots *que nous n'y avons pas retrouvés* et que nous soulignons : « *Il ne manquerait pas de fous*, dit Renard, *pour persuader à la reine que les paroles de sa sœur prononcées en dernier, étaient sincères*; mais elle a un souvenir trop aigu des injures que sa mère et elle-même ont reçues d'Anne Boleyn; et elle a la conviction arrêtée qu'Elisabeth, *à moins qu'on ne s'en défasse au préalable*, causera des calamités infinies au royaume. » M. Froude force étrangement le sens en substituant les mots *à moins qu'on ne s'en défasse au préalable*, à ceux de l'original, *si l'on n'y remédie*. Pour plus de clarté, il écrit à la marge : *La reine simule un retour d'affection, mais elle se décide à détruire sa sœur, si c'est possible*. Nous ferons observer que le remède en question n'était pas nécessairement la mort; d'après ce qui a précédé, nous regardons comme évident que Marie songeait seulement à priver Elisabeth du droit de succéder, à moins qu'elle ne se mariât avec Courtenay. Est-ce que d'ailleurs ce dernier projet n'est pas exclusif de celui de la faire mourir?
3. Il y croyait encore en janvier 1554. Noailles, 15 janvier 1554. Vertot, t. III, p. 27.

L'ambassadeur, son confident, son *confesseur temporel*, la soutint par de bonnes paroles : à lui aussi on avait dit que ce mariage rendrait plus facile celui d'Espagne; si on désespérait Élisabeth, elle pourrait prêter l'oreille aux Français, etc. [1]. La reine alors temporisa, attendant, pour entrer en communication là-dessus avec sa sœur, que le Conseil privé ou la noblesse lui en fissent la requête [2]. Dans les derniers jours de décembre, l'empereur exprima l'avis que, si l'on pouvait éviter ce mariage, ce serait pour le mieux. Car on donnerait par là des chefs à la faction contraire et on les induirait à conspirer contre la vie de la reine, afin de parvenir au trône. Les pratiques actuelles, poursuivait-il, n'ont pas de chef; elles se joindraient toutes à Courtenay, le voyant assuré de la couronne en cas que la reine décédât sans enfants, « lequel cas ils procureront par tous les moyens et le plustôt qu'il seroit possible [3]. » Ces observations si judicieuses dégoûtèrent, on le comprend, la reine du plan de Paget; l'inventeur s'en dégoûta plus encore lorsqu'il crut voir que la noblesse n'y tenait pas, et sans doute aussi, lorsque Renard, d'après les instructions de son maître, l'eut assuré qu'on établirait ses affaires de telle sorte, qu'il n'eût rien à redouter de l'avenir; surtout enfin, lorsque le chancelier eut conseillé hautement à Courtenay« de plustôt espouser la plus vile d'Angleterre que lady Élisabeth [4]. »

1. Nous reproduisons presque textuellement la conversation de Marie avec l'ambassadeur. Renard à Charles-Quint, 17 décembre 1553. *Man. Rec. Off.*, t. I, p. 887-889.
2. Du même au même, Londres, 20 décembre 1553. *Id., ibid.*, p. 899. M. Froude, t. VI, p. 126, en rapportant que, selon Renard, cet avis de Paget méritait d'être pris en considération, ajoute que la reine ne voulut jamais entendre à rien sur ce chapitre (*but on this subject she would listen to nothing*). On peut voir que l'assertion de M. Froude est loin d'être exacte. Il est probable que Marie n'y avait pas grand goût. Mais sans doute si Charles-Quint en avait approuvé le conseil, la reine s'y serait conformée docilement.
3. Charles-Quint à Renard, Bruxelles, 24 décembre 1553 ; en réponse à ses lettres des 12 et 17 du même mois. *Man. Rec. Off.*, t. I, p. 925-926.
4. Renard à Charles-Quint, 29 décembre 1553. *Man. Rec. Off.*, t. I, p. 963. Et Charles-Quint à Renard, 24 décembre. *Id., ibid.*, p. 927.

Ces faits n'achèvent-ils pas de démontrer surabondamment la vanité du roman de l'amour de Marie pour Courtenay, de l'amour de Courtenay pour Élisabeth, et de la jalouse fureur de la reine contre sa sœur?

XV

LE MARIAGE D'ESPAGNE DÉCIDÉ. COMPLOT CONTRE MARIE

Marie, cependant, préparait son mariage d'Espagne avec prudence et fermeté. Si elle ordonna la mise en jugement à Guildhall de Jane Grey et de son mari, Guildford Dudley, d'Ambroise et de Henri, frères de Guildford, de Cranmer, archevêque de Cantorbéry, qui furent condamnés à mort pour crime de haute trahison (13 novembre 1553), il était notoire qu'elle n'avait pas la pensée de les livrer au bourreau [1]. Le duc de Suffolk, père de Jane Grey, après avoir reçu déjà grâce de la vie, au

---

[1]. Excepté Cranmer, qui avait de plus contre lui d'avoir conduit la rupture avec l'Église romaine. Au sujet de ces diverses condamnations, on lit dans M. Froude, t. VI, p. 122 : « Renard écrivait, le 17 novembre, l'archevêque sera exécuté ; et Marie, triomphant, elle le croyait du moins, sur la question qui lui tenait le plus au cœur, dit à Renard que la mélancolie qui pesait sur elle depuis l'enfance se dissipait ; jusque-là, elle n'avait jamais connu le bonheur ; maintenant elle allait être récompensée enfin. » Nous affirmons, après vérification réitérée sur le manuscrit, qu'il n'y a pas dans cette dépêche de Renard du 17 novembre, une seule des paroles que l'historien moderne prête ici à Marie, pour la représenter d'autant plus altérée de vengeance et plus haïssable. Tout ce que la dépêche contient de relatif à Cranmer, consiste dans cette phrase : « l'on est après pour exécuter la sentence rendue contre l'evesque de Canturbury. » (On ne l'exécuta que le 21 mars 1556.) Malgré la recherche la plus minutieuse dans les deux volumes manuscrits qui composent la correspondance de l'ambassadeur impérial, nous n'avons pas réussi à découvrir la citation que M. Froude leur aurait empruntée.

mois d'août, fut déchargé d'une amende de vingt mille livres sterling dont il avait été frappé alors, et même recouvra tous ses biens : cette dernière faveur en considération de son retour au catholicisme[1], comme aussi dans l'espérance de le guérir de son ambition par les bienfaits. Le pardon accordé au comte d'Haddington, des procédés courtois qui ramenèrent le comte de Pembroke, dont Noailles considéra la défection comme une grande perte pour Courtenay, parurent diminuer encore le nombre des adversaires du mariage étranger. Attentive en même temps à calmer le patriotisme inquiet, comme à dissiper les ombrages, la reine insistait auprès de Renard pour que le traité ou contrat de mariage réservât de la manière la plus expresse le gouvernement de l'Angleterre aux Anglais, à l'exclusion des étrangers; et il est juste de dire que les ministres de l'empereur, l'empereur lui-même, lui facilitaient la tâche par leur adroite condescendance. En véritables politiques, ils sacrifiaient de bonne grâce le dehors des choses, afin d'acquérir l'intrinsèque, certains que l'union une fois contractée, l'occasion ne manquerait pas d'enlacer l'Angleterre dans les replis de leurs calculs et de leurs intérêts d'État.

Mais à mesure que la reine avançait ainsi vers les transactions définitives, ses ministres et ses conseillers, par un mouvement inverse, se troublaient et se divisaient de plus en plus. Ils la désolaient de leurs jalousies, de leurs querelles, surtout de leur versatilité, qui rendaient plus dangereuse l'agitation des esprits chez les masses. Elle en était malade; mais elle tenait bon : plutôt la mort, dit-elle à Renard, que d'épouser un autre que le prince d'Espagne. Son énergie ramenait momentanément l'union dans le Conseil[2].

---

1. Renard à Charles-Quint, Londres, 17 novembre 1553. *Man. Rec. Off.*, t. I, p. 722-723. Pour Jane Grey, l'ambassadeur ajoute : « l'on m'a dit que la vie lui demeurera saulve, combien que plusieurs poursuivent pour la faire morir. »
2. Renard à Charles-Quint, Londres, 17 décembre 1553. *Man. Rec. Off.*, t. I, p. 883-885.

Renard et Noailles rivalisaient de séductions pour accroître chacun le nombre de leurs partisans. L'un et l'autre toutefois se heurtaient au même écueil; c'est-à-dire au caractère national. Tous deux se plaignent, et en cela seul ils sont d'accord, ils se plaignent amèrement de l'infidélité anglaise. Quand ils en sont là, il semble que ce soit la même plume qui, des deux parts, trace le portrait peu flatté de la nation britannique; si ce n'est pourtant que Renard est encore le plus acerbe, peut-être, parce que, poursuivant un gain de la plus haute importance, sa fibre de joueur est plus excitée. Inconstance, trahison, avarice reviennent à tout propos dans les dépêches des deux diplomates, tantôt avec l'accent courroucé de la déception, tantôt avec le tranquille mépris de l'homme qui ne s'étonne plus de rien [1].

Au reste, Noailles était-il plus sincère, lui qui, à la fois, devant la reine, se répandait en protestations d'amitié envers elle,

---

[1]. L'ensemble en est curieux à établir, rien que pour cette courte période : *Renard à Granvelle*, dès les premiers jours d'août 1553 (*Papiers d'État*, t. IV, p. 72). Il ne croit pas que Marie ait affection à un mariage anglais, « pour ne se confier en la nation et la congnoistre variable, inconstante et traictresse. ».

Du même au même, 9 septembre 1553 (*id., ibid.,* p. 100). « Je congnoys... ceux de par-deçà tant subjectz à l'avarice, que, si l'on les veult practiquer et racheter de présents et de promesses, l'on les convertira où l'on vouldra. »

Renard à Marie (la reine d'Angleterre), Londres, 11 octobre (*id., ibid.,* p. 129). Sa Majesté sait « les humeurs des Angloys et leurs voluntez estre fort discordantes, désireux de nouvelleté, de mutation, et vindicatifz, soit pour estre insulaires, ou pour tenir ce naturel de la marine, ou pour en estre les meurs corrompuz. » De là, selon l'ambassadeur, les rigueurs forcées des rois, « dont ilz ont acquis le renom de tyrans et cruelz. »

Noailles à Henri II, 17 octobre 1553 (Vertot, t. II, p. 220). L'ambassadeur français s'excuse auprès du roi de se contredire très-fréquemment et jusque dans une même dépêche : « Je vous supplie trez humblement m'excuser et croire que si de longtemps vostre Majesté a connu ceste nation inconstante et variable ; qu'estant à présent gouvernée par la volunté d'une femme, de combien peult estre dadvantaige ; de façon que ce qu'ilz ont approuvé et trouvé bon, en mesme heure ilz le changent et trouvent mauvais. »

Du même au même, 5 décembre 1553 (*id., ibid.,* p. 301). « Mais je

et, chez les mécontents, prodiguait les encouragements à la révolte ; encore, en son for intérieur, caressait-il l'espoir de les duper au dénouement.

Sur un renseignement vrai ou faux, que l'empereur, avant de faire partir son fils pour l'Angleterre, demandait des otages, Courtenay en première ligne, l'ambassadeur français mandait au roi : « Mais s'il (Courtenay) veult croire ses amis, comme j'estime qu'il fera, il prendra bien aultre chemin qui luy sera beaucoup plus honorable et profitable. A quoy vous pouvez estimer que je y veille de toute ma puissance [1]. »

Il semble, d'ailleurs, que la docile abnégation avec laquelle les Anglais avaient subi la tyrannie de leurs gouvernements, lui inspirât sérieusement la crainte qu'ils ne souffrissent de même une prise de possession de leur territoire, de leurs forteresses, des arsenaux et de la flotte par les Espagnols. Ses relations d'intrigues dans les deux Chambres lui ayant montré de leur caractère le côté le moins estimable, il méconnaissait la vivace

---

ne puis avoir que bien petite asseurance en ceulx de ceste nation, quelques choses qu'ilz promettent. »

Renard à Charles-Quint, Londres, 11 décembre 1553 (*Man. Rec. Off.*, t. I, p. 860). « Cette nation tant barbare. »

Du même au même, Londres, 12 décembre 1553 (*Id., ibid.*, p. 869) : « ceulx de par deçà sont si traistres, si inconstans, si doubles, si malicieux et si faciles à esmovoir, qu'il ne se fault fier autrement, et que si l'alliance est grande, aussi est-elle hazardeuse pour la personne de Son Altesse (Philippe d'Espagne). »

Renard à Charles-Quint. Londres, 7 janvier 1554 (*Id., ibid.*, p. 981). Il s'agit de distribuer de l'argent : « ce peuple est fort fondé sur telz présents ; à cause de quoi s'il plaisoit à V. dite Majesté envoyer quelque bonne somme, selon que pour le plus grand service d'icelle et de S. A. voirrions convenir... »

Du même au même, Londres, 18 janvier 1554 (*Id., ibid.*, p. 1019) : « Le pis que je veois, c'est que le conseil est divisé et partial, que aucuns tiennent pour Cortenai, et que de leur naturel, ilz sont inconstans et doubles de meurs et pensées. »

Du même au même, Londres, 8 mars 1554 (*Id.*, t. II) : « pour être la plupart des Anglois sans foy, sans loy, confuz en la religion, doubles, inconstants et de nature jalouse et abhorrissans estrangiers et qu'ilz ont tousjours détesté gouvernement de prince ou supérieur estrangier. »

1. Londres, 18 décembre 1553. Vertot, t. II, p. 322.

fierté du sentiment national, sauvegarde incorruptible de l'indépendance du royaume. Déjà l'impétuosité de son imagination lui montrait la reine livrant tout l'État aux mains de Philippe et de l'empereur, et l'emportait à de nouvelles menaces contre elle [1].

Sous l'aiguillon de l'inquiétude et de la colère, il prit une attitude plus dessinée. Si dans deux audiences à Richmond, les 22 et 27 décembre 1553, il observa encore au nom du roi la phraséologie affectueuse en usage entre les deux souverains, il posa nettement la question à la reine, de quelle manière, son mariage une fois célébré, elle comptait vivre à l'égard du roi; si, par exemple, elle permettrait au prince d'Espagne de se servir de la marine anglaise contre les vaisseaux et le commerce français. Marie donna les réponses les plus satisfaisantes, avec une sincérité manifeste. Elle offrit de plus sa médiation dans la guerre qui se poursuivait entre Charles-Quint et Henri II [2]. Alors, à sa seconde audience, celle du 27 décembre, le Français, enhardi, demanda que l'ancien traité d'alliance des rois de France avec Édouard VI et Henri VIII fût remplacé par un nouveau traité de même nature, auquel le prince d'Espagne serait obligé de souscrire et qu'il serait tenu de confirmer et de jurer avant le mariage. La princesse repoussa

---

1. « Ce sera audict empereur, si ce mariage s'acheve, autant de loysir d'establir et assurer en ce royaulme ce qu'il désire, et s'y fortifier de telle façon, qu'à l'advenir aulcunes révolutions ni esmotions ne le puissent empescher à disposer des forces d'icelluy à sa dévotion, croyant certainement que cestedicte royne ne désire rien moings sa grandeur que de son propre filz et qu'elle taschera le plustost qu'elle pourra de mettre toutes les places fortes entre ses mains; ce qui luy sera chose assez facille, si elle n'est empeschée par l'entreprinse de plusieurs, qui désirent de toute leur puissance traverser et rompre ce mariage, à quoy ilz ne veullent espargner leurs propres vies. » Dépêche au Roi, 23 décembre 1553. Vertot, t. II, p. 341. Ces prédictions sur l'établissement de la domination espagnole en Angleterre, se reproduisent très-fréquemment dans ses lettres. Noailles devait en croire au moins la moitié.

2. Elle désirait la fin de la guerre sans doute pour la commodité de son mariage; mais en même temps pour le bien commun de la chrétienté.

courtoisement cette exigence un peu vive et s'en référa aux traités d'amitié signés par son père et son frère, avec promesse solennelle de les observer scrupuleusement[1]. Ses conseillers, auxquels elle le renvoya ensuite quant au surplus, y mirent moins de cérémonie. L'ambassadeur leur développa ses demandes et ses motifs : il lui semblait bon, dit-il, de faire un nouveau traité, alors qu'ils prenaient alliance avec un prince, ennemi du roi ; et s'il y avait quelqu'un d'entre eux qui eût affection particulière et *fût enveloppé dans les ailes de cette grande aigle*, il le priait de la dépouiller et de penser seulement au bien commun de leur royaume et république, à qui ce traité renouvelé ne profiterait pas moins qu'aux sujets du roi. Paget, que ce trait de la *grande aigle* visait directement, riposta par une raillerie et demanda s'il ne voudrait pas aussi des otages pour plus de sûreté. Noailles se contint. Il pria posément le Conseil de peser l'importance de la chose avec plus mûre délibération. Paget, suivant sa pointe, dit qu'il n'était pas besoin d'entrer en si grande jalousie et « que tout ainsi que nous les avions faicts amys avec les Écossoys[2], ce mariage serait aussy cause que nous serions amys avecques l'empereur. »

Le Français répliqua vivement que les vertus et la bonté de

---

1. Noailles lui avait dit qu'il savait bien quelle puissance un mari sage et avisé pouvait avoir sur sa femme prudente et bonne, qui n'a d'autre volonté que de complaire à son mari. « A quoy elle me respondit qu'elle n'avoit desjà dict, aymer beaucoup plus sa conscience et debvoir que son mary ; et que de la puissance que je disois qu'il pourroit avoir sur elle, je pourrois veoir que l'ayant épousé, elle ne seroit si grande que je la faisois. » Noailles au roi, fin de décembre 1553. Vert., t. II, p. 352. Dans les articles dressés pour le projet de mariage, la reine avait fait inscrire que l'Angleterre demeurerait en dehors de la guerre entre la France et l'empereur. Paget en informa Noailles dans l'entrevue du 27 décembre.

2. Henri II, en faisant venir dans ses états la jeune reine d'Écosse pour la marier avec le dauphin, avait obligé les Anglais à respecter l'Écosse, afin de ne pas se commettre avec la France. De même les Français cesseraient d'attaquer l'empereur, afin de ne pas se commettre avec l'Angleterre.

leur maîtresse pourraient bien conduire le roi à la paix, mais non pas eux ni les forces de l'empereur. Puis on s'apaisa, et la conférence finit sur d'*honnêtes* propos. Mais Noailles dénonça plus que jamais à Henri II le zèle de Paget à servir l'empereur ; l'influence absolue de ce prince sur le Conseil, sur la reine, *tant possédée de luy*, que désormais on n'en tirerait de résolution que telle qu'elle lui serait envoyée de Flandre ; enfin l'obstination naturelle de cette princesse, que rien ne pouvait faire revenir d'une décision prise, et à l'égard de laquelle il soulage une fois de plus sa mauvaise humeur par des pronostics sinistres, conclusion de son importante et curieuse dépêche [1]. Cependant Marie écrivit de sa main au roi, le 29 décembre, pour lui réitérer sa ferme intention de vivre en bons rapports d'amitié ensemble [2].

Les choses étaient dès lors tellement avancées, que Charles-Quint n'avait plus qu'à faire la demande officielle de mariage. Ce fut l'objet d'une ambassade extraordinaire, composée des comtes d'Egmont et de Lalaing, de Jean de Montmorency, Seigneur de Corrières et de M. de Nigry, chancelier de l'Ordre de la Toison d'or. Ils entrèrent solennellement à Londres, le 2 janvier 1554. Par ordre de la reine, plusieurs seigneurs anglais allèrent les recevoir. Courtenay, le principal, conduisit le cortège le long des rues, en donnant la main droite au comte d'Egmont. Le peuple mal disposé, mais calme, affectait de détourner la

---

1. Il dit que Marie attend les ambassadeurs extraordinaires de Charles-Quint « auxquelz elle s'appreste de faire aussy bonne chière que ses subjectz la luy feroient maulvaise s'ils osoient l'entreprendre. » Vertot, t. II, p. 356 Lettres de Noailles au roi, 23 décembre et fin de décembre 1553. Vertot, t. II, p. 334-343, p. 349-356. — Renard à Charles-Quint, 24 décembre 1553, *Man. Rec. Off.*, t. I, p. 915. Dans cette dépêche se trouve un récit par Paget de l'audience du 22 décembre conçu en termes mesurés, conforme d'ailleurs à celui de Noailles. Le récit de l'audience du 27 se trouve encore dans une lettre de Wotton, ambassadeur anglais en France, au connétable de Montmorency, en date du 23 janvier 1554. Vertot, t. III, p. 37 et suiv.

2. *Archives du ministère des affaires étrangères.* Angleterre, 1553-1556. T. I et II, p. 195.

tête [1]. On signa le contrat de mariage au milieu des fêtes (12 janvier 1554), avec toutes les clauses que le chancelier avait jugées les plus propres à préserver l'indépendance du royaume [2]. Les Impériaux, loin de contester, nous le savons, avaient plutôt mis une sorte de coquetterie à provoquer les précautions et à présenter eux-mêmes leurs mains aux nœuds dont on se flattait de les entraver. Il fut donc stipulé que Philippe maintiendrait toutes les classes de la nation dans leurs droits et priviléges ; que les étrangers seraient exclus des charges ; qu'il n'emploierait pour son service ni les vaisseaux, ni les munitions, ni les joyaux du royaume ; qu'il n'engagerait pas la nation dans la guerre qu'il soutenait avec l'empereur contre les Français, et qu'il maintiendrait, autant qu'il serait en lui, la paix entre l'Angleterre et la France.

Les jours suivants (14 et 15 janvier), le chancelier donna lecture des articles, d'abord en présence des lords et de la noblesse ; puis du Lord-Maire et des *Aldermen*. Il fit valoir à la fois les avantages que l'Angleterre tirerait de cette alliance, et les garanties que l'on avait prises en faveur de ses libertés.

---

1. *The Chronicle of queen Jane and of two years of queen Mary*, p. 33-34. Et Strype, t. III, p. 59. Les ambassadeurs impériaux à Charles-Quint, Londres, 7 janvier 1554. *Man. Rec. Off.* Ils crurent voir que « le populaire se réjouissait ». Noailles à la reine d'Écosse, 3 janvier 1554. Vertot, t. III, p. 12, « demonstrant le peuple petite faveur et resjouyssance. »

2. Un trait d'*humour* britannique. Les ambassadeurs racontent à Charles-Quint qu'ils dînaient chez la reine le 6 janvier 1554, « et comme nous estions environ à la fin du disner, l'admiral d'Angleterre (William Howard) aiant disné en une prochaine chambre, se mist debout devant elle, et, la voiant pensive, lui tint quelque propos en anglois, et, icelui fini, se tourna vers nous, demandant si voulions scavoir ce qu'il avoit dit ; et combien que S. M. l'eust volontiers empesché de le nous interpréter, toutefois il passa oultre, et dit qu'il avoit souhaidié son Alteze auprès d'elle assis, pour remplir ceste place, moustrant au droict costel de sa dite Majesté pour l'oster du pensement et mélancolie : dont elle se rougit, demandant pourquoi il disait cela ; à quoi feit respouce qu'il scavoit bien qu'elle n'en estoit marie, et l'ouiait voluntiers, dont sa dite Majesté et compaignie se mist à rire ; et furent les propoz prinz de fort bonne part. » Lett. du 7 janvier 1554. *Man. Rec. Off.*, t. I. p. 979-980.

Mais nobles et magistrats ne furent pas beaucoup plus satisfaits que les masses [1].

L'heure du péril sonnait pour Marie, en même temps que l'heure du succès. Déjà grondait la guerre civile. Renard l'avait pressentie et prédite à plusieurs mois de distance, dans une lettre adressée à l'évêque d'Arras. Nous l'avons réservée jusqu'ici comme préface de la grande crise de ce règne, à cause de la lumière qu'elle jette sur le caractère de Marie et d'Élisabeth, aussi bien que sur le fond de la situation : « Et comme que en soit, écrivait-il, je congnoys ladicte reine tant facille, tant bonne, tant peu expérimentée des choses du monde et d'estat, tant novice en toute chose, et ceux de par-ça tant subjectz à l'avarice, que, si l'on les veult practiquer et racheter de présents et promesses, l'on les convertira où l'on vouldra.....

« Et pour vous dire confidemment ce que me semble d'elle (la reine) je suys en opinion que si Dieu ne la garde, elle se trouvera trompée et abusée, soit par practiques des Françoys, soit par conspirations particulières de ceulx du pays, soit par poison ou aultrement ; et est à craindre grandement madame Élisabeth qu'est ung *esprit plain d'incantation*, et comme j'entend, elle gecte jà ses yeulx sur Cortenay pour alliance, pour congnoistre la mère dudict Cortenay avoir bon accès envers la royne et qu'elle couche ordinairement avec elle [2] : qu'est un très-grand dangier, et prévois une menée qui se dresse par amys de Cortenay, qui est suyvie de la pluspart de la noblesse, qui pourroit troubler avec le temps les affaires de la royne. Et n'est sans occasion la crédence que le sir de Gyé a de vers ledict Cortenay du roy de France [3]; aussy en est suspecte la retraicte du comte de Pembroc qui s'en va en une sienne maison qui a

---

1. *The Chronicle of queen Jane etc.*, p. 34-35. Holinshed, p. 1093. Stow, p. 615-616.

2. Renard écrivait au commencement de septembre 1553. La suite prouva qu'Elisabeth n'avait pas jeté les yeux sur Courtenay.

3. Nous avons parlé en son temps d'une lettre secrète de Henri II accréditant ses ambassadeurs extraordinaires auprès de Courtenay, p. 124, 127.

au peys, et ce que l'on dit que Paiget se veult aussy retirer de court, et que Maçon est de la partie [1]; car tout cecy joinct ensemble, avec la malvaise et jaleuse intelligence du cousté de son conseil, la feront précipiter une matinée, et elle ne pense autre chose sinon à remectre la messe et religion au-dessus, que luy concitera plusieurs assaulx, si Dieu ne la préserve [2]. »

Cette analyse de l'état de l'Angleterre était encore aussi vraie au milieu de janvier 1554, que dans les premiers jours de septembre 1553.

Il est inutile de rappeler soit les factions, soit les passions des divers personnages qui spéculaient sur l'emportement patriotique du peuple de la capitale et des comtés. Les animosités et ambitions de toutes sortes, coalisées, formèrent un pacte de destruction contre Marie, sous la conduite de l'ambassadeur français. Lui-même nous en a livré le but et le plan. Le 15 janvier 1554, c'est-à-dire le jour même où le chancelier avait informé officiellement les magistrats de la Cité de la convention de mariage entre la reine et Philippe d'Espagne, Noailles mandait à Henri II par La Marque, son courrier des grandes circonstances, que les gens de la noblesse et des communes disaient hautement qu'ils ne souffriraient jamais que le prince d'Espagne fût leur roi. Loin de lui obéir, ils aimeraient mieux mourir tous dans une bataille contre lui, en défendant leurs libertés, que de se mettre en une telle servitude. « Ils se préparent d'un jour à l'autre de prendre les armes pour chasser ceste dicte royne [3]. »

---

1. Les dispositions de Paget avaient changé comme on sait. Mais nous suivons Renard dans ces détails en vue de la conclusion qui va suivre.

2. *Papiers d'État* de Granvelle, t. IV, p. 100-101. La lettre, sans date, est du 9 septembre 1553.

3. « La connoissant, comme ilz disent, indigne de telle couronne, pour leur avoir deulx fois failly de promesse, après avoir esté eslevée au degré qu'elle est par eulx; la première, d'avoir changé leur religion, leur ayant promis la laisser en leur liberté; et la seconde, de prendre à mary un estrangier, combien qu'elle eust aussi promis le contraire. » *Instruction à La Marque de ce qu'il aura à dire au Roy, devers la Majesté duquel moy de Noailles le dépesche présentement le 15 janvier* 1553 (4). Vertot, t. III, p. 22. Ces deux griefs étaient dépourvus de fondement. Sur le pre-

« Et, poursuit-il, délibèrent d'eslever pour leur roy et royne, millord de Courtenay et madame Élisabeth [1]. » D'ailleurs, selon lui, la paix ne saurait durer longtemps entre les deux royaumes de France et d'Angleterre; et les propos que la reine et ses ministres tiennent touchant le rétablissement de la paix entre le roi et l'empereur, ne sont que pour l'endormir. Il croit savoir que Philippe est déjà parti d'Espagne avec soixante vaisseaux et des soldats, auxquels doivent se joindre huit mille Allemands préparés par l'empereur. Il conseille au roi d'ordonner à ses capitaines de Bretagne et de Normandie de se rapprocher des côtes, au chevalier de Villegagnon de croiser dans ces mers, pour encourager les mécontents d'Angleterre par la vue des secours tout prêts; enfin, il demande des ordres sur la conduite à tenir envers ceux qui le recherchent, et s'il entre dans les vues du roi d'entreprendre sur quelqu'une des places, dont ils pourraient se servir pour correspondre avec lui et l'avertir promptement de ce qu'ils exécuteraient [2].

mier point, Marie avait seulement promis de ne pas faire d'autres changements que ceux qui seraient approuvés en parlement. Elle avait incontestablement en matière de religion le droit traditionnel dont s'étaient servis Édouard VI et Henri VIII. Quant au second, elle n'avait fait aucune promesse de ce genre.

1. *Id., ibid.*, p. 23. Ces mots sont suivis dans Vertot de quelques lignes de points. Les originaux publiés par Vertot ne s'étant pas retrouvés, nous ne pouvons pas savoir si on a pratiqué ici une mutilation comme celle que nous avons signalée plus haut, p. 127, not. 4, dans la dépêche de Noailles à l'Aubespine, du 8 septembre 1553. Lingard continue par une phrase où le roi est prié de fournir aux chefs de l'entreprise les armes, l'artillerie, les munitions et l'argent dont ils manquent. Il fait observer qu'elle a été omise dans les copies imprimées, et qu'on la trouve dans le ms. I, 273. Nous ne savons pas quel est ce manuscrit sur lequel il ne s'explique pas autrement.

2. *Id., ibid.*, p. 24. Dans une lettre au roi, de la même date, 15 janvier 1553 (4), Noailles prémunit Henri II contre un excès de confiance; il ne peut pas prévoir, dit-il, ce qui est à advenir, moins encore s'assurer de chose qui dépend de la puissance et volonté d'autrui : « Mais, en ce que j'y puis asseoir jugement, je vois s'apprester une telle subversion et trouble parmy ce peuple qu'elle ne sera aysée à esteindre, et crois certainement que, pour peu que les principaux d'icelle soyent confortez et secouruz, qu'ilz viendront au bout de leurs desseings; pour le mal conten-

L'ambassadeur trouvait trop étroit pour ses desseins le midi de l'Angleterre, théâtre principal de ses menées. Il lui fallait un vaste incendie ; et il travaillait à soulever aussi le nord à l'aide de son collègue M. d'Oysel, ministre du roi auprès de la régente d'Écosse, Marie de Lorraine. D'Oysel, se rendant à son poste, séjourna une semaine auprès de lui. Ils convinrent ensemble des moyens propres à mettre sur pied les redoutables comtés septentrionaux, toujours au nom de ces libertés britanniques qui leur tenaient tant au cœur [1].

A la cour, sir James Croft et un jeune et vaillant chevalier du pays de Kent, sir Thomas Wyatt, ne désespéraient pas d'acquérir des partisans jusque dans le sein du Conseil privé [2]. Cependant ces conciliabules n'avaient pas échappé à la police du gouvernement. Sir Peter Carew, l'un des conjurés les plus énergiques, s'étant rendu dans le Devonshire, reçut sommation du Conseil d'avoir à revenir à Londres [3]. Ses complices, demeurés jusque-là dans la capitale, prirent l'alarme : ils résolurent de prévenir leur propre arrestation en se retirant chacun parmi les populations où ils avaient leurs intelligences ; de là, le moment venu, ils devaient appeler à eux Élisabeth et le comte de Devonshire, pour la sûreté desquels Noailles tremblait [4]. Renard, en effet, n'avait plus de doutes, et, s'il avait dépendu de

---

tement que je congnois en la plus grande part des subjectz de ceste royne pour raison de cedict mariaige. » Vertot, t. III, p. 18.

1. Noailles à d'Oysel : « Je fays mon compte que du costé du Nort vous ferez bien advertir ceulx qu'il sera besoing pour s'ayder de leur part à maintenir et conserver leur liberté et se garder de tumber en ceste servitude misérable où l'empereur et ledict prince désirent les mettre... Par quoi je vous prie n'oublier du cousté du Nort de y dresser ce que bien congnoissez pour cest effect y estre plus nécessaire. » (22 janvier 1554.) *Arch. aff. étr.*, Angleterre, *Copies des dépêches*, etc., t. I et II en un, p. 219-220. Cette lettre inédite est très-importante. On trouvera exactement les mêmes choses dans les aveux de Wyatt après sa défaite.

2. M. d'Oysel au roi (Londres), 14 janvier 1553 (4). Vertot, t. III, p. 15.

3. Noailles au roi, 12 janvier 1553 (4). *Arch. aff. étr.*, t. I et II, p. 208.

4. « ... James Crofz et autres de ceste faction délibèrent se retirer chacun à l'endroict où il a intelligence, et de sommer du premier jour madame Élizabeth et se (sic) conte de Dompcher desquelz je suis en merveilleuse poyne qu'ils ne soyent prins. » *Id., ibid.*, p. 208.

lui, les craintes du ministre français se seraient promptement réalisées[1]. C'est alors que le chancelier, par un coup de maître, trancha la situation. Relégué en seconde ligne dans les affaires par l'ambassadeur impérial; malmené au Conseil par lord Paget, depuis la négociation du mariage; accueilli plus froidement de la souveraine, à cause de sa persévérante préférence pour un époux anglais; mais invariablement fidèle et plus sagace que personne, il alla droit à Courtenay, dont il savait l'inconsistance. Il était certain d'en tirer le mot de l'énigme, grâce au double ascendant de son autorité et de l'attachement qu'il avait marqué jusque-là pour ses intérêts. Courtenay, en effet, les yeux toujours fixés sur le trône, était en proie à un complet désordre d'idées, ballotté du regret de s'être privé des bonnes grâces de Marie et du vague espoir de les recouvrer, au désir comme à la terreur de prendre sa revanche par le bras de ses amis et par un mariage avec Élisabeth. Tantôt rebelle de cœur[2], il n'attendait plus que le moment d'agir et de profiter des relais d'hommes armés que Carew disposait pour lui dans l'ouest, où sa soudaine présence entraînerait tout[3]; tantôt, croyant ses avantages reconquis à la cour, il passait deux nuits de suite sans se coucher, dans la vaine imagination qu'on allait venir le chercher pour épouser la reine[4]. D'ailleurs, il affectait

---

1. A propos de la sommation à Peter Carew, Renard écrit à Charles-Quint : « et craint Cortenai et ses adhérents qu'il ne révèle le secret s'il vient. » Plus loin : « J'entends pour vrai que le roi de France a desseing de jecter en ce roiaume gens de guerre pour assister les rebelles, et que, dedans peu de temps, il le doibt faire pour troubler le royaulme, empescher le mariage, faire roi Cortenai par mariaige avec Mme Élisabeth, qu'est advis venant de tel lieu, que l'on ne doibt doubter de la vérité. » 18 janvier 1554, *Man. Rec. Off.*, t. I, p. 1011, 1016-1017.

2. Le déguisement sous lequel il devait fuir était prêt. Renard à Charles-Quint, Londres, 12 février 1553 (4). *Man. Rec. Off.*, t. I, p. 1210.

3. Procès de Throgmorton, 17 avril 1554, dans Holinshed, p. 1107.

4. *Nouvelles et avis que La Marque aura à dire au roy et à monseigneur le connétable*, 15 janvier 1554. Vertot, t. III, p. 27. Quand il se faisait cette illusion, la reine, personne ne l'ignorait, négociait définitivement son traité de mariage et le signait avec ces mêmes ambassadeurs impériaux dont il avait dirigé piteusement le cortége à travers Londres.

de se tenir à l'écart ; il hantait des compagnies suspectes d'hommes décriés ou d'hérétiques. Sa mère ne parlait plus de lui à Marie ni en bien ni en mal ; et, en général, elle se taisait sur ces affaires. Afin d'éviter les mesures de rigueur contre lui, on résolut de l'éloigner honorablement et de l'adjoindre à l'évêque de Norwich, qui avait mission de porter à Charles-Quint, en Flandre, le traité de mariage et de recevoir l'acceptation solennelle de ce prince [1]. Alors Gardiner manda Édouard Courtenay à l'improviste, 21 janvier 1554 [2]. Il lui adressa des remontrances sur les sociétés qu'il fréquentait. Il lui dit que, s'il s'oubliait envers la reine, il s'en trouverait mal ; qu'il se gardât de croire les Français et autres gens passionnés ; la reine, ajouta-t-il, voulait qu'il allât faire connaissance avec l'empereur. Édouard s'intimida et livra son secret. Il répondit qu'à la vérité certains avaient voulu lui persuader *plusieurs choses touchant la religion et le mariage*, mais qu'il n'y avait jamais prêté l'oreille ; qu'il avait résolu de vivre et de mourir pour le service de la reine ; qu'on lui avait parlé d'épouser Madame Élisabeth, mais qu'il aimerait mieux rentrer à la Tour que de prendre alliance avec elle. Enfin il acceptait volontiers la commission qu'on lui destinait aux Pays-Bas [3]. Dès lors, Gardiner ne douta plus qu'il n'y eût des pratiques entre les Français, les hérétiques, Élisabeth et ceux des nobles dont on se défiait déjà. L'ambassadeur impérial déclara que le plus sûr était d'emprisonner Élisabeth. Le chancelier, quoiqu'il n'aimât pas cette princesse, répugnait

1. Renard à Charles-Quint, Londres, 23 janvier 1553 (4). *Man. Rec. Off.*, t. I, p. 1041. Noailles au Connétable, 11 février 1553 (4), dans Vertot, t. III, p. 60.

2. Le 20 d'après Lingard. Le tailleur de Courtenay aurait informé le chancelier que ce jeune homme se faisait faire une cotte de mailles et un manteau. Procès de Throgmorton, 17 avril 1554, dans Holinshed, p. 1107.

3. Nous tirons ces détails inédits de la lettre de Renard à Charles-Quint, du 23 janvier 1553 (4). *Man. Rec. Off.*, t. I, p. 1046. Renard rend compte à l'empereur de sa conversation avec le chancelier. Noailles, de son côté, annonce le 22 janvier à Henri II que Courtenay a révélé le complot ; mais il n'en sait pas davantage.

à de telles extrémités. Il dit seulement qu'il y pourvoirait, quand le prince d'Espagne serait en Angleterre. — Mais le prince ne s'empressait pas de venir, soit effet de sa *lengueur et tardence* naturelle, selon l'expression de Renard, soit aussi que l'argent lui manquât pour achever ses préparatifs et ses armements. — D'ailleurs la reine gardait des dehors convenables vis-à-vis sa sœur, afin de l'obliger à faire de même. Sachant qu'à la campagne elle continuait la messe et se conformait extérieurement aux statuts du Parlement en matière de religion, elle lui donna communication de son futur mariage par une lettre écrite de sa main, comme marque d'honneur [1].

1. Lett. de Renard déjà citée, t. I, p. 1041-1042. V. aussi plus bas la traduction faite par ordre de Noailles de la réponse d'Élisabeth à Marie, janvier 1554.

XVI

INSURRECTION DE THOMAS WYATT

On peut imaginer l'émoi et la colère de Noailles, en apprenant le lendemain que ce *jeune sot* de milord Courtenay avait avoué le complot, au moment où *toutes choses étaient conduites à souhait* [1]. Mais, si rude que fût ce coup inattendu, ni lui ni les conspirateurs ne bronchèrent. Seulement la crise éclatait deux mois trop tôt, car ils avaient fixé le soulèvement au dimanche des Rameaux, le 18 mars [2].

Il s'en fallait donc qu'ils fussent prêts, alors que l'action immédiate devenait leur unique chance de salut, tout comme elle était leur désavantage. Peter Carew donna le signal dans le Devonshire, où sir Nicolas Throgmorton devait l'aider. Sir James Croft partit pour le pays de Galles ; sir Thomas Wyatt, pour

---

1. Noailles à d'Oysel, 22 janvier 1553 (4) ; au Connétable, 24 janvier. *Arch. aff. étr.*, *copies des dépêches de MM. de Noailles*, etc., t. I et II, p. 220, 231. En général, nous ne renvoyons pas au volume des originaux, parce qu'il n'y a pas de pagination. Mais nous avons fait la comparaison ; les copies sont toujours parfaitement exactes. V. aussi Noailles au roi, 22 janvier 1553 (4), dans Vertot, t. III, p. 31-32.

2. Cette date, qu'on ne connaissait pas jusqu'ici, est indiquée formellement par Giacomo Soranzo (lequel était du complot), dans son Rapport au Sénat de Venise, le 18 août 1554. *Calendar Venetian*, t. IV.

le Kent ; tandis que le duc de Suffolk, tout comblé des actes de clémence de la souveraine, qui le croyait fidèle cette fois, entreprenait avec ses trois frères, lord Thomas, lord John et lord Léonard Grey, de soulever le comté de Warwick, avec la région du centre [1]. L'un d'eux, Thomas Grey, disait qu'après la faute commise par Courtenay, c'était lui qui prendrait sa place et qu'il fallait qu'il fût roi ou pendu [2]. Mais Suffolk proclama de nouveau sa fille Jane Grey. La crainte et le trouble éclatèrent au sein du Conseil privé. C'était à qui donnerait des ordres que personne n'exécutait ; chacun déjà se tenait aux écoutes de la fortune.

De l'autre côté de la mer, Henri II, subjugué enfin par les sollicitations passionnées de son ambassadeur, se décidait à seconder les rebelles. Sincère peut-être lorsqu'il regardait comme un leurre le langage amical de la reine, et comme une preuve d'intentions hostiles chez elle le refus de négocier le traité spécial de garanties qu'il lui avait demandé, il se dit que, puisqu'on pensait l'endormir de belles paroles, il fallait les en *paistre* aussi. « Au demeurant, continuait-il, en retrouvant l'âpre animation de sa lettre du 23 novembre précédent, puisque les choses en sont si advant, et que l'on peult assez clairement juger et considérer que, ayant sorti effect cedict mariaige, il est impossible que mon royaulme et celluy d'Angleterre se puissent longuement conserver en paix, il faudra conforter soubz main les conducteurs des entreprinses que sçavez, le plus dextrement que faire se pourra, et s'eslargir plus ouvertement et franchement parler avecques eulx que n'avez encore fait ; en manière qu'ilz mettent la main à l'œuvre, et le fault faire si secrètement et avecques telle discrétion et si bien congnoistre et vous asseurer des personnes qui s'adresseront à vous, que l'affaire ne

---

1. Selon Noailles, le gouvernement avait donné ordre de l'arrêter. Vertot, t. III, p. 48. Rosso affirme au contraire que Marie voulait le mettre à la tête de ses troupes. *I Successi d'Inghilterra...*, fol. 44, v°.

2. Noailles au roi, 28 janvier 1553 (4). Vertot, t. III, p. 48.

puisse en vostre endroict estre découvert, vous advisant que je me délibère de les ayder et favoriser par tous les moyens que je pourrai [1]. »

Pour commencer, le roi annonçait à son représentant une somme de cinq mille écus d'or au soleil, ainsi que l'ordre, qu'il envoyait à ses capitaines de Bretagne et de Normandie, de donner aux mécontents *toute la faveur et ayde* que faire se pourrait [2].

Avons-nous besoin de remarquer combien il était injuste de fomenter de tels complots contre une femme, dont le crime était uniquement de ne pas choisir un mari selon le cœur du roi de France; elle, à qui l'on n'avait à reprocher ni une action, ni une parole hostile ou seulement douteuse? A cette heure même, n'avait-elle pas, en négociant son contrat de mariage, réservé soigneusement l'indépendance de sa couronne et de sa politique vis-à-vis de l'Espagne? Où en serait-on si un État puisait le droit de perdre l'État voisin dans la supposition que la paix ne se conservera pas entre eux?

En fuyant de Londres, les conspirateurs n'oublièrent pas d'en donner avis à Élisabeth; et en prenant les armes, le 25 janvier 1554, Wyatt lui recommanda de s'éloigner sur-le-champ de la capitale et de s'établir à son château de Dunnington, plus éloigné de trente milles. Sir James Croft, l'un des plus déterminés [3], lui donna le même conseil. Marie, instruite de ce manége par lord Bourchier, qui l'avait surpris [4], jugea prudent de mander sa sœur auprès d'elle. Le 26 janvier, elle lui écrivit

---

1. Paris, 26 janvier 1553 (4). Vertot, t. III, p. 36.
2. *Id., ibid.*, p. 37.
3. Noailles désigne nommément Croft parmi ceux qui, en dépit des révélations de Courtenay, *n'en perdent aulcunement le cueur pour cela*, et qui voudraient que le comte de Devon fût déjà en prison, *pour de tant plustost esmouvoir le peuple.* Lett. au roi, 22 janvier 1553 (4). Vertot, t. III, p. 32.
4. William Parr, frère de Catherine Parr. Lett. des ambassadeurs impériaux à Charles-Quint, Londres, 29 janvier 1553 (4). *Man. Rec. Off.*, t. I, p. 1074.

qu'elle craignait que les rebelles ne la missent en péril, soit à sa résidence actuelle (Ashridge), soit au château de Dunnington, où elle apprenait qu'elle avait l'intention de se transporter prochainement; elle l'invitait à se rendre au contraire à la cour, avec toute la célérité désirable. Elle y trouverait la plus entière sûreté et l'accueil le plus cordial [1]. — Si elle ne vient pas, avait dit Renard, il ne faudra plus douter que la conspiration ne soit *avouée par elle*. Or, Élisabeth s'excusa. Placée dans une alternative où elle ne se souciait ni d'obéir ni d'affronter les risques de la désobéissance, elle se déclara malade et pria la reine d'envoyer son propre médecin pour s'assurer de la vérité [2].

Elle protestait aussi de son horreur pour la sédition qui s'élevait. Ses officiers écrivirent au chancelier dans le même sens [3]. Marie ajourna : elle avait assez à faire de défendre son trône, attaqué à force ouverte jusque dans Londres. Élisabeth, cependant, fortifia sa maison d'Ashridge et la munit de gens armés, non sans doute qu'elle songeât à s'en servir directement contre sa sœur, elle n'était pas de caractère à brûler ainsi ses vaisseaux; mais plutôt pour se tenir prête à tout événement, tout au moins, pour se garantir d'un coup de main du père de Jane Grey, le duc de Suffolk, alors aux champs dans son voisinage [4].

---

1. La lettre est dans Strype, t. III, p. 82-83. Quelques écrivains l'ont louée comme une preuve de la sincère douceur et des bons sentiments de Marie à l'égard d'Elisabeth. N'est-ce pas forcer un peu les choses? Et ne convient-il pas de faire la part de la politique ?
2. Renard à Charles-Quint, Londres, 29 janvier 1553 (4). *Man. Rec. Off.*, t. I, p. 1087, 1091.
3. Strype, p. 83.
4. Cette dernière conjecture est de miss Agnès Strickland, *Elizabeth*, p. 72. Noailles informe Henri II (23 et 26 janvier 1554) des préparatifs militaires d'Elisabeth, en ajoutant qu'elle s'est reculée de trente milles plus loin qu'elle n'était (Vertot, t. III, p. 44). Sur ce dernier point, les conjurés avaient probablement annoncé à l'ambassadeur, comme accompli, le changement de résidence qu'ils conseillaient à Elisabeth. Renard, d'après une dépêche de Noailles qui fut interceptée, comme aussi d'après ses propres renseignements, écrit à Charles-Quint qu'Elisabeth se fortifie dans la maison où elle est malade et que « elle dépend plus en huit jours de victuailles qu'elle ne souloit fere en ung mois. » (29 janvier, 5, 8 février

Toutefois sa situation empira beaucoup, lorsqu'une lettre où Wyatt l'informait de son entrée victorieuse à Southwark [1], ainsi que plusieurs dépêches de Noailles à sa cour, dont l'une du 26 janvier, furent interceptées par le Conseil privé [2]. La première semblait la convaincre d'être en relations avec le chef de la révolte ; la seconde donnait lieu de croire qu'elle était au courant du complot et qu'elle y coopérait sourdement. En effet : nécessité inopinée où l'on s'était trouvé de prendre les armes six semaines ou deux mois plus tôt qu'on n'avait compté, à cause de Courtenay qui avait révélé *l'entreprise que l'on avait faite en sa faveur;* insurrection de Wyatt commencée la veille ; défections probables dans le parti de la reine ; départ d'Élisabeth pour une de ses maisons à trente milles plus loin, où se fait déjà *assemblée de gens à sa dévotion;* affirmation de Noailles à son maître que *toutes choses, grâce à Dieu, sont en bon chemin,* et que bientôt, il l'espère, le roi en aura d'*autres nouvelles;* recommandation de faire offrir sous main *tout plaisir et bon traictement* aux Anglais réfugiés en France ; soulèvement imminent de Londres : voilà quels secrets redoutables tombaient, par cet accident, aux mains des ministres de Marie. Vainement Noailles avait-il par prévoyance muni son courrier de dépêches insignifiantes, en cas de mauvaise rencontre ; vainement se confiait-il dans le mystère impénétrable, selon lui, du chiffre qui abritait sa correspondance : Gardiner d'un côté, Renard de l'autre, en trouvèrent la clef dans l'espace de quelques jours [3].

1554.) *Man. Rec. Off.*, t. I, p. 1075, 1148, 1179. M. Froude passe sous silence ces détails embarrassants.

1. Faubourg méridional de Londres, sur la rive droite de la Tamise.
2. Selon Noailles, ce fut à Gravesend qu'on les saisit (lett. au connétable, 11 février 1553 (4). Vertot, t. III, p. 60. Selon le chancelier Gardiner, elles furent prises par les insurgés à Rochester ; et on les prit sur eux. (Lett. du Conseil au D\[r\] Wotton, ambassadeur en France, Westminster, 22 février 1553 (4), *Mary Calendar foreign,* p. 60.)
3. La lettre originale de Noailles est dans Vertot, t. III, p. 43-46 ; le déchiffrement, dans les *Papiers d'État* de Granvelle, t. IV, p. 193-195. Les deux documents concordent exactement, sauf quelques variantes qui s'ex-

Ce qui achevait Élisabeth, c'est que le même paquet contenait la traduction française d'une lettre qu'elle avait écrite trois jours auparavant à la reine, en réponse à la notification que cette dernière lui avait envoyée de ses arrangements définitifs de mariage avec le prince d'Espagne. N'était-il pas étrange qu'elle crût avoir des motifs de mettre le roi de France en tiers dans ses rapports avec sa sœur? Ici, cependant, elle n'était pas coupable : l'indiscrétion avait été commise par l'un de ses serviteurs, attiré, comme tant d'autres, dans les filets de Noailles [1]. Mais il y avait

pliquent par la traduction du chiffre. Le paquet de Noailles du 26 janvier fut intercepté le 27 au plus tard, car il existe une lettre de Gardiner à Petre, datée de Southwark, 27 janvier, où le chancelier l'informe qu'une copie de la lettre dont nous allons parler plus bas, de la princesse Elisabeth à la reine, a été trouvée dans le paquet de l'ambassadeur de France. *Mary, Calendar Domestic*, p. 57.

[1]. C'est ce qui résulte d'une lettre de Noailles au Connétable, 17 mars 1553 (4). *Arch. aff. étr., Copies des dépêches et mémoires de MM. de Noailles*, t. I et II, p. 12. Il en parle aussi à la reine douairière d'Écosse, 27 janvier 1553 (4), *Id.*, p. 235. V. également Renard à Charles-Quint, 3 avril. *Man. Rec. Off.*, t. II. Dans sa dépêche du 26 janvier au roi Henri II, Noailles mentionne simplement l'envoi de cette pièce : « J'ay recouvert le double d'une lettre qu'elle (Elisabeth) escripvait à la dicte royne que *l'ambassadeur de l'empereur a faict traduire en françois*, qui est cy enclose. » C'est là le texte imprimé par Vertot, t. III, p. 44. Il serait difficile de s'expliquer comment en si peu de temps l'ambassadeur de l'empereur aurait fait faire cette traduction, comment elle serait tombée au pouvoir de l'ambassadeur de France, puis de nouveau de l'ambassadeur impérial, et comment celui-ci aurait attaché tant d'importance contre Elisabeth aux va-et-vient de sa propre traduction. Il est probable qu'il y aura eu quelque erreur de déchiffrement de la part de Vertot. Le déchiffrement de la dépêche de Noailles du 26 janvier, tel qu'il est conservé dans les papiers de Granvelle, présente sans doute le vrai sens. « J'ay, dit l'ambassadeur de France, recouvert le double d'une lettre qu'elle escripvait à la royne, *que j'ay faict traduire en françois*, que j'ay icy enclose. » *Papiers d'État*, t. IV, p. 194. Enfin les ambassadeurs extraordinaires de Charles-Quint entretiennent leur maître des lettres de l'ambassadeur de France qui furent interceptées, et où était la copie de la lettre d'Élisabeth à la reine, *translatée d'angloys en françois sans cyffre* (printemps de 1554). *Man. Rec. Off.*, t. I, p. 1240. Quoi qu'il en soit, cette traduction se trouve dans les papiers de Renard, comme annexe à sa dépêche du 29 janvier 1554 (*Man. Rec. Off.*, t. I, p. 1095-1098). Tout à fait inédite et digne d'attention, nous la donnons ici : « Combien que négligence de mon deu (devoir), très-noble royne, pourrait m'apporter blasme, pas n'aiant escript quelque souvenance de mon pauvre bon veuil envers

dans cette missive certains mots qui, inspirés peut-être par le seul goût de la rhétorique, sonnaient mal à cette heure de crise comme des prédictions menaçantes, telle que la comparaison entre une maison bâtie sur de bonnes fondations et celle qu'on édifie sur le sable ; un léger souffle de vent, une tempête soudaine ruinent celle-ci en un instant : tout juste ce que les amis d'Élisabeth entreprenaient de réaliser contre Marie.

Leur mouvement avait éclaté simultanément sur plusieurs points, mais avec peu de succès. Ni sir Peter Carew, dans le Devonshire ; ni sir James Croft, chez les Gallois ; ni le duc de Suffolk, chez ses tenanciers du comté de Warwick, n'entraînèrent les populations. Seul, Thomas Wyatt, âgé de vingt-deux ans,

Vostre Haulteur depuis mon département de votre court, toutesfois j'ay espoir que Vostre Grace, de sa nature et noble inclination, m'en excusera et remettra la faulte là où véritablement elle consiste ; j'ai tant le reume (rhumatisme) et mal de teste, lesquelz assurément m'ont si fort grevé et tant troublé depuis ma venue en ma maison, que jamais n'en ai sentu la pareille, spécialement durant le temps de trois sepmaines sans en avoir eu aucun soulaigement, tant en la teste que pour un mal qui m'est descendu sur les bras ; et jaçoit ce que devant la présente, j'ai eu occasion de donner à Vostre Haulteur mes humbles remerciements tant pour si souvent avoir envoie vers moi pour savoir de ma disposition, que aussi pour la vaiselle que V. M. m'a donnée, néantmoins encore plus l'ai-je pour ce que vous a pleu, madame, présentement m'avoir nouseulement escript une lettre de vostre main propre, ce que je vous congnois vous estre grandement tédieulx, mais davantaige que par icelle me signifiez la conclusion de vostre mariaige et les articles convenus d'icelui, lesquelz d'aultant que c'est une pesante cause et profonde matière, tout ainsi je ne doubte que le tout succédera à la gloire de Dieu, au repos de V. M., et à la saulve garde et conservation de vos royaulmes, desquelz trois choses, si comme le premier doibt estre bien regarder, sans lequel rien ne peult prospérer (*quia frustra enim nititur decretum hominum contra voluntatem divinam*), ausi vous estant, madame, sur ce bien asseurée, je ne doubte que vostre vouloir ne soit, par le moien du sien, pour vous en faire succéder bonne issue ; car une maison bastie sur bonne fondation ne peult que demeurer ferme là où, à l'oposite, estant édifiée sur sablons, petitz soufflementz de ventz et soudaines tempestes peuvent incontinent tout ruiner ; et d'aultant que je ne congnois nully plus obligé tant par nature que selon mon deu, à désirer l'estat de Vostre Haulteur et prospérité que moi, ausi ne se trouvera-il nul (*comparata odiosa*) plus diligent à prier Dieu, ni davantaige plus désirant vostre grandeur que moi : à tant, madame, craignant troubler V. M. que je remetz à la garde et tuition du Créateur, je ferai fin en cest endroict. »

souleva le pays de Kent par la haine contre l'Espagne, 25 janvier 1554. L'occupation de la ville de Rochester, couverte du côté de Londres par la Medway, l'adhésion d'une escadre de cinq vaisseaux, mouillés dans la rivière, donnèrent tout de suite une force redoutable aux insurgés. Ils se fournirent encore d'armes et de munitions sur un vaisseau vénitien, qui se trouva dans la Tamise à point nommé, comme pour s'offrir bénévolement au pillage. Le Conseil, connaissant les dispositions hostiles de l'ambassadeur de la république, Giacomo Soranzo, ses relations avec Noailles, auquel il prêtait sa maison pour s'aboucher avec les mécontents, l'accusa hautement de complicité et ne voulut jamais croire à un hasard fâcheux [1]. Pour étouffer la sédition à ses débuts, on donna l'ordre au duc de Norfolk de déloger Wyatt de la ville de Rochester. Mais le noble lord fut vaincu (29 janvier 1554) par la défection des milices de Londres, cette défection que Noailles avait prédite à bon escient dans sa dépêche du 26 [2]. La capitale, déjà mécontente, grondait. Une

---

[1]. Les Dix, plus prudents, avaient prescrit à Soranzo de se tenir en dehors de toutes les affaires religieuses et autres qui ne concerneraient pas la seigneurie de Venise. Ils lui réitérèrent cette injonction (15 décembre 1553) à propos d'un bruit qui leur avait été rapporté, disaient-ils, qu'il avait servi d'intermédiaire entre lord Courtenay et un agent dépêché près de ce jeune seigneur par le Roi Très-Chrétien pour lui persuader de ne pas souffrir l'introduction d'un roi étranger à son détriment et lui promettre du secours. Ils lui écrivirent de nouveau dans le même sens, sur la plainte amère de l'évêque d'Arras (Granvelle), contre ses menées hostiles (29 décembre 1553), et lui ordonnèrent, les 5 janvier, 7 et 8 février 1554, de féliciter la reine sur la conclusion de son mariage avec le prince d'Espagne. Ainsi Giacomo Soranzo n'avait pas tenu compte de ses instructions. Un ambassadeur vénitien osant désobéir au Conseil des Dix, cela est original. Néanmoins le Doge et le Sénat, en lui annonçant son rappel qu'il avait obtenu sur sa demande dès le 12 juin 1553, lui certifièrent qu'on était content de lui, 27 mars 1554. (*Calendar Venetian*, par M. Rawdon Brown). Après son retour, il prononça devant le Sénat (18 août 1554) son rapport sur l'état de l'Angleterre, événements et personnages, rapport resté justement célèbre.

[2]. Et encore dans une autre du 28. Vertot, t. III, p. 47 : Noailles se réjouissait des premiers succès de l'insurrection. « On remue tellement mesnage par deçà à l'encontre de ceste royne, écrivait-il à M. d'Oysel en Écosse, pour raison de son mariage, qu'elle est pour en

catastrophe était inévitable et prochaine, si la reine ne rattachait pas les bourgeois à sa cause [1]. Le 1ᵉʳ février, elle les convoqua à Guildhall, cœur de la cité, siége de ses puissantes corporations de métiers. Elle s'y rendit en cérémonie, la couronne sur la tête [2]. Édouard Courtenay figurait dans son cortége [3]. Devant l'assemblée, elle dévoila les desseins de Wyatt contre sa personne et son trône. Quant à son mariage, elle déclara qu'ayant vécu jusque-là dans le célibat, elle y pouvait vivre encore, et que si les lords et les communes du Parlement n'y reconnaissaient pas l'avantage du royaume, elle ne se marierait de sa vie. Il y eut tant de dignité et d'éloquence dans son langage, qu'elle raffermit la fidélité chancelante de ce peuple. De chaleureuses acclamations s'élevèrent, et l'on s'inscrivit en foule pour sa défense. Ceux qui la virent de près dans ces moments d'émotion furent una-

---

recevoir un tel sault, qu'il lui sera bien malaisé et à son promis mary de s'en relever. » Londres, 30 janvier 1553 (4). *Arch. aff. étr.*, t. I, II, p. 239.

1. La situation était si incertaine que les ambassadeurs extraordinaires de Charles-Quint, venus naguère pour la signature du traité de mariage, s'esquivèrent sur un vaisseau flamand, à l'exception de Renard, demeuré à son poste. Il faut dire qu'ils avaient commencé par se mettre à la disposition de la reine et qu'elle n'accepta pas leur dévouement. Elle et son Conseil craignaient pour eux la fureur populaire.

2. Noailles voulut jouir du spectacle de sa détresse ; il alla sur son passage en se dissimulant : « Vous asseurant, sire, comme celluy qui l'a veu, que sçaichant ladicte dame aller audict lieu, je me déliberay en cape de veoir de quel visage elle et sa compaignie y alloient, que je congneus estre aussy triste et desplorée qu'il se peult penser. » Lett. au roi, 1ᵉʳ février 1553 (4). Vertot, t. III, p. 51. M. Froude ne trouve pas le tableau suffisant. Fidèle à son habitude de charger et d'envenimer quand un personnage lui déplaît, il le dénature par un trait tiré de son propre fond : « L'après-midi du même jour, la reine en personne, avec un air *étudié* d'abattement (*with a studied air of dejection*), traversa les rues à cheval et se rendit à Guildhall... » T. VI, p. 163. Et il cite comme son autorité le récit de Noailles, qui dépeint au contraire une tristesse très-réelle. Comment s'étonner que Marie fût préoccupée et chagrine, malgré la résolution de son caractère ? Quel besoin de lui faire jouer la comédie de la tristesse ? Que dirait M. Froude si elle avait pris les apparences de la gaieté ?

3. Renard à Charles-Quint, Londres, 5 février 1553 (4). *Man. Rec. Off.*, t. I, p. 1155.

nimes à lui rendre ce témoignage que, si elle sortit triomphante du péril, elle en fut redevable à la fermeté tranquille et inébranlable dont elle donna l'exemple, alors que tout tremblait autour d'elle. Le surlendemain (3 février), Wyatt vint occuper en face de Londres le faubourg de Southwark, sur la rive droite de la Tamise. Le pont avait été coupé par les soins de lord William Howard, qui de la Tour surveillait le fleuve. Cependant l'épouvante régnait parmi les ministres de Marie. Ils la pressaient de quitter le palais ouvert de Whitehall. Les uns voulaient qu'elle s'enfermât à la Tour; d'autres, qu'elle cherchât un refuge qui à Windsor, qui même à Calais. Plus ferme que pas un, elle ne sourcilla pas. Cependant son ennemi hésitait à Southwark, épiant les moyens de passer la rivière ou de soulever la capitale. Enfin, après quatre jours perdus à tâtonner, pendant lesquels ses hommes, courant le long du fleuve, allèrent saccager la maison du chancelier à Lambeth, vis-à-vis de Westminster, il prit le parti de tourner l'obstacle. Le 6 février, jour du mardi gras, il remonta la Tamise, la franchit à Kingston et marcha sur Londres par l'ouest. A cette nouvelle, survenue dans la nuit du 6 au 7, Gardiner fit réveiller la reine et l'avertit que sa barque l'attendait au pied de l'escalier du palais sur le fleuve pour la conduire à Windsor [1]. Avant d'obéir, elle appela Renard.

La veille, il lui avait conseillé, *si elle ne voulait perdre son État, de ne bouger qu'à l'extrémité* [2]. Il lui réitéra les mêmes paroles.

1. M. Froude dit : « Gardiner, qui la veille plaidait auprès d'elle, avec d'autres membres du Conseil, la cause de Courtenay, l'attendait (*Who had been, with others of the council, arguing with her in favour of Courtenay the precedent day, was in waiting*, t. VI, p. 175). L'historien a pris le contre-pied du récit de Renard, qu'il croit reproduire. La reine mande Renard : « et comme le chancellier lui avoit déclairé, le jour précédent, plusieurs malignitez de Courtenai et conseillé d'aller à Winsor... » Renard à Charles-Quint, Londres, 8 février 1553 (4). *Man. Rec. Off.*, t. I, p. 1175. Cela ne nous empêche pas de rendre hommage à la clarté et à l'intérêt du récit que M. Froude a donné de cette insurrection. V. aussi *The Chronicle of queen Jane*, p. 36-52; et p. 128-133, le récit d'Underhill. Strype, t. III, p. 86-91.

2. Renard à Charles-Quint, Londres, 8 février 1553 (4). *Man. Rec. Off.*, t. I, p. 1175-1176.

En conséquence, elle déclara qu'elle resterait, pourvu que le comte de Pembroke et lord Clinton, qu'elle avait chargés de la défense, voulussent bien faire leur devoir. Ils étaient alors à leur poste de combat, et lui mandèrent qu'ils la suppliaient de ne pas quitter le palais. Leurs dispositions étaient achevées quand Wyatt, suivi de quinze cents hommes environ, parut sur le flanc occidental de Londres, à Hyde-Park, assez tard dans la matinée (7 février), et longtemps après l'heure où des complices lui avaient promis de l'introduire dans la Cité par la porte du quartier de Ludgate. Il était à pied, comme ses hommes des communes; on lui reproche de n'avoir pas su presser assez le pas. Une ligne de cavalerie, sous le comte de Pembroke, lui barrait le chemin. Au lieu d'engager le combat, elle s'ouvrit, le laissa passer avec quelques centaines de ses adhérents, puis, se refermant soudain, chargea et dispersa le reste de cette troupe, privée de son chef. Celui-ci n'avait plus qu'une pensée, arriver le plus rapidement possible à la Cité. A Charing Cross, il se trouva en face de sir John Gage, qui avait une partie des gardes de la reine et une troupe de gentilshommes. Dans leurs rangs figurait Courtenay, à qui on avait entendu dire le matin qu'il n'avait d'ordres à recevoir de personne, qu'il valait bien Pembroke. Dès le premier choc, soit lâcheté, soit plutôt trahison, il tourna bride et s'enfuit du côté de Whitehall, avec le jeune lord Worcester. « Tout est perdu ! » criaient-ils [1]. Les gardes les suivirent pêle-mêle. Au spectacle de cette débandade, les courtisans étaient atterrés. La reine, qui d'une galerie voyait le tumulte, leur fit honte; elle signifia qu'elle était prête à descendre dans l'arène pour soutenir sa querelle et à mourir avec ceux qui ne l'abandonneraient pas. Pour comble d'anxiété, il arriva qu'une bande d'insurgés qui cherchaient à rejoindre Wyatt, passant devant Whitehall, décochèrent une nuée de flèches dans les fenêtres. La panique fut alors à son comble ; si

---

1. Renard à Charles-Quint, Londres, 8 février 1553 (4), *Man. Rec. Off.*, t. I, p. 1178.

Wyatt eût été là, il enlevait la reine et la cour. Mais ils ne s'aperçurent pas de l'occasion favorable, et, tandis qu'ils continuaient leur chemin vers la Cité, ils furent culbutés par un détachement que Pembroke avait expédié au secours de la reine. Wyatt cependant, réduit à trois cents hommes, mais indomptable, approchait du but. Aux cris poussés par quelques-uns des siens : « La reine nous accorde nos demandes ! elle nous a pardonné ! » on vit les défenseurs de Marie, moins dévoués qu'ils n'en avaient l'air, se ranger de l'autre côté de la rue, ou, mieux encore, ouvrir leurs files pour leur faire place, paisiblement, sans un mot, sans un geste d'opposition. La bande touchait enfin à Ludgate ; mais là, quand Wyatt frappa à la porte, en répétant le mensonge sur sa réconciliation avec la reine, lord William Howard lui cria : « Arrière, traître ! tu n'entreras pas ici. » Cette fermeté déconcerta les malintentionnés du dedans ; le rebelle, perdant l'espérance, recula en se battant jusqu'à Temple-Bar. Dès lors, son entreprise était ruinée sans ressource ; il remit son épée à sir Maurice Berkeley. On le conduisit à Westminster, et le soir même, à la Tour, avec d'autres prisonniers.

Ainsi se termina cette insurrection, qui pendant une semaine (1er-7 février 1554) avait mis la couronne de Marie Tudor en hasard. Que, dans cet extrême péril, la souveraine eût faibli et partagé le trouble de son entourage, qu'elle n'eût pas su garder en face de Wyatt, la même vaillance que peu de mois auparavant en face du duc de Northumberland, elle succombait, et le règne d'Élisabeth commençait quatre ans plus tôt.

XVII

ARRESTATION D'ÉLISABETH A ASHRIDGE

Certes, un pareil succès, que Marie avait le droit d'attribuer surtout à sa force d'âme, n'était pas sans gloire. Mais combien eût-il été plus glorieux encore si, après avoir vaincu ses ennemis, elle avait su se vaincre elle-même! Marie était née bonne et pitoyable. Il lui en avait coûté, nous le savons, après la défaite de Northumberland, de frapper d'un châtiment mérité trois des plus coupables, Northumberland et ses deux affidés principaux. Malgré les incitations de ses ministres et des Impériaux, elle avait épargné les autres et respecté la vie de Jane Grey, sa rivale sans l'avoir voulu, mais sa rivale. Si l'on veut apprécier le mérite de cette modération, il faut se reporter à la férocité des mœurs qui caractérise cette époque de l'histoire d'Angleterre. Le plus fort versait à profusion et sans scrupule le sang le plus illustre ou le plus proche. Le terrible droit royal, le droit de l'épée, on le comprenait tel que Henri VIII l'avait exercé, tel que, après sa sœur, Élisabeth l'exercera aussi ; nul jamais ne le circonscrivit dans de plus étroites limites que Marie en conquérant son trône. Inexpérimentée et naïve au sortir de la vie recluse qu'elle avait menée jusque-là, croyant le bien malgré le long martyre de sa jeunesse, elle avait foi dans la générosité et la clémence. Elle crut désarmer les factieux en leur pardonnant. Vaine illusion. Un beau jour, se leva cette heure dont Renard avait aperçu de si loin les signes avant-coureurs. Ceux de ses ennemis à qui elle avait laissé la vie, rendu la liberté, leurs biens, affluèrent autour de Wyatt pour la précipiter dans l'abîme, sans reculer même devant la pensée de l'assassinat. Alors un funeste changement se fit en elle. Outrée de tant de haine et d'ingratitude, cédant à l'amertume de la déception, elle résolut de s'endurcir le cœur; peut-être aussi crut-elle accomplir un devoir de conscience, afin de garantir dorénavant, avec la sûreté de sa couronne, la tranquillité de l'État.

Près d'elle malheureusement, ses conseillers les plus sûrs et les plus écoutés, Gardiner et Renard, ceux aussi qui avaient trempé en juillet dans les machinations de Northumberland et de Suffolk ou bien avaient été soupçonnés pendant ces derniers troubles de Wyatt, tous également respiraient la colère et les supplices. L'indulgence, disaient-ils, n'avait eu d'autre effet que d'encourager les factieux à recommencer leurs attentats. Leur juste châtiment devait apprendre aux malintentionnés que, à s'attaquer à l'autorité royale, ils risquaient leur vie et leur fortune. Marie céda trop à ces incitations, et pas encore assez au gré de certains, puisqu'elle ne leur livra pas la vie de sa sœur.

Les mêmes qui avaient mis Jane Grey sur le trône malgré elle pressèrent sa mort pour avoir été reine [1]. Dès le lendemain de la victoire, on décida Marie à signer l'ordre d'exécuter la sentence capitale prononcée en novembre précédent contre l'infortunée captive [2]. Victime à dix-sept ans des trames criminelles

---

1. Strype, t. III, p. 91, 92.
2. Il résulte même de la correspondance de Renard que Marie aurait donné un premier ordre d'exécution durant l'insurrection de Wyatt. « Si son commandement a été faict, écrit-il à l'empereur, on trancha mardy la teste à Jeanne de Suffocq et à son mary. » Lett. à Charles-Quint, Londres, (jeudi) 8 février 1553 (4). *Man. Rec. Off.*, t. I, p. 1180. Ce mardi tombait le 6 février, et Wyatt ne fut vaincu que le 7. Il faut croire ou que l'ordre royal ne parvint pas à la Tour, ou bien que le lieutenant de la Tour, intimidé par l'incertitude des événements, n'osa pas y donner suite. Voir aussi Granvelle, *Papiers d'État*, t. IV.

de son père et de sa mère, Jane apporta dans la mort, où son mari, Guilford Dudley, la devança de quelques heures, la constance modeste et magnanime qui l'a rendue si touchante parmi les martyrs des passions humaines (12 février 1554). Plût à Dieu que, fidèle à ses premiers sentiments, Marie Tudor eût suivi la miséricorde plutôt que la stricte rigueur du droit! Quelle auréole autour de sa mémoire! Et chez l'historien, rebuté de tant de scènes si brutalement tragiques, quelle reconnaissance de respirer un moment sur un grand acte de douceur et d'équité [1]!

Une demi-heure après cette lamentale exécution, Édouard Courtenay, d'abord donné en garde au comte de Sussex [2], entrait à la Tour [3], d'où bien peu de gens auguraient qu'il dût cette fois sortir vivant. On mit à la potence des miliciens de Londres qui avaient déserté à l'ennemi et plusieurs hommes du Kent [4]. Marie fit grâce à quatre cents prisonniers du commun, et l'on prit des mesures pour entamer le procès des chefs.

Mais ce dont les conseillers, ou pour mieux dire le conseiller de la reine, celui qu'elle avait appelé son *confesseur,* Renard, ce dont ils avaient soif par-dessus tout, plus encore que du sang de

---

1. Burnet, si peu favorable à Marie Tudor, dit cependant que l'on jeta généralement le blâme de la mort de Jane Grey sur le duc de Suffolk, son père, plutôt que sur la reine, « car, poursuit-il, de rivaliser pour une couronne, c'est un point si délicat que ceux mêmes qui déplorèrent le plus sa mort ne purent pas faire autrement que d'excuser la reine, qui parut avoir été conduite à cette mesure plutôt par la raison d'État que par aucun ressentiment personnel. » *History of the Reformation of the Church of England,* t. II, p. 253, édit. 1715.
2. Noailles au Connétable, 11 février 1553 (4), Vertot, t. III, p. 63.
3. *The Chronicle of queen Jane,* etc., p. 59.
4. M. Froude admet qu'il y eut quatre-vingts ou cent exécutions de ce genre. Lingard croit pouvoir les réduire à soixante environ. Ce chiffre est encore terrible. Mais Lingard rappelle que ceux qui dans ce même siècle prirent part à une insurrection, les uns contre Henri VIII, les autres contre Elisabeth, expièrent leur attentat par des exécutions bien plus nombreuses encore; et quelles effroyables vengeances la maison de Hanovre n'exerça-t-elle pas en plein XVIIIe siècle, après les insurrections jacobites de 1715 et de 1745? Sous Marie Tudor, quatre seulement des chefs de cette seconde insurrection montèrent sur l'échafaud : le duc de Suffolk, Thomas Grey son frère, William Thomas et Thomas Wyatt.

Jane Grey, c'était le sang d'Élisabeth. Selon les Impériaux, il était impossible que leur prince vécût avec sûreté en Angleterre, tant qu'Élisabeth vivante serait là pour être l'âme des complots et le drapeau des insurrections sans cesse renouvelées.

Le soir même de la défaite de Wyatt, Renard conseilla à la reine, qui l'avait mandé, de délibérer sur l'arrestation de Courtenay et d'Élisabeth, sur la brève et rigoureuse justice des traîtres[1] : et le jour du supplice de Jane Grey, quel langage l'ambassadeur impérial tenait-il à Marie?

« Qu'elle ne debvoit perdre l'occasion du chastoy, ainsi respecter (considérer) que Cortenai et ladicte Elisabeth sont les deux têtes du royaume qui peuvent incliner le peuple à conjure; que les punissant, puisqu'il estoit notoir ilz ont délinqué et mérité la mort, elle demeure sans doubte (crainte) en son règne, d'aultant que l'on a tranché la teste à Joanna de Suffocq et à Guillefort son mary ; que toute la maison de Suffocq est abolie, pourveu que l'on fasse justice des trois frères; que les prisonniers qui sont tous héréticques, estant executez, causeront entier restablissement de la religion ; ajoutant, dit-il, toutes les persuasions qu'il m'a semblé convenir en ce faict[2]. »

Quant à Charles-Quint, il avait pris les devants par une lettre du 31 janvier, dès les débuts de l'insurrection[3]. Bientôt, en faisant partir de nouveau le comte d'Egmont pour l'Angleterre avec mission de porter, en son nom, la ratification du traité de mariage, de disposer favorablemeut les grands par de bons propos ou des libéralités, et de passer de là en Espagne au-devant du prince Philippe, il le chargea aussi de réclamer les extrêmes rigueurs contre Élisabeth et Courtenay[4].

---

1. Renard à Charles-Quint, 8 février 1553 (4). *Man. Rec. Off.*, t. I, p. 1182.
2. Renard à Charles-Quint, Londres, 12 février 1553 (4). *Man. Rec. Off.*, t. I, p. 1203, 1204. Le 11 février, Marie écrivait à l'empereur qu'elle pensait que la défaite des rebelles lui permettrait d'établir fermement ses affaires et d'achever l'alliance commencée. « Par le chastoy exemplaire d'iceulx, disait-elle, le royaulme sera purgé. » *Id., ib.*, p. 1197, 1198.
3. *Man. Rec. Off.*, t. I, p. 1106, 1107.
4. Voici le texte de ses instructions : « Le comte dira à la reine d'An-

Du reste, il faut convenir que Marie avait des raisons suffisantes de s'assurer de la personne de sa sœur et de changer en un ordre péremptoire de l'amener à la cour l'invitation courtoise encore qu'elle lui avait adressée le 26 janvier. Elle chargea de l'aller chercher lord William Howard, sir Edward Hastings et sir Thomas Cornwallis. Le personnage principal, William Howard, amiral d'Angleterre, était frère de la mère d'Anne

gleterre que nous espérons, puisqu'il a pleu à Dieu, comme dessus est dit, lui donner telle assistance que non-seulement lesdits rebelles soient esté vaincuz, mais que les chiefs en soient mortz ou prins et reduictz entre ses mains, que se serve bien, comme espérons que par sa prudence elle sçaura faire, de ceste occasion que Dieu luy donne et mect en main, et sera la vraye ressource et establissement de ses affaires, usant envers les culpables de la severité requise, puisque ilz ont si grandement mésusé de sa clémence ; et en cas que l'execution ne fut encores faicte des culpables, vous luy persuaderez qu'elle le face, et que le chastoy soit prompt et tost, pour, avec la faveur que lui donne la victoire, se faire quicte de ceulx qu'ont déclairé leur si malheureuse volonté en son endroict, et donner terreur aux autres, et que, pardonnant aussi promptement au surplus, elle asseure la bonne volonté de ceulx qui suyvans les chiefz pourroient avoir erré, afin que par la clémence, leur ostant le scrupule et doubte en quoy ilz pourroient estre, elle leur face perdre la volonté que la crainte leur pourroit donner pour mouvoir chose nouvelle afin de s'asheurer.

« Davantaige, que tenant regard et consideracion à ce que par les advertissements qu'elle a de plusieurs lieux, du peu de sincérité dont Madame Elisabet et Cortenay usent à son endroict, et que, à ce que l'on congnoit par les lettres interceptées de l'ambassadeur de France, le but des conspirateurs tendoit à leur faveur, elle regarde de, s'il est possible, s'attacher à leurs personnes, sans dissimuler en leur endroict chose que la justice puisse comporter, et si avant qu'elle puisse persuader à ceulx de son Conseil qu'ilz le trouvent bon, et s'ilz ont délinqué procéder sévèrement à leur chastoy, et s'en faire quicte avec l'occasion qu'elle peut avoir sur la mémoire si fresche de ce derrenier trouble de procurer tout ce que convient pour son asseurance, et que, pour Dieu, elle veulle considérer que en choses d'estat, et mesmes en ceste qualité ou conspirations se descouvrent si manifestes contre sa personne, peu de cause doit souffire pour du moins s'asseurer des personnes et les mettre en lieu où l'on soit certain d'eulx qu'ilz ne pussent nuire. »

L'empereur, toujours prudent, recommande à son envoyé de donner ces conseils en secret à la reine d'Angleterre ; il faut qu'elle paraisse agir d'elle-même, de peur que ses ministres ne prennent jalousie, comme si l'on voulait entreprendre de gouverner les affaires de leur pays sans eux.

(Instructions au comte d'Egmont sur ce qu'il aura à faire en Angleterre..., Brusselles, 18 février 1553-4. *Man. Rec. Off.*, t. II, vers la fin.)

Boleyn et conséquemment grand-oncle d'Élisabeth. Ainsi Marie Tudor choisissait dans cette circonstance l'homme qui devait être le plus incliné à user d'égards et de bons procédés envers la jeune princesse. Une escorte respectable les accompagnait [1]. Elle leur adjoignit aussi ses deux médecins, dont l'un, le docteur Wendy, avait connu Élisabeth dès l'enfance, dans la maison de Catherine Parr [2].

Ici les *Actes et Monuments* de Foxe ouvrent une belle page en l'honneur d'Élisabeth. Le célèbre auteur du *Martyrologe*, inspiré trop souvent par l'imagination et par l'enthousiasme voulu, a fait autorité jusqu'à nos jours, où l'étude des sources authentiques a démontré ses flagrantes inexactitudes [3]. Il dépeint sous de noires couleurs la conduite de Marie envers sa sœur. Elle ne connaît ni ménagements ni humanité envers celle dont l'innocence et la solide vertu l'exaspèrent. En effet, raconte Foxe, aussitôt le soulèvement de Wyatt, dès le lendemain, la reine, soit sur le faux soupçon qu'Élisabeth et lord Courtenay y avaient part, soit animosité particulière contre elle, ordonne à sir Richard Southwell, sir John Williams, sir Edward Hastings et sir Thomas Cornwallis [4] d'aller en force la chercher à Ashridge. Arrivés à

---

1. Noailles au Connétable, 11 février 1553 (4). Vertot, t. III, p. 63.
2. Renard à Charles-Quint, Londres, 12 février 1553 (4). *Man. Rec. Off.*, t. I, p. 1201. Miss Agnès Strickland, *Elizabeth*, p. 73. M. Froude, t. VI, p. 190, suppose tout à fait gratuitement que les sentiments du peuple en faveur d'Elisabeth imposèrent l'observation des formes de la justice et de la décence à son égard et qu'on dut envoyer des médecins de la cour pour la soigner. Le satirique historien ne réfléchit pas que les médecins ayant été envoyés dès le 10, en même temps que les commissaires, le peuple n'avait certainement pas eu le loisir de se prononcer assez haut pour peser dans la balance contre la reine, et cela moins de trois jours après la défaite de Wyatt. L'envoi des médecins fut, sans aucun doute, spontané de la part de Marie, sur la demande qu'elle avait reçue antérieurement d'Elisabeth.
3. Le mérite en revient ici à Patrick Fraser Tytler, *England under the reigns of Edward VI and Mary*, t. II, p. 422-429. Foxe, réfugié à Bâle pendant le règne de Marie, fut d'autant plus exposé à prendre les histoires courantes pour la vérité. Il admit tout sans critique, son zèle ne lui permettant pas de rien analyser de ce qui concernait la gloire d'Elisabeth et de la Réforme.
4. Foxe se trompe sur le nombre et les noms des commissaires.

l'improviste sur les dix heures du soir, les lords apprennent qu'Élisabeth est au lit, fort malade. Néanmoins, séance tenante, ils lui mandent qu'ils sont porteurs d'un message de la reine. Elle répond qu'elle souffre beaucoup, que la soirée est très-avancée, qu'elle les prie d'attendre au lendemain matin. Mais eux : il faut absolument qu'ils la voient, répliquent-ils ; et ils la verront, quel que soit son état. Sans même laisser à la dame d'honneur (Catherine Ashley) le temps de porter leur réponse à sa maîtresse, les voilà qui s'élancent sur ses pas et font irruption dans la chambre. « Milords, s'écrie Élisabeth avec surprise, êtes-vous donc si pressés que vous n'ayez pas pu différer jusqu'à demain matin ? » Ils sont peinés, disent-ils, de la voir dans cet état. « Et moi, je ne suis pas contente de vous voir ici à cette heure de la nuit. » Mais, poursuivent les commissaires, ils viennent de la part de la reine, dont le bon plaisir est qu'elle se rende à la cour. Elle proteste que, plus que personne au monde, elle serait heureuse d'être auprès de Sa Majesté ; seulement la maladie l'en empêche ; ils le voient bien. « Oui, cela est vrai, nous le voyons, répondent-ils, et nous en sommes très-chagrins. Mais il faut que vous sachiez que notre mandat est tel et si absolu, que nous devons sans rémission vous ramener avec nous, morte ou vive. » Sur quoi, ils appellent les deux médecins, et, d'après leur déclaration qu'elle peut supporter le voyage, ils l'emmènent dès le lendemain matin à neuf heures, dans la litière de la reine, dont ils avaient été pourvus à cet effet. « A l'heure fixée, ils la firent sortir comme elle était, faible et abattue, et dans un tel état, qu'elle faillit s'évanouir trois ou quatre fois au milieu d'eux. Je voudrais dire, conclut Foxe, mais je ne saurais l'exprimer, quelle tristesse régnait dans sa maison à la vue de l'irrespectueuse et déplorable conduite des lords, à la vue surtout de l'anxiété et de la captivité de leur innocente dame et maîtresse [1]. »

1. Foxe, t. VIII, p. 606, 607. Heywood a répété le récit de Foxe, qui a inspiré aussi Holinshed.

Rien de plus facile que d'opposer la vérité à cette scène de roman. Rappelons-nous d'abord que, le lendemain de la levée de boucliers de Wyatt, Marie invite sa sœur par une lettre autographe (26 janvier) à venir se ranger près d'elle. Celle-ci s'étant excusée par raison de santé, elle patiente quinze jours entiers (26 janvier-10 février).

Alors, l'insurrection étant vaincue, et les présomptions les plus graves, quoi qu'en dise Foxe, s'élevant contre Élisabeth, la reine donne à trois commissaires une lettre pour la princesse, avec charge de la ramener à la cour.

A leur tête, comme nous l'avons vu, est William Howard, le proche parent, l'ami d'Élisabeth. Ils arrivent le 10 février à Ashridge et s'acquittent immédiatement de leur message; sur l'avis conforme des deux médecins de la reine, qui les ont accompagnés, ils invitent Élisabeth à se tenir prête à partir, lui laissant la journée du 11 pour prendre ses dispositions, et se mettent en route le 12.

Ce furent les commissaires eux-mêmes qui consignèrent ces circonstances détaillées dans une lettre à la reine, lettre datée d'Ashridge, 11 février 1553 (4), quatre heures de l'après-midi. On l'a retrouvée et publiée de nos jours [1]. Ils ont remis, disent-ils, à lady Élisabeth, la lettre de Son Altesse, lui ont fait connaître leur mission et l'intention de Sa Majesté que, sauf l'avis des médecins, toutes excuses étant mises de côté, elle se rende à la cour avec tout l'empressement et la diligence convenables. « A quoi, continuent-ils, nous avons trouvé Sa Grâce disposée avec pleine bonne volonté; excepté seulement qu'elle craignait, à cause de sa grande faiblesse, de ne pas pouvoir voyager ni supporter la route sans risquer sa vie, et qu'elle désirait un plus long répit, afin de recouvrer quelque force; mais, finalement, à notre persuasion aussi bien qu'à celle de son propre conseil et de ses serviteurs, qui, nous l'assurons à Votre Al-

---

[1]. Tytler, *England under the reigns...*, t. II, p. 426, 427.

tesse, ont montré beaucoup d'empressement et de zèle à complaire à Votre Altesse dans cette circonstance, elle a résolu de partir d'ici demain, pour se rendre près Votre Altesse... »

On sent assez, au tour de la lettre, comme à la bienveillance du langage, que les trois lords, soigneux de ne rien envenimer, furent loin de mériter les reproches de Foxe. La date de leur lettre, quatre heures de l'après-midi, après leur entretien avec Élisabeth, prouve également qu'ils n'arrivèrent pas à dix heures du soir, mais en plein jour, et qu'ils ne firent pas à la malade la brutale algarade nocturne de la légende [1].

Une distance de trente-trois milles [2] séparait Ashridge de Westminster. Ils la divisèrent en cinq étapes, dont ils annexèrent le tableau à leur dépêche. Une seule, la plus chargée, était de huit milles. Partie donc d'Ashridge le lundi 12 février, et parvenue le jeudi suivant à Highgate [3], distant seulement de cinq milles de Westminster (huit kilomètres), Élisabeth n'avait plus qu'à fournir une cinquième et dernière journée. Mais elle se trouva tellement épuisée qu'on la jugea incapable même de ce faible effort.

Elle demeura toute une semaine au gîte, les membres si enflés, disait-on, que l'on n'attendait plus pour elle que la mort. Ses amis parlaient de poison ; ses ennemis répandaient des bruits injurieux [4]. En résumé, cet enlèvement de *morte ou vive* fut un

---

1. Tytler fait observer que Foxe, dans le corps de son ouvrage, rapporte exactement les faits, et qu'il les a dénaturés à la fin, dans son supplément sur la *Miraculeuse Préservation de lady Elisabeth*. En effet, dans le corps de l'ouvrage, Foxe parle non pas de commissaires envoyés à Ashridge le 26 janvier, mais de la mission de lord William Howard et de sir Edward Hastings, le samedi 10 février (t. VI, p. 544, édit. 1846). Quatre ans après, en 1558, pendant que Marie était mourante, Elisabeth exprima au comte de Feria, envoyé de Philippe II, l'opinion la plus favorable sur William Howard, et, une fois reine, elle le traita très-honorablement. Il est fort probable que le voyage d'Ashridge n'y avait pas nui.

2. Le mille anglais est de 1609 mètres. Cela ferait 53 kilomètres, un peu plus de 13 lieues.

3. Du moins si les commissaires suivirent exactement leur programme.

4. Il paraîtrait en effet que ce fut à ce dernier endroit d'Highgate qu'elle séjourna, d'après ce que Noailles écrit à M. d'Oysel, 21 février 1553

voyage de onze jours pleins (12-22 février). Serait-ce aller trop loin de conjecturer que lord Howard le prolongea le plus possible, dans l'espoir que le fort de l'orage à la cour serait moins terrible pour Élisabeth, elle absente et réputée dangereusement malade ; puis, à son arrivée, les colères déjà moins ardentes?

Quoi qu'il en soit, tristes journées. S'il n'est pas interdit de supposer quelque simulation dans les évanouissements réitérés dont elle fut prise au sortir d'Ashridge, on comprendra ses alarmes aux nouvelles terrifiantes qu'elle put apprendre en route coup sur coup, la mort de Jane Grey, les supplices de Londres, l'exécution imminente du duc de Suffolk[1]. A son tour, ne semblait-elle pas s'acheminer vers un pareil destin?

Admirons la trempe extraordinaire de ce caractère. C'est dans de telles extrémités qu'Élisabeth brillait de tout son éclat. Alors qu'au milieu de ces tragédies, où tant d'hommes qui se

(4) : « James Croffz et millord Thomas Gray sont prisonniers.... desquelz on n'en pense pas meilleure issue (que de Courtenay), ny mesmement de Madame Elizabeth, qui est à sept ou huict milles d'icy, si fort malade que l'on n'y espère plus que la mort, et est la commune oppinion qu'elle a esté empoisonnée, parce qu'elle est si enflée et deffaicte que c'est grand pytié de la veoir. » Vertot, t. III, p. 78, 79. — Le même au roi, Londres, 24 février 1553 (4) : « Madame Elizabeth, sœur de ladicte dame, arrive jeudy en ceste ville, si mal de sa saucté par une hydropisie ou enfleure qui lui tient tout le corps et mesme le visage, que ceulx qui l'ont veue ne luy promectent guère longue vie. » Id., ib., p. 87, 88. A ce sujet, Vertot a mis en note ces mots : maladie favorable qui épargna peut-être un crime à la reine sa sœur, qui se flattait qu'elle en mourrait. Quelques historiens anglais ont attribué par méprise cette note à Noailles lui-même, ce qui lui donnerait une gravité qu'elle ne saurait avoir sous la plume un peu légère de Vertot. Renard, de son côté, écrit à l'empereur, Londres, 17 février 1553 (4) : « Madame Elisabeth, de regret, seiche et devient éthique et impotente, tellement qu'elle ne fait par jour que deux lieux : tel est le remord de sa conscience, et ne se peust soutenir en façon quelconque, et ne veult ni boire ni manger, et tient l'on qu'elle soit enceinte. » *Man. Rec. Off.*, t. I, p. 1223.

1. Suffolk, indigne père, et pour ainsi dire meurtrier de sa fille, était devenu plus odieux encore par les basses dénonciations au prix desquelles il essaya de racheter sa vie. A ses derniers instants, il montra de la fermeté. Son exécution est du 23 février, le lendemain de l'arrivée d'Élisabeth à Londres.

targuaient d'audace avaient faibli honteusement, une fille se fût affaissée sur elle-même, qu'y aurait-il d'étonnant? Elle, au contraire, ramassant par une suprême aspiration tout ce que la séve des Tudors lui avait versé de force et d'orgueil, et domptant les angoisses de la chair, elle sut se mettre en scène, se créer un triomphe.

Ce n'était pas seulement sa vie qui était menacée : on attaquait aussi son honneur. On disait qu'elle portait dans son sein le fruit et l'expiation d'une faute [1], comme on l'avait dit six ans auparavant lors de ses coquetteries avec Thomas Seymour. Mais, de même qu'elle avait prié instamment le Protecteur de l'admettre à la cour, pour qu'elle *pût se montrer telle qu'elle était*, de même, poursuivie encore par la calomnie, elle résolut d'appeler sur elle tous les yeux.

Le 22 février 1554, assez tard dans la journée, de quatre à cinq heures du soir, elle descendit de Highgate, dont la colline domine Londres du côté nord-ouest [2]. Le peuple, en flots immenses, accouru au-devant d'elle, se pressait des deux côtés de la route. Elle avait fait découvrir sa litière. Vêtue de blanc, symbole d'innocence, le visage pâle et fier, elle affectait un air hautain et superbe, afin de mieux cacher son trouble, disait Simon Renard [3].

---

1. V. plus haut, Renard à Charles-Quint, 17 février 1553 (4).
2. Le 22 février est la date du *Journal d'Henry Machin* et de Noailles, Lett. au roi, 24 février 1553 (4), Vertot, t. III, p. 87-88. Quelques modernes préfèrent le 23, à cause d'une dépêche de Renard à Charles-Quint, du 24 février (*Man. Rec. Off.*, t. II), où on lit : « Ladite Elisabeth arriva hier habillée toute de blanc... » Mais quelques lignes plus haut : « Aujourd'huy, on exécute (pour *on a exécuté*) le duc de Suffocq, qui ne s'est jamais voulu reconnaître quant a la religion... » Or, la date du 23 pour le supplice du duc de Suffolk n'a jamais été contestée. L'indication de l'arrivée d'Élisabeth *hier*, venant ensuite, ne peut se rapporter qu'au 22. Vraisemblablement, Renard aura écrit la plus grande partie de sa dépêche le 23; mais, ne l'ayant terminée que le 24, il l'aura datée de ce dernier jour.
3. Lett. à Charles-Quint, Londres, 24 février 1553 (4). *Man. Rec. Off.*, t. II, p. 4. Déjà cité par Tytler, *England under the reigns...*, t. II, p. 310. Miss Agnès Strickland, *Elizabeth*, p. 76, 77. Jos. Stevenson, *Calendar foreign*, 1558, p. LXIII.

Outre sa propre maison, deux cents gentilshommes de la reine, en riche tenue, l'escortaient. La foule gardait un silence profond, qu'interrompaient seulement les pleurs et les gémissements du plus grand nombre. Elle défila ainsi jusqu'à Westminster, avec cette solennité funèbre, où se ravivait sa popularité.

XVIII

ÉLISABETH PRISONNIÈRE A WHITEHALL

En entrant au palais de Whitehall, qui devenait sa prison, Élisabeth protesta hautement de son innocence et demanda à être conduite devant la reine. Mais celle-ci lui envoya l'intimation d'avoir d'abord à se justifier. On lui donna un logement d'où nul ne pouvait sortir sans passer à travers les gardes. De sa maison, douze personnes seulement, savoir : deux gentilshommes, six femmes et quatre serviteurs, demeurèrent auprès d'elle. Le reste fut réparti en ville [1].

Renard accourut aussitôt pour l'accabler [2]. Le Conseil avait entamé sans désemparer l'interrogatoire des insurgés; et leurs aveux ne la mettaient pas en belle situation. Nous n'avons pas oublié de quels commencements de preuves le gouvernement était déjà possesseur : les deux lettres de Wyatt à Élisabeth, contenant, la première le conseil de se retirer à Dunnington,

---

1. Renard à Charles-Quint, Londres, 24 février 1553 (4). *Man. Rec. Off.*, t. II, p. 4.

2. Il se résume ainsi dans la même dépêche du 24 février : « L'on luy (à la reine) conseille de la faire mectre en la Tour, puisqu'elle est accusée par Wyat, nommée par les lettres de l'ambassadeur de France, suspicionnée par ses propres conseillers, et qu'il est certain l'entreprinse était en sa faveur. Et certes, sire, si pendant que l'occasion s'adonne elle ne la punyt et Cortenay, elle ne sera jamais asseurée. » *Id., ib.*

la seconde la nouvelle de son entrée victorieuse à Southwark, ceci après qu'elle s'était dispensée de venir à la cour, où la reine la mandait ; la dépêche de Noailles du 26 janvier [1], où on lisait le détail du but et du plan de la conjuration ; la copie, copie si singulièrement fourvoyée, de la réponse d'Élisabeth à la lettre par laquelle sa sœur lui avait fait part de sa convention de mariage avec le prince d'Espagne. Le duc de Suffolk, sollicitant la clémence de la reine, et peut-être aussi dans l'intérêt de sa fille, avait déclaré par écrit que l'insurrection tendait à détrôner Marie et à lui substituer Élisabeth. William Thomas, ancien secrétaire d'Édouard VI, avoua un projet d'assassinat contre la reine [2].

D'autre part, on crut un instant qu'Élisabeth avait poussé l'audace et l'étendue des vues jusqu'à se servir de Henri II et d'Anne de Clèves, la veuve répudiée de Henri VIII, pour décider le duc de Clèves et, par lui, les princes allemands, à une agression contre l'empereur [3]. Mais le plus grave péril lui vint du chef même de l'insurrection, c'est-à-dire de Wyatt. Ces conspirateurs téméraires, une fois vaincus, perdaient toute fierté. Rien n'égalait leur facilité, leur intempérance d'aveux pour livrer, avec leur secret, le secret de leurs adhérents. Les *con-*

---

[1]. Noailles au Connétable, 10 février 1553 (4), dans Vertot, t. III, p. 59. Nous verrons plus loin qu'on avait intercepté aussi ses dépêches des 28 et 30 janvier. Mais le chancelier Gardiner ne les produisit pas ; nous verrons aussi pourquoi.

[2]. Ce William Thomas essaya de se tuer dans sa prison, le 26 février, mais il guérit et fut conduit à l'échafaud le 18 mai. Renard à Charles-Quint, 1er mars 1553 (4) ; *Man. Rec. Off.*, t. II. *The Chronicle of queen Jane*, p. 65, 76. Noailles parle au Connétable de cet aveu de William Thomas ; lett. du 10 mars, Vertot, t. III, p. 120. Foxe, *The Acts and monuments*, t. VI, p. 550. Strype, III, p. 123, 175-178. Lingard, *Hist. d'Anglet.*

[3]. Renard à Charles-Quint, 8 février 1553 (4). *Man. Rec. Off.*, t. I, p. 1087. Du même au même, 12 février. *Id., ib.*, p. 1202. Charles-Quint à Renard, Bruxelles, 18 février. Granvelle, *Papiers d'État*, t. IV, p. 214, 215. Ce fut sans doute pour détruire l'effet de cette accusation qu'un envoyé extraordinaire du duc de Clèves vint bientôt féliciter la reine de sa victoire et de son mariage. Renard à Charles-Quint, 3 avril 1554. *Man. Rec. Off.*, t. II.

fessions coulaient à flots de leur bouche. Wyatt, à peine arrêté, dénonça spontanément, *sans question ni torture*, Édouard Courtenay et plusieurs autres. Il déclara que la conspiration se faisait pour celui-ci et pour Madame Élisabeth [1]. C'est là-dessus que Courtenay fut envoyé à la Tour, le 12 février. Wyatt, confirmant et développant ses dires, raconta que M. d'Oysel, qui se rendait en Ecosse en qualité d'ambassadeur français (au mois de janvier), avait joint ses efforts à ceux de l'ambassadeur de France en Angleterre ; que tous deux avaient parlé à Croft pour empêcher le mariage du prince d'Espagne avec la reine, élever à la couronne Élisabeth, la marier avec Courtenay et faire mourir la reine ; qu'auparavant, ils s'en étaient entendus avec Edward Rogers [2], Pierre Carew et Pickering, en leur promettant, de la part du roi de France, argent, aide, gens de guerre, et de plus une double diversion, par l'Écosse d'un côté, contre Guines et Calais de l'autre, au moment où les conjurés anglais exécuteraient la *principale pratique;* que déjà plusieurs capitaines français étaient passés en Écosse, où des forces importantes allaient les suivre ; tandis que, sur le continent, le maréchal de Saint-André [3] se rapprochait de Guines [4].

1. Renard à Charles-Quint, 12 février 1553 (4). *Man. Rec. Off.*, t. I, p. 1200, 1209.
2. Au moment où Courtenay faisait cette déposition, Croft et Rogers étaient sous les verrous.
3. Il était gouverneur de Picardie et commandait les forces françaises de ce côté, pendant la guerre qui se poursuivait entre François Ier et l'empereur.
4. Ces détails sont extraits d'une lettre de Renard à son maître, en date du 24 février 1553 (4). *Man. Rec. Off.*, t. II, p. 1. Elle commence ainsi : « Wyatt a pleinement confessé par sa déposition comme le sieur Dosel passant par ce royaulme pour aller en Écosse..... » Elle conclut par ces mots : « Ainsi la pratique des François est découverte. » Tytler, dans ses citations (*England under...*, t. II, p. 306, 307), a reproduit une faute de copiste : Henri II, dit-il, veut attaquer du côté de la *Guyenne* et de Calais. Il n'a pas réfléchi que depuis plus d'un siècle, c'est-à-dire depuis l'an 1453, sous Charles VII, les Français avaient reconquis la Guyenne tout entière sur les Anglais et n'avaient donc plus aucune entreprise à tenter par là. C'est bien de Guines, près de Calais, orthographiée autre part *Guygne* (Renard à Charles-Quint, 15 mars), qu'il est question.

Si le lecteur veut bien se reporter particulièrement à la lettre de Noailles à d'Oysel que nous avons citée précédemment [1], lorsqu'aux premiers jours de janvier il nouait les fils du complot, on reconnaîtra combien les aveux si précis de Wyatt étaient conformes à la vérité. Il ne paraît pas avoir connu les menées des deux ambassadeurs pour soulever le nord de l'Angleterre, puisqu'il n'en parle pas. Quant au meurtre de la reine, on aime à croire qu'il les charge au delà de leur juste part, bien qu'ils ne pussent pas ignorer que, pour un souverain, le chemin était court de la perte de son trône à la perte de sa vie. Sans sortir d'Angleterre, les catastrophes d'Édouard II (1327), de Richard II (1399), de Henri VI (1471), d'Édouard V (1483), ne parlaient-elles pas assez haut?

Interrogé à la Tour, le 25 février, par Bourne, secrétaire d'État, touchant Élisabeth, Wyatt réitéra ses déclarations et ajouta que sir James Croft en savait davantage. Celui-ci, amené aussitôt, confirma ce qu'avait dit son compagnon de révolte et de captivité; tous deux s'accordèrent à charger Saintlow, l'un des gentilshommes d'Élisabeth, des mêmes choses et de plus encore [2]. Saintlow, arrêté la veille, fut transféré immédiatement à la Tour. Il nia énergiquement avoir eu connaissance de ce qui se tramait [3]. Wyatt, confronté avec Courtenay, en présence de trois commissaires, maintint que celui-ci était de la

---

Il est difficile de comprendre comment, en présence de ces déclarations catégoriques, M. Froude écrit néanmoins que « Wyatt, par de *vagues* aveux, avait compromis partiellement » Élisabeth (*Wyatt, by vague admissions, had already partially compromised her*, t. VI, p. 190, 191).

1. V. p. 176. Cette lettre, du 22 janvier 1553 (4), inédite jusqu'ici, provient, comme nous l'avons indiqué, des Archives du ministère des affaires étrangères.

2. Lettre de la Commission au Conseil privé, 25 février 1553 (4), dans Tytler, t. III, p. 313, 314.

La Commission, composée de John Bourne, Richard Southwell, Th. Pope, John Hyggins, se réserve d'expliquer de vive voix aux lords ce qu'il y a dans ce *plus encore*, « *with the semblable matter and forther as we shal declare unto your said Lordships.* »

3. *The Chronicle of queen Jane...*, p. 65, et Foxe, t. VIII, p. 607.

conspiration, qu'elle se faisait expressément à son profit, qu'il était aussi traître ou plus encore que lui-même. Courtenay se renferma dans un système de dénégations ¹. Croft, au contraire, entré tout à fait dans la voie des aveux, consigna par écrit les intrigues de l'ambassadeur de France avec les hérétiques et les rebelles ². D'autres prisonniers attestaient également la complicité de Courtenay, sa correspondance avec Pierre Carew au moyen d'un chiffre taillé sur une guitare, ses intelligences avec le roi de France, comment l'entreprise était pour lui, comment Carew l'avait dissuadé à un certain moment de passer en France et *brassait* son mariage avec Élisabeth ³. Lord Russell, fils unique du comte de Bedford, lord du sceau privé, s'était jeté aussi dans la conjuration. Prisonnier chez son père, il raconta avoir reçu des lettres de Wyatt pour Élisabeth et les avoir fait tenir à cette princesse ⁴.

Ainsi les témoignages se multipliaient contre Élisabeth et Courtenay. Renard en prenait un avantage terrible pour presser leur perte, exhortant sans cesse Marie à se souvenir que, puisque Dieu l'avait sauvée des traîtres et lui avait donné l'occasion de consolider l'établissement de ses affaires, elle ne devait pas la perdre, alors qu'il était en son pouvoir de purger le royaume par le châtiment mérité de tant de haine et d'ingratitude, alors surtout que la subversion de la religion, elle le savait, pourrait s'ensuivre, et que les hérétiques n'avaient d'espoir que dans Élisabeth et Courtenay ⁵. D'ailleurs ne fallait-il pas aussi pourvoir à la sûreté du prince ?

---

1. Renard à Charles-Quint, 1ᵉʳ mars 1553 (4). *Man. Rec. Off.*, t. II.
2. *Id., ib.* Tytler (*England under...*, t. II, p. 330) fait observer que, dans la seule déposition de Croft qu'il ait trouvée, il n'y a pas d'aveux de cette nature. Mais cela ne prouve rien contre les renseignements formels que Renard tenait de la reine elle-même. Ils peuvent avoir été consignés dans une autre pièce que celle dont parle Tytler.
3. Ceci est tiré d'une conversation de Marie avec Renard. Renard à Charles-Quint, 8 mars 1553 (4). *Man. Rec. Off.*, t. II.
4. Elles portaient le conseil à Élisabeth de s'éloigner de la cour et de s'établir à Dunnington. Renard à Charles-Quint, 8 et 9 mars. *Id., ibid.*
5. Dans une dépêche du 17 février, adressée à l'Empereur, Renard rap-

Marie, presque réduite à s'excuser près du rude étranger, répondait qu'elle et son Conseil travaillaient avec toute la diligence possible à tirer la vérité des pratiques de l'un et de l'autre ; que Courtenay se trouvait grandement chargé et coupable, et qu'elle y tiendrait la main, puisqu'il n'avait eu respect ni à sa vie ni à sa couronne. Quant à Élisabeth, elle était telle qu'elle l'avait toujours trouvée et jugée ; on devait l'interroger le jour même, pour aviser selon ses réponses à ce qu'on en ferait [1].

Il y avait, en effet, un obstacle légal qui arrêtait le bras levé sur eux, quelle que fût la gravité des indices qui se multipliaient pour les accuser. Une loi toute récente, de ce règne, vrai don de joyeux avènement, avait supprimé les cas de trahison, inventés par le tyrannique Henri VIII, et fait revivre l'ancienne législation, aux termes de laquelle le consentement au crime de haute trahison ne pouvait être puni de mort, qu'autant qu'il aurait été accompagné d'un acte de participation effective [2]. Ce commencement d'exécution, voilà ce qu'on recherchait au Conseil avec une activité fiévreuse. Voilà aussi ce qu'on ne devait pas découvrir ; car un homme s'intéressait à la vie de Courtenay et s'efforçait de détourner les ombres, à mesure que d'autres les amassaient sur la tête de son protégé : ce patron tutélaire n'était pas autre que le chancelier.

---

porte que Courtenay aurait promis que, une fois marié avec Élisabeth, il suivrait la *nouvelle religion* (*Man. Rec. Off.*, t. I, p. 1231).

1. Renard à Charles-Quint, 8 mars 1553 (4). *Man. Rec. Off.*, t. II.
2. Ce statut était de la 1re session du Parlement convoqué par Marie. La reine l'avait promulgué solennellement le 20 octobre, en même temps que la réhabilitation des Courtenay. Il abolissait tous les cas de trahison institués sous le règne de Henri VIII et, en général, depuis la loi votée la vingt-cinquième année du règne d'Édouard III (1352). Le Parlement avait représenté à la nouvelle reine que l'autorité étayée sur l'amour des sujets était bien plus solide que celle qui reposait sur la terreur des lois et la rigueur des châtiments ; qu'en abolissant ces lois qui avaient conduit à une mort honteuse, pour de simples paroles, les personnes les plus honorables du royaume, elle serait aimée, servie et obéie avec d'autant plus de cœur et de fidélité, etc. (*The Statutes of the Realm.*, t. IV, 1re partie, p. 198). Malheureusement, les faits démentirent de bien près ces maximes rassurantes.

Gardiner aimait sincèrement l'orphelin qu'il avait vu croître dans leur commune prison de la Tour. Affection et patriotisme, il aurait souhaité que la reine lui donnât la préférence sur un époux étranger; et ce n'était pas sans chagrin qu'il s'était résigné à la déception que lui avaient infligée les dispositions particulières de Marie, l'opiniâtre habileté de Renard et la jalousie de Paget. Après avoir, au mois de janvier, tiré du faible jeune homme des lumières suffisantes pour amoindrir les forces et les chances des conspirateurs, réduits par sa vigilance à la ressource suprême d'un mouvement prématuré, et la crise une fois surmontée, il se ressouvint d'un passé meilleur. Il lui répugna de livrer au bourreau ce rejeton d'une famille qui avait payé du martyre sa fidélité au catholicisme, cet ami des mauvais jours, si utile naguère par ses révélations ; plus encore, de le sacrifier, épave sanglante du naufrage de sa propre politique, à la cruauté et à la fortune du ministre impérial. S'il ne s'opposait plus au mariage, il se raidissait en bon Anglais contre la prépotence espagnole.

Il se retrancha donc derrière la légalité, toujours et justement chère à sa nation. Il se trouva de la sorte conduit à protéger, en même temps que la vie de Courtenay, celle d'Élisabeth. Non pas qu'il n'eût incliné plus volontiers, semble-t-il, à faire la reine *quitte* de celle-ci, selon une locution du temps. Mais il ne le voulait pas non plus sans preuves suffisantes et juridiques; et, parmi les preuves, il ne voulait pas de celles qui eussent entraîné son client dans la même sentence. Aussi les administra-t-il d'une main avare. Lors de la saisie de la dépêche du 26 janvier de Noailles à sa cour, dépêche où était articulé si clairement le rôle de Courtenay et d'Élisabeth, Gardiner se réserva le soin de la déchiffrer; il n'eut garde de lire le nom de Courtenay, qu'il laissa en blanc. Renard, aux aguets, obtint que la reine lui communiquât l'original; il pénétra sans difficulté le nom mystérieux et montra son déchiffrement au chancelier, qui, tout troublé, changea de couleur [1]. Ce n'était pas seulement cette dépêche; c'étaient encore les paquets des 28 et 30 janvier que l'on avait saisis [2].

Pris ainsi en flagrant délit, Noailles paya d'audace. L'un de ses frères puinés, François, qui portait le titre de protonotaire de Noailles et fut plus tard évêque d'Acqs (Dax), venait de lui être adjoint pour faire son apprentissage du métier diplomatique [3]. Il demanda une audience, le présenta à la reine, comme un garant exprès des sentiments d'amitié parfaite du roi envers elle, et réclama les lettres qu'on lui détenait. Le chancelier, à qui la reine le renvoya, éluda. Il répondit à l'ambassadeur qu'elles avaient été saisies pendant que les rebelles étaient à Rochester. Remises d'abord au Conseil, puis à lui-même, il les avait laissées, avec d'autres pièces, dans sa maison de Lambeth, qu'il avait dû quitter précipitamment lors de la soudaine irruption des insurgés après qu'ils avaient occupé Southwark. Ils avaient tellement saccagé ses papiers que presque tout était perdu; au reste, il ferait d'actives recherches [4]. Deux jours après, le Français envoya fièrement réclamer ses lettres, au nom du roi [5]. Renard, cet Argus toujours en éveil, s'étonna de l'en-

---

1. On était encore en pleine insurrection. Renard à Charles-Quint, Londres, 3 février 1553 (4). *Man. Rec. Off.*, t. I, p. 1153, 1154, 1166. On se souvient que Courtenay se rangea ostensiblement du côté de la reine, mais que, le 7 février, à l'instant décisif, il donna le signal d'une panique qui faillit désorganiser les troupes royales.

2. Noailles au Connétable, 11 février 1553 (4). Vertot, t. III, p. 59.

3. Il arriva à Londres le 12 février 1553 (4). Vertot, t. III, p. 123.

4. Holinshed, p. 1097, et Stow, p. 617, rapportent ce fait du pillage de la maison de Gardiner. Les insurgés non-seulement enlevèrent les provisions, mais tout le mobilier, jusqu'aux serrures, dont ils ne laissèrent pas une seule. Ils mirent en pièces les livres de la bibliothèque, tellement qu'on marchait jusqu'aux genoux dans les feuillets déchirés. Wyatt, furieux de ces excès déshonorants, en voulut faire pendre les auteurs (3 février 1554).

5. Noailles au roi, 17 février 1553 (4). Vertot, t. III, p. 72... Lettre du Conseil à Wotton (ambassadeur en France), Westminster, 22 février 1553 (4). *Calendar foreign*, 1553-1558, n° 157. Gardiner n'eut garde de retrouver la dépêche de Noailles du 26 janvier, disant toujours ne pas savoir ce qu'il en avait fait.

Renard à Charles-Quint, 1er mai 1554. *Man. Rec. Off.*, t. II; Tytler, t. II, p. 383 et suiv.

têtement de Noailles à mettre le propos sur plusieurs dépêches, et de l'obstination du chancelier à ne l'entendre que d'une seule, celle du 26 janvier. Il ne douta plus que Gardiner n'en eût reçu et déchiffré plusieurs, sans les communiquer à personne, parce qu'elles chargeaient Édouard Courtenay [1]. Aussi s'efforçait-il d'exciter la défiance de la reine à l'égard de son ministre. Elle devait se souvenir, disait-il, que lui et plusieurs du Conseil avaient toujours favorisé Courtenay pour le mariage. Assurément, ils avaient consenti à l'entreprise de Wyatt. Alors elle répondait bravement qu'elle se tenait pour femme du prince et que, tant qu'elle vivrait, elle n'aurait pas d'autre mari : plutôt perdre sa couronne, son État et sa vie [2]. Une autre fois, pressée de garantir la sûreté du prince, elle s'écriait qu'elle aimerait mieux n'être jamais née, plutôt qu'un *inconvénient* survînt à la personne de Son Altesse [3]. Bientôt l'ambassadeur se plaignit de la négligence suspecte avec laquelle on procédait à la *fulmination* du procès de Courtenay et d'Élisabeth; il y voyait l'intention arrêtée de traîner en longueur, dans l'attente d'une occasion de les sauver. La reine ne pouvait rien contre le parti pris du chancelier, qui, en vertu de sa charge, maniait toutes ces affaires. Il menait cependant l'instruction avec une vivacité apparente. Courtenay subit cinq interrogatoires en moins d'un mois [4]. Mais le ministre étranger n'en remarquait pas moins qu'on avait mis à la Tour, comme gardien et commissaire aux interrogatoires, Southwell, un des anciens promoteurs du mariage de la souveraine avec Courtenay [5], et l'un des hommes les plus ignorants

---

1. Renard à Charles-Quint, Londres, 7 avril 1554. *Man. Rec. Off.*, t. II.
2. Renard à Charles-Quint, Londres, 5 février 1553 (4). *Man. Rec. Off.*, t. I, p. 1154.
3. Du même au même, 8 mars 1553 (4). *Man. Rec. Off.*, t. II. Et le 27 mars encore : « A ce, raconte Renard, elle me dit avec les larmes en l'œil qu'elle aymeroit mieux n'avoir jamais esté née, que l'on fict oultrage à Son Altesse, qu'elle espère et se confie en Dieu, telle chose ne adviendra, etc. »
4. Noailles au Connétable, 10 mars 1553 (4). *Vertot*, t. III, p. 120.
5. Le chancelier « qui a mis en la Tour, pour examinateur et garde, Sudvel, qui a esté toujours le principal promoteur du mariage de Cor-

du royaume, le plus corruptible et le plus passionné, — c'est Renard qui parle. — Avec lui était le secrétaire Bourne, un des adhérents du même parti, si bien que l'on donnait connaissance au coupable de tout ce qui se passait et des dépositions faites contre lui. Même, sans ordre du Conseil, on l'avait tiré de sa prison première, pour le mettre plus au large. Bref, le chancelier avait promis à la reine que tous les procès criminels seraient achevés dans un délai déterminé ; ce délai était expiré depuis huit jours, et le tiers n'en était pas expédié [1]. N'était-il pas arrivé aussi qu'un des serviteurs de Courtenay avait pénétré dans la prison d'un agent de l'ambassadeur de France, un certain Jonk, pour lui recommander de garder le secret et de ne pas accuser son maître? Arrêté sur la dénonciation du geôlier et interrogé par Walgrave, on l'avait relaxé dès le lendemain, quoiqu'il eût avoué.

Renard disait encore que le chancelier, tout dévoué au coupable, cherchait à dérober à Petre et à Paget la connaissance des procédures [2]. On avait vu aussi avec surprise Croft et Wyatt demander continuellement à lui parler en particulier, et il avait fallu qu'on y mît un empêchement formel [3]. Autre reproche : il examinait diligemment les prisonniers sur la religion, laissant de côté le point principal, celui du délit contre le service de la

---

tenay avec ladite dame » (Renard, 14 mars). Tytler, t. II, p. 338, entend Élisabeth par ces mots *ladite dame*. Mais il se trompe. Cette manière de parler : *ladite dame*, désigne toujours la reine. Par exemple, 22 avril (*id.*, p. 375) : « *Ladite dame* est après pour conclure ce que l'on fera de Cortenay et de Madame Élisabeth. Et quant audit Cortenay, je la vois inclinée et persuadée pour luy donner liberté, par les persuasions des dits comptrolleur et ses compagnons, qui ont tenu la main pour le mariage de luy avec *ladite dame*. Quant à ladite Élisabeth, les gens de loix ne treuvent matière pour la condamner... » Tytler croit une seconde fois, à tort, contre le sens évident du texte, que c'est le mariage Courtenay-Élisabeth.

1. Renard à Charles-Quint, Londres, 14 mars 1553 (4). *Man. Rec. Off.*, t. II.
2. *Id., ibid.*, et lettre de Renard du 24 février précédent. *Man. Rec. Off.*, t. II.
3. Renard à Charles-Quint, 24 février. *Man. Rec. Off.*, t. II.

reine[1]. Le cardinal Pole lui-même, malgré la docilité exemplaire avec laquelle il demeurait en Flandre, où le retenait la politique matrimoniale de l'empereur, était dépeint par Renard comme intrigant avec Walgrave et le chancelier pour faire préférer Courtenay au prince d'Espagne. Plus encore : il avait su les derniers troubles à l'avance, et que c'était en faveur de Courtenay son parent[2].

De tout cela, un fait ressort avec évidence : c'est que le chancelier avait résolu de ne pas servir de limier aux Impériaux et de ne pas répandre le plus illustre sang d'Angleterre sur les injonctions de l'étranger. Ce conflit souterrain fut le salut d'Élisabeth. Les destinées des deux jeunes gens se liaient en effet étroitement l'une à l'autre. Et c'est pourquoi nous retraçons ces péripéties avec quelque détail.

---

1. Du même au même, 22 mars. *Id., ibid.* C'était sans doute une conviction chez Gardiner que cette insurrection avait été surtout religieuse. Il l'affirma du moins à l'ouverture du Parlement le 2 avril suivant. Renard à Charles-Quint, 3 avril. *Id., ibid.*

2. Renard à Charles-Quint, Londres, 8 février 1553 (4). *Man. Rec. Off.*, t. I, p. 1189. Du même au même, 14 mars. *Id.*, t. II.

XIX

PROCÈS DE WYATT. — ÉLISABETH ENVOYÉE A LA TOUR

La cour d'Angleterre était alors dans un état d'agitation et d'anarchie qui explique, sans les justifier, les fureurs de Renard. Marie avait surmonté les rebelles, grâce surtout à son intrépidité. Mais, moins habile aux soins du gouvernement que vaillante dans les crises, elle n'avait pas pris l'ascendant sur son Conseil privé. Ceux-ci tenaient pour le prince d'Espagne ; ceux-là regrettaient Courtenay. Un certain nombre étaient suspects d'avoir souhaité au fond du cœur la victoire de Wyatt, ou même adhéré secrètement à la conspiration. Les uns étaient catholiques sincères, tels que sir Robert Rochester, contrôleur de la maison de la reine et persécuté avec sa maîtresse sous Édouard VI quand on avait entrepris de leur ôter la messe ; sir John Gage, chambellan et gouverneur de la Tour ; sir Harry Jerningham, vice-chambellan ; Walgrave, Inglefield, Southwell, et le secrétaire Bourne. Naturellement, ils soutenaient le chancelier. Du côté opposé : les hérétiques, William Howard, amiral du royaume ; les comtes de Pembroke et d'Arundel, Mason ; les convertis, sir Edward Hastings, grand écuyer ; le comte de Sussex, lord Cornwallis, Petre et Paget. Catholiques par un retour de fraîche date, et quelques-uns plus mécontents que satisfaits de leur docile évolution religieuse, ils étaient soupçonnés, particulièrement Paget, de conserver un faible marqué pour la Réforme [1]. Tous, quelle que fût leur croyance du moment, avaient les mains garnies des biens enlevés par les deux derniers rois au clergé catholique, et ne craignaient rien tant que d'avoir à les restituer, gage trop onéreux d'une résipiscence de commande. Dans les affaires, capricieux et jaloux les uns des autres, ils ne songeaient qu'à se traverser réciproquement. Si l'accord semblait parfois s'établir, c'était pour mettre en échec le chancelier. Gardiner, doué de talents remarquables, et supérieur de beaucoup aux hommes d'État anglais qui entouraient Marie, habile et spirituel [2], mais d'un caractère entier et quelque peu rude, tranchait volontiers du maître, chose du reste fort excusable dans ce gouvernement incohérent. Ses collègues au Conseil lui reprochaient de ne pas tenir assez de compte de leur autorité, de se permettre d'agir à leur insu, notamment quant à la religion, où il précipitait par trop, disaient-ils, ce qu'il convenait d'établir avec le temps. Il était vrai que, après avoir eu le malheur de trop complaire à Henri VIII lors de la rupture avec Rome, il brûlait d'autant plus de réparer sa faute par une prompte et complète restauration de l'Église romaine en Angleterre, et qu'il n'envisageait pas assez les troubles que la brusquerie du changement risquait de provoquer chez un peuple

---

1. Renard à Charles-Quint, Londres, 22 mars 1553 (4). *Man. Rec. Off.*, t. II.

2. Tytler (I, p. 108) reproduit cette lettre *humoristique* de Gardiner. Le duc de Somerset l'avait mis à la Tour le 30 juin 1548, pour un sermon qui lui avait déplu. Après la chute de Somerset en 1549, l'évêque écrivit au duc de Northumberland et au Conseil les lignes suivantes : « Milords, voici un an, un trimestre et un mois, aujourd'hui où je vous écris la présente, que je suis détenu dans cette prison misérable, sans air pour me ranimer le corps, sans livres pour me ranimer l'esprit, sans compagnie aimable, la seule consolation en ce monde, et enfin sans aucun motif à moi connu de ma détention en ce lieu. » Les lords rirent beaucoup ; mais ils le gardèrent sous clef tout le temps que vécut Édouard VI.

imbu de préjugés et mal préparé. L'Empereur, si orthodoxe qu'il fût, redoutait extrêmement, pour le succès de ses plans d'alliance, ces entraînements du prélat, dont il recommandait à son ambassadeur de modérer la *chaleur exorbitante* en matière de religion [1]. D'ailleurs, il n'avait pas de prise sur le chancelier. Quand le reste des conseillers de la reine ouvraient à l'envi la main aux ducats d'Espagne, lui, restait pur. Son patriotisme sans alliage garantissait l'indépendance nationale par les précautions prises au traité de mariage, et continuait quotidiennement de repousser l'immixtion des Impériaux dans l'administration du royaume [2]. Aussi Renard se vengeait-il par ses insinuations ou même ses calomnies auprès de la reine, tandis que, au Conseil, Paget, principal adversaire du chancelier, résumant les griefs des mécontents, s'écriait que la noblesse ne voulait plus avoir de duc de Northumberland [3].

Entre autres artifices de tactique contre le chancelier, les opposants s'absentaient subitement et se retiraient dans leurs maisons de campagne, manége inquiétant, parce que les révoltes préludaient toujours ainsi. Sans aller jusqu'à ce pas trop dangereux, Paget et Pembroke se mettaient du moins en dehors des mesures que l'on pourrait prendre dans les affaires religieuses et se réservaient un prétexte de contester ensuite les résolutions de Gardiner [4].

1. Lettre à Renard, Bruxelles, 2 avril 1554. *Man. Rec. Off.*, t. II.
2. Burnet, toujours très-hostile à Gardiner, lui rend cependant la justice que c'est surtout à lui que l'Angleterre fut redevable de ne pas tomber alors aux mains des Espagnols. (*History of the Reformation of the Church of England*, t. II, p. 259, édit. 1715.)
3 Renard à Charles-Quint, Londres, 22 mars 1553 (4). *Man. Rec. Off.*, t. II.
4. Renard à Charles-Quint, Londres, 22 mars 1553 (4). *Man. Rec. Off.*, t. II. Après ces détails, Renard continue : « et tel est le désordre que l'on ne scait qui est bon ou maulvais, qui est constant ou inconstant, qui est loyal ou traistre. Mais il est très-certain que le chancellier a esté fort négligent à la procédure des criminelz et fort ardent et chaloureux es choses de la religion, estant tant hay en ce royaulme que je doubte lhayne l'on a contre luy ne redonde à ladite dame. » Huit jours auparavant, 14 mars, il traçait à l'Empereur ce tableau pris sur le vif, tant de

En butte aux intrigues de tous ces personnages, dont les justifications, les récriminations et les propos venimeux se croisaient sans relâche autour d'elle, harassée et profondément troublée, la reine ne savait plus auquel entendre ; elle s'attachait d'autant plus fort à son mariage comme à l'ancre de salut. Mais Renard en revenait toujours à ce qu'il importait qu'elle s'assurât de Courtenay et d'Élisabeth, afin d'assurer davantage la venue et l'entrée du Prince [1].

Cependant un progrès considérable se faisait alors dans ces procédures, dont la lenteur irritait et scandalisait les Impériaux : Wyatt passa en jugement, le 15 mars (1553-4), devant une commission siégeant à Westminster, sous la présidence du comte de Sussex. Il se défendit énergiquement d'avoir comploté la mort de la reine. Il n'avait pas eu d'autre but, disait-il, que d'interdire l'accès du royaume aux étrangers et aux Espagnols. Il déclara que, s'il figurait en nom comme le chef de la révolte, il n'en était en réalité que le quatrième ou cinquième personnage. Le comte de Devonshire (Édouard Courtenay) lui avait écrit par sir Edward Rogers de poursuivre comme il avait commencé. En ce qui concernait lady Élisabeth, il lui avait mandé par lettre de s'éloigner le plus possible de la capitale, surtout pour se mettre à l'abri

la situation que de ses propres anxiétés : « Quant je considère l'estat des affaires de la royne et de ce royaulme, la confusion qu'est en la religion, la partialité qu'est entre les propres conseillers de ladite dame, la hayne intestine qu'est entre la noblesse et le peuple, le naturel des Anglais qu'est tant adonné à la mutacion, trahison et infidélité, l'inimitié naturelle qu'ils portent aux estrangiers, et ce que de temps à autre ilz ont fait contre eulx, qu'est accreue contre les Espagnols par les persuasions françoises, et malvaise relation que les propres subjectz de Vostre Majesté en ont fait ; et, d'autre part, quand je considère combien il importe que Son Altesse ne tumbe en danger ou hazard de sa personne, en laquelle reposent et s'appuient tant de royaulmes, pays et subjectz ; et la difficulté qu'il a d'entrer en caution envers le peuple anglais (c'est-à-dire d'en obtenir des garanties de sûreté), je sens le fardeau de cette charge si pesante, de telle importance et conséquence, et mon esprit si troublé, que je ne scay par quel moyen je puisse correspondre ny satisfaire à ce que Vostre Majesté me commande par ses lettres dernières du VIIe de ce mois. »

1. Renard à Charles-Quint, 14 mars 1553 (4). *Man. Rec. Off.*, t. II.

des étrangers ; elle lui avait répondu par un message verbal, dont le porteur était sir William Saintlow, qu'elle le remerciait beaucoup de sa bonne volonté, qu'elle ferait de son mieux [1].

Tel est le résumé des déclarations de Wyatt, transmis par l'auteur anonyme de la *Chronique de la reine Jane et des commencements de Marie;* absolument contemporain du procès, il consigne sans préoccupation les faits jour à jour [2]. Holinshed, au contraire, écrivant sous Élisabeth, en panégyriste, ses *Chroniques d'Angleterre, d'Écosse et d'Irlande*, voile le langage de Wyatt touchant cette princesse, quoiqu'il rende compte des débats avec beaucoup de détails. On n'en voit pas moins de toute évidence que le rebelle l'impliqua en effet dans la conspiration. Devant ses juges, il n'essaya pas de se défendre. Il se reconnut coupable, et il ne parla que pour se recommander à la clémence de la reine. Sur Élisabeth, il dit seulement, d'après Holinshed, qu'il s'était persuadé que le mariage de la reine avec le prince d'Espagne mettrait en péril la seconde personne du royaume, héritière en première ligne de la couronne. L'attorney (procureur) de la reine lui reprocha au cours du procès d'avoir entraîné avec lui à leur perte de grands personnages, tels que le duc de Suffolk et ses frères. « Bien plus, poursuivit-il, vous avez compromis dans votre attentat, autant qu'il était en vous, la seconde personne du royaume, en qui, après la reine, reposent notre espérance et notre consolation, et maintenant son honneur est en question. Quel danger va s'ensuivre ? A quelle fin cela viendra-t-il ? Dieu le sait. Voilà votre ouvrage. » Wyatt répondit : « Puisque je ne cherche pas à me justifier, je vous supplie de ne pas m'accabler dans le misérable état où je me trouve et de ne pas me faire paraître ce que je ne suis pas. Il me répugne de

---

[1]. *The Chronicle of Queen Jane*, p. 68-70.
[2]. La *Chronicle of Queen Jane...*, allant de la mort d'Édouard VI, le 6 juillet 1553, au 2 octobre 1554, abonde en détails intéressants et authentiques sur les événements de quelque importance ; tandis que le *Journal de Machin (The Diary of Henry Machin)*, de 1550 à 1563, se borne la plupart du temps à un énoncé très-sec.

désigner qui que ce soit par son nom ; mais, ce que j'ai écrit, je l'ai écrit. » Plus loin, reconnaissant de nouveau sa faute et le tort qu'il avait eu également de refuser, ayant les armes à la main, une offre de pardon de la reine : « Je vous supplie, dit-il, de ne plus me tourmenter de questions, car j'ai tout dit à Sa Grâce (la reine) dans ma confession écrite [1]. » Il est donc clair qu'à divers moments il avait chargé Élisabeth, et qu'il maintenait tout ce qu'il avait articulé.

Wyatt fut condamné à mort. Mais on différa l'exécution près d'un mois. Selon Noailles, on ne lui avait pas ménagé les belles promesses ; et c'était vaincu par de *douces paroles* qu'il avait accusé de grands personnages, notamment Élisabeth et Courtenay [2]. L'ambassadeur espagnol aurait conduit cette négociation au delà même du procès, avec la femme du coupable [3].

Quoi qu'il en soit, Wyatt, en accusant Courtenay, disait l'exacte vérité : la chose est certaine. En ce qui regardait Élisabeth, elle était désormais assez compromise pour qu'on en vînt à délibérer sérieusement sur sa translation à la Tour, mesure tant réclamée par les Impériaux et prélude des plus terribles extrémités. Le Conseil, réuni le jour du procès de Wyatt, se sépara sans rien résoudre. Le lendemain, vendredi 16 mars, le chancelier, assisté de neuf membres du Conseil, se transporta

---

1. Holinshed, p. 1103, 1104 et 1111.
2. Nous nous dispenserons de prendre ici le langage de l'ambassadeur au sérieux, puisque toute sa correspondance antérieure est pleine de la culpabilité de Courtenay aussi bien que d'Élisabeth. Nous avons même remarqué qu'il la représentait comme engagée dans la conspiration au delà de la vraisemblance.
3. Noailles à M. d'Oysel, 29 mars 1554 ; au Connétable, 31 mars ; dans Vertot, t. III, p. 140, 141, 145. Rosso parle aussi des promesses qu'on aurait faites à Wyatt. *I Successi d'Inghilterra...* Ferrare, 1560, p. 51. Cependant Renard, dans la volumineuse correspondance du *Record Office*, ne dit rien de cette négociation qu'on lui attribue, quoiqu'il ait l'habitude de rendre compte à son maître des incidents même les plus menus. Charles-Quint, de son côté, conseille invariablement le châtiment des coupables principaux, dont assurément Wyatt faisait partie, et le pardon pour le reste. Point d'allusion à un marché de clémence tenté près du condamné.

près d'Élisabeth et l'accusa de complicité avec Wyatt, Pierre Carew et les autres gentilshommes de l'Ouest. Elle répondit qu'elle n'avait jamais eu connaissance de leurs projets [1]. Gardiner, incrédule, lui dit en insistant que le plus sûr pour elle serait de se remettre entre les mains de la reine et de lui demander pardon. Elle répliqua que de s'abandonner à la reine, ce serait confesser un crime, et que le pardon était fait pour les coupables. Qu'on lui prouvât d'abord qu'elle était criminelle, alors, mais alors seulement, elle userait du conseil du chancelier [2].

Après cet interrogatoire, la discussion se ralluma très-vive au Conseil, plus partagé et plus agité que jamais. Les amis secrets d'Élisabeth, mis au pied du mur, soutinrent qu'il n'y avait pas de preuves légales suffisantes pour l'emprisonner; qu'il fallait avoir égard à son rang dans le royaume; qu'on pouvait la garder sans la mettre à la Tour. En même temps, ils reprochaient avec emportement à Gardiner de mettre ses soins à examiner les prisonniers sur la religion, en négligeant le point principal et le crime d'État. Ils le taxaient de connivence avec certains contre le service de la reine. Le chancelier trancha la dispute par une inspiration digne de sa renommée de finesse. La reine ayant projeté de passer à Windsor les fêtes de Pâques, qui tombaient le 25 mars, et de là de se rendre à Oxford, où elle avait convoqué le Parlement pour les premiers jours d'avril, il n'était pas possible de laisser Élisabeth seule au palais, en possession pour ainsi dire de la capitale. Il leur demanda qui d'entre eux

---

1. Foxe, t. VIII, p. 607. Heywood, infatigable à justifier Élisabeth, tombe ici dans une erreur qui prouve combien les historiens anciens de cette princesse sont étrangers à toute critique des faits. Selon lui, Élisabeth apporta, comme preuve à l'appui de son innocence, les paroles que Wyatt avait prononcées à son heure dernière sur l'échafaud, et par lesquelles il l'avait exonérée de toute participation au complot et à l'insurrection (p. 88). — Heywood ne prend pas garde que cet interrogatoire d'Élisabeth ayant eu lieu le 16 mars, et l'exécution de Wyatt ainsi que ses déclarations, vraies ou fausses, le 11 avril suivant, il commet un criant anachronisme.

2. Heywood, p. 89.

se chargerait pendant ce temps de la garder et d'en rendre compte. Chacun recula en frémissant devant une telle responsabilité. En conséquence, il fut décidé qu'elle serait conduite à la Tour [1]. Sans perdre de temps, ils revinrent le même jour lui signifier la *volonté* et le *plaisir* de la reine. A ces mots se dressa devant elle le spectre de sa mère, celui de Jane Grey, l'image de tant d'autres qui avaient rougi de leur sang la sinistre geôle. Consternée, elle répondit aux lords qu'elle avait confiance que la reine lui serait plus gracieuse dame et ne voudrait pas la croire capable d'être autre chose qu'une femme loyale. Elle était innocente de tout ce dont ils la chargeaient ; elle les sollicita de se faire ses médiateurs, afin qu'elle, une femme fidèle à sa souveraine en pensée, en parole et en action, ne fût pas envoyée dans ce lieu lugubre, d'un renom si affreux, prison des traîtres et des pires criminels. Enfin, et non sans une pointe de menace, elle les pria de se rappeler qui elle était : devaient-ils pousser les choses si fort à l'extrême pour scruter sa loyauté ? — Il n'y avait pas de remède, répondirent-ils en la quittant, puisque la reine avait décidé absolument qu'elle irait à la Tour [2]. Une heure après, le

---

[1]. Le P. Griffet rapporte, dans ses *Nouveaux Éclaircissements*, p. 168, 169, que ce fut la reine elle-même qui posa cette question. Il s'appuie sur la dépêche du 22 mars, de Renard à l'Empereur. Elle existe en copie au *Record Office* et ne contient pas un mot qui donne lieu de penser que la reine fût présente à la séance. Cela d'ailleurs n'était pas dans ses usages. Renard dit seulement qu'*on demanda où l'on pourrait la garder* (*Élisabeth*), *et si quelques-uns d'eux en voudraient prendre la charge et en rendre compte*. Le P. Griffet date cette lettre du 2 mars, faute d'impression évidente, puisque ses extraits sont identiques à la dépêche du 22 dans le manuscrit du *Record Office*, et que d'ailleurs cette affaire ne fut mise en délibération qu'après la condamnation de Wyatt, prononcée le 15 mars. Lingard et miss Agnès Strickland ont suivi le P. Griffet. M. Froude s'est conformé à la dépêche de Renard. Il admet avec raison, à ce qu'il nous semble, que la question décisive fut posée par le chancelier, seul en position et en disposition de trancher le nœud gordien.

[2]. Ils la laissèrent à ses réflexions, dont Heywood donne un spécimen : « Elle se mit à songer en elle-même que la beauté n'est qu'une fleur bientôt flétrie ; la santé, un bienfait qui s'altère en un moment ; la faveur, une clarté de soleil bientôt obscurcie par les nuées. Qu'est-ce que la richesse et la gloire, sinon un pilier brisé ? Mais l'innocence et la vérité

chancelier, le comte de Sussex et deux autres du Conseil vinrent la séparer de ses gens, excepté un huissier, trois dames et deux valets; ils posèrent des gardes dans son antichambre et dans le jardin au-dessous de ses fenêtres [1]. La captivité commençait. Elle passa la nuit en prières.

Le lendemain matin, samedi 17, le comte de Sussex et le marquis de Winchester, lord trésorier, vinrent lui annoncer qu'il fallait partir pour la Tour; sa barque était prête, la marée favorable, la marée qui n'attend personne. On avait décidé en effet de l'emmener par la Tamise et d'éviter la ville, qu'il eût été imprudent de mettre à l'épreuve d'un tel spectacle. Alors elle les supplia de lui permettre d'attendre une autre marée; la prochaine serait meilleure et plus commode. Le marquis de Winchester répondit que ni le temps ni le flot ne souffraient de délai. Elle insista : au moins, qu'on la laissât écrire six lignes à la reine. Le marquis s'y refusait; mais le comte de Sussex, plus sensible, lui qui ne craignit pas de dire en plein Conseil qu'il regrettait d'avoir vécu assez pour voir une telle journée [2], con-

---

sont des colonnes inébranlables. » (P. 90.) On se demande si cette rhétorique n'est pas tout simplement une amplification d'Heywood. Cependant elle est bien dans le goût d'Élisabeth. Peut-être serait-il permis de supposer que cela faisait partie, ainsi que plusieurs autres développements de même sorte, de la légende qu'Élisabeth, devenue reine, laissa si complaisamment créer autour d'elle, et qui, après avoir eu cours de son temps, fut recueillie par ses *hagiographes*.

1. Voici les nouvelles sentences morales qu'Heywood place dans sa bouche à ce moment : « Soit, dit-elle aux lords. Un triste commencement sera suivi d'une fortune meilleure (*Flebile principium melior fortuna sequetur*). Le tort qu'on nous fait n'est que pour éprouver notre patience; les peines sont une école de sagesse : par l'une, on peut distinguer la fausseté d'avec la bonne foi; par l'autre, il est aisé de discerner les amis et les traîtres. La goutte d'eau perce la pierre (*Gutta cavat lapidem*). Les choses dures peuvent s'amollir, les choses tortueuses se redresser, un roc s'attendrir. Troie, malgré sa longue résistance, finit par céder. Tant que le soleil poursuivra son cours, je ne désespérerai pas d'une issue favorable. Le dernier soleil ne s'est pas couché (*Non omnium dierum sol occidit*) : voilà ce qui sera toujours ma consolation. » Là-dessus, ils la laissent (p. 92-93).

2. *The Chronicle of Queen Jane...*, p. 71, not. *a*.

descendit à son désespoir. Il lui permit d'écrire, et, le genou en terre, il lui jura sur l'honneur de remettre lui-même sa lettre à la reine et de lui rapporter la réponse, quoi qu'il dût arriver [1].

Élisabeth n'eut pas ici le loisir d'étaler son talent et son goût de belle rhétorique, savamment équilibrée. Elle défendit sa vie, selon l'inspiration du moment, dans un style tendu et heurté.

« Si jamais, disait-elle, quelqu'un eut à faire l'épreuve de cette vieille sentence, que la parole d'un roi vaut plus que le serment d'un autre homme, je supplie très-humblement Votre Majesté d'en faire encore une vérité à mon égard, et de vous souvenir de votre dernière promesse et de ma dernière demande [2] : c'est-à-dire que je ne serais pas condamnée sans être entendue et sans preuve acquise. Et voilà pourtant où j'en suis, à ce qu'il me semble, puisque, sans qu'il y ait rien de prouvé, je reçois de votre Conseil, en votre nom, l'ordre de me rendre à la Tour, ce lieu fait pour un faux traître et non pour un loyal sujet. Que je ne l'ai pas mérité, je le sais bien ; mais, devant la face de tout ce royaume, mon crime semble démontré. Et moi, je demande à Dieu de me faire mourir de la mort la plus honteuse dont on soit jamais mort, plutôt que j'en vienne à concevoir de tels desseins.

« A cette heure, je proteste devant Dieu (qui jugera ma véracité, quelles que soient les inventions de la malice) que jamais je n'ai fait, conseillé ou approuvé aucune chose capable de préjudicier à votre personne en quoi que ce fût, ou de mettre l'État en péril. Voilà pourquoi je supplie humblement Votre Majesté de me permettre de répondre en sa présence, au lieu de m'abandonner à la discrétion de ses conseillers, et que ce soit avant d'aller à la Tour, s'il se peut, sinon avant qu'une condamnation ait été rendue contre moi. Mais, j'en ai la pleine assurance, Votre

---

1. Foxe, t. VIII, p. 607, 608. Renard à Charles-Quint, Londres, 22 mars 1553 (4). *Man. Rec. Off.*, t. II. — Noailles au Connétable, mars. *Arch. aff. étr.*, Copies des dépêches de MM. de Noailles, t. I et II (en un), p. 10. — Heywood, p. 87-95.

2. En décembre précédent, lors du départ d'Élisabeth pour Ashridge.

Altesse me l'accordera avant que j'y aille, afin que je n'aie pas l'affront de ces cris qui vont s'élever contre moi, et certes sans fondement.

« Puisse Votre Altesse, inspirée par sa conscience, adopter à mon sujet quelque voie meilleure que de me condamner à la vue de tous les hommes, avant qu'on sache si je l'ai mérité! Je supplie très-humblement Votre Altesse de me pardonner ma hardiesse; c'est mon innocence qui me la suggère, ainsi que mon espoir en votre bonté naturelle. Elle ne voudra pas, j'en suis sûre, me perdre sans que je l'aie mérité. Ce que je demande le plus à Dieu, c'est que vous acquériez la connaissance exacte de ce qui en est; or, dans ma pensée, dans ma conviction, vous ne sauriez jamais en être instruite par les rapports d'autrui, mais uniquement par vous-même après m'avoir entendue.

« Je sais beaucoup de gens de ce temps-ci dont la perte est venue de ce qu'ils n'ont pas été admis en la présence de leur prince; et naguère j'ai ouï dire à milord de Somerset que, si l'on avait souffert que son frère lui parlât, il n'aurait jamais été exécuté. Mais on employa tant d'arguments, qu'il en vint à croire que sa vie ne serait plus en sûreté si l'amiral vivait, et cela le détermina à consentir à sa mort. Assurément, je ne compare pas ces personnes à Votre Majesté; mais je prie Dieu que les mauvais arguments ne persuadent pas aussi une sœur contre l'autre, et cela parce qu'il y aura eu de faux rapports et qu'on n'aura pas ouvert l'oreille à la vérité.

« Ainsi, encore une fois, agenouillée dans toute l'humilité de mon cœur, puisqu'il ne m'est pas permis de plier devant vous les genoux de mon corps, je sollicite humblement une audience de Votre Altesse. Je ne serais pas si hardie que de la désirer, si je ne me savais pas aussi nette que je suis véridique. Pour ce qui est du traître Wyatt, il se peut par aventure qu'il m'ait écrit une lettre; mais, sur ma foi, je n'en ai jamais reçu de lui. Et quant à cette copie de ma lettre envoyée au roi de France, que Dieu me confonde éternellement, si jamais je lui envoyai parole, message, signe d'intelligence ou lettre, de quelque manière que ce soit! Cette vérité, que j'affirme, je la soutiendrai jusqu'à la mort. — De Votre Altesse, la très-fidèle sujette, qui l'a été dès le commencement et le sera jusqu'à *ma* fin. ÉLISABETH. — Je vous en conjure humblement, rien qu'un mot de réponse, de vous-même [1]. »

Cependant, malgré son trouble et tant d'émotions poignantes, la jeune princesse n'était ni abattue ni terrassée. Si l'on jette un coup d'œil sur cette pièce remarquable, on s'étonne de l'écriture, non pas plus ferme encore qu'à l'ordinaire, comme dit M. Froude par un excès de flatterie rétrospective [2], mais soutenue, égale, régulière; certaines initiales ornées, comme aux paisibles jours d'étude. Le parafe élégant et compassé de la signature ne manque d'aucun des enjolivements dans lesquels la plume d'Élisabeth aimait à se jouer. Çà et là, des mots sautés, rétablis dans les interlignes, sont les seuls indices de l'état violent de son esprit. La lettre remplit le recto d'une feuille in-folio et une petite partie en haut du verso; la signature est tout au bas de la seconde page. Ne se pouvait-il pas que dans cet intervalle, s'il restait ouvert, une main indiscrète ou perfide introduisît quelque addition dangereuse? Elle prit le temps de bâtonner tout l'espace à partir de la dernière ligne jusqu'à la signature. Une suite de traits obliques, ceux-ci à peine tremblés, ne laissèrent de champ à personne, ami ou ennemi. N'est-ce pas une présence d'esprit et une prudence extraordinaires?

Toutefois, à écrire, elle ne gagna que le stérile avantage d'un sursis de vingt-quatre heures, parce l'heure du flot avait passé et qu'on ne se risqua pas à la marée de minuit. La reine, pour toute réponse, gourmanda ses officiers, irritée qu'on lui mar-

---

1. Ellis, *Original Letters*, 2ᵉ série, t. II, p. 254. L'original a été reproduit par la photographie dans la grande collection des *Facsimiles of National Manuscripts*, 3ᵉ partie, nº XXV. Nous avons tenu aussi à examiner l'original lui-même au *Record Office. Domestic, Mary*, t. IV, nº 2.
2. T. VI, p. 206.

chandât l'obéissance. Jamais, dit-elle, ils n'auraient osé se comporter ainsi du temps de son père; que ne pouvait-il revivre pour un mois [1]?

Le comte de Sussex et le marquis de Winchester retournèrent donc auprès d'Élisabeth, le lendemain matin, sur les neuf heures. C'était le dimanche des Rameaux, 18 mars 1554. Ils lui annoncèrent qu'il fallait partir. « La volonté de Dieu soit faite! répondit-elle. Puisque tel est le bon plaisir de Son Altesse, je me résigne. » Mais elle ne put pas s'empêcher d'exhaler son courroux en un propos hasardé et séditieux. Tandis qu'elle traversait le jardin et les rangs des soldats, ses yeux parcoururent les fenêtres de ce palais de Whitehall, d'où on l'arrachait [2]. « Je m'étonne, s'écria-t-elle, à quoi pense la noblesse de me laisser ainsi emmener, moi, une princesse, et du sang royal d'Angleterre. Hélas! femme innocente et inoffensive, on m'entraîne vers la captivité. Où? Dieu le sait; mais moi, je ne le sais pas [3]. » Marie avait-elle si grand tort de prendre ses précautions contre une *innocence* de cette sorte? Élisabeth rejoignit la barque, où ses gens l'avaient précédée. On voulait profiter, pour cette courte navigation, des premières heures de la matinée, pendant que les fidèles, les palmes en main, se presseraient dans les églises, où, pour ce jour-là, une proclamation du Conseil leur avait plus spécialement prescrit l'exactitude. Mais, à force de prudence, on avait devancé l'heure propice. Le flot, accourant en tumulte de

---

1. Renard à Charles-Quint, 22 mars 1553 (4). *Man. Rec. Off.*, t. II.
2. *The Chronicle of Queen Jane...*, p. 70. Le narrateur dit qu'elle espérait apercevoir la reine. Il s'en faut que les paroles d'Élisabeth correspondent à un tel sentiment. Heywood dit qu'elle cherchait un regard de compassion.
3. Cette exclamation est rapportée par le panégyriste à outrance d'Élisabeth, Foxe, t. VIII, p. 608, et par Heywood, p. 96. On se rappellera que Foxe publia ses *Acts and Monuments* en 1563, la cinquième année du règne de cette princesse. Nous puisons la plupart des détails que nous donnons sur ces événements dans Foxe et dans la chronique souvent citée déjà : *The Chronicle of Queen Jane and of two years of Queen Mary.* Heywood fournit aussi des traits intéressants, quoiqu'il se borne d'habitude à répéter Foxe.

la mer du Nord, n'était pas encore assez haut. Les bateliers refusaient de s'engager sous le pont de Londres. Ils ne cédèrent qu'aux injonctions réitérées des deux lords. Au pont, la barque toucha et demeura engravée quelques moments, pendant que les eaux tourbillonnaient.

Enfin, l'on aborda devant la Tour, à la *porte des Traîtres*. Élisabeth regimbait encore, à cause du nom, disait-elle; et puis, elle allait se mouiller les pieds. « Vous n'avez pas le choix, » répliqua le marquis de Winchester. En parlant ainsi, il lui présenta son manteau, parce qu'il pleuvait. Mais elle le repoussa « d'un bon coup », dit l'annaliste, et, sortant de la barque, un pied sur l'escalier : « Ici, s'écria-t-elle, descend pour la captivité un aussi fidèle sujet qu'il en descendit jamais à cet escalier [1]. Je le dis devant toi, ô mon Dieu, puisque je n'ai plus d'autre ami que toi seul! — S'il en est ainsi, répondit le même lord avec une ironie déplacée, tant mieux pour vous! » Les gardes, lui disant : « Dieu bénisse Votre Grâce! » furent, les uns réprimandés, les autres mis à l'amende.

Clouée en quelque sorte au seuil de la porte funeste, elle s'arrêta et s'assit sur la pierre humide. Comme le lieutenant de la Tour [2], sir John Brydges, lui faisait observer qu'elle ferait mieux de se garantir de la pluie et que cette place était malsaine : « Mieux vaut, dit-elle, s'asseoir ici que dans un pire endroit, car Dieu sait, et non pas moi, où vous me conduirez. » Alors, celui de ses gentilshommes qu'on lui avait laissé éclata en sanglots. Ces larmes la rappelèrent à elle-même. Elle le gronda, en lui disant qu'il était là pour la fortifier et non pour lui ôter le courage; loyale comme elle était, elle n'avait donné à personne aucun motif de pleurer sur elle. Cela dit, elle entra résolûment dans sa prison. Après que les serrures et les verrous eurent cessé

---

1. Heywood lui prête un trait d'érudition : « ... qu'il en descendit jamais à cet escalier, depuis que Jules César en posa les fondements. » (P. 97.)
2. Ne pas confondre, avec le *constable* ou gouverneur de la Tour, sir John Gage, qui était en même temps lord chambellan de la reine. Sir John Brydges fut créé lord Chandos de Sudeley, le 8 avril suivant.

de retentir, son livre à la main, et entourée du petit nombre de ses domestiques, elle pria Dieu de lui faire la grâce de bâtir non sur le sable, mais sur le roc, là où tous les assauts de la tempête seraient impuissants à prévaloir contre elle [1].

[1]. Elle continua ainsi, d'après Heywood, dans le même langage apprêté, mais non dépourvu d'éloquence : p. 100, 101 : « L'habileté du pilote ne se reconnaît que dans la tempête ; la vaillance du capitaine ne se manifeste qu'à la bataille ; et la vertu du chrétien ne se révèle que dans l'épreuve et la tentation. Ce globe terrestre, ô Seigneur, n'est qu'un théâtre où tu nous as placés pour fournir la preuve de ce que nous valons. La mort nous donnera l'assaut ; le monde voudra nous séduire, la chair nous trahir ; et le démon est là, prêt à nous dévorer. Mais ni cela, ni plus encore, n'abattra jamais mon âme, car toi, ô Roi des rois, tu es le spectateur de mon combat ; et ton fils, Christ, le Seigneur Jésus, a déjà subi ces épreuves pour soutenir mon courage. J'irai donc hardiment devant le trône de grâce ; c'est là, j'en suis sûre, que je trouverai secours dans le temps de ma nécessité. Qu'une armée vienne camper contre moi, mon cœur sera sans crainte ; que la guerre s'élève contre moi, c'est là que je prendrai confiance : Seigneur, tu es ma lumière et mon salut ; qui dois-je craindre ? Seigneur, tu es la force de ma vie ; qui donc m'épouvantera ? »

XX

ÉLISABETH A LA TOUR

Pendant ce temps, les lords délibéraient avec le gouverneur sur le régime de la prison. Le marquis de Winchester et le gouverneur voulaient une sévérité rigoureuse. Le comte de Sussex, plus généreux et plus avisé, leur dit : « Milords, prenons garde, et n'allons pas au delà des termes de notre commission. Et puis, considérons qu'elle est la fille du roi notre maître, et sachons agir de manière à pouvoir en répondre plus tard, si le cas vient à se présenter, car, quand on n'a consulté que la justice, on est toujours prêt à rendre compte. » Les deux lords trouvèrent qu'il avait raison et toutefois ne suivirent pas son conseil.

L'après-midi de ce même dimanche des Rameaux où la Tour de Londres s'était ouverte pour la royale prisonnière, Paget voulut montrer que la cause de la douceur n'était pas entièrement vaincue. En l'absence du chancelier, il prit d'autorité avec lui Petre et le contrôleur Rochester et les emmena chez la reine, qui, retirée dans son oratoire après vêpres, ne les attendait pas. Là, humble et impérieux, il lui représenta que c'était un jour de dévotion et de clémence, que l'on avait répandu le sang de la maison de Suffolk, qu'il fallait maintenant pardonner à la multitude [1]. Elle accorda la grâce de six gentilshommes que l'on avait envoyés dans le Kent pour y subir la peine capitale. L'ambassadeur de l'Empereur, redoutant tout acte de clémence comme un pas vers le pardon d'Élisabeth, se fit plus que jamais l'avocat des rigueurs. Il chercha des arguments jusque chez Thucydide, dont il donna à la reine une traduction française, afin qu'elle vît de quelle manière le grand historien entendait la punition qu'on doit faire des rebelles [2]. Cela n'empêcha pas les partisans de la clémence d'arracher encore un nouveau succès. *Au bon jour du Vendredi saint*, ils rappelèrent à Marie que, d'après un vieil usage, les rois d'Angleterre rendaient en cette circonstance la liberté à quelques prisonniers ; elle en fit élargir huit, contre lesquels on ne découvrait rien de sérieux, tels que le marquis de Northampton, lord Cobham et son fils. Renard, dont elle craignait le blâme, se contenta cette fois de dire qu'elle aurait pu différer jusqu'à plus ample informé, et que tous ceux qu'elle graciait augmentaient d'autant le parti d'Élisabeth [3].

1. « Et, dit Renard, qui rapporte ce fait, desmontrèrent évidemment que si l'on veult faire justice des autres qui sont encores en la Tour, ilz ne le souffriront, ce que scandalisé ladite dame prévoiant la nouvelle conjure, qu'ilz sont bandez ensemble, qu'ilz se fortiffient contre elle, qu'ilz partialisent son Conseil, qu'elle n'a auctorité ny povoir entre eulx... » Lettre à Charles-Quint, 22 mars 1553 (4). *Man. Rec. Off.*, t. II.

2. *Id., ibid.* Renard fait sans doute allusion au débat qui eut lieu à Athènes, la 5ᵉ année de la guerre du Péloponèse, en 427 avant Jésus-Christ, sur le châtiment à infliger aux habitants de Mitylène (île de Lesbos), coupables d'avoir quitté l'alliance d'Athènes pour celle de Sparte. Cléon, le démagogue, avait fait décider le massacre de toute la population virile. Quand leur fureur fut calmée, les Athéniens délibérèrent s'ils reviendraient sur cette sentence atroce. Cléon s'y opposa. Thucydide, naturellement, a mis dans la bouche de cet orateur les maximes les plus cruelles (l. III, ch. 37-40). Mais cela ne veut pas dire que tels fussent aussi les principes personnels du narrateur. Au reste, si les Athéniens révoquèrent leur première résolution, ils égorgèrent néanmoins mille des principaux de Mitylène (ch. 50) : genre de clémence qui pouvait convenir encore au représentant de Charles-Quint. Les fureurs du duc d'Albe, dans les Pays-Bas, bien peu d'années après (1567-1573), prouvent que les leçons de Thucydide ou de Cléon, comme on voudra, n'étaient pas dédaignées de la cour d'Espagne.

3. Elle lui promit de nouveau de tenir la main à conclure les procès

Cependant celle-ci était traitée à la rigueur dans sa prison. Le premier mois, elle eut défense de mettre le pied hors de sa chambre. La messe lui fut imposée de force [1]. On lui enleva deux de ses dames, l'une pour avoir refusé d'assister à la messe, l'autre comme suspecte d'hérésie. Le gouverneur, sir John Gage, multipliait les tracasseries, vexait ses gens, gênait leur service, qu'il essaya même de supprimer. Il les maltraitait de paroles, avec menaces. Mais eux résistaient hardiment, et pas un ne plia dans son devoir de commun dévouement à leur maîtresse [2].

Pour elle, quelles pensées devaient s'agiter dans son âme, quand, du fond de sa réclusion, tombeau anticipé, elle interro-

de Courtenay et d'Élisabeth avant l'arrivée du prince : « Et fut la conjuncture si a propoz que je ex (j'ai eu) moien l'inciter pour par effect asseurer l'entrée de Son Alteze. » Lettre à Charles-Quint, Londres, 27 mars 1554. *Man. Rec. Off.*, t. II. Noailles écrit au roi, 30 mars 1554, que Renard disait à la reine qu'il regardait comme nécessaire, si elle voulait régner en paix, de faire mourir Élisabeth, Courtenay et le cardinal Pole, imputant à ce dernier comme aux deux autres de s'être entendu avec Wyatt, d'avoir donné les mains à sa révolte et d'être prêt à faire de même pour toutes les révoltes à venir. *Archiv. aff. étr., Copies des dépêches et Mémoires des ambassades de MM. de Noailles en Angleterre*, t. I et II (en un), p. 291. Nous avons vu qu'en effet Renard accusait Pole, très-faussement d'ailleurs. Mais, nulle part, aucun indice qu'il en voulût à sa vie. Ceci prouve une fois de plus, soit dit en passant, qu'il faut lire avec précaution les correspondances même les mieux informées. Noailles reçoit ses informations d'un Anglais à sa solde. Celui-ci force le trait pour flatter la passion de qui le paye ; et Noailles, très-passionné, transmet le renseignement à sa cour comme certain.

1. Nécessité n'ayant pas de loi, elle céda, dit Heywood ; et voici les explications de cet historien : « Ce serait d'un caractère très-surprenant que de se jeter soi-même dans la gueule du danger, plutôt que de subir l'étreinte d'une main déplaisante. Pour elle, le visage calme dans cette extrémité, elle avala le breuvage amer d'indignité ; elle aima mieux plier que rompre, amener les voiles plutôt que de périr dans la tempête. La grandeur de son âme céda à la faiblesse de ses moyens : et, puisqu'elle ne pouvait pas entrer au port qu'elle souhaitait, elle jeta l'ancre là où elle trouvait le plus de sécurité. » (P. 102, 103.)

2. Sans rien enlever à ce qu'il y a d'honorable dans cette fidélité si énergique, nous ferons remarquer que le dévouement des serviteurs à leur maître était dans les mœurs, et protégé par les mœurs elles-mêmes.

geait ces pierres qui avaient étouffé tant de sanglots, éteint tant d'existences ; quand elle mesurait de l'œil le chemin qu'avait suivi sa mère sur ce champ de carnage légal? Longtemps après, elle racontait à l'envoyé français, Michel de Castelnau, que, s'estimant perdue, elle comptait demander pour toute grâce qu'on lui coupât la tête avec une épée, à la française, au lieu de la hache usitée en Angleterre, et qu'on mandât exprès un boureau de France [1].

Le moment était terrible en effet : Charles-Quint ne se lassait pas de réclamer le supplice. Le 19 mars, c'est-à-dire le lendemain de l'incarcération d'Élisabeth à la Tour, répondant à son agent sur l'article des dissensions du Conseil et des nouveaux troubles qu'elles semblaient présager, il lui ordonnait d'exhorter Marie à prendre soin d'elle-même, à pourvoir aux choses dès le commencement, à faire promptement l'exécution et le châtiment de ceux qui le méritaient, usant à l'endroit d'Élisabeth et de Courtenay comme elle verrait convenir à sa sûreté, pour après user de clémence à l'endroit de ceux qu'il lui semblerait, afin de rassurer le surplus sans tarder [2].

En effet, le procès d'Élisabeth fut entamé avec vigueur. Cinq jours après son entrée à la Tour, le chancelier, accompagné de neuf autres membres du Conseil, vint procéder à un interrogatoire. Il la questionna brusquement sur ce qui s'était passé entre elle et sir James Croft, relativement au projet de se retirer d'Ashridge au château de Dunnington. Troublée, elle se défendit mal, et feignit d'abord de ne pas comprendre de quoi on voulait parler. Se ravisant : « Vrai, dit-elle, je ne me rappelais pas avoir une maison de ce nom. Mais de ma vie je n'y allai. Quant à ce qui m'aurait décidée à y aller, je ne m'en souviens plus. »

---

1. *Mémoires* de Castelnau, l. II, ch. 3.
2. Bruxelles. — *Man. Rec. Off.*, t. II, 2ᵉ partie. V. aussi Granvelle, *Papiers d'État*, t. IV, p. 223-226. Nous reproduisons les expressions de l'Empereur.

Alors on fit venir James Croft; et Gardiner demanda ce qu'elle avait à dire de lui. Elle répondit qu'elle n'en avait pas plus affaire que du reste des prisonniers de la Tour. Prenant l'offensive : « Milords, dit-elle, vous examinez à mon sujet les plus minces d'entre les prisonniers, et je trouve qu'en cela vous me faites grandement tort. S'ils ont mal fait, s'ils ont offensé la majesté de la reine, c'est leur affaire d'en répondre. Je vous en prie, milords, ne me mêlez pas ainsi à des coupables de cette sorte. Pour ce qui est de mon voyage à Dunnington, je me rappelle que maître Hobby et mes officiers, et vous, sir James Croft, m'en avez parlé. Mais qu'est-ce à dire, milords, sinon que je suis maîtresse d'aller en tout temps à mes maisons ? »

Il faut croire que cette vaillante jeune femme possédait une puissance rare de fascination [1]. Le comte d'Arundel, ému, fléchit le genou. « Votre Grâce dit vrai, s'écria-t-il; certes, nous regrettons de vous avoir tant tourmentée pour de telles misères. — Milords, reprit-elle avec plus d'assurance encore, vous m'épluchez de près ; mais je suis bien sûre que vous n'irez pas contre moi au delà de ce que Dieu a fixé. Puisse Dieu vous pardonner à tous [2] ! »

A partir de ce moment, Arundel devint le défenseur d'Élisabeth. Si l'on veut aller au fond des choses, on se rappellera que le comte songeait dès le mois d'octobre précédent [3] à faire entrer la fille de Henri VIII dans sa maison par un mariage, d'abord avec son fils ; plus tard, à la mort de ce jeune homme, il s'offrit lui-même [4]. On dit qu'elle ne le découragea point.

Les lords s'étant retirés, James Croft, à son tour, s'agenouilla,

---

1. *Un esprit plein d'incantation,* avait dit Renard en septembre 1553. V. plus haut, p. 173.
2. Foxe, t. VIII, p. 610. Heywood, p. 112-115. Miss Agnès Strickland, *Élizabeth,* p. 87.
3. V. plus haut, p. 137.
4. Lord Maltravers, fils unique de Fitzalan Henry, comte d'Arundel, mourut à Bruxelles, en juillet 1556.

en déplorant d'avoir vu le jour où on devait le produire comme témoin contre elle. Il avait été merveilleusement examiné et secoué concernant Son Altesse : mais il prenait Dieu à témoin, devant l'assistance, qu'il ne savait rien du crime dont on le chargeait [1].

Du dehors, les amis d'Élisabeth cherchaient à lui venir en aide. Toutefois leurs manœuvres pour échauffer le peuple tendaient plutôt à augmenter ses dangers. Ils semaient dans les rues des pamphlets aussi virulents en sa faveur que séditieux à l'égard de la reine [2]. Ils inventèrent ce prestige grossier d'aposter une jeune fille dans une muraille creuse. De sa cachette, elle exaltait Élisabeth et traitait la messe d'idolâtrie. La foule s'attroupa devant *la pierre qui parlait*, incertaine si c'était le Saint-Esprit ou un ange, jusqu'à ce que le Conseil fit ouvrir le mur et donna l'explication de la merveille. Ou encore, une femme allait par la ville, médisant de la reine et de ses *belles amours*, avec un flot de louanges sur la prudence d'Élisabeth, des prières pour sa prospérité et des prédictions qu'elle parviendrait bientôt à la couronne [3].

M. de Noailles, quant à lui, tenta une démonstration pour dissiper les ombres que jetait sur elle la découverte, dans le trop fameux paquet du 26 janvier, d'une copie de sa lettre à sa sœur. La situation de l'ambassadeur de France était singulière.

Il ne se consolait pas que ses trames, combinées avec tant d'art, eussent éprouvé un si misérable échec, après avoir touché de si près au triomphe.

Officiellement, il portait les congratulations du roi à la reine, *grandement tenue à Dieu de l'avoir ainsi préservée d'une si soudaine émotion et sublévation de ses propres sujets*, à quoi le mo-

---

1. Mais nous savons par Noailles qu'il avait été l'un des conjurés les plus ardents et les plus opiniâtres. V. plus haut, p. 176, not. 4.
2. Renard à Charles-Quint, 7 avril 1554. *Man. Rec. Off.*, t. II.
3. Le protonotaire de Noailles au cardinal de Châtillon, 12 avril 1554. *Archiv. aff. étr., Copies des ambassades*, etc., t. I et II, p. 297.

narque *s'assurait qu'elle saurait bien pourvoir pour l'avenir* [1].

Dans son for intérieur, rongeant son frein, et tout plein de la pensée de brouiller cet avenir, il s'en prenait de sa déconvenue aux Anglais, *par trop faciles à se desmouvoir d'une entreprise et laisser soubvent le chemin de leur liberté pour chercher une honteuse mort;* au roi lui-même, *trop grand observateur d'amitié envers cette dame;* s'il lui avait plu prêter l'oreille aux mécontents, elle n'aurait plus un seul navire de guerre en son pouvoir; et tant de vaillants et grands personnages ne seraient pas dans ses prisons et à ses gibets; mais, au contraire, ils seraient en liberté pour lui ôter la même couronne qu'ils lui avaient naguère acquise [2].

Le roi correspondait aux incitations de son ministre : il savait, lui écrivait-il, la résolution arrêtée de la reine d'épouser le prince d'Espagne, « estant assez commun combien une femme est entière en ses voluntez. » Maxime de philosophie pratique où il se rencontrait avec Charles-Quint. Il ne voyait d'autre « moien de rompre ni empescher cela, sinon que ceulx du pays qui doibvent cognoistre le mal qui leur en adviendra et la servitude ou ilz entreront pour ce moyen y mettent la main, pour, en quoy les conforter, il n'a esté, ne sera obmis aucune chose

---

[1]. Le roi à Noailles, Fontainebleau, 27 février 1553 (4). *Archiv. aff. étr., Copies des dépêches*, t. I et II, p. 259.

[2]. Nous continuons ici cette lettre remarquable : « Je le dis, sire, pour ce que j'en suis meilleur tesmoing que nul autre, et que de telle dissimulation et malice dont elle a usé en vostre endroict je m'en deuz (se douloir) en extrémité. Toutes foys il est à croire que Dieu, qui vous a tousjours tenu des siens, ne vouldra laisser impugnyes les dissimulations desquelles elle vous a si longtemps voullu entretenyr, et encore moings les grandes cruaultez qu'elle commet tous les jours contre son propre sang et de ses subgectz, permettant peut estre l'assemblée de ce Prince et d'Elle, pour les puguyr tous deux par nouvelle occasion qu'il a voullu celler aux hommes pour leur faire congnoistre combien sont plus certains les instruments de sa vengeance que ceulx qui sont forgez par leurs inventions et praticques. » Noailles au roi, 9 mars 1553 (4). *Arch. aff. étr.*, p. 285, 286. Sans le prendre sur ce ton d'hiérophante initié aux secrets de la divinité, il est certain que le mariage d'Espagne ne tourna pas bien pour la reine d'Angleterre : elle ne fut pas aimée de Philippe ; et, entraînée dans sa guerre contre la France, elle perdit Calais.

de mon cousté, comme je m'asseure et vous prie de faire du vostre[1]. » Une de ses machines de guerre était d'accueillir les fugitifs d'Angleterre, de les recéler, de favoriser leurs intelligences de l'autre côté de la Manche, en affirmant très-haut : des uns, qu'il ne les connaissait pas et ne savait où ils étaient ni ne pouvait les découvrir; des autres, qu'il les avait pris à son service uniquement contre l'empereur. Aux plaintes trop légitimes de la reine, il opposait les violences exercées par des Anglais sur des commerçants français ou leurs vaisseaux, les dénis ou les retards de justice dont ses sujets avaient à souffrir de la part des officiers britanniques, — il est bon de remarquer que, vu la réciprocité de violence et de piraterie comme de vieille inimitié chez les deux nations, les Anglais avaient les mêmes plaintes à élever. — Noailles, avec une assurance qu'on voudrait voir employée plus honnêtement, menait grand bruit sur ses prétendus griefs, sans oublier ses correspondances arrêtées. En France, le connétable les redemandait à Wotton, ambassadeur de Marie; et après l'énumération des procédés auxquels les Français, à commencer par M. de Noailles, étaient en butte de la part des Anglais, il prenait soin de lui asséner ce compliment, que, à la connaissance du roi, le tiers de l'Angleterre était du complot (de Wyatt) contre le prince d'Espagne[2]. Cependant Noailles, s'étant rendu chez le chancelier, lui affirmait sans sourire que le roi était *entièrement adonné au bien de la paix et bonne voisinance de ce royaume, prince vertueux et d'honneur*. Quant à lui et à ses paquets, il se souvenait, dit-il, d'avoir envoyé la copie d'une lettre écrite par Madame Élisabeth à la reine, copie tombée entre ses mains fortuitement, et non par communication qu'elle lui en aurait faite, *jurant et blasphémant tous les serments du monde pour la justification* de cette princesse[3]. Il

---

1. Fontainebleau, 21 mars 1553 (4). *Arch. aff. étr., Copies des dépêches...*, t. I et II, p. 21.
2. Wotton à la reine, 31 mars 1554. Tytler, t. II, p. 353, 362.
3. Renard à Charles-Quint, 3 avril 1554. *Man. Rec. Off.*, t. II.

disait vrai, et, de tant d'assertions dont il était prodigue, c'était peut-être la seule où il ne mentît pas. Cette pièce, comme il l'avait mandé à sa cour, lui était venue d'un des officiers d'Élisabeth, mais pas d'Élisabeth elle-même. Il termina par une demande d'audience de la reine.

Renard, lorsque Gardiner l'informa de cette conversation, jugea que le ministre français avait calculé sa démarche pour la *décharge* d'Élisabeth; que ses propos de paix ne méritaient nulle confiance, et que, s'il parlait doucement, il voulait les tromper et couvrir ses nouvelles pratiques avec les hérétiques et les mécontents. Partant, il était de la plus grande importance qu'on avisât au procès d'Élisabeth : car si elle était libre, disait-il, elle mettrait en servitude et crainte perpétuelle la reine et le chancelier lui-même. De là dépendait la réformation de la religion ! C'était prendre Gardiner par son faible. Celui-ci ne put s'empêcher d'avouer que, Élisabeth vivante, il n'espérait pas de tranquillité pour le royaume. Il avait compris également que l'ambassadeur de France n'avait pas eu d'autre fin que de l'excuser. *Quant à lui, si chacun alloit si rondement en besogne, comme il fait*, poursuit Renard, *les choses se porteroient mieux*, et il espérait que *Son Altesse y remédierait*. « Et pour ce ne cessera de penser en chose tous les moiens convenables pour l'assurer en ce royaulme; que, quant le mariage sera consommer, il n'y aura plus de danger et se rangeront les maulvais[1]. »

Il semble difficile d'attribuer à ce langage un autre sens que celui de l'exécution à mort de la captive. Pourtant le chancelier ajournait à l'arrivée de Philippe; il ne pouvait pas non plus sauver Courtenay sans sauver aussi Élisabeth; et la justice veut qu'on ajoute qu'il ne mena pas les choses si *rondement*, puisque le prince, en venant épouser Marie, trouva Élisabeth vivante, sortie de la Tour, et qu'il n'eut pas à remédier aux affaires autrement qu'en rapprochant les deux sœurs, comme nous le verrons.

1. *Id., ibid.*

Le surlendemain, 1er avril, M. de Noailles parut en présence de la reine, dans la même attitude de bravade qu'avec le chancelier. Laissant de côté les menues réclamations, il parla de ses paquets, « non pour craincte, lui dit-il, que j'eusse qu'il se trouvast chose dedans mes lettres qui contrariast le debvoir et office d'ung ambassadeur, ny au bien et entretenement de la commune et parfaicte amytié d'entre le roy et Sa Majesté, mais parceque j'avois sceu que l'ambassadeur de l'Empereur voulloit faire accroire qu'il les avoit deschiffrées, et imprimé à Sa dicte Majesté, que dans icelles avoit plusieurs paroles et practiques contre et au préjudice de son Estat, ce qui estoit, soubz l'honneur de ladicte dame, faux et contre vérité. » Si elle les lui faisait rendre, il les expliquerait mot à mot; et on n'y « trouveroit chose qui concernast sondict Estat, ny sa couronne[1]. »

Ce qui rendait l'ambassadeur, disons si audacieux, — et vraiment le terme n'est-il pas trop modéré? — c'est qu'ayant succédé à l'ambassadeur espagnol dans son logis, il y avait reconnu sur des débris de papiers abandonnés des tentatives non réussies de déchiffrement de ses lettres, et il croyait qu'on n'était pas parvenu à percer plus avant[2].

Marie savait cependant à quoi s'en tenir; elle eut le mérite de ne pas sortir des limites de la courtoisie. Mais, quand l'ambassadeur prit congé, elle ne put s'empêcher de lui dire sèchement qu'elle avait *trop plus d'occasion de se douloir des ministres du roy que ceulx dudit roy des siens*, qu'elle n'avait encore voulu déclarer ce qu'elle en savait, et qu'elle attendait l'effet de ses propos d'amitié tant au sujet de Pierre Carew que des autres fugitifs[3].

---

1. Noailles au Connétable, (premiers jours d'avril) 1554. Vertot, t. III, p. 133.
2. *Id., ibid*, p. 134. Dans le courant de mars, il avait dit au chancelier qu'il n'était pas possible de déchiffrer ses lettres et qu'il ne fallait pas ajouter foi à ce que l'on prétendait y trouver. Renard à Charles-Quint, 22 mars 1553 (4). *Man. Rec. Off.*, t. II.
3. Renard à Charles-Quint, 3 avril 1554. *Man. Rec. Off.*, t. II. Noailles,

Comme pour rétablir la balance du mensonge, le Conseil fit signer à Marie un long mémoire où l'on articulait entre autres choses que les lettres ne se retrouvaient pas, et que jamais ni celles-là ni d'autres n'avaient été données à déchiffrer à l'ambassadeur impérial [1].

Cette joute, quoique brillante, n'avançait pas les affaires d'Élisabeth. Le jour suivant, 2 avril, la reine ouvrit le Parlement à Westminster. Elle s'était départie de sa première résolution de le tenir à Oxford. L'objet principal devait être l'approbation de son traité de mariage. Déjà, le 6 mars, la souveraine s'était engagée irrévocablement, en recevant l'anneau de fiançailles des mains du comte d'Egmont, revenu comme ambassadeur extraordinaire de l'Empereur. Le comte partit ensuite pour l'Espagne au mois d'avril et fut suivi d'une brillante ambassade anglaise. Le Parlement sanctionna sans difficulté les arrangements, tels que Gardiner les avait réglés.

^{dans son compte rendu au connétable, se venge de ces paroles de la reine, en disant « que ce feust d'une telle fureur et avecques un tel visaige de collère, qu'il n'y avoit rien de la douceur féminine. » *Loc. citat.*, p. 135.}

[1]. *Calendar foreign*, 1553-1558, p. 80. La reine au Dr Wotton, 29 avril 1554. De ces deux assertions, la première était exacte, Gardiner ayant fait disparaître ces dépêches ; mais la seconde, de toute fausseté.

XXI

EXÉCUTION DE WYATT. ÉLISABETH SORT DE LA TOUR

Le jour de ce vote (11 avril 1554), la tête de Thomas Wyatt tombait sous la hache. Il est probable que, en le laissant survivre un mois à sa condamnation, on avait espéré obtenir de lui, comme il a été dit précédemment, des aveux plus amples que ses déclarations au procès. S'il en fut ainsi, l'attente du Conseil fut trompée. Il ne parla pas davantage. Il passa ses derniers jours, insouciant, à l'étourdie. Le jour de Pâques, il communia avec les autres prisonniers, sans s'être confessé; il tint des propos malsonnants sur la religion et sur le saint-sacrement. La reine en fut très-scandalisée [1]. Cela n'était pas pour la disposer au pardon.

Une grande incertitude règne sur ce qu'il dit à ses derniers

---

1. Renard à Charles-Quint, 3 avril 1554. *Man. Rec. Off.*, t. II. M. Froude (t. VIII, p. 204, note) a fait une méprise à ce sujet : il croit que la reine fut chagrine que l'on eût permis à Wyatt de communier, alors que sa confession était incomplète (*while his confession was incomplete*). Il ne prend pas garde que confession doit être pris ici dans le sens sacramentel, nullement dans le sens juridique. De ce genre de confession, Marie ne pouvait savoir qu'une chose, si elle avait eu lieu ou non ; et pas du tout si elle avait été complète ou incomplète.

instants, s'il innocenta ou non Élisabeth et Courtenay. Avant de se rendre au lieu du supplice, à la colline de la Tour, la terrible station du Tower-hill, située en dehors de la forteresse, il fut, sur sa demande, conduit par le gouverneur de la Tour, sir John Gage, et le lieutenant, lord Chandos, à la prison de Courtenay. Alors, agenouillé devant lui, il le pria de confesser aussi la vérité et de s'abandonner à la merci de la reine : tel fut du moins le rapport fait le jour même au Parlement et confirmé peu après par lord Chandos, dans la *Chambre étoilée*, en présence du chancelier et d'une grande foule de peuple. Il n'y a pas de motif raisonnable de le contester [1]. En reprenant le chemin de la colline de la Tour, vers les dix heures du matin, Wyatt exprima le regret que la reine ne lui eût pas octroyé la vie, qu'il aurait employée, disait-il, à racheter ses fautes par ses services. Lord Chandos et le Dr Weston, doyen de Westminster, le soutinrent chacun par un bras jusqu'à l'échafaud. Là, il se recommanda aux prières des assistants ; il reconnut son crime et la justice du châtiment ; il exprima le vœu que l'exemple fait sur sa personne fût le dernier. « Et, continua-t-il, attendu que l'on a dit et répandu que j'accuse milady Élisabeth et milord Courtenay, cela n'est pas, bon peuple, car je vous assure que ni eux ni aucun de ceux qui sont là en prison n'eurent connaissance de mon soulèvement avant que je l'eusse commencé ; j'en ai déclaré tout autant au Conseil de la reine [2]. Et cela est la pure vérité. » Là-dessus, le Dr Weston l'interrompant : « Remarquez ceci, mes

---

1. *The Chronicle of queen Jane...*, p. 72 et note *e*. Quelques-uns pensent que Wyatt, dans le cas où Courtenay aurait parlé, se flattait tout au moins d'un sursis nécessaire pour un supplément d'instruction. Il avait tout à gagner à lier son sort à celui d'un aussi grand personnage. Mais Courtenay, quoiqu'il eût gros à confesser, n'était pas d'humeur à rendre un service de ce genre à son complice. Le récit de la *Chronicle* a été reproduit par Stow dans ses *Annales*, p. 621, 622. Holinshed a fait mention aussi de cette circonstance dans ses *Chronicles of England*, p. 1101, 1102. Nous y insistons dans une note plus bas.

2. Mot à mot : « Je n'ai pas déclaré moins au Conseil de la reine » (*As I have declared no lesse to the quenes counsaille*). *The Chronicle of the queen Jane...*, p. 74.

maîtres : il dit que ce qu'il a révélé par écrit au Conseil sur milady Élisabeth et sur Courtenay est vrai [1]. » A ces mots, rapporte l'annaliste, Wyatt, interdit, ou pour toute autre cause, se tourna sans ajouter une parole et se livra à l'exécuteur.

Cette fin est tout à fait étrange. Dans sa déclaration, catégorique en apparence, Wyatt cache une équivoque. Il commença en effet son mouvement insurrectionnel à l'insu d'Élisabeth et de Courtenay, puisqu'on ne devait agir que six semaines ou deux mois plus tard et que les aveux très-inattendus de Courtenay au chancelier forcèrent les chefs à un soulèvement prématuré. Mais il n'en est pas moins démontré historiquement, avec pleine évidence, que Courtenay était du complot. Le langage captieux de Wyatt est donc de nulle valeur. A Pâques, il se joue des sacrements. Sur l'échafaud, où il n'y a plus de grâce à espérer, cette grâce qu'il avait sollicitée ardemment, il jette, comme adieu ironique, une énigme poignante à Marie, partagée ainsi entre le scrupule de frapper deux innocents et la crainte de laisser vivre deux coupables, ses ennemis, qui pourront avoir leur jour contre elle.

Selon un autre rapport, Wyatt aurait dit tout à fait explicitement : « Bon peuple, j'ai fait connaître devant l'honorable Conseil de la reine tous ceux qui prirent parti avec moi et furent de la conspiration ; mais, pour ce qui est de milady Élisabeth et du comte de Devonshire, j'affirme ici, sur ma mort, qu'ils n'eurent jamais connaissance de la conspiration, ni du moment où je commençai l'insurrection ; et, quant à ce qui est

---

[1]. Le docteur Weston nous semblerait forcer quelque peu le sens extérieur des paroles de Wyatt. Il veut rappeler les déclarations très-catégoriques que celui-ci avait faites au Conseil sur ses complices. D'après Holinshed (p. 1101), Weston aurait dit mieux : « Ne le croyez pas, bon peuple, car il a avoué toute autre chose au Conseil. » Holinshed, plus loin (p. 1104), prétend que le condamné aurait répliqué : « Ce que j'ai dit alors, je l'ai dit ; mais ce que je dis en ce moment est vrai. » En tout ceci, le véritable témoin authentique, c'est l'auteur de la *Chronicle of queen Jane*. Sa chronique est en effet la source première. Ecrite au moment même, elle est d'une très-grande exactitude.

d'une faute quelconque à mettre à leur charge, je ne puis pas les accuser, Dieu m'en est témoin [1]. »

Nous affirmons sans hésiter que cette version, en contradiction flagrante avec le langage qu'il tint à son procès, est celle que les amis d'Élisabeth propagèrent sans perdre une minute. Noailles la transmet triomphalement à M. d'Oysel en Ecosse, lui, eux, qui mieux que personne en connaissaient la fausseté [2]. Le Conseil fit mettre au pilori, comme coupables de mensonge, deux individus qui répandaient cette histoire dans la Cité [3].

[1]. *The Chronicle of queen Jane...*, p. 73, not. *a*. Cette déclaration ne fait pas corps avec la *Chronicle*. L'éditeur moderne l'a insérée en note, d'après une autre source.

[2]. « M⁶ Wiat eut la teste coupée..., deschargeant, avant que de mourir, Madame Elizabeth et Courtenay, qu'il avoit aulparavant chargez de s'estre entendus en son entreprinse, sur promesses que l'on lui avoit faictes de luy saulver la vie; vous pouvant asseurer qu'il est bien d'aultres et semblables Wiat en ce monde, et qu'il s'en trouvera une infinité qui hazarderont leurs vies pour conserver la liberté de leur pays. » Il parle ensuite de l'émigration croissante de la noblesse d'Angleterre en France : « il semble que la moitié de ce royaume bransle pour y aller, n'estant question que de trouver le passage asseuré » (13 avril 1554). Verlot, t. III, p. 154, 155.

[3]. *The Chronicle of queen Jane...*, p. 75. Le lecteur voudra bien nous excuser si nous insistons sur ce problème historique. Il est intéressant et ne manque pas d'importance, puisqu'il a défrayé tant de disputes. On voit aussi qu'il tient de très-près à notre sujet. Foxe, venant comme écrivain après la *Chronicle* et après les ambassadeurs étrangers, c'est-à-dire seulement en troisième ligne dans l'ordre des temps et des sources, répète ces diverses circonstances et de plus en ajoute de nouvelles. Nous ne l'accusons pas de les inventer; mais les bruits ont pris naissance çà et là; il leur donne un corps et les perfectionne. Par exemple, les shérifs du comté auraient été présents à l'entrevue de Wyatt avec Courtenay et auraient rapporté que le premier s'était jeté aux genoux du second, pour lui demander pardon de l'avoir accusé faussement, ainsi qu'Elisabeth. (Foxe, t. VI, p. 431, 432.) Cette assertion est absolument contestable.

D'abord, la présence des shérifs de Londres à l'intérieur de la Tour n'est nullement certaine, bien qu'Holinshed, sur l'autorité de Foxe, l'affirme à deux reprises (p. 1101 et 1102). Le récit très-circonstancié de la *Chronique de la reine Jane...* ne mentionne que le lord chambellan, sir John Gage, *constable* ou gouverneur à la Tour, et lord Chandos (sir John Brydges), lieutenant de la Tour, qui conduisent Wyatt près de Courtenay, enfermé dans la Tour au-dessus de la porte du bord de l'eau. Après l'entrevue, ils l'emmènent; arrivés à la palissade du jardin, où finissait l'enceinte de la forteresse, le gouverneur et le secrétaire d'État Bourne (qui sans doute les a rejoints) prennent congé de lui; le lieutenant et le

En résumé, avec ce que nous connaissons aujourd'hui par les papiers de Renard comme par les papiers de Noailles, — et ce que nous savons, le Conseil privé, ou tout au moins le chancelier, le savait dès lors, — il est impossible de parler de l'innocence de Courtenay et d'imaginer que, au moment suprême, Wyatt n'eût

Dr Weston le conduisent au dehors, à la colline de la Tour, pour l'exécution.

Dans les événements tragiques qui se multiplient tant à la Tour, les shérifs de Londres attendent à la porte extérieure que les officiers de la Tour viennent leur remettre les condamnés, qu'ils mènent ensuite à l'échafaud sur la colline du dehors, où se groupe le peuple. Lors de l'exécution du duc de Northumberland, de sir John Gates et de Thomas Palmer, le 22 août 1553, la *Chronique de la reine Jane* (p. 20, 21) et Stow (p. 612) racontent que sir John Gage, constable de la Tour, les conduit jusqu'à la palissade du jardin et les remet aux shérifs de Londres, qui les attendaient là et lui en donnent un reçu. Même cérémonial, si ce n'est qu'il n'est pas fait mention d'un reçu, pour l'exécution de Guilford Dudley, le mari de Jane Grey, le 12 février 1554. Il n'est pas parlé de ces formalités lors des exécutions du duc de Suffolk, le 23 février 1554, et de Wyatt, le 11 avril 1554. Mais n'est-il pas permis de penser que c'est une simple omission et que, dans le cas où, par dérogation à la coutume suivie jusque-là, on aurait admis les shérifs à l'intérieur de la Tour et jusque dans la chambre d'un prisonnier non condamné, les narrateurs n'auraient pas manqué d'en faire l'observation ?

Ensuite, au fond, comment admettre que Wyatt se soit mis aux pieds de Courtenay pour lui demander pardon de l'avoir accusé faussement, puisque la culpabilité de Courtenay est établie historiquement par des preuves irréfragables ?

Dans Foxe (t. VI, p. 431, 432) et Holinshed (p. 1101), le jour de l'exécution, au moment où le lord-maire, Thomas White, va se mettre à dîner, quelqu'un vient lui annoncer comment Wyatt a justifié Élisabeth et Courtenay, et comment Weston l'a interrompu. Le lord-maire se récrie que Weston lui a toujours fait l'effet d'un misérable. Pendant le dîner arrive sir Martin Bowes, avec le *recorder* (magistrat et conseil judiciaire de la ville), au sortir du Parlement. En apprenant du maire et des shérifs les déclarations prétendues de Wyatt sur l'échafaud et à la Tour, il s'étonne et déclare qu'un autre récit, entièrement contraire à celui-là, vient de se produire au Parlement, c'est-à-dire que Wyatt aurait prié lord Courtenay d'avouer la vérité, comme lui-même l'avait fait précédemment (ce sont toujours les deux annalistes anglais qui parlent).

Peu de temps après, un apprenti, nommé Cut, soutient en buvant dans une taverne que Wyatt a justifié Élisabeth et Courtenay. Le chancelier en est informé ; il donne ordre au lord-maire de lui amener Cut à la *Chambre étoilée*. Là, toute affaire cessante, le chancelier rappelle à la multitude assemblée la protection extraordinaire dont Dieu a couvert la reine ; de quelle manière il s'est servi d'elle pour restaurer la foi catholique ; puis les

pas d'autre préoccupation que de la faire reluire du plus pur éclat. On n'en a fait tant de bruit, alors et depuis, en forçant la signification et la portée de ses paroles, qu'au bénéfice d'Élisabeth. Courtenay justifié, elle l'était à plus forte raison.

La sympathie publique se rallia passionnément autour de la

<blockquote>
égards et les bienfaits dont elle a comblé lady Élisabeth et lord Courtenay, et cependant le complot dénaturé et perfide où ils ont trempé contre elle avec le détestable traître Wyatt, comme cela résultait, affirme-t-il, des aveux de Wyatt et des correspondances échangées ; et que néanmoins des gens de la Cité de Londres rapportent que Wyatt a été contraint par le Conseil d'accuser lady Élisabeth et lord Courtenay ; il blâme le lord-maire de ne pas les avoir punis.

Il y avait là, continuent Foxe et Holinshed (*loc. cit.*), il y avait là lord Chandos, qui, pour complaire au chancelier, parla ainsi : « Milords, voici une vérité que je vais vous dire : j'étais lieutenant de la Tour lors de l'exécution de Wyatt ; il me pria de le conduire chez lord Courtenay. Quand je l'eus fait, il tomba à genoux devant lui en ma présence et le pria de confesser la vérité de lui-même, comme lui aussi l'avait fait précédemment, et de s'en remettre à la merci de la reine. »

Holinshed, toujours copiant Foxe, ajoute, pour terminer, qu'il s'est étendu sur ces détails afin que le lecteur, connaissant les agissements de l'évêque (de Winchester) dans la procédure et les comparant avec le vrai témoignage de Wyatt sur lui-même et avec le témoignage des shérifs, lesquels étaient présents aussi quand Wyatt demanda pardon à lord Courtenay, soit mieux en mesure de juger tout le cas et la matière pourquoi Élisabeth et Courtenay subirent de si longues afflictions.

Ce qui nous semble se dégager de la foule de ces *dits et contre-dits*, tant sur la visite de Wyatt à Courtenay que sur ses paroles dernières, c'est la véracité de la *Chronicle of queen Jane*, avec laquelle concordent le récit qui fut fait au Parlement le jour même de l'exécution et le témoignage de lord Chandos, personnage dont l'honnêteté a été célébrée par les amis d'Élisabeth dans une autre circonstance dont nous parlerons. Tel est l'ensemble des témoignages sérieux. Le reste se compose de propos grossis, altérés par calcul, passion ou entraînement ; sorte de fausse monnaie jetée dans la circulation pour décréditer la monnaie royale. C'est comme un mot d'ordre parmi les ennemis de la reine Marie de revendiquer l'innocence de Courtenay, eussent-ils, Noailles par exemple, la parfaite connaissance de la culpabilité de Courtenay et de la complaisance d'Élisabeth. Tous les écrits composés ultérieurement pendant le règne d'Élisabeth ont continué cette guerre, en copiant sans aucune critique le premier narrateur, Foxe, qui lui-même ne se soucie ni de critique ni d'exactitude. De là vient aussi que tant d'erreurs sur d'autres points abondent chez les mêmes historiens, qui ont fait autorité jusqu'à nos jours. Il est d'ailleurs entendu, chez les uns et les autres, que pas un des hommes accusés de complicité avec Wyatt n'est coupable.
</blockquote>

princesse son idole, pour lui faire un rempart contre d'injustes ennemis. Quant à nous, bornons-nous ici à dire que l'innocence d'Élisabeth aurait grand besoin d'être certifiée sous une autre caution que l'innocence de Courtenay.

On reprit immédiatement la procédure contre cette princesse. Le lendemain de l'exécution de Wyatt, le chancelier, le trésorier, le chambellan, qui était aussi gouverneur de la Tour, et d'autres membres du Conseil [1], l'interrogèrent solennellement. Foxe rapporte qu'un de ses serviteurs, Edmond Tremaine, fut mis à la torture [2]. Mais rien n'aboutissait. On ne saisissait que des indices, sans pouvoir parvenir à des preuves matérielles, soit parce que les agents intermédiaires étaient en fuite, soit parce qu'ils niaient avec la plus indomptable intrépidité. Tantôt les juristes croyaient tenir de quoi faire mourir Élisabeth et Courtenay ; tantôt ils reconnaissaient que la légalité les couvrait encore [3]. Au milieu de ces tâtonnements, la force offensive de la poursuite commençait à s'épuiser. Les amis d'Élisabeth reprenaient confiance. Son grand oncle William Howard eut à son sujet une vive altercation avec le gouverneur de la Tour [4]. Un signe bien plus marqué du sentiment public, c'est que le jury osa prononcer l'acquittement de sir Nicolas Throgmorton (17 avril

---

1. *The Chronicle of queen Jane...*, p. 75.
2. T. VIII, p. 619. Tremaine avait été arrêté pour participation à l'insurrection de Wyatt. Noailles au roi, 20 janvier 1554 (5), Vertot, t. IV, p. 147.
3. Renard à Charles-Quint, 3 et 17 avril 1554. *Man. Rec. Off.*, t. II. Renard commence une lettre du 24 mars 1553 (4) à Charles-Quint par ces mots : « J'ay satisfait au deuxième point des lettres du sieur d'Arras par mes lettres du 23 présent quant à la procédure contre Cortenai et Mme Élisabeth. » Malheureusement, cette lettre, qui aurait pu être si utile, n'est pas dans le *Man. du Record Office*. M. le Bibliothécaire de la ville de Besançon, à qui nous nous sommes adressé, nous a répondu qu'elle n'existe pas non plus dans les papiers de Granvelle.
4. « L'admiral s'est coléré au grand chamberlain de la royne qui a la garde de ladite Élizabeth et lui a dit qu'elle feroit encores trencher tant de testes, que luy et autres s'en repentiroient. » Renard à Charles-Quint, 7 avril 1554. *Man. Rec. Off.*, t. II. Le mot est vif, mais le récit obscur. Est-ce l'amiral, est-ce le chambellan qui parle ? Comment supposer que l'amiral s'exprime en de tels termes sur une nièce qu'il veut sauver ?

1554). Celui-ci avait trempé dans le complot ; mais il eut le talent de prouver qu'il ne tombait pas sous le dernier bill relatif au crime de haute trahison. C'était la première fois, sous les Tudors, qu'un jury osait se montrer indépendant. Marie en fut malade trois jours [1]. Les ennemis de Gardiner rapportent que, bourrelé d'inquiétudes pendant cette indisposition de la reine, tremblant pour le catholicisme et pour lui-même, si le chemin du trône venait à s'ouvrir tout à coup devant Élisabeth, il prit sur lui d'expédier au lieutenant de la Tour sir John Brydges, depuis peu lord Chandos, un ordre du Conseil de procéder sur-le-champ contre elle à une exécution à mort. Mais l'honnête officier s'y serait refusé, à moins d'avoir la signature de la reine ; même il serait venu demander à cette princesse quelles étaient au vrai ses intentions. Elle aurait désavoué la hâte féroce de ses ministres. Il y a longtemps déjà que le chancelier n'a plus besoin d'être défendu contre cette calomnie. Les panégyristes de la grande reine ont eu soif pour elle de martyre après coup. Peu satisfaits des réels et sérieux dangers qu'elle avait courus alors, ils ont semé cette partie de sa vie de piéges, d'atroces machinations, afin de faire mieux éclater les desseins de la Providence sur sa personne, puisque tant de fois elle avait pris la peine de la sauver. Si l'on avait découvert au procès des preuves matérielles de culpabilité, à condition toutefois que la position de Courtenay n'en fût pas aggravée, Gardiner l'aurait probablement livrée au bourreau ; mais il était l'homme de la légalité, incapable de se souiller d'un assassinat [2]. Comment aussi aurait-

---

1. Les jurés furent emprisonnés et mis à l'amende. Mais le bénéfice de leur verdict demeura acquis à l'accusé, quoique l'on continuât de le détenir encore près de dix mois sous un prétexte.

2. M. Froude, t. VI, p. 212, note, regarde ce récit d'Holinshed (*Chronicles...*, p. 1130) comme très-probablement controuvé. Mais il ne serait pas éloigné de penser que, en voyant diminuer les chances d'une condamnation judiciaire, on eût songé à trancher le nœud définitivement. Il s'appuie à cet égard sur le regret manifesté par Gardiner à Renard qu'on n'y allât pas *rondement*. Gardiner faisait allusion aux obstacles qui gênaient la marche légale du gouvernement et sa sévé-

il eu cet excès d'audace, précisément à l'heure où la souveraine qui faisait sa force était incapable de veiller aux affaires, quand le Parlement était encore en session, et lorsque le Conseil, plus déchiré que jamais, remplissait Renard d'appréhensions? « Les partialitez, envies et malveillances des conseillers, écrivait celui-ci le 22 avril, juste au moment de l'attentat supposé de Gardiner, se sont tant accreues et descouvertes, que présentement les ungs pour dépist des autres ne se treuvent au Conseil. Ce que l'ung fait, l'autre le deffait ; ce que l'ung conseille, l'autre le deconseille. L'ung parle pour saulfver Cortenay et l'autre Élizabeth, et y a telle confusion que l'on n'attend synon que la querelle se démesle par les armes et tumulte [1]. » Lord Howard en particulier dissimulait de moins en moins son mécontentement de la détention de sa petite-nièce [2]. Inutilement, la reine, stimulée et soutenue par Renard, *criait-elle tous les jours après ceux de son Conseil; rien ne se faisait* [3].

Lord Paget continuait à contrecarrer le chancelier. Un moment, le crédit de ce seigneur avait été ébranlé auprès de la reine. Mais il s'aperçut opportunément que la croyance à la transsubstantiation avait succédé chez lui à l'opinion contraire, et qu'il était nécessaire aussi de rétablir le catholicisme. Alors il recouvra l'appui de Renard, qui n'oubliait pas combien son concours avait été efficace dans la négociation du mariage. L'un et l'autre s'entendaient également pour brider l'emportement religieux du chancelier, afin de ne pas se mettre toutes les difficultés sur les bras à la fois. On ne s'étonnera guère que, selon Renard, le mariage dût avoir le pas [4].

---

rité, et non pas à des pensées d'assassinat. — Du reste, aucune indication chez Renard. Foxe (t. VII, p. 592; VIII, p. 619), en racontant ce trait prétendu de Gardiner, dit que l'ordre d'exécution avait été signé par *plusieurs* du Conseil. Ce *plusieurs* est assurément une invraisemblance de plus.

1. Lett. à Charles-Quint, 22 avril 1554. *Man. Rec. Off.*, t. II.
2. *Id., ibid.*
3. Expressions de Marie. — Renard à Charles-Quint, 22 avril 1554. *Id., ibid.*
4. Renard à Charles-Quint, 3 avril 1554. *Man. Rec. Off.*, t. II.

Mais, dans leur alliance, une chose manquait sensiblement à l'ambassadeur impérial : c'est que Paget n'avait pas épousé sa haine contre Élisabeth et n'était pas, comme lui, altéré du sang des rebelles. Sept de ces derniers venaient d'être condamnés : « mais, dit mélancoliquement Renard, l'on n'a espoir d'exécution, tant sont partiaulx ceux du Conseil [1]. » En effet, ils eurent la vie sauve. Quant à Élisabeth, à mesure que l'idée s'accrédita chez les légistes qu'elle ne tombait pas sous les peines extrêmes du crime de haute trahison, il fallut s'accoutumer aussi à l'idée de la laisser vivre. Alors, autre problème : Que faire d'elle ? la laisser à la Tour ? Parti dangereux, car, si la reine s'absentait de Londres, où était la garantie que les hérétiques et même l'amiral Howard n'iraient pas la chercher dans sa prison pour la proclamer ? La mettre en liberté ? Autre inconvénient. Lui permettre de suivre la cour ? Cela n'était ni honorable, ni sûr, ni raisonnable [2]. Le chancelier voulait l'exclure du droit de succession [3]. A en croire les accusations acrimonieuses que la reine Élisabeth et son ministre Cecil dirigèrent quelques années après contre la comtesse de Lennox, celle-ci aurait travaillé *à mettre dans la tête de Marie* que l'intérêt de son repos exigeait qu'elle gardât sa sœur sous les verrous [4]. Nous avons déjà vu que Marie regardait la comtesse comme habile à succéder, de préférence à Élisabeth.

Paget, antagoniste du chancelier, renouvela son opposition du mois de novembre précédent, et même il eut l'art d'amortir

---

1. Renard à Charles-Quint, 17 avril 1554. *Man. Rec. Off.*, t. II.
2. Renard à Charles-Quint, 3 et 17 avril 1554. *Man. Rec. Off.*, t. II.
3. *Id., ibid.*
4. Élisabeth, dans la quatrième année de son règne, en 1562, dirigea une enquête très-violente contre les Lennox, qu'elle mit en prison. Il existe une lettre de la comtesse de Lennox, niant avec la dernière énergie ce propos qu'on lui imputait. (Ellis, *Original Letters*, 2ᵉ série, t. II, p. 335.) Élisabeth aurait voulu entacher d'illégitimité la naissance de la comtesse. Mais elle s'arrêta dans cette voie, en s'apercevant que les motifs qu'on alléguait contre celle-ci retombaient sur elle-même. Les mariages des parents présentaient de part et d'autre le même genre d'irrégularités. (Miss Agnès Strickland, *Vies des reines d'Écosse, Marguerite Douglas*, t. II, p. 355, 371, 394, etc.)

sur ce point l'ambassadeur espagnol, jusqu'à en faire son confident par la satisfaction d'amoindrir Gardiner [1]. Il proposait qu'Élisabeth fût mise en liberté, maintenue dans ses droits d'héritière, mais mariée sur le continent, soit à don Louis de Portugal [2], soit à Emmanuel-Philibert, duc de Savoie [3]. La noblesse et le peuple d'Angleterre en agréeraient mieux, disait-il, le mariage de la reine avec le prince d'Espagne, et le duc de Savoie trouverait dans une telle union le moyen le plus sûr de rentrer en possession de ses États. Ici, Renard devenait froid et silencieux [4]. Car depuis l'année 1535, où François Ier et Charles-Quint avaient envahi chacun par un côté les États de Savoie, l'Empereur trouvait bon de conserver pour son avantage personnel ce que le roi de France ne tenait pas, et il aimait mieux avoir dans ses armées le duc, comme simple général, plutôt qu'avec la qualité de prince souverain effectif [5].

La détente qui se faisait sentir peu à peu dans la situation judiciaire d'Élisabeth adoucit le régime de sa prison [6]. Elle s'était plainte du fâcheux effet de la réclusion sur sa santé. Le

1. Citons un billet *en français* de Paget à Renard : « Voiscy la personne que scavés (le chancelier) me viene depuis disner assaier (assaillir) de purpos soudain et estrange disant monsieur, puisque les matières contre Madame Élisabeth ne prennent point tiel effect comme on a désiré soit un acte purposé en Parliament pour la disinherité. Je lui respondiz que ne vouldray point consentir pour plusieurs causes. » — Autre billet : « Noz affayres vont toutz en désordre, et ce par la faulte de celuy que scavés » (le chancelier). Renard à Charles-Quint, 17 avril 1554. *Man. Rec. Off.*, t. II.
2. Déjà, il avait été question de ce frère du roi Jean III pour Marie Tudor.
3. Né en 1528. Il succéda en 1553 au titre plutôt qu'aux États de Charles III, son père.
4. Lettre à Charles-Quint, 17 avril 1554. *Man. Rec. Off.*, t. II.
5. Des rumeurs de ce genre avaient déjà circulé dès la fin de 1553. Il y a une lettre du connétable à Noailles, en date du 30 décembre 1553, où il est recommandé à celui-ci de chercher à savoir la vérité : si Élisabeth « seroit pour s'y laisser persuader, estant ledict prince de Piedmont pauvre et despouillé de son bien, comme il est ; » d'aviser aux moyens de rompre cette pratique et d'en divertir la princesse. Vertot, t. III, p. 2.
6. Noailles, *Relation de ce qui se passe au Parlement et cour d'Angleterre*, 17 avril 1554. — Vertot, t. III, p. 166, 167. — Renard à Charles-Quint, 22 avril. *Man. Rec. Off.*, t. II.

Conseil lui permit d'abord de se promener dans l'appartement de la reine, sous la surveillance du gouverneur et du lieutenant de la Tour, de trois dames de la reine, les fenêtres closes, avec défense d'y regarder. Puis on lui accorda l'usage d'un petit jardin, toutes les portes et barrières fermées. Pendant la durée de ces promenades, défense aux autres prisonniers de parler, de paraître aux fenêtres.

Seul, un enfant de trois ou quatre ans, fils d'un des gardiens, avait licence de visiter les prisonniers et de leur porter des fleurs. Il en offrit aussi à la belle jeune dame, dont la douceur et les caresses l'attiraient. Alors on craignit des intelligences avec Courtenay. Le gouverneur et le lieutenant interrogèrent le petit suspect sur les commissions que lui donnait le comte de Devonshire pour la princesse. Ils n'en purent rien tirer et lui défendirent avec menace d'aller davantage chez les deux prisonniers. Le lendemain, comme Élisabeth se livrait à sa promenade habituelle, l'enfant, regardant par le trou d'une porte : « Madame, lui cria-t-il, je ne puis plus vous porter des fleurs. » Elle sourit en silence. Mais le gouverneur fit venir le père et lui commanda de le renvoyer de la maison : « C'est un rusé coquin ; que je ne le voie plus ici [1] ! » On resta convaincu que l'innocent avait porté un message de Courtenay à Élisabeth [2]. Mais, malgré tout, la reine s'apaisait. Ces mots, qu'elle ne prononçait plus, *ma sœur*, commençaient à sortir de ses lèvres ; et, dans sa galerie, le portrait d'Élisabeth reprit la place accoutumée d'où elle l'avait fait enlever [3].

Charles-Quint, lui aussi, se résignait à l'idée qu'Élisabeth vécût ; mais les mariages mis en avant par Paget ne lui souriaient pas plus qu'à son ambassadeur. Il préférait en tout cas que l'on attendît l'arrivée de son fils pour prendre une décision. Relativement au reste des rebelles, il maintenait sa manière de

---

1. Foxe, t. VIII, p. 612, 613.
2. Renard à Charles-Quint, 1ᵉʳ mai 1554. *Man. Rec. Off.*, t. II.
3. Noailles, avis du 8 mai 1554. Vertot, t. III, p. 206.

voir : châtier promptement ceux qui le méritaient, rassurer le reste par un pardon général [1].

Cependant Élisabeth n'avait pas encore bataille gagnée. Noailles eut l'imprudence de compromettre le succès en réclamant une fois de plus ses deux paquets de dépêches, tant il était convaincu qu'on avait été dans l'impossibilité de les lire. Le redoutable problème s'agita donc à nouveau. L'un des paquets était celui dont l'Empereur avait eu copie ; l'autre, le chancelier avoua l'avoir lu ; mais il ne savait, disait-il, ce qu'il en avait fait. Son secrétaire se ressouvint en avoir extrait en substance que Courtenay devait épouser Élisabeth, la reine perdre son royaume et sa couronne, les troupes soldées l'abandonner, n'étant pas payées depuis trois ans. La lettre découvrait aussi les pratiques de Wyatt. « Et fut été très à propos, dit Renard, que l'original se fût retrouvé pour servir de justification contre Courtenay et Élisabeth. » Aussi le chancelier avait-il pourvu à ce qu'il ne se retrouvât pas. La reine ne savait qu'en penser, sinon qu'il voulait sauver Courtenay, puisque déjà la première fois il n'avait pas déchiffré son nom [2].

Les légistes et les principaux du Conseil, peut-être les ennemis de Gardiner, après lecture du rapport sur le procès criminel de Courtenay, déclarèrent qu'il y avait des charges suffisantes pour le condamner à mort. On le resserra plus étroitement ; on le sépara de tous ses domestiques [3]. Déjà, Renard se promettait de solliciter sous main l'exécution, sans négliger

---

[1]. Charles-Quint à Renard, Bruxelles, 4 mai 1454. *Man. Rec. Off.*, t. II, à la fin : « et, si à faulte de moyen de s'en pouvoir assheurer autrement, il estet requis de passer plus avant en cccy (c'est-à-dire laisser décidément vivre Élisabeth), le plus convenable seroit de le remectre jusqu'à la venue de nostre dit filz, que lors, avec son intervencion, l'on pourra mieux resouldre ce que sur ce point l'on devroit mectre en avant. »

[2]. Renard à Charles-Quint, 1er mai 1554. *Man. Rec. Off.*, t. II, Renard dit formellement qu'il était question là du second paquet. Ces indications se trouvaient déjà dans le premier, celui du 26 janvier.

[3]. Noailles, avis du 8 mai 1554. Vertot, t. III, p. 206.

la *conclusion*, quant à Élisabeth [1]. Mais il ne jouit pas longtemps de ce dernier rayon de joie. Gardiner prit le dessus. Le Parlement se séparait alors, 5 mai 1554, après une allocution de Marie Tudor, reçue au cri réitéré : « *Dieu sauve la reine* [2] ! » A la vérité, dans cette session, le chancelier, empêché par les Impériaux et les lords, avait dû renoncer à proposer la réconciliation avec le Saint-Siége ; il avait obtenu du moins, regrettable avantage, qu'on sanctionnât à nouveau l'ancienne loi qui punissait de mort le crime d'hérésie. La Chambre basse avait voté avec empressement ; la Chambre haute, avec une hésitation marquée. A la cour, outre l'hostilité persistante de Renard, il était en butte aux intrigues de Paget, d'Arundel, de Pembroke et des lords hérétiques dans le cœur ; il en était venu à les soupçonner de comploter le mariage d'Élisabeth avec le fils du comte d'Arundel. De chaque côté, on pensait à s'armer et à jeter la faction adverse à la Tour. Gardiner craignait même que l'amiral Howard ne soulevât la flotte en faveur d'Élisabeth [3]. Ces querelles bourrelaient la reine de perplexités. En réalité pourtant, ce n'étaient plus que des agitations de surface. Le chancelier en vint à bout. Dès lors, on se prépara, de plus en plus rassuré et affermi, au mariage d'Espagne. Autre succès : secondé du contrôleur Rochester et du reste de leurs amis qui avaient voulu marier Courtenay avec la reine, Gardiner fit décider par elle, en dépit des obsessions du ministre de Charles-Quint, que le jeune étourdi ne serait plus maintenu que pour peu de temps encore à la Tour ; qu'Élisabeth serait envoyée dans un château du nord, au milieu de populations d'autant plus sûres qu'elles étaient catholiques ; et que l'on en finirait avec les prisonniers par exécution ou par grâce [4]. Naturelle-

---

1. Renard à Charles-Quint, 1er mai 1554. *Man. Rec. Off.*, t. II. Tytler, t. II, p. 384, 385.
2 Renard à Charles-Quint, 6 mai 1554. *Man. Rec. Off.*, t. II.
3. Du même au même, 13 et 25 mai 1554. *Id., ibid.*
4. Renard à Charles-Quint, 6 et 13 mai 1554. V. aussi 22 avril. *Man. Rec. Off.*, t. II.

ment, dans la disposition où l'on était entré, la clémence l'emporta.

Quelques-uns avaient proposé pour Élisabeth le château de Pontefract, dans le lointain comté d'York. Le souvenir de l'assassinat de Richard II en ce lieu (1399) fit donner la préférence à Woodstock, résidence bâtie par Henri II au XIIe siècle, un peu au nord d'Oxford. Ces résolutions se débattirent et se décidèrent avec un profond secret. Aussi, quelle ne fut pas l'émotion d'Élisabeth, lorsque, le matin du 4 mai, une troupe de cent hommes se déploya brusquement devant sa prison. Ils étaient sous les ordres de sir Henri Bedingfeld, austère gentilhomme du Norfolk et zélé catholique. Il venait remplacer lord John Gage comme gouverneur de la Tour [1].

Elle s'écria si c'était l'échafaud de Jane Gray qu'on relevait. On la rassura. Mais, demanda-t-elle, Bedingfeld serait-il homme à se faire conscience de l'assassiner secrètement, si on lui en donnait la commission? On la rassura encore. Au lieu de la mort, il lui apporta des adoucissements, l'autorisation qu'elle avait sollicitée de se promener dans la grande galerie royale. Elle passa ainsi quinze jours, incertaine et de son sort et de la résidence qu'on lui destinait. Enfin, le samedi 19 mai 1554, elle sortit de la Tour, deux mois après y être entrée [2].

1. Quelques historiens donnent la date du 5 mai. Bedingfeld rapporte que son service près de lady Élisabeth commença le 4 mai 1554. *Papiers de Bedingfeld relatifs à la captivité d'Élisabeth à Woodstock en 1554*, publiés par Rev. C. R. Manning, dans le t. IV de la *Société archéologique de Norfolk et de Norwich*, 1855. La correspondance de Bedingfeld avec la reine et le Conseil va du 21 mai au 19 novembre 1554. Après cette dernière date, il y a une lacune de cinq mois, puis, le 17 avril 1555, l'ordre de la reine à Bedingfeld d'amener Élisabeth près d'elle à Hampton Court, c'est-à-dire la fin de la détention. Miss Agnès Strickland a été la première, que nous sachions, à utiliser les papiers de Bedingfeld dans sa biographie de la reine Marie Tudor.

2. Foxe, t. XIII, p. 614, donne le 19 mai, dimanche de la Trinité. La Trinité ne tombant que le 20, plusieurs historiens ont adopté cette dernière date, qui est aussi celle du *Machin's Diary*, p. 63. Mais l'éditeur moderne de Foxe, le Rév. George Townsend, se prononce, d'après un témoignage authentique, pour le 19 (t. VI, p. 771, note). D'autre part, Noailles est formel

Dix jours plus tard, Édouard Courtenay fut tiré aussi de la Tour (28 mai 1554). On le transféra au château de Fotheringay, dans le comté de Northampton. De même que la prisonnière de Woodstock, il n'avait plus à craindre la hache du bourreau.

Ainsi finissait, sans autre dommage pour les deux imprudents, l'aventure la plus risquée et la moins excusable. La culpabilité de Courtenay, répondant aux bienfaits par une basse ingratitude, est hors de doute. Celle d'Élisabeth, au premier abord, est moins manifeste. En effet, quand Noailles, dans sa correspondance avec la cour de France, dispose de la jeune princesse ; quand il se porte fort si pertinemment du désir qu'elle a de s'affranchir en épousant Courtenay et en renversant sa sœur, nous devons nous défier de l'ardeur d'un homme dont les affirmations ne sont peut-être si absolues que sous l'aiguillon de l'impétueux désir d'entraîner un maître indécis. Comment croire qu'elle lui ait abandonné tellement sa confiance, elle si concentrée ? Wyatt et d'autres lui envoient-ils des messagers, libre à elle de dire sans trop d'invraisemblance qu'elle ne pouvait pas les en empêcher et qu'elle ne les a pas accueillis. Mais il nous semble absolument impossible que, durant de longs mois, elle ait servi de centre à toutes les intrigues, de clef de voûte à tous les complots, sans l'avoir su, sans l'avoir voulu. Point de trace de désapprobation ou de résistance de sa part à ces machinations. Parmi les mécontents, chacun est convaincu qu'elle n'est pas fidèle à sa sœur, en dépit de ses lettres et des circonstances d'apparat, et l'on agit en conséquence. Ses officiers conspirent. Plus tard, elle les récompensera, les groupera autour d'elle en serviteurs de prédilection : Nicolas Throgmor-

---

pour cette même date du 19. Vertot, t. III, p. 226. Dans les *Papiers d'État* de Granvelle (mai 1555), t. IV, p. 249 : « Samedi dernier, Madame Élisabeth fut tirée de la Tour. » Lettre des ambassadeurs impériaux à Charles-Quint (sans date). Même date du 19 dans Holinshed, p. 1117 ; Stow, p. 622 ; Heywood, p. 120.

ton, James Croft, François Knollys, William Saintlow, William Pickering, Édouard Rogers, les frères Killigrew, Russell comte de Bedford. Nulle part, cependant, elle ne fait acte d'immixtion personnelle et palpable dans la conjuration. Point de correspondance de sa main avec les ennemis de sa sœur ; point d'entrevues ; point de démarche compromettante. Cauteleuse et affinée, l'œil et l'oreille au guet, qu'a-t-elle besoin de se risquer? Ne lui suffit-il pas dans sa retraite d'Ashridge, ou tout au plus de Dunnington, de se tenir prête à ramasser la couronne que d'autres auront conquise pour elle?

Outre sa prudence, sa popularité, et la préoccupation de Gardiner en faveur de Courtenay, elle fut redevable aussi de son salut, en grande partie, à une disposition spéciale du caractère anglais, le respect scrupuleux de la forme et de la lettre de la loi. Les jurisconsultes de la couronne, en quête d'un crime capital commis par elle, crime qu'ils sentaient partout et ne saisissaient nulle part matériellement, restèrent les serviteurs de leurs propres principes et de leurs traditions, qui les enchaînaient aux textes et les circonscrivaient dans le domaine rigoureux du fait légal. Allons plus loin : si l'on considère cette particularité du génie national, elle nous expliquera comment Élisabeth pouvait soutenir si haut, et même avec une certaine bonne foi, qu'elle était loyale et n'avait point transgressé ses devoirs envers la souveraine : innocence tout extérieure, dont elle bénéficia par-devant les légistes et le danger du moment, mais dont nous ne croyons pas qu'elle puisse se couvrir en face du tribunal de l'histoire.

XXII

ÉLISABETH A WOODSTOCK

A ce voyage de demi-délivrance, comme à celui de l'emprisonnement, et pour le même motif, on dirigea Élisabeth par la Tamise plutôt que par la ville (19 mai). Mais on ne put pas échapper entièrement à la manifestation du sentiment public. Tandis qu'elle remontait le fleuve sous la conduite de sir Henry Bedingfeld et de lord John Williams de Tame [1], trois coups de canon partirent du comptoir de la Ligue hanséatique, en signe de réjouissance [2]. Ils retentirent jusqu'à Westminster. La reine, qui s'y trouvait, en témoigna un vif mécontentement [3]. On a dit que néanmoins elle aurait appelé sa sœur au palais, pour lui offrir la liberté si elle épousait le prince de Piémont, et qu'elle aurait essuyé un refus péremptoire. Cette anecdote est dépourvue de tout fondement. Le bateau passa devant Westminster sans

---

1. John-Williams de Tame était un ami d'Élisabeth. Il avait figuré dans le brillant cortège de cette princesse, lors de l'entrée qu'elle avait faite en grand appareil à Londres, le 23 juillet 1553. Strype, t. III, p. 14.
2. De la maison des Tillards. Granvelle, *Papiers d'État,* t. IV, p. 249. La Compagnie de la Balance (*Steelyard*).
3. Granvelle, *Papiers d'État,* t. IV, p. 249. Les ambassadeurs impériaux à Charles-Quint (mai 1554).

s'arrêter [1]. Épargnée, il s'en fallait qu'Élisabeth fût à ce point rentrée en grâce. Le soir, à Richmond, on la sépara de ses gens. On multiplia les sentinelles. Elle se crut encore une fois à son heure dernière. « Que Votre Grâce ne se laisse pas abattre, lui dit son gentilhomme huissier; chagrin le soir, joie le matin. » Elle pria Dieu de l'abriter à l'ombre de ses ailes [2], et envoya son serviteur s'informer des intentions des deux seigneurs. Ils s'indignèrent d'un tel soupçon. Noailles, son dangereux ami, se promettant de ne perdre aucune occasion de *conforter sous main ceux qui délibèrent si bien,* disait-il, *de brouiller les affaires de l'Empereur en Angleterre,* Noailles était tout prêt à lui attirer de nouvelles traverses. Il expédia un émissaire sous prétexte de lui offrir un présent de pommes. On le saisit; on le fouilla. Mais il sut répondre aux questions et dépister les lords [3].

Le lendemain 20 mai, Élisabeth fut conduite de Richmond à Windsor, dans une litière envoyée par la reine. Elle se plaignit de fatigue et de malaise, ce qui ne l'empêcha pas de parcourir tout le château, à la recherche d'un autre logement que celui qui lui avait été destiné, sans compter diverses fantaisies. Bedingfeld, troublé de sa lourde responsabilité, était merveilleusement perplexe, dit-il, s'il fallait répondre oui ou non, et se hâtait de demander au Conseil des instructions détaillées [4].

En chemin, elle avait reconnu à distance quelques-uns de ses serviteurs. Alors, s'adressant à l'un de ceux qu'on lui avait

---

1. Le *Journal de Machin* parle d'un voyage direct de la Tour à Richmond; nulle mention d'un arrêt à Westminster. Une lettre de Robert Swyft au comte Shrewsbury (*Illustrations de Lodge*) porte : « Samedi, à une heure de l'après-midi, lady Élisabeth fut conduite hors de la Tour par milord Trésorier et milord Chambellan et alla à Richmond par eau, tout d'une traite, sans débarquer. Là, elle aura autour d'elle quelques hommes de la garde, des officiers de chaque service de la maison de la reine; mais ce que durera son séjour en ce lieu, je n'en sais rien. » — Noailles, dans une dépêche du même jour, dit aussi qu'elle doit aller coucher à Richmond, sans voir la reine sa sœur. *Arch. affair. étr.*, t. I et II, p. 343.
2. Heywood, p. 121.
3. Noailles au roi, 19 et 24 mai 1554. Vertot, t. III, p. 233, 237, 238.
4. *Bedingfeld Papers*, p. 148, 149.

laissés : « Allez leur dire de ma part ces mots : *tanquam ovis,* » comme la brebis qu'on mène à la boucherie [1].

Dans la troisième journée (21 mai), elle alla de Windsor à la maison de sir William Dormer, dans le village de West Wyckham. Ce voyage, comme celui qu'elle avait fait au mois de février, d'Ashridge à Westminster, montra de nouveau combien elle était chère aux cœurs anglais. Dans la campagne, les populations accouraient en masse sur ses pas. C'étaient des larmes, des prières, des cris d'amour. Au départ de Windsor, les écoliers du collége d'Eton se présentèrent ; puis, à chaque village, la foule des paysans. Les femmes avaient préparé des gâteaux et des gaufres qu'elles jetaient pêle-mêle dans sa litière avec des bouquets. Presque suffoquée sous les témoignages de cette naïve tendresse, elle fut obligée de demander grâce [2]. Sir William Dormer l'attendait à un demi-mille de sa maison, où il lui fit une réception princière.

Le quatrième jour (22 mai), elle se rendit chez lord John Williams de Tame, à Ricot, au milieu du même concours. Quelques hommes du village d'Aston sonnèrent les cloches, honneur qui n'appartenait qu'au souverain. Les lords, attentifs à ne pas laisser franchir la juste limite, ordonnèrent qu'on s'assurât de leurs personnes. L'hospitalité de lord Williams fut magnifique. Un grand nombre de gentilshommes et de dames vinrent faire leur cour à Élisabeth, avec le même respect et le même élan que si elle eût été en pleine faveur. Le lendemain matin, elle parcourut les jardins et entendit la messe, au milieu de cette foule brillante, qui lui donnait les apparences de la liberté et de la grandeur. On a prétendu que Bedingfeld grondait et qu'il rappela rudement à cette noblesse que ce n'était qu'une prisonniere d'État ; qu'ils eussent à prendre garde à ce qu'ils faisaient ; mais le lord de Tame, son égal, lui aurait imposé silence [3].

1. Foxe, t. VIII, p. 615. Heywood, p. 125.
2. *Bedingfeld Papers*, p. 149.
3. Foxe, t. VIII, p. 614-616. Heywood, p. 126, 127.

Cependant aucune trace d'humeur ni de dissidence ne se laisse apercevoir dans ses rapports à la reine. Au contraire, il loue de bon cœur la courtoisie des lords à l'égard d'Élisabeth [1].

La cinquième et dernière journée ne fut pas moins animée que les précédentes. Ici, les populations, rassemblées en masse, saluaient Élisabeth du cri : *Dieu sauve Votre Grâce!* Ailleurs, comme à Islyppe, on se distribuait les rôles. Les hommes et les enfants se tinrent à l'entrée du bourg, avec un ménestrel qui chantait. La princesse s'arrêta quelque temps à l'écouter. Les femmes, groupées à l'autre extrémité de la ville, lui adressèrent à leur tour des adieux passionnés. A Woodstock même, terme de ce voyage singulier, la foule se pressait. Mais par derrière brillaient les hallebardes des soldats, et se dressait le château fort, la prison (23 mai 1554).

La prison de Woodstock est toute une épopée dans la jeunesse si traversée d'Élisabeth. Les écrivains de son temps l'ont chantée, sur le mode de l'idylle et de la tragédie, selon cette parole qu'elle avait jetée au sortir de Richmond, en se comparant à la brebis, emblème d'innocence et victime dévolue au couteau. De nos jours, grâce à la publication des papiers de Bedingfeld, on connaît mieux le fond des choses ; et sans mépriser la légende, qui a toujours le mérite précieux d'indiquer l'état et la pente des esprits, on est en mesure d'y substituer l'histoire avec des faits précis et nouveaux. Cette seconde captivité d'Élisabeth n'y perdra sans doute pas en intérêt [2]. L'étude des caractères dans leur réalité n'est-elle pas l'attrait essentiel d'un tel sujet ?

---

1. A propos de sir Will. Dormer, il termine en disant qu'il traita très-bien Sa Grâce, tant pour le vivre que pour le coucher ; et de lord Williams de Tame, qu'elle fut merveilleusement bien traitée, pour le vivre comme pour le coucher, p. 150 et 152.

2. Nous nous faisons un devoir de rappeler, ici encore, que c'est le savant ouvrage de miss Agnès Strickland, la *Biographie de Marie Tudor*, qui nous a mis sur la voie des *Papiers de Bedingfeld*. Notre cadre embrassant seulement la jeunesse d'Élisabeth, nous avons puisé à cette source des détails en plus grande quantité que l'auteur anglais, qui n'y touchait que par un côté de son travail.

Élisabeth, à Woodstock, ne fut pas logée au château proprement dit, sans doute parce que les appartements royaux se prêtaient mal aux exigences d'une réclusion, mais dans un bâtiment attenant aux défenses de ce manoir [1]. C'était une construction assez délabrée, mal couverte, où l'on avait préparé à la hâte quatre chambres, que l'on tendit d'étoffes appartenant à la princesse ou bien à la reine; prison peu sûre, puisqu'il n'y avait que trois portes fermant avec clefs et barres, et partant *grand motif d'inquiétude et de tourment pour ceux que leur service plaçait auprès de Sa Grâce, dans une maison si vaste et au milieu d'un pays qui ne leur était pas familier* [2].

Élisabeth s'enferma dans sa chambre. Lord Williams de Tame et l'escorte, d'environ quatre-vingt-dix cavaliers, couchèrent à la Loge, dans le parc. Le lendemain après midi (24 mai), il prit congé de la captive et s'en retourna chez lui, la laissant sous l'autorité du seul Bedingfeld.

Les historiens, dont nous avons relevé plus d'une fois les nombreuses exagérations et inexactitudes, ne tarissent pas en sarcasmes et en reproches sur ce gardien d'Élisabeth ; ils le dépeignent comme un personnage tracassier et un bourreau, chez qui l'odieux le dispute au ridicule. Est-il besoin de dire que Bedingfeld était un honnête homme, loyal, plein de respect et de sollicitude sincère pour la *grande lady* dont il avait la charge? La preuve, c'est qu'Élisabeth, étant sur le trône, lui donna des marques d'estime. Mais le poids de sa responsabilité l'accablait. Soupçonneux et toujours inquiet, il n'osait rien prendre sur lui. Pour les incidents les plus minces, il demandait des directions au Conseil, qui, de son côté, n'était pas moins prompt à prendre l'alarme. La reine lui prescrivit de veiller à la garde et à la sûreté de sa sœur, avec tous les égards qu'exigeaient le soin de son propre honneur à elle, le rang et le sang royal de la prisonnière. Elle permit la promenade dans les jardins en com-

---

1. Le *Gate-House*.
2. Rapport de Bedingfeld à la reine, 23, 24 mai. p. 154.

pagnie du gouverneur, et fit défense d'admettre auprès d'Élisabeth aucune personne suspecte, sinon en présence de Bedingfeld ; de lui laisser recevoir ou échanger, avec qui que ce fût, messages, lettres, présents. Le gouverneur, outre le commandement du château fort, fut revêtu d'une autorité de police sur tout le pays environnant, avec le droit de requérir l'assistance armée de la noblesse[1].

Le service d'Élisabeth fut réglé dans d'étroites limites, à trois femmes de chambre, deux valets et un officier de la garde robe. Son trésorier, Thomas Parry, se fixa en ville, à Woodstock, car Élisabeth était tenue de pourvoir sur ses revenus aux vivres de Bedingfeld, des vingt soldats de la garnison, de quatre agents subalternes de la reine, et enfin de ses propres domestiques[2]. On eut quelque peine à tolérer Parry si près d'elle. L'auberge du *Taureau*, où il s'établit, ne tarda pas à devenir très-suspecte. Là se montrèrent en grand nombre des personnages et se tinrent des discours qui déplaisaient d'autant plus à Bedingfeld, que jamais aucun de ses espions ne parvint à pénétrer au clair leurs faits et gestes[3].

Quelques-uns des serviteurs d'Élisabeth ne couchaient pas au château, pouvant ainsi servir à nouer des intelligences du dedans au dehors. Élisabeth ne s'en fit pas faute[4].

---

1. Instructions de la reine à Bedingfeld, 21 mai 1554, p. 158. La reine expliquait la situation de sa sœur ainsi qu'il suit : « Quoique notredite sœur ne se soit pas encore justifiée entièrement sur les faits à raison desquels nous l'avions mise à la Tour, cependant, pour sa tranquillité et afin d'en agir envers elle le plus honorablement possible, nous avons jugé à propos de lui assigner comme résidence notredit manoir de Woodstock, jusqu'à ce que certaines choses concernant sa conduite, non éclaircies, aient été recherchées et examinées à fond. »
2. *Warrant* de la reine à Thomas Parry, 14 juin 1554. — *Papiers de Bedingfeld*, p. 179, 180.
3. *Bedingf. Pap.*, p. 194, 211.
4. Nous trouvons là-dessus son propre témoignage. En avril 1586, lorsqu'elle tenait Marie Stuart prisonnière à Chartley, elle dit à M. de Châteauneuf : « Monsieur l'ambassadeur, vous avez grande intelligence et secrète avec la reine d'Escosse, mais croyez que je sais tout ce qui se fait en mon royaume ; et puis j'ai été prisonnière du temps de la reine ma sœur : je

Au commencement de ce séjour dans un lieu auparavant inhabité et en mauvais état, le feu prit de nuit à un plancher. On l'éteignit sans peine et sans dommage [1]. C'est là un beau thème pour Foxe et pour Heywood : un attentat contre Élisabeth ! on voulait la brûler dans son lit [2].

sais de quels artifices usent les prisonniers pour gagner des serviteurs et avoir de secrètes intelligences. » Ajoutons, en passant, que le prudent Châteauneuf, dans sa correspondance secrète avec Marie Stuart, avait soin de ne rien insérer qui donnât prise sur cette princesse ni sur lui-même. *Relations politiques de la France et de l'Espagne avec l'Écosse*. Teulet, t. IV, p. 103.

1. Bedingfeld met en post-scriptum à sa lettre du 27 mai 1554 au Conseil : « Il y a eu quelque danger du feu dans la maison. Nous nous en sommes tirés avec un dommage insignifiant, grâce à Dieu. » *Pap. de Bed.*, p. 163.

2. Selon Heywood (p. 134), l'honneur d'avoir déjoué cette trame reviendrait à un gentilhomme du comté d'Oxford qu'il ne nomme pas et qui, dit-il, avait été adjoint à Bedingfeld. Le même, toujours d'après Heywood (p. 129), avait déjà obtenu pour Élisabeth la liberté de la promenade dans les jardins. Or, nous avons vu que cette permission de se promener se trouve dans les instructions données par la reine dès le 21 mai. Nulle part, les papiers authentiques ne font mention de cet adjoint à l'autorité de Bedingfeld. Heywood donne aussi la prière d'Élisabeth après le danger qu'elle avait couru : « O gracieux Seigneur Dieu, je me prosterne humblement, les genoux de mon cœur pliés devant toi, en te suppliant, au nom de ton Fils, de m'être aujourd'hui et toujours miséricordieux ! Je suis ton ouvrage, l'ouvrage de tes propres mains, oui, de ces mains qui ont été clouées à la croix pour mes péchés. Jette un regard sur les plaies de tes mains, et ne dédaigne pas l'ouvrage de tes mains. Tu m'as inscrite de ta propre main dans le livre du salut. Oh ! lis ton écriture, et sauve-moi ! Permets que je te parle ainsi ; pardonne-moi la prière que je t'adresse. Les maux que j'endure me forcent à parler ; les calamités que je souffre m'obligent à me plaindre. Si mes espérances étaient bornées à cette vie, alors je serais la plus misérable des créatures. Il faut de toute nécessité qu'il y ait une autre vie ; car ici-bas, bien souvent ceux-là vivent la plus longue vie qui ne seraient même pas dignes de vivre. Les Israélites façonnent des briques, et les Égyptiens habitent dans les maisons ; David est dans la misère, et Nabal dans l'abondance ; Sion est captive de Babylone. N'as-tu rien à réserver à Joseph, que la prison ? à Isaï, que la scie ? La tête de Jean-Baptiste n'ornerait-elle pas une couronne aussi bien qu'un plat ? Oui, sûrement, il y a une grande rétribution pour les justes, une moisson pour les âmes droites. Tu as des palmes pour leurs mains, des couronnes pour leur tête, des robes blanches pour leur corps ; tu essuieras toute larme de leurs yeux ; tu leur montreras ta bonté dans le séjour des vivants. Comme

Le régime était rigoureux : point de livres, point de plumes, ni d'encre ; clôture hermétique des portes du jardin lorsqu'elle s'y promenait, sous les yeux du gouverneur. Elle réclama, par l'intermédiaire d'une de ses femmes, car elle était trop fière pour s'exposer personnellement à un refus de son *geôlier*, elle réclama la liberté de se promener hors des jardins, dans le parc, selon la promesse que le lord trésorier (marquis de Winchester) et le Chambellan (sir John Gage) lui en avaient faite, disait-elle, au sortir de la Tour.

Elle souhaitait aussi des livres et le retour d'un des anciens maîtres de son jeune âge, Johannes Pictones, qui lui avait appris plusieurs langues qu'elle craignait d'oublier[1].

Pour les livres, Parry s'était excusé de lui en envoyer, sur ce que ce n'était pas sa fonction. Le beau-fils de l'intendant, John Fortescue, plus hardi, prit sur lui d'en adresser deux fort innocents, le *Traité des offices* de Cicéron et les *Psaumes de David* en latin ; mais il les accompagna de trois lettres. Il y disait, entre autres choses, n'avoir pas de porte-plume. Ce fut une affaire d'État, et l'envoi fait de cette sorte, et le sens caché peut-être de ces mots. Le gouverneur commença par renvoyer le volume à Fortescue. La reine, irritée des manéges qu'elle soupçonnait dans une correspondance si indiscrète, défendit d'ad-

---

elle est bonne et désirable, l'ombre de tes ailes, Seigneur Jésus ! Là est le sanctuaire, notre sûr refuge ; là, le lieu de consolation et de rafraîchissement de tout péché et de tout chagrin. Quelle que soit la coupe d'affliction dont cette vie m'abreuve, ce n'est rien en comparaison des amers breuvages que tu as bus pour moi. Secours-moi, ô toi, la force qui me relèveras ; viens, toi, la lumière qui m'illumineras ; apparais, toi, la gloire à laquelle je serai exaltée ; accours, toi, la vie par le moyen de qui je serai un jour glorifiée ! Amen, Amen. » (Heywood, p. 134-138.) Ce morceau, ainsi que d'autres cités précédemment, nous semble être conforme à la fois au goût littéraire et au tempérament d'Élisabeth, chez qui volontiers la colère va de compagnie avec la prière. Tout en implorant le secours divin, elle ne peut pas retenir une sorte de malédiction contre ceux *qui ne seraient pas dignes de vivre*. Rappelons-nous que dans sa très-authentique lettre à la reine, avant d'aller à la Tour, le même sentiment perce à travers les supplications.

1. Le Conseil ne put pas le retrouver.

mettre désormais à l'intérieur du château toute personne, quelle qu'elle fût, qui ne serait pas du service d'Élisabeth.

Fortescue, arrêté provisoirement et interrogé de près, reçut de Bedingfeld une verte semonce. Le Conseil permit néanmoins de remettre les livres à la prisonnière, et en général tout livre honnête et acceptable pour passer le temps. Mais elle s'abstint et s'en priva volontairement plutôt que d'en reparler. Autre chagrin : on ôta d'auprès d'elle une de ses femmes qu'elle aimait, Élisabeth Sands, dont on craignait les *mauvaises opinions* en matière religieuse. Elle supportait ces déboires sans se plaindre ; cependant l'enflure survenue à son visage et à ses mains témoignait assez de son émotion. Elle s'était risquée pourtant à demander une Bible en anglais, ce qui sentait l'hérésie. Bedingfeld, choqué comme catholique, répondit par un sarcasme déplacé qu'il n'en avait pas et qu'il ne s'en était point procuré, attendu qu'il tenait des livres latins à sa disposition, quand il lui plairait ; il avait pensé qu'elle y prendrait beaucoup plus de plaisir, puisqu'elle entendait si parfaitement le latin : « réponse que je vis bien, dit-il, qu'elle ne prenait pas en bonne part! » — on le comprend. — Une demi-heure après, — cela se passait à la promenade, — elle le pria d'écrire de sa part aux lords du Conseil pour qu'ils lui permissent d'écrire directement à la reine. Quoique cette requête lui fût adressée, à ce qu'il rapporte, de la moins plaisante façon qu'il lui eût vue depuis sa sortie de la Tour, Bedingfeld y acquiesça.

La promenade s'acheva sans qu'elle rouvrît la bouche [1]. Les lords autorisèrent la Bible. Quant à l'avenir, ils recommandèrent à Bedingfeld de satisfaire la princesse par de bonnes paroles, en attendant leurs instructions ; et la reine consentit qu'elle lui écrivît.

Cette lettre de la prisonnière à sa sœur et souveraine ne fut et ne pouvait être qu'une ardente protestation d'innocence [2].

1. Sur ces divers incidents, V. les *Bedingf. Pap.*, 27 mai et 12 juin.
2. L'autorisation donnée par Marie étant du 13 juin 1554 (*Bedingf. Pap.*,

Une dizaine de jours après (25 juin 1554), Marie répondit de Farnham-Castle, maison située entre Winchester et Southampton, non pas à elle, mais à Bedingfeld. Son langage, quoique très-mesuré, était sévère, car il y avait toujours à la charge d'Élisabeth des présomptions graves, auxquelles celle-ci n'opposait que de simples dénégations. Marie aurait voulu des preuves ou un aveu. Après le salut d'usage à son féal et bien-aimé serviteur, elle lui disait : « Nous avons reçu de lady Élisabeth une lettre, contenant seulement certains arguments qu'elle a préparés pour lui servir de déclaration dans les matières dont elle a été chargée par les confessions spontanées de diverses personnes, arguments au moyen desquels il semblerait qu'elle voulût nous persuader que les témoignages de ceux qui

p. 179), la lettre d'Élisabeth ne put être écrite que le 14 au plus tôt. Cette pièce, qui aurait été si intéressante, ne s'est pas retrouvée. Nous allons reproduire d'après l'italien de Leti une lettre qu'il attribue à Élisabeth, en avertissant encore une fois que cet historien n'indique jamais ses sources : « Si le malheureux état où je suis pouvait parvenir jusqu'aux oreilles de Votre Majesté, je suis sûre qu'il aurait la fortune de trouver du rafraîchissement dans votre auguste cœur. Si je me sentais le moins du monde coupable en ce qui touche la grandeur, la gloire ou les intérêts de Votre Majesté, je me consolerais de mes afflictions en les regardant comme le châtiment mérité de mes fautes. Mais le sentiment de mon innocence et de tout mon zèle pour le service de Votre Majesté rend plus douloureuses les peines que je souffre. Que votre généreuse clémence mesure l'étendue de ma disgrâce, par ce fait que voilà trois jours seulement que j'ai été instruite de votre mariage fortuné avec le sérénissime prince Philippe, célébré il y a des mois : c'est une des plus grandes obligations que je reconnaisse avoir au seigneur gouverneur, Bernefeld. Je prie le Ciel de conserver Votre Majesté dans la félicité de son mariage, de rendre votre piété plus auguste et votre bonté plus grande à mon égard. Je m'imagine que nombre de personnes ont recouvré vos bonnes grâces à l'occasion de votre mariage ; et il me semble que les portes de la justice et de la clémence sont restées fermées à la seule infortunée fille de Henri VIII. Si la sérénissime reine n'est pas sensible aux liens du sang, que du moins elle cède à l'impulsion de la grandeur de son âme royale. » On ne pourrait rattacher cette lettre qu'à l'automne de 1554, puisqu'il y est question de plusieurs mois écoulés depuis le mariage de la reine, lequel datait du 25 juillet. Leti ajoute qu'elle eut pour effet d'adoucir la captivité d'Élisabeth. Sans nous prononcer sur l'authenticité de cette pièce, qui nous paraît assez douteuse, nous verrons comment le régime de la prison s'adoucit en effet à l'automne.

sont entrés dans cette voie contre elle, ou bien n'étaient pas tels qu'ils sont, ou, s'ils l'étaient, ne méritent aucune créance. Mais, de même qu'il nous en coûta beaucoup dans le commencement d'avoir à la soupçonner, de même, depuis que nous savons que la copie de la lettre particulière qu'elle nous avait écrite a été trouvée dans les paquets de l'ambassadeur de France[1], et que plusieurs des notables traîtres faisaient fond principalement sur elle, il nous est bien difficile de penser qu'ils auraient eu l'audace d'agir de la sorte, s'ils n'avaient pas eu de sa faveur, pour leur conspiration dénaturée, une connaissance plus certaine qu'elle ne l'a confessée jusqu'ici. En conséquence, quoique nous ayons, quant à nous (si l'on considère ce que nous connaissons des faits portés à sa charge), usé de plus de clémence et de faveur envers elle qu'on n'avait accoutumé en de telles matières, ses belles paroles ne sauraient nous abuser à ce point; et nous entendons fort bien comment cette affaire a été ourdie. Les conspirations se machinent en secret, et les choses de cette espèce se jugent par conjectures probables, par voie d'indices et de raisonnement, là où il arrive que la preuve claire et directe fasse défaut, tout ainsi que le sage Salomon reconnut la vraie mère de l'enfant à l'attitude et au langage des deux femmes, en l'absence de toute autre preuve et dans l'impossibilité de s'en procurer. De sadite lettre pesée et examinée, ainsi que des observations que votre frère a exposées en votre nom à notre Conseil privé, il résulte que sa pensée et son dessein étaient bien différents de ce que sa lettre tendrait à faire croire. C'est pourquoi notre plaisir dorénavant est que nous ne soyons plus molestée par de telles lettres, pleines de déguisements et d'artifices[2]. Nous souhaitons pour elle qu'il plaise à Notre-Seigneur

1. L'ambassadeur, nous le rappelons, avait déclaré hautement qu'il ne tenait pas cette copie d'Élisabeth, et c'était la vérité. Mais il est aisé de concevoir que Marie ne le crût pas sur parole et qu'elle supposât au contraire une communication directe.

2. *Wherefore our plesure ys not to be hereafter enye moore molested with such her disguise and colourable letters.*

de lui accorder la grâce d'être envers nous comme il convient qu'elle soit. » La reine terminait en disant à Bedingfeld qu'elle avait trouvé bon de lui faire connaître la teneur de sa lettre, afin qu'il continuât à s'acquitter avec sa diligence habituelle de la charge qui lui était confiée [1].

Le coup était rude. Au lieu du pardon, Élisabeth s'était attiré un rengrégement de disgrâce. Elle avait témoigné aussi le désir qu'un des trois médecins de la reine vînt la voir, à cause de ses gonflements de la figure, des bras et des mains. Mais le malheur voulut que l'un fût malade, l'autre absent. Le troisième, le Dr Owen, ne pouvait pas s'éloigner de la cour; il conseilla la patience et indiqua un régime à suivre [2].

Bedingfeld avait ordre de communiquer à Élisabeth la réponse de la reine, seulement en substance, au moment qu'il jugerait convenable. Assez embarrassé de son rôle, il prépara un extrait et attendit l'occasion. Dans un premier entretien, il parla de l'impossibilité où l'on était d'envoyer un des médecins de la reine; le Conseil, sur l'indication du Dr Owen, en proposait d'autres du voisinage. Élisabeth refusa, en disant qu'elle ne se souciait pas d'informer des étrangers de l'état de sa santé. Le lord chambellan, qui lui avait promis, au sortir de la Tour, ajouta-t-elle amèrement, de lui envoyer qui elle demanderait, sans doute n'avait voulu savoir où se porterait son choix que pour être plus sûr de ne pas se rencontrer avec elle. Ce jour-là, Bedingfeld ne poussa pas la conversation plus loin.

Le lendemain, 3 juillet, il alla entendre la messe dans la chambre de la princesse ; et, comme il se retirait sans faire mine de parler, elle lui demanda enfin s'il savait que la reine eût répondu ou dût répondre à sa lettre. En effet, dit-il, il avait une communication à lui faire à ce sujet, quand elle

---

1. *Bedingf. Pap.*, p. 182, 183.
2. Il écrivit à Bedingfeld que l'état de Sa Grâce provenait de ce qu'elle avait le corps rempli d'humeurs froides et aqueuses, que l'on expulserait au moyen d'une purgation ; mais la saison n'y était pas propice. *Bedingf. Pap.*, p. 186.

le lui commanderait. « Faites, » dit-elle. Il tira son papier ; mais alors elle le pria de remettre jusqu'à ce qu'elle eût dîné. Le moment venu, elle l'envoya chercher. Il se présenta accompagné d'un homme de la reine, un M. Thomew, logé au château avec sa femme, et le fit entrer, sur la permission d'Élisabeth. Tous deux s'étant agenouillés devant elle, Bedingfeld donna lecture du message résumé de la reine. Alors elle déplora que, par une fatalité si contraire à son attente, sa lettre n'eût pas produit un meilleur effet. Elle pria le gouverneur de recommencer sa lecture et dit : « Je remarque spécialement, à mon grand chagrin (et mon obéissance n'en sera pas moins empressée), que la reine ne trouve pas bon que je la moleste davantage avec mes lettres artificieuses. Quoiqu'elles soient qualifiées d'artificieuses, cependant, sans offenser Sa Majesté, je dois affirmer que c'était la pure vérité ; oui, aussi vrai que je désire être sauvée devant le Dieu tout-puissant. » Ne pouvant plus écrire à la reine, elle imagina un détour et sollicita Bedingfeld de rédiger une réponse dont elle lui indiquerait les éléments et qu'il adresserait au Conseil, après qu'ils l'auraient relue ensemble pour plus d'exactitude. Il la pria de l'excuser s'il ne se prêtait pas à son désir. « Mais, répliqua-t-elle, à la Tour, chaque prisonnier peut s'ouvrir au lieutenant, et celui-ci en faire le rapport au Conseil, et vous me refuseriez ? » Il s'excusa de nouveau. A la promenade, elle revint à la charge. « Mon sort, lui dit-elle, serait donc pire que celui du plus infime prisonnier de Newgate [1], dont un ami peut prendre la cause en main ? Moi, devrai-je donc rester toute ma vie sans espérance en ce monde, sans autre soutien que la vérité de ma cause ? Je la mettrai sous les yeux de Dieu ; je m'armerai contre toutes les éventualités, quelles qu'elles soient, pour demeurer loyale sujette de la reine, comme je le fus toute ma vie [2]. » A ce moment, la

1. La prison des criminels.
2. Bedingfeld au Conseil, Woodstock, 4 juillet 1554. *Bedingf. Pap.*, p. 188-193.

pluie survint et rompit la conversation. Bedingfeld en envoya la relation au Conseil, manière indirecte de satisfaire le vœu d'Élisabeth. Cette détresse, cet appel aux procédés tutélaires de la justice dont aucun criminel n'était exclu, touchèrent Marie. Trois jours après (7 juillet), elle autorisa le gouverneur à consigner par écrit les explications d'Élisabeth et à les lui adresser directement, afin qu'elle les vît avant le Conseil [1].

Chose étrange, Élisabeth, si pressante pour obtenir cette faveur, laissa passer plus de vingt jours sans en profiter. Même dans son domestique, on s'en moquait ouvertement. L'orgueil et la colère avaient pris le dessus. Elle goûtait une sorte de vengeance à souffrir davantage. Elle fut reprise d'enflure à la face : mais, si elle se plaignait d'avoir été très-mal telle ou telle nuit, elle ne touchait plus un mot du médecin [2]. Enfin elle se décida : le 30 juillet, après la messe, elle pria Bedingfeld de rédiger sa requête au lord chambellan, sir John Gage, pour qu'il voulût bien lui servir d'intermédiaire auprès de la reine. Voici cette pièce originale :

« *Requête de Sa Grâce lady Élisabeth* (au Conseil).

« Lady Élisabeth, ce 30 juillet, me charge d'exposer sa requête à Vos Honneurs, à l'effet de vous rendre ses médiateurs auprès de Sa Majesté la Reine. Elle supplie Votre Seigneurie de considérer sa malheureuse situation : que, ayant été autorisée une fois seulement à écrire en humble solliciteuse à Son Altesse la Reine, elle n'obtint pas la consolation qu'elle avait espérée ; mais, par surcroît de douleur, un message à moi adressé signifia le bon plaisir de la Reine qu'on ne la molestât pas davantage avec les lettres de Sa Grâce ; elle demande qu'il vous plaise, ne fût-ce que par

---

1. Le bruit de dispositions plus favorables chez Marie commençait à se répandre. Le 3 juillet, Noailles mandait à Henri II : « On espère que Madame Élizabeth et Courtenay sortiront bientôt de leur captivité, et les bons propos que de ceste heure et ordinairement ceste Royne tient d'eulx faisant connoistre qu'ilz sont reconciliez avec elle. » *Archiv. aff. étr.*, Angleterre, 1553-1556, t. I et II, p. 410.

2. Bedingfeld au Conseil, Woodstock, 16 juillet 1554. *Bedingf. Pap.*, p. 198.

pitié, ayant égard à son long emprisonnement et à la perte de sa liberté, ou bien de la charger d'une accusation déterminée sur laquelle elle aurait à répondre devant des juges, ou bien de lui accorder la liberté de paraître en présence de Son Altesse, ce qu'elle se garderait bien de souhaiter, dit-elle, si elle ne se savait pas irréprochable, même devant Dieu, quant à son allégeance. Si néanmoins, après que, par votre bonne médiation, elle aurait obtenu la très-gracieuse faveur de Son Altesse la Reine, il devait subsister encore des scrupules ou des doutes sur sa loyauté, elle préférerait de bon cœur souffrir son sort actuel et pis encore, plutôt que de mettre dans le cas d'être importunée, ou tourmentée à cause d'elle, Sa Majesté, dont elle souhaite par-dessus toute chose au monde, dit-elle, l'honneur et la conservation. Me requérant en outre de m'adresser principalement à ceux d'entre vous, milords, qui furent les conseillers et les exécuteurs du testament du roi, son père, afin qu'ils veuillent bien appuyer la susdite demande de Sa Grâce [1]. Et, si Votre Seigneurie ne peut lui faire accorder ni l'une ni l'autre de ses deux demandes, qu'alors plaise à Son Altesse la Reine consentir que plusieurs d'entre vous, milords, viennent avec son congé, ici près de Sa Grâce [2], recueillir de sa propre bouche les demandes qu'elle a à présenter. Au moyen de quoi, elle éprouverait cet allégement de penser qu'elle n'est pas entièrement destituée de tout refuge en ce monde [3]. »

Le Conseil répondit que la reine allait examiner et prendre temps pour donner telle réponse qu'il conviendrait.

---

[1]. Henri VIII avait légué la couronne à Élisabeth, à défaut d'Édouard et de Marie et de leurs descendants. Plusieurs de ses exécuteurs testamentaires étaient encore du Conseil privé. C'était probablement une manière habile de les faire songer qu'ils pourraient, un jour, avoir à compter avec elle.

[2]. Élisabeth.

[3]. *Bedinfg. Pap.*, p. 203, 204.

XXIII

ÉLISABETH A WOODSTOCK (suite)

L'événement destiné à exercer une influence décisive et favorable sur le sort d'Élisabeth venait de s'accomplir à la cour. La reine, après la longue attente que nous savons, s'était enfin unie au prince d'Espagne [1]. Philippe, parti de La Corogne au commencement de juillet, avait débarqué à Southampton. Son mariage avec la reine fut célébré, le 25 juillet 1554, à Winchester, siége de l'évêché de Gardiner, par Gardiner lui-même [2].

Après tant de colères, les Anglais y applaudirent. L'époux, guidé par un long mémoire de Renard sur la conduite à tenir dans ce pays étrange et difficile, se rendit populaire peu à peu [3].

1. Les retards de Philippe, provenant de sa lenteur de caractère autant que de la difficulté de rassembler l'argent nécessaire, n'avaient pas moins pesé à l'Empereur qu'à la reine. Le 1ᵉʳ juin 1554, Marc-Antoine Damula, ambassadeur de Venise près la cour impériale, écrivait au doge et à la seigneurie que Charles-Quint avait été malade, parce que pendant quelque temps il avait été sans nouvelles d'Espagne. *Calendar Venetian*, par M. Rawdon Brown.

2. La correspondance de Renard, cette source si précieuse, finit, dans le *Manuscrit du Record Office*, au 15 juin 1554. Mais elle se continue, quoique avec moins d'abondance, dans les *Papiers d'État* de Granvelle.

3. Les ambassadeurs impériaux à Charles-Quint, sans date (Winchester, 26 ou 27 juillet 1554). C'est Renard qui tient la plume : « Ne scaurions

La question religieuse, dont s'étaient tant tourmentés, Gardiner pour en presser le règlement, l'Empereur pour le retarder, se résolut en quelque sorte d'elle-même. Quatre mois après le mariage, le vote unanime du Parlement restaura le catholicisme et l'autorité du pape, représenté par le cardinal Pole, légat *à latere* (30 novembre 1554, 4 janvier 1555). Nulle résistance ne s'éleva. Une grande partie des classes inférieures, surtout dans le nord, étaient attachées à l'ancienne religion, qu'elles avaient défendue deux fois les armes à la main, lors du schisme de Henri VIII et lorsque le gouvernement d'Édouard VI avait imposé au royaume le culte protestant. Chez les hautes classes, beaucoup de familles étaient foncièrement catholiques et demeurèrent telles longtemps encore sous le règne d'Élisabeth. D'autres, absolument indifférentes lorsqu'il s'agissait d'évoluer de l'orthodoxie catholique au schisme, du schisme à l'hérésie, de l'hérésie au catholicisme, ne considéraient que deux choses, le bon plaisir du prince et leur intérêt particulier. En suivant les passions du souverain, elles avaient fait main basse sur les biens et les rentes du clergé. Conserver intacte leur part de butin, tel était le fond de leur *credo*. L'ambassadeur vénitien, Giovanni Michieli, successeur de Giacomo Soranzo, a dit : « Généralement parlant, l'on peut être assuré [1] que, chez les Anglais, l'exemple et l'autorité du souverain sont tout, et que la religion n'est estimée que pour autant qu'elle inculque au sujet ses devoirs envers le prince. Ils vivent comme il vit ; ils croient comme il croit ; ils obéissent à ses ordres, non sous l'impulsion

---

exprimer par cestes (ces lettres) la bonne grâce que Son Altèze a représenté en tout et partout ; l'aiant préadvertie que, comme ce royaulme est populaire, aussy convient-il accarasser le peuple, pour contenir l'ambition et inconstance de la noblesse. » *Papiers d'État* de Granvelle, t. IV, p. 278. Il se rencontra pourtant des épines. Renard, fin d'août : « Il y aura bien affaire d'accorder les Espaignolz avec les Angloys ; » la faute du langage ; les anglais *abhorrissans* les étrangers, en ayant volé beaucoup au débarquement et sur les chemins ; le *point de la religion* rend les hérétiques pires ; les Français *ne dorment en pratiques. Pap. d'État*, t. IV, p. 293.

1. Il y a dans l'exposé : *Votre Altesse peut être assurée*, l'ambassadeur s'adressant au doge.

intime d'aucun sentiment moral, mais par la crainte d'encourir son déplaisir, et ils se feraient tout aussi bien juifs ou mahométans, selon ce que le prince s'aviserait d'adopter et d'exiger. Bref, ils s'accommoderaient de n'importe quelle religion, mais surtout de celle dont ils espéreraient le plus de licence et profit [1]. » Les Anglais ne se passionnèrent et ne se fixèrent sur la question religieuse que du moment où elle parut impliquer la question d'indépendance nationale. Le patriotisme fit leur doctrine. Ceci arrivera dans les derniers temps de Marie. Mais, en 1554, ce fut assez qu'une bulle du pape Jules III rassurât les possesseurs de biens ecclésiastiques, pour que la religion romaine se relevât officiellement de ses ruines, comme par enchantement.

Marie, en faisant répondre par le Conseil, à sa sœur (7 août 1554), qu'elle allait examiner sa supplique, se réservait naturellement d'en délibérer avec son nouvel époux. Or, au lieu d'un ennemi, Élisabeth trouvait chez son beau-frère un ami. Il s'en fallait, en effet, qu'il partageât les dispositions rigoureuses de son père contre elle, encore moins la haine furieuse de Renard. Ses motifs, à cette époque, n'ont pas été expliqués, si ce

---

[1]. Rapport de Michieli à la seigneurie de Venise en 1557, dans Ellis, *Original Letters*, 2ᵉ série, t. II, p. 239. Michieli séjourna près de la reine d'Angleterre de 1554 à 1557. Édouard Grant, dans son *Discours sur la vie et la mort de Roger Ascham*, discours dédié à la reine Élisabeth en 1576, défend son ancien maître contre le reproche d'avoir varié en religion et de s'être fait catholique sous Marie ; il donne ce motif que, appelé pour servir le prince, Ascham a été obligé moins de céder au temps que d'obéir au prince et de servir l'État. « Ira-t-on l'accuser d'inconstance en religion parce qu'il a obéi au prince ?... Appellerons-nous vacillant dans ses opinions un homme qui servit alors, malgré lui, son époque, l'État et le prince ? » (*Roger Ascham's Works*, t. III, p. 334, 335, édit. 1864.) John Aylmer faisant l'éloge de la conduite d'Élisabeth dans les affaires religieuses, par opposition à Marie : « Remarquez ses commencements, et comparez-les avec d'autres. Elle arrive comme un agneau, et non comme un lion; comme une mère, et non comme une marâtre. Elle ne s'élance pas du premier pas pour violer et briser la loi existante, pour exciter son peuple à changer ce qu'il aime, avant d'y avoir pourvu par la loi. » (Strype, t. III, p. 483.) Ainsi, la maxime, c'est que le prince a le droit légal de régler la religion de l'État.

n'est peut-être sa douceur de caractère dans sa jeunesse. Quant à la reine, dès avant son mariage, elle avait eu la pensée de la mettre en liberté, mais en l'éloignant du royaume, en l'envoyant en Belgique, à Bruxelles, près de la reine de Hongrie, Marie, sœur de l'Empereur [1]. Philippe, plus généreux encore, mit en balance si l'on ne lui rendrait pas la liberté immédiatement [2].

Cela consumait des délais, parce que la promptitude n'était pas dans le tempérament du roi. Élisabeth, cependant, trouvait le temps long. Deux jours ne s'étaient pas écoulés depuis la réponse du Conseil, qu'à l'une de ses promenades : « On ne se hâte guère, dit-elle à Bedingfeld, de répondre aux demandes que j'adresse ; et je sais qu'il en est toujours ainsi dans les affaires, quand personne n'est chargé du mandat de presser assidûment la réponse. Permettez-moi de dépêcher un de mes serviteurs. » Bedingfeld répondit que cela ne se pouvait pas. « Alors, répliqua-t-elle, je suis dans un merveilleux désavantage, car je sais qu'une femme est reçue à solliciter en faveur de son mari ; un parent, un ami, un serviteur, pour ceux des leurs qui se trouvent dans le cas où je suis ; cela ne se refuse jamais. » Le gouverneur essaya de lui faire prendre patience [3].

Quant à lui, il n'en avait plus guère. Le même jour, il écrivait à l'évêque d'Ély et le conjurait, mais en vain, d'employer son crédit à le faire relever de sa fonction. Élisabeth le harcelait. Elle voulait qu'il écrivît au lord chambellan pour avoir une réponse, puisque, disait-elle, il était scrupuleux au point de ne lui permettre ni d'écrire elle-même, ni d'envoyer sa lettre par tel de ses domestiques que son service n'astreignait pas à une

---

1. Renard à Charles-Quint, Richmond, 9 juin 1554. *Man. Rec. Off.*, t. II. Du même au même, premiers jours de juillet 1554. *Papiers d'État* de Granvelle, t. IV, p. 276.

2. Renard à Charles-Quint, fin d'août 1554, dans les *Papiers d'État* de Granvelle, t. IV, p. 293, 294.

3. Bedingfeld au Conseil, Woodstock, 16 août 1554. *Bedingf. Pap.*, p. 205. Cela se passait le vendredi 9 août, deux jours après la première réponse du Conseil.

présence continue. Voilà pourquoi sa supplique demeurait sans réponse ; elle était bien sûre, reprenait-elle, que le lord chambellan rirait dans sa barbe, quand il saurait jusqu'où il poussait la manie du scrupule. « J'aime mieux, répliqua-t-il, m'exposer au risque de votre déplaisir en ceci, que de pécher par présomption. »

Cependant Marie avait exprimé, dans sa lettre du 25 juin, le vœu qu'il plût un jour au Seigneur d'instruire Élisabeth sur ses devoirs envers elle. Élisabeth avait-elle en vue d'accomplir cette parole et d'en tirer les fruits qu'elle semblait contenir, quand, le dimanche 26 août, elle se confessa à son aumônier pour recevoir la communion, selon la liturgie catholique? Elle appela Bedingfeld, M. Thomew et la principale des femmes de la reine [1]. Ils s'agenouillèrent respectueusement devant elle, ignorant ses intentions. Alors, elle protesta à haute voix que jamais de sa vie elle n'avait rien fait ni rien projeté qui fût susceptible de mettre en danger la personne de la reine ou l'État, aussi vrai que Dieu, en la miséricorde de qui elle se confiait, était son juge. Après ces mots, elle reçut l'hostie [2].

Bedingfeld, soit qu'il eût des doutes, soit qu'il fût excédé de la petite guerre que la captive lui faisait depuis quelque temps, ne rendit compte de cette démarche édifiante qu'après un laps de trois semaines [3]. Dès le lendemain de son message, une lettre partait du Conseil (Hampton Court, 15 septembre), manifestant la joie de la reine qu'Élisabeth se fût si bien conformée à recevoir le saint sacrement à l'autel. Il lui était permis d'écrire au Conseil et de remettre sa lettre au gouverneur, qui la ferait porter par un de ses serviteurs à elle. On ordonnait aussi de faire à la maison quelques réparations que Bedingfeld réclamait inutilement depuis tantôt deux mois [4].

1. Elle se nommait Mrs. Morton.
2. Bedingfeld au Conseil, Woodstock, 14 septembre 1554. *Bedingf. Pap.*, p. 208.
3. Du 26 août au 14 septembre.
4. *Bedingf. Pap.*, p. 209.

Élisabeth donc avait trouvé le chemin du cœur de Marie. Avec cette missive et ces bonnes nouvelles qu'il s'empressa de lui communiquer, le gouverneur s'attendait à un accueil aimable. Elle, qui avait souhaité si passionnément le succès, demeura froide et impassible, comme pour se venger de la violence qu'elle avait dû se faire elle-même en descendant à solliciter. Elle laissa Bedingfeld s'éloigner sans lui avoir ni commandé de préparer ce qu'il fallait pour écrire, ni désigné celui qui devait porter son message. Une semaine entière, du lundi au dimanche, elle observa le même silence. Enfin, le dimanche après midi, à sa promenade, elle donna ses ordres à Bedingfeld pour le lendemain. Le lundi matin, 24 septembre, il remit à Mrs. Morton, femme de la reine, un encrier, cinq plumes, deux feuilles de beau papier, une feuille de papier commun, le tout à condition que Sa Grâce s'en servirait sous les yeux de Mrs. Thomew ou de Mrs. Morton. Élisabeth y consentit et désigna pour messager Francis Verney, qu'elle savait être à Woodstock près de Thomas Parry. De là, Bedingfeld déduisit avec raison qu'elle avait des intelligences au dehors à cet hôtel du *Taureau*, dont il estimait que Verney était l'un des suppôts les plus mal famés[1]. La lettre, interrompue par un mal de tête, ne fut achevée que le lendemain 25. Elle était destinée au Conseil, non à la reine. Cela étant, la fière captive ne voulut pas déroger en écrivant de sa main à des personnages, ses inférieurs, qu'elle regardait d'ailleurs comme ses ennemis. Elle fit appeler Bedingfeld. « Je n'ai jamais écrit au lord chambellan, lui dit-elle, que par un secrétaire ; et puisqu'on ne veut pas que j'en aie un ici, c'est vous qui allez remplir cet office. » Le gouverneur se défendit vainement sur sa mauvaise écriture. Il dut prendre la plume et écrire sous la dictée d'Élisabeth, qui garda la minute par-devers elle. Après qu'il eut daté, il subit une nouvelle mortification : elle ajouta de sa main quelques lignes, dans le secret

---

1. Au reste, ce Verney fut mis à mort en 1556, pour avoir comploté avec d'autres de surprendre et de piller la Monnaie.

desquelles elle ne daigna pas l'admettre [1]. Puis, séance tenante, elle fit fermer, cacheter, écrire l'adresse par Bedingfeld, et enfin lui donna la lettre pour Francis Verney, chargé de la déposer entre les mains du lord trésorier et du lord chambellan. Le gouverneur, ramassant ce qui restait de papier, l'encrier, les plumes, une seule exceptée, s'en alla [2]. Le lendemain, mercredi 26 septembre, il dépêcha Verney à la cour. Ce dernier incident, qu'il mande tout uniment et en termes formels au Conseil, le 4 octobre suivant [3], met à néant un des récits les plus indignés et les plus triomphants de Foxe, répété par Heywood [4], sur la *cruelle conduite* de ce bourreau de Bedingfeld. D'abord, il ne bouge pas d'auprès de la prisonnière tant qu'elle a la plume sur le papier (nous avons vu qu'il n'était pas présent). Puis il prétend porter lui-même la lettre à la cour (nous avons vu que la reine avait agréé que le courrier fût un des serviteurs d'Élisabeth : il ne pouvait donc y avoir, il n'y eut aucune dispute sur ce sujet). « Non, dit-elle, c'est l'un des miens qui la portera. Je ne me fierai ni à vous ni à aucun de ceux qui vous appartiennent. — Vous êtes la prisonnière de la reine, lui réplique-t-il, et tant qu'il en sera ainsi, aucun de vos serviteurs, je l'espère, n'aura la hardiesse de remettre une lettre de votre part à Sa Majesté. — Oui, dit-elle, j'en ai qui auront cette insolence, et qui seront aussi disposés à me servir en cela, qu'ils le furent jamais. — Je le crois, répond Bedingfeld ; mais ma commission l'interdit, et je ne le souffrirai pas. — Vous me jetez bien souvent votre commission à la tête. Je prie Dieu qu'un jour vous ayez à rendre compte de votre cruauté envers moi. » A ces mots, il met le genou en terre et la prie de considérer

---

1. « Ce qu'elle écrivit, Dieu le sait, » dit-il.
2. Bedingfeld au Conseil, Woodstock. *Bedingf. Pap.*, p. 210-212. L'éditeur de ces papiers, d'ailleurs très-attentif et très-utile, date cette lettre du 20 septembre 1554. Il s'est certainement trompé de quantième, puisqu'il est fait mention, dans le corps de la pièce, du dimanche 23, des lundi et mardi 24 et 25 septembre.
3. *Bedingf. Pap.*, p. 215, 216.
4. Foxe, t. VIII, p. 617. — Heywood, p. 139-141.

qu'il n'est qu'un serviteur, placé près d'elle par la confiance de Sa Majesté pour veiller à sa sûreté. Si c'était elle qui fût au pouvoir, il lui obéirait avec le même empressement qu'il faisait pour la reine. Elle le remercie de cette réponse, en priant Dieu de n'avoir jamais besoin de serviteurs comme lui. Sa manière d'agir, dit-elle, n'est ni bonne ni convenable; non, ses meilleurs amis eux-mêmes ne pourront jamais le défendre. « Et moi, répondit-il, je ne serai pas en peine de rendre bon compte de ma conduite. Il n'y a pas de remède; je suis responsable; j'ai à répondre de votre personne. » De colère, le barbare garde la lettre d'Élisabeth quatre jours durant, avant de la faire partir. Nous venons de voir que cette lettre, qu'il écrivit le 25 septembre, fut expédiée par lui dès le 26. Ainsi cette historiette de la méchanceté de Bedingfeld, répétée sur la foi de Foxe et de Heywood, est le contraire de la vérité, sauf peut-être l'escarmouche finale et les mots piquants d'Elisabeth. Encore ne sont-ils pas de mise dans la circonstance. Nous en trouverons la trace un peu plus loin, dans les papiers du malencontreux gardien.

Qu'il fût peu satisfait de cette *grande lady*, nous le savons amplement, et c'est ce qui paraît ressortir aussi de sa lettre du 4 octobre à la reine. De ses dispositions d'esprit, elle ne manifeste rien, dit-il, si ce n'est l'espoir qu'elle place dans la clémence et la merci de la reine à son égard. Mais, pour les lords du Conseil, elle s'exprime sur eux de manière à faire voir qu'elle leur porte une grande inimitié, « en supposant, poursuit-il, que sa pensée soit d'accord avec ses paroles, de quoi Dieu seul est juge. » Et alors il rapporte le trait suivant, fort peu d'accord avec ses protestations de dévouement à la reine. Deux fois la semaine, son chapelain venait réciter avec elle les prières et les litanies; elle disait les répons [1]. Après le

---

1. Ils suivaient le *Livre de commune prière*, en omettant les paroles suivantes : « De toute sédition et de tout complot domestique ; de la tyrannie de l'évêque de Rome et de toutes ses détestables énormités ; de toute fausse doctrine et hérésie ; de la dureté de cœur et du mépris de

mariage de la reine, il avait ajouté la prière pour le roi et la reine, et pas une fois Élisabeth n'avait fait le répons; ou, du moins, on ne l'avait pas entendu sortir de ses lèvres, et cela évidemment de propos délibéré [1].

Faut-il s'étonner si sa lettre du 25 septembre ne produisit pas sur la reine un effet beaucoup meilleur que celle du mois de juin? Sans doute aussi, elle avait persisté dans sa forme de rédaction agressive; car Marie, en répondant à Bedingfeld, le 7 octobre, témoigne sa surprise qu'Élisabeth croie qu'on ait dérobé à sa connaissance les réponses qu'elle a faites aux accusations dont elle était l'objet, et qu'elle ait pu se faire une si mauvaise opinion du Conseil. « Si ses précédentes réponses avaient été de nature à satisfaire des oreilles impartiales autant qu'elle paraît s'être satisfaite elle-même, assurément elle aurait été admise à jouir de notre pleine faveur avant une foule d'autres personnes, qui l'ont éprouvée en se soumettant. Vous pouvez donc lui communiquer nos lettres, en lui faisant savoir que nous n'oublions pas ses intérêts, et que, quand elle nous en fournira quelque bonne occasion par ses actes, nous, alors, nous prendrons à son égard tel parti qui sera conforme à son honneur et au bon ordre de notre royaume [2]. » Cela semble signifier deux choses : 1° qu'elle doit avouer sa faute et solliciter un pardon qui ne lui sera pas refusé; 2° cela fait, Marie la mariera hors d'Angleterre, comme nous le rapporterons plus loin.

---

ta parole et de tes commandements : délivre-nous, Seigneur! » Le *Livre de commune prière*, rédigé sous Henri VIII, avait été revu en 1549 et 1552 sous Édouard VI. Élisabeth supprima ce verset dans l'édition de 1559, l'année qui suivit son avénement.

1. *Bedingf. Pap.*, p. 213, 214. Bedingfeld ajoute qu'il se croit obligé, par les devoirs de son service, de faire connaître ce détail à la reine, pour qu'elle le pèse dans ses très-nobles réflexions. — Il ne faudrait pas prendre ce rapport comme une preuve certaine d'hostilité du narrateur contre Élisabeth. On doit tenir compte de l'habitude anglaise, en pareil cas, de tout dire.

2. La reine à Bedingfeld, Westminster, 7 octobre 1554. *Bedingf. Pap.*, p. 217.

Alors Élisabeth entreprit de réparer, par quelques-uns des actes attendus d'elle, les fâcheux effets de sa plume. L'évêque catholique de Londres, Bonner, afin d'effacer les derniers vestiges officiels du schisme de Henri VIII et de l'hérésie d'Édouard VI, venait d'interdire l'usage des prières en langue vulgaire et d'y substituer l'usage exclusif de la langue latine. La reine, en conséquence, enjoignit à Bedingfeld de porter Élisabeth à s'y conformer, puisqu'elle s'était conformée en d'autres choses. Il devait rendre compte de la réponse qu'il recevrait, ensuite de quoi l'on prendrait telle mesure qui serait convenable [1].

Ce langage contenait une menace qu'Élisabeth sut détourner avec dextérité. Dès que son gardien lui eut donné connaissance de la lettre royale : « Monsieur Bedingfeld, répondit-elle, sachant par vous quel est le plaisir de la reine, dorénavant j'y obéirai de tout mon cœur. » Elle expliqua ensuite comment une sorte de hasard, pendant qu'elle était à la Tour, avait mis entre les mains d'une de ses dames le livre de prière rédigé par ordre du roi son père ; mais, connaissant que la reine n'en faisait pas usage, elle n'avait consenti à s'en servir qu'avec l'autorisation expresse du lord chambellan [2], et cela s'était continué ainsi.

Après ces explications, — c'était un samedi, — elle manda son chapelain, et pourvoyant à l'office du lendemain : « Sir William, lui dit-elle, vous ne direz plus les prières en anglais [3]. » S'étant de la sorte mise en règle avec la souveraine, elle se crut peut-être plus libre contre Bedingfeld. Le dimanche suivant (21 octobre), elle lui commanda à l'improviste de lui préparer de quoi écrire aux lords du Conseil. Il répondit que les lettres antérieures des lords ne portaient pas qu'elle fût autorisée par la

---

1. Marie à Bedingfeld, Westminster, 6 octobre 1554. *Bedingf. Pap.*, p. 214, 215. Bedingfeld se plaignait aussi au Conseil de ce que, ayant fait une invitation générale aux serviteurs d'Élisabeth de se rendre au service divin (la messe), plusieurs d'entre eux n'y avaient pas paru une seule fois, p. 216.
2. Sir John Gage, en même temps gouverneur de la Tour.
3. Bedingfeld à la reine, Woodstock, 16 octobre 1554. *Bedingf. Pap.*, p. 218, 219.

reine à écrire aussi souvent qu'il lui plairait. Il la pria d'ajourner jusqu'à ce qu'il eût demandé et reçu la décision du Conseil pour sa décharge. A ces mots, elle donna un libre cours à sa colère ; elle éclata en reproches sur la manière dont il s'acquittait de son service près d'elle. Jamais elle ne lui en avait tant dit. Ce qu'il y eut dans ce torrent, on serait curieux de le savoir. Mais l'honnête gentilhomme, quoiqu'il écrivît le jour même, tout plein assurément de son sujet, se contente de dire que le récit en serait trop long[1]. Il est possible qu'elle lui ait lancé, cette fois, la fameuse épithète de geôlier, à laquelle il aurait répondu, comme plus haut, qu'il était un officier ayant reçu commission de la reine de veiller à sa sûreté. « Dieu bénisse la reine, aurait-elle répliqué ; et plaise au Seigneur, dans sa bonté, me délivrer de tels officiers[2] ! »

Cependant, un peu rassise l'après-midi, elle finit par où elle aurait pu commencer. L'ayant fait chercher, elle parla de sa santé, de la visite qu'elle désirait des médecins de la reine ; devant eux seuls, elle s'expliquerait de ces choses en détail, et pas avec d'autres, à moins d'un commandement exprès qu'elle se confiait que la souveraine ne donnerait pas. Tout en priant Bedingfeld d'être son interprète auprès des lords du Conseil, elle ne put pas s'empêcher de soulager encore sa bile à ses dépens : il pouvait avoir bonne intention, lui dit-elle ; mais il manquait de connaissance, d'expérience et autres aptitudes requises pour un tel service. « Je l'avoue, » dit-il humblement. « Oh ! conclut-il près des lords, si je recevais la décharge de mon service sans offenser la reine ni le Conseil, ce serait la plus heureuse nouvelle qui pût m'arriver ; j'en prends à témoin le Seigneur tout-puissant, devant qui rien n'est caché[3]. » Il avait encore d'autres ennuis. Le trésor royal étant très-mal pourvu,

---

1. Bedingfeld au Conseil, Woodstock, 21 octobre 1554. *Bedingf. Pap.*, p. 221. Il rapportait minutieusement, suivant sa consigne, ce qui pouvait concerner la reine et le Conseil. Il passe sur ce qui lui est personnel.
2. Foxe, t. VIII, p. 616. Heywood, p. 125, 130.
3. Lettre au Conseil, 21 octobre 1554. *Beding. Pap.*, p. 221, 222.

la solde de la garnison se trouvait en retard de neuf semaines. Bedingfeld se voyait réduit à y suppléer tantôt de sa bourse, tantôt par de gros emprunts à Londres, dont il voyait avec terreur l'échéance approcher.

Marie approuva son refus d'écrire, ce refus qui avait tant courroucé Élisabeth. Elle s'empressa d'envoyer deux de ses médecins, avec permission d'écouter aussi et de lui rapporter toute communication de la part de sa sœur. Ils passèrent les journées des 28 et 29 octobre à Woodstock. Une saignée au bras le matin, et au pied le soir, produisit un heureux effet. D'après Foxe, ils firent un bon rapport de l'attitude et de l'humble soumission de la prisonnière. La reine en fut touchée ; mais les évêques, continue-t-il, paralysèrent ce mouvement de clémence, en s'étonnant que la coupable ne se soumit pas à sa merci, puisqu'elle l'avait offensée [1]. Élisabeth ne tarda pas à presser son *geôlier*, avec insistance, d'obtenir par le Conseil que la reine lui fît connaître sa volonté et sa réponse sur les demandes que les médecins avaient dû lui porter de sa part ; qu'au moins, si elle ne voulait pas les lui octroyer ni lui donner plus de liberté, elle la mît dans un lieu plus près de Londres, ou dans l'une de ses maisons pour tout le temps qu'il lui plairait ; qu'elle le fît sinon pour elle, du moins par pitié pour les pauvres gens de son service, qui allaient s'épuiser l'hiver à transporter les provisions, etc. [2]. Le gouverneur écrivit-il ou non au Consesl? Élisabeth ralluma-t-elle ou non ses colères? Nous l'ignorons, car les *Papiers* de Bedingfeld finissent ici [3]. Toutefois il est certain que la reine ne s'estimait pas suffisamment édifiée sur la conduite

---

1. Foxe s'est trompé en plaçant au 8 juin ce voyage des médecins de la reine, t. VIII, p. 617. Heywood, p. 142.
2. Il serait impossible, disait-elle aussi, de charrier par voitures la provision d'eau qu'elle avait à faire. — Woodstock était donc bien mal pourvu ? Bedingfeld au Conseil, Woodstock, 19 novembre 1553. *Bedingf. Pap.*, p. 224, 225.
3. Sauf une pièce, qui sera datée du 17 avril 1555 et mettra fin à la détention de Woodstock.

passée de sa sœur, puisqu'elle la maintint six mois encore dans cette prison. Élisabeth n'énonçait aucune preuve à sa décharge; mais on ne parvenait pas non plus à rien établir positivement à sa charge; et sa captivité n'était pas tellement stricte, qu'un émissaire de ses amis n'y fît pénétrer cet utile avis [1].

A cette époque, Bedingfeld fut appelé à la cour et y resta longtemps. Un de ses frères gardait Woodstock en son absence. C'est alors que les trames les plus noires se seraient nouées contre la vie d'Élisabeth, par l'espoir d'un relâchement de vigilance au château. Paul Peny, l'un des gardiens de Woodstock, aurait formé un premier complot. Puis James Blasset, avec vingt ou trente vauriens, se serait présenté, sous prétexte d'entretenir la princesse de choses importantes. Heureusement, Bedingfeld avait laissé un ordre si absolu de ne donner accès à personne en son absence, que les portes ne s'ouvrirent pas [2]. Ces attentats n'étant mentionnés que par les panégyristes, si féconds en assertions controuvées, il nous est impossible de décider ce qu'il en faut croire. Nous inclinerions d'autant plus à douter, qu'on les impute à Gardiner, en le dépeignant comme avide à tout prix du sang d'Élisabeth. Que l'évêque de Winchester fût capable de rigueur envers cette princesse, nous ne le nierons pas; mais il était incapable de scélératesse. C'est durant ces jours d'angoisse, dit-on, qu'Élisabeth, à sa promenade, entendit s'élever de l'autre côté des murs du parc, dans la libre

---

[1]. Foxe, t. VIII, p. 619. Est-ce vers ce moment qu'il faut placer les paroles suivantes qu'Heywood met dans la bouche d'Élisabeth répondant aux conseils de quelques amis? Elles ont une forte saveur d'authenticité. « Jamais je ne ferai soumission à quelqu'un que je n'offensai jamais de ma vie. Si je suis coupable et si j'ai commis une faute, *currat lex*, que la loi ait son cours; je ne demande nulle merci. La loi est juste : elle ne me condamnera pas. Mon gardien, qui a l'œil sur moi jour et nuit, me moleste sans relâche. Si j'étais aussi déchargée de son côté que je suis peu chargée de l'autre, je m'estimerais bien heureuse. Quoi qu'il en soit, Dieu, quand il le jugera à propos, ou bien lui adoucira le cœur, ou bien se servira de quelque autre pour procurer mon élargissement. » (Heywood, p. 143, 144.)

[2]. Foxe, t. VIII, p. 618. Heywood, p. 146, 147.

campagne, la chanson joyeuse d'une laitière ; elle envia le bonheur de l'humble fille des champs et jugea qu'elle avait reçu la meilleure part [1] : sentiment naturel, même chez une future reine, quand elle est sous les verrous.

Pour tromper les longs mois de sa captivité, elle s'appliquait aux travaux d'aiguille, où elle excellait. Elle appelait à son aide la prière et la lecture, la méditation jusque sur les moindres incidents de la journée. Au dire du biographe, pas un brin d'herbe foulé sous son pied à la promenade qui ne servît à l'instruire. La terre, c'est lui qui parle, ou ce qui rampe sur la terre, l'herbe ou la sauterelle, lui paraissaient les images de sa propre destinée. Alors elle jetait les yeux sur ce magnifique parc, couvert de grands et puissants chênes, dont la tête altière et le vaste branchage étalé dominaient les taillis et les plantes basses. A peine daignaient-ils laisser parvenir jusqu'à celles-ci moins des rayons de soleil que les stigmates d'une lumière mourante filtrée à travers le feuillage ; et l'eau du ciel, ils ne souffraient pas davantage qu'elle pénétrât au-dessous d'eux, si ce n'est leur trop-plein et leur superflu, tombés goutte à goutte de leurs rameaux. Ces arbres droits et amples, elle les comparait à la noblesse ; les arbustes ou les plantes de plus petite taille, aux communes ; le tamaris, la ronce, les buissons, aux plus pauvres et aux moindres d'entre le peuple. Alors, mettant en parallèle le rang des personnes en honneur avec la condition des humbles, elle songeait que la tempête secoue les puissants et souffle par-dessus les petits, que leur infériorité préserve ; que c'est la robe la plus longue qui ramasse le plus de souillures ; que ceux-là qui portent leurs pas sur les hauts sommets sont les seuls en danger, tandis que ceux qui tiennent la plaine marchent bien plus en sécurité [2].

Ces dernières réflexions, même au XVIe siècle, n'étaient pas neuves ; elles ne consolaient guère. Mais il faut pardonner

1. Foxe, t. VIII, p. 619. Heywood, p. 147.
2. Heywood, p. 130-132.

quelque chose au vide de la captivité. Quant aux premières, elles méritent plus d'attention, car elles expriment la pensée intime d'Élisabeth sur les grands et sur les classes inférieures. On y trouve en germe son système de gouvernement. Reine, elle taillera des éclaircies parmi ces chênes, dont la personnalité dominatrice absorbe la lumière et la rosée céleste; elle fera plus belle au soleil la place des arbrisseaux, des tamaris et des ronces. En d'autres termes, abaisser l'aristocratie, prendre son appui sur les communes et le peuple : telle sera la règle de conduite, qu'elle méditait peut-être déjà sous les ombrages de Woodstock, tandis que le pas mesuré de son gardien l'enchaînait à la dure réalité du présent [1].

Elle lisait les Livres saints. La bibliothèque Bodléienne d'Oxford possède encore son exemplaire des Épîtres de saint Paul. La couverture est ornée de devises qu'elle broda de sa main [2]. Sur une page, elle traça en latin les réflexions que l'Apôtre lui inspirait. On remarquera que sa manière de dire est identique dans les lignes qui lui appartiennent incontestablement, et dans les citations faites par Heywood : « *Août.* — Je me promène souvent

[1]. Miss Agnès Strickland admet qu'Élisabeth avait reçu la permission de se livrer au plaisir de la chasse dans le parc de Woodstock et s'appuie sur les papiers de Bedingfeld. A la vérité, nous y trouvons une lettre de la reine au gouverneur, en date du 7 juillet 1554, l'autorisant : 1° à s'absenter du château quand il le jugera à propos, à condition de laisser un de ses frères à sa place et de rentrer pour la nuit; 2° à chasser la perdrix et le lièvre, au faucon et au chien, dans le manoir de Woodstock et les fonds y attenant. (*Bedingf. Pap*, p. 197.) Pas un mot ne concerne Élisabeth directement ni indirectement. C'est une faveur personnelle et spéciale à Bedingfeld. On lui accorde un peu de récréation.

[2]. Thomas Warton en a donné la description suivante dans sa *Vie de sir Thomas Pope*, 1780, p. 74 : La couverture porte d'un côté sur le bord : *Cœlum patria. Scopus vitæ XPVS. Christo vive.* — Au milieu, un cœur, et à l'entour : *Eleva cor sursum ubi E. C.* (est Christus). De l'autre côté de la couverture, au bord : *Beatus qui divitias Scripturæ legens verba vertit in opera.* Au milieu, une étoile, et à l'entour : *Vicit omnia pertinax virtus E. C.* (Elisabethæ captivæ). Les trois premières devises sont purement religieuses : Jésus, le but de la vie. Élever nos cœurs vers le Christ. Mettre en pratique les paroles de l'Écriture. Il n'en est pas de même de la quatrième, où le naturel reprend le dessus et lance un défi : « L'opiniâtre vertu d'Élisabeth prisonnière triomphe de tout. »

dans les agréables campagnes des saintes Écritures ; là, je recueille les herbes excellentes des sentences ; je les émonde ; je les mange en lisant ; je les rumine en méditant ; je les dépose enfin au siége éminent de la mémoire, où je les rassemble. Ainsi, ayant goûté leur douceur, je ressens d'autant moins les amertumes de cette misérable vie [1]. »

Quelques vers écrits au charbon sur un volet sont d'une allure plus franche. C'est le caractère, et non l'édification évangélique qui les a dictés. Elle adresse des reproches à la Fortune : « O Fortune, comme tes incertitudes sans trêve accablent de soucis mon esprit troublé ! Témoin cette prison, où le destin m'a conduite, et les joies que j'ai dû quitter. C'est toi qui délivres les coupables des liens dont on charge les innocents. Par toi, tel se voit resserré étroitement qui était sans reproche ; et la liberté est pour ceux qui méritaient la mort. Mais leur haine sera impuissante. Puisse Dieu envoyer à mes ennemis ce qu'ils ont machiné contre moi ! *Signé :* ÉLISABETH, prisonnière [2]. » Or ces ennemis contre lesquels éclataient ainsi ses imprécations et ses menaces, ce n'était rien moins que les membres du Conseil privé.

1. Miss Agnès Strickland, *Elizabeth*, p. 103.
2. *Id., ib.,* p. 104.

XXIV

PROJET DE MARIER ÉLISABETH AVEC LE DUC DE SAVOIE

Tels sont les faits de l'histoire intérieure de la captivité d'Élisabeth à Woodstock. Il faut maintenant en suivre l'histoire extérieure, en nous transportant à la cour. Là, on délibérait sans fin sur la prisonnière, et l'on ne s'arrêtait à aucun parti. On renonçait aux grandes rigueurs, puisqu'il ne se trouvait pas de preuves positives contre elle ; et l'on cherchait quel moyen de la mettre en liberté, avec sûreté pour sa sœur : autre problème dont la solution n'était pas facile à trouver.

Nous avons vu que Marie avait conçu la pensée de l'expatrier aux Pays-Bas, sous l'œil de la reine de Hongrie. Pour mieux la river au continent, on songeait toujours à un mariage, et l'on revint à l'idée du jeune duc de Savoie. L'Empereur l'avait repoussée d'abord, au printemps de 1554 ; mais bientôt il l'avait trouvée beaucoup plus acceptable, dès qu'il avait entrevu la possibilité que le prince de Piémont dirigeât ses vues vers Marguerite de France, sœur de Henri II [1].

---

[1]. Il est à remarquer que ce mariage, qui fut inséré en effet dans le traité de Cateau-Cambrésis en 1559, fut proposé par Gardiner dès l'automne de 1554, lorsque Marie songeait à une médiation entre l'Empereur et le

Alors, au moment où Élisabeth allait sortir de la Tour, il avait fait partir Jean de Corrières, seigneur de Montmorency, pour la persuader à son passage à Richmond ; et Noailles, prompt à contrecarrer de tels desseins, avait aposté au même endroit son agent, ce porteur de pommes dont il a été parlé. Toutefois les Impériaux ajournèrent leur négociation [1]. Il entrait aussi dans leurs plans de marier le fils du comte d'Arundel avec une fille de la duchesse de Lorraine, douairière de Milan [2]. Ils comptaient de cette manière rompre à l'intérieur du royaume et les intrigues du comte d'Arundel pour son fils, et la tenace ambition des amis de Courtenay, qui rêvaient pour lui quand même un retour de faveur et la main d'Élisabeth [3]. Noailles était de ceux-là, et, pour s'entretenir en espérance, il se faisait une philosophie de l'histoire d'Angleterre : comment le naturel des Anglais était d'*aimer la mutation et nouveauté; et que de tout temps celluy qui a esté le plus foible et chassé de ce pays a souventes fois par ce peuple esté remis avec bien peu d'ayde et de secours de l'estrangier et mesmes des François* [4]. *Ce qui se peut espérer de Courtenay et de Madame Élisabeth* [5].

Dès qu'il avait eu vent du projet concernant le duc de Savoie,

roi de France. Noailles, Mémoires *envoyés au roy*, le 18 novembre 1554. Vertot, t. IV, p. 11.

1. Noailles : *Suite de la relation de ce qui se passe au Parlement...* 17 avril 1554. Vertot, t. III, p. 166, 167. Lettre au roi, 19 mai. *Id., ibid.*, p. 226 : « Vous verrez par là, sire, comme ledict Empereur a converty la maulvaise pensée qu'il avoit contre ladicte dame Elizabeth, à en faire ung instrument pour s'assurer que ceste couronne ne lui eschappe, advenant que ladicte royne n'ayt enfans. » Lettre au roi, 24 mai. *Id., ibid*, p. 236, 237.

2. *Advis envoyez au roy le 19 may 1554* (par Noailles). Archiv. aff. étr., Angleterre, 1553-1556, t. I et II, p. 343.

3. Renard à Charles-Quint, 23 novembre 1554. *Papiers d'État* de Granvelle, t. IV, p. 341.

4. Par exemple, lorsque le comte de Richmond, réfugié en France, était parti d'Harfleur avec deux mille hommes, avait renversé Richard III, terminé la guerre civile des deux Roses en 1485, et fondé la dynastie des Tudors sous le nom de Henri VII.

5. Noailles au Connétable, 10 août 1554. *Archiv. aff. étr.*, Anglet., 1553-1556, t. I et II, p. 467.

l'ambassadeur français était venu en aide à la répugnance présumée certaine d'Élisabeth pour un arrangement qui devait l'expatrier, et auquel il était évident qu'elle ne se soumettrait que par contrainte.

Il pratiqua, raconte-t-il, un très-proche parent de la jeune princesse du côté de sa mère, pour lui faire entendre *dextrement* le tort qu'elle se ferait d'épouser un prince déshérité et dont l'Empereur ne voulait que *forger un instrument* pour lui ôter le droit qu'elle pouvait espérer à la couronne d'Angleterre. Cela n'empêchait pas l'ambassadeur français de craindre que, pour recouvrer sa liberté, elle n'y consentît, tant elle était maltraitée [1]. Les Impériaux n'ignoraient pas plus que lui, les dispositions de la recluse à la résistance. Ils avaient néanmoins la confiance qu'ils les surmonteraient et qu'elle plierait sous l'autorité de la reine *par amour ou par force* [2]. Ni les uns ni les autres ne connaissaient encore Élisabeth.

Se laisser transplanter de son île natale sur le continent, pour y subir l'exil, perdre son indépendance personnelle, peut-être la succession au trône ! Comment acquiescer ? Et comment résister ? Mais elle savait combien sa sœur était tendre à la religion ou à l'apparence de la religion. Est-ce dans cette vue, et afin de mieux tenir pied d'un côté en cédant de l'autre, qu'elle en vint à un redoublement de ferveur catholique et qu'elle fit sa communion solennelle du 26 août [3] ? Toujours est-il que Marie se sentit inclinée de plus en plus vers la mansuétude. Mais restait la difficulté de la résolution à prendre.

---

1. Noailles au roi, Londres, 26 juin 1554. Vertot, t. III, p. 262, 263. Ces mots se rapportent aux premiers temps de Woodstock, rigoureux en effet.

2. « Quant à ladicte Elizabetz, il ne sera facile l'induire a mariaige estrangier, et néantmoins il sera nécessaire achever avec elle selon l'advis de Votre Majesté. » Renard à Charles-Quint, 23 novembre 1554. *Papiers d'État* de Granvelle, t IV, p. 341. *Advis envoyez au Roy* (par Noailles), 19 mai 1554. *Archiv. aff. étr.*, Anglet., 1553-1556, t. I et II, p. 343. Les mots : *par amour ou par force*, sont dans la correspondance de Noailles.

3. V. plus haut p. 283.

Foxe rapporte qu'un lord, qu'il veut bien s'abstenir de nommer (c'est Paget), dit un jour aux Espagnols que, tant qu'Élisabeth n'aurait pas la tête à bas des épaules, le roi ne goûterait jamais un moment de tranquillité en Angleterre [1]. Gardiner, à son tour, se serait écrié : « Milords, nous nous sommes bornés jusqu'ici à dépouiller l'arbre de ses feuilles et à élaguer quelques branches; mais, tant que nous n'aurons pas mis la cognée à la racine de l'hérésie, nous n'aurons rien fait [2]. » De tels propos, ajoute-t-on, firent horreur aux Castillans. Ces hommes généreux, pénétrés au contraire de l'idée que le roi ne saurait acquérir de plus belle gloire qu'en procurant la liberté d'Élisabeth, n'eurent pas de cesse auprès de lui qu'il ne l'eût obtenue en effet [3] : assertion romanesque, qu'il est sage de ne pas prendre à la lettre. Quant au chancelier, abandonnant l'idée d'un procès criminel, il ne s'attachait plus qu'à la question de succession. Le Parlement, alors assemblé, aurait annulé le droit d'Élisabeth par une déclaration de bâtardise. Les Impériaux, quoiqu'ils parussent y avoir intérêt, ne s'y prêtèrent pas, soit hostilité de rancune contre tout ce qui venait de Gardiner, soit, et telle était l'opinion de Renard, la crainte d'une manœuvre tendant à ouvrir le chemin du trône à Courtenay, soit aussi que la grossesse apparente de Marie, rassurant les époux royaux sur l'avenir par l'espérance d'une lignée, les dissuadât d'encourir gratuitement l'immense et même dangereuse impopularité d'une telle mesure [4]. Autre motif, qui avait déjà guidé la politique impériale dès l'été

---

1. Foxe, t. VIII, p. 618. Miss Agnès Strickland, *Elizabeth*, p. 105, a suivi Foxe. Nous pensons que c'est encore le cas de se défier de l'auteur des *Acts and Monuments*. Nous avons vu Paget protéger constamment la personne et les droits d'Élisabeth. Au moment où on lui attribue ce langage indigne, Renard, dans une lettre à Charles-Quint (23 novembre 1554), l'accuse de machiner la mise en liberté d'Élisabeth et de Courtenay, avec l'espoir que celui-ci pourra retourner en crédit (*Papiers d'État* de Granvelle, t. IV, p. 341). Ainsi l'assertion de Foxe est évidemment erronée.

2. Heywood, p. 145.

3. Foxe, *loc. cit.*

4. Renard à Charles-Quint, Londres, 21 décembre 1554. *Papiers d'État* de Granvelle, t. IV, p. 348.

de 1553 : Élisabeth exclue, la couronne se trouvait dévolue de plein droit à la reine d'Ecosse, future reine de France, Marie Stuart [1]. Enfin, on n'aura pas oublié que l'Empereur, dès qu'on laissait vivre la prisonnière, avait désiré que l'on remît à la venue et à l'intervention de son fils l'adoption de la résolution finale [2]. En cela, comme sur le chapitre des gratifications et des pensions aux seigneurs anglais, dont il n'avait pas voulu que rien fût reparti à l'avance ni par d'autres mains, il entendait réserver au prince le mérite et le profit de tous actes gracieux. Le roi pouvait donc pour diverses raisons se faire en quelque sorte le patron d'Élisabeth. Qu'est-il besoin d'admettre avec quelques-uns que, à peine marié, il ait, prévision odieuse, auguré de sa femme une fin prochaine? que, déterminé à rester bon gré mal gré l'époux de la couronne d'Angleterre, il méditât déjà de passer d'une sœur à l'autre et prît, pour ainsi dire, hypothèque sur Élisabeth? Loin de là : les papiers authentiques prouvent qu'il pensait très-sérieusement à la marier, pourvu que ce ne fût pas dans le royaume : car, disait Renard, dont nous résumons ici les conseils, il y avait lieu de redouter qu'elle ne tirât son mari, fût-il catholique, à la nouvelle religion, et, si elle devenait reine, que le royaume ne retournât à l'hérésie et à l'alliance française. Donc, il fallait l'unir au dehors avec un homme constant et ferme, à la dévotion de l'Espagne; et le parti décidément le plus sortable et le mieux en situation pour cet objet était le duc de Savoie, prince d'ailleurs bien vu en Angleterre. Il emmènerait sa femme en Flandre; ils achèveraient l'alliance des deux États, et alors, comble de succès, idéal de l'Empereur, l'Angleterre se déclarerait facilement en guerre contre la France pour aider le duc à reconquérir son héritage [3].

1. Mémoire de Renard au roi (d'Angleterre) Philippe (8 février 1555). *Papiers d'État* de Granvelle, t. IV, p. 395.
2. V. plus haut, p. 256, et note.
3. Mémoire de Renard à Philippe, février 1555. *Papiers d'Etat* de Granvelle, t. IV, p. 395, 396, 397, 398. Quand Renard rédigea ce Mémoire, Philippe avait l'intention de repasser sur le continent, où le rappelait la

L'influence du roi, en même temps que la recrudescence de piété chez Élisabeth, concourut donc à l'apaisement; il y a plus : quelques historiens affirment que la réconciliation se serait opérée dès ce même automne, dans une entrevue privée des deux sœurs à Hampton Court, et que peu après elle aurait été scellée publiquement par un second voyage d'Élisabeth à la cour, lors des fêtes de Noël (1554). Marie donna un éclat particulier à ces fêtes, en réjouissance de son mariage et de la réunion du royaume au Saint-Siége. Là, dans le palais de Whitehall, Élisabeth aurait occupé sa place d'héritière de la couronne, soit à la même table que la souveraine lors du banquet de cérémonie, soit au grand tournoi qui eut lieu cinq jours après; puis elle aurait été réintégrée pour quelques mois encore à Woodstock. Édouard Courtenay lui-même, tiré de Fotheringay pour la circonstance, aurait joui également d'un accueil conforme à son rang. Nous ne voyons pas, il faut le dire, sur quelles autorités s'appuie ce récit [1]. Les contemporains, soit les Anglais, soit les

guerre contre Henri II. Bien que cet écrit soit postérieur de deux ou trois mois à l'époque qui nous occupe, nous nous en servons ici, parce que son contenu concorde avec ce qui a précédé et donne la clef de la conduite du roi envers Élisabeth à la fin de l'année 1554.

1. Miss Agnès Strickland, *Mary*, p. 629, 630; *Elizabeth*, p. 107-110. Cette anecdote nous paraît avoir été mise en circulation par Th. Warton dans sa *Vie de sir Thomas Pope*, p. 89 (1780), et par John Nichols (*Voyages et Fêtes de la reine Élisabeth : Progresses and public processions of queen Elizabeth*, 1788-1823, t. I, p. 18). Ils renvoient à la Chronique manuscrite (Bibl. Cottonienne, Vitellius, F, 5) connue aujourd'hui sous le nom de *Journal de Machin* (*Machin's Diary*). Nous avons examiné attentivement le manuscrit original et reconnu qu'il ne contient pas un mot de ce double voyage d'Élisabeth à la cour. Il est évident aussi que le manuscrit, très-complet en cet endroit, ne présente pas de lacune. Malgré l'autorité de ces écrivains et malgré la confiance que nous inspire miss Agnès Strickland, nous croyons qu'elle est dans l'erreur. Foxe ne parle pas de cet événement. En fait de voyages d'Élisabeth à Hampton Court, il ne raconte que celui qui mit fin à sa prison de Woodstock en avril 1555. Holinshed, Stow, Heywood n'en disent absolument rien. Aucune mention non plus de la présence d'Élisabeth aux fêtes de Noël 1554, ni dans la correspondance de Renard (*Papiers d'État* de Granvelle), ni dans la correspondance de Noailles. Ce dernier parle uniquement du voyage près de la reine que fit Élisabeth, délivrée de prison, en 1555 (*Archiv. aff. étr.*). Enfin on trouve

trois ambassadeurs, français, impérial et vénitien, gardent le silence. Le ton de leur correspondance et différentes choses ultérieures y contredisent. Nous ne suivrons donc pas sur ce terrain hasardeux l'auteur brillant des Biographies des reines d'Angleterre.

Une pléiade de personnages fameux entouraient Philippe et ornaient la cour d'Angleterre : le duc d'Albe, Ruy Gomez, les comtes d'Egmont et de Hornes, bientôt le prince d'Orange, le duc de Savoie, Emmanuel-Philibert, ministres ou capitaines, qu'attendaient, dans un avenir prochain, de brillants triomphes ou de lamentables catastrophes par la main du maître dont ils servaient alors la grandeur. Le duc de Savoie, prétendant en titre d'Elisabeth, voulut paraître avec un éclat digne d'une si haute ambi-

ce passage décisif dans des *Advis*, à la suite d'une lettre de Noailles au roi, en date du 26 décembre 1554 : « Le roy et la royne, à ce que l'on dict, doibvent bientost faire venir vers eulx Madame Élizabeth et Courtenay, pour incontinent les mettre en liberté après, à la requeste dudit seigneur roy. » (Vertot, t. IV, p. 82.) Ainsi ni Elisabeth ni Courtenay n'étaient à Londres, à la cour, en décembre 1554. Les lettres de Giovanni Michieli au doge de Venise, Veniëri, donnent une indication indirecte dans le même sens. Il y est fait mention, le 8 avril 1555, du pardon accordé à Courtenay et du pardon prochain d'Élisabeth, « l'une et l'autre grâce, d'autant plus agréables à ce royaume qu'elles étaient moins attendues, car on n'y croyait pas devoir compter avant les couches de la reine. » Si Élisabeth avait fait ces deux apparitions, la seconde si honorée à la cour, comment Sa Grâce, au mois d'avril suivant, aurait-elle étonné si fort le public ? — Nous nous servons pour ces lettres vénitiennes, qui vont du 12 juin 1554 au 26 janvier 1556 (7) : 1° de l'édition donnée par M. Paul Friedmann (Venise, 1869), qui parvint à deviner le chiffre usité dans cette correspondance; 2° des rectifications et additions de M. Luigi Pasini (Venise, 1869), qui retrouva aux Archives de la République la clef originale du chiffre. Sur l'année 1554, il n'y a que trois lettres sans intérêt en ce qui est de notre sujet. Les mesures prises par la reine dès le mois d'octobre pour le logement du duc de Savoie à Londres dans la maison d'Élisabeth, et la correspondance de Noailles nous fourniront encore d'autres preuves qu'Élisabeth n'était pas à Londres en ce mois de décembre. Carte, au siècle dernier, en 1752 (*A general history of England*), savait ce qu'on a méconnu depuis, lorsqu'il dit que « le duc de Savoie, venu un peu avant les fêtes de Noël, avait été flatté de l'espoir d'épouser Élisabeth. Mais sans doute elle déclina la proposition : aussi ne la fit-on pas venir à la cour ; et le duc s'en retourna bientôt après les fêtes. » (T. III, p. 316.)

tion. Malgré la pauvreté qui retarda son départ, il emmena une suite de cinquante gentilshommes de marque, avec un train de deux cents chevaux [1]. Mais, sur cette fin de décembre, la mauvaise saison ne l'épargna pas à la traversée du détroit ; il resta malade à Douvres, tandis que, par tous ces délais, les provisions disposées le long de la route de la capitale pour lui et ses gens se gâtaient [2]. Le roi et la reine, qui l'attendaient impatiemment, l'honorèrent d'une hospitalité magnifique à Londres (27 décembre). Il fut logé dans l'ancien palais du duc de Somerset, sur le Strand, palais qui avait été précédemment assigné à Élisabeth pour sa résidence d'apparat en ville, mais que la captivité de Woodstock faisait considérer comme actuellement disponible [3]. S'il n'arriva pas à temps pour le jour de Noël, il assista du moins à une partie des fêtes, aux joutes, aux jeux de cannes, dans lesquels les seigneurs, le roi le premier, firent briller leur force et leur adresse. Sur ces entrefaites, vint la nouvelle que les Français en Piémont avaient surpris la ville d'Ivrée, une des dernières et des meilleures d'Emmanuel-Philibert. Il ne put pas s'empêcher de faire une amère comparaison entre les amusements de Londres et les sérieux accidents d'Italie [4]. Ses espé-

1. *Calendar foreign*, 1553-1558, p. 146. Thomas Stukeley à sir Thomas Cheney, Calais, 20 décembre 1554.
2. Noailles au roi, 26 décembre 1554. Vertot, t. IV, p. 81. Noailles à d'Oysel, 21 décembre 1554. *Archiv. aff. ét.*, Anglet., 1553-1556, t. I et II, p. 611.
3. Noailles au roi, 9 décembre 1554. Vertot, t. IV, p. 36. « ... Le prince de Piedmond est icy attendu dans quatre jours, luy ayant préparé le logeis du feu duc de Sommerset, qui maincteuant estoit à Madame Elizabeth, sœur de ceste royne. » D'une part ce langage, et d'autre part cet emploi fait par la reine d'un palais assigné à sa sœur indiquent clairement qu'Élisabeth n'était pas alors à Londres. Une lettre de Francis Yaxley à sir R. Cecil, datée de la cour, le 12 octobre 1554, nous apprend que, la veille, l'ambassadeur de Savoie était allé visiter la maison de lady Élisabeth sur le Strand, et qu'ordre avait été donné de la mettre en état pour le duc son maître. Ellis, *Original letters*, 3ᵉ série, t. III, p. 314.
4. Noailles au roi, 2 janvier 1554 (5). Vertot, t. IV, p. 96, 97. Miss Agnès Strickland (*Mary*, p. 637) semble placer au 9 janvier 1555 l'arrivée du duc à la cour. Mais le langage de Noailles, le 2 janvier, prouve qu'il y était dès lors. Holinshed (p. 1126) et Stow (p. 624) indiquent formelle-

rances d'alliance avec la maison des Tudors parurent aussi s'évanouir comme un mirage. Le bruit courut seulement que le roi et la reine devaient bientôt faire venir Élisabeth et Courtenay, pour les mettre incontinent en liberté [1]. On prétendit ensuite que l'opposition du chancelier faisait ajourner ce retour jusqu'après la séparation du Parlement, qui était en session depuis le 11 novembre et y resta jusqu'au 16 janvier 1555 [2]. D'un ajournement à l'autre, on alla jusqu'au mois d'avril. Quant à Emmanuel-Philibert, les déconvenues ne lui manquaient pas. Outre qu'il se heurtait à la détermination arrêtée d'Élisabeth de se soustraire à ce mariage, il rencontra aussi un refus de l'Empereur quand il lui demanda le généralat et le gouvernement de la Lombardie [3].

Sans doute on craignait de le placer sur un terrain où ses intérêts particuliers comme duc de Savoie auraient pu primer ou balancer dans sa conduite les vues de l'Empereur; et puis, Nice et Villefranche, seuls débris qu'il conservât de ses Etats, souriaient à la convoitise de ses patrons. Philippe avait dessein d'en exiger la cession pure et simple, si le mariage avec Élisabeth s'accomplissait [4]. Toute la munificence du roi se réduisit à une

---

ment le 27 décembre 1554. Le prince d'Orange arriva le 9 janvier 1555 et fut reçu avec le même cérémonial.

1. Noailles au roi, 26 décembre 1554. Vertot, t. IV, p. 82. Noailles ne manque pas d'attribuer cette conduite du roi à l'intention de s'en prévaloir près d'Élisabeth, « s'il advenoit fortune de la royne sa femme, comme beaucoup de gens craignent, ne se pouvant délivrer de sa grossesse. » Cette opinion, quoique non fondée, ne tarda pas à se répandre.

2. Noailles au roi, *Avis*, 2 janvier 1554 (5) : « On dict que Madame Élizabeth et Courtenay ne seront mandez venir vers ceste royne, jusque après la termination de ce Parlement, et ce, par l'oppinion de l'evesque de Winchester, qui a eu commandement de ce faire. » Vertot, t. IV, p. 101. Les indications données par l'ambassadeur français les 26 décembre 1554 et 2 janvier 1555 démontrent encore surabondamment qu'Élisabeth n'était pas présente à la cour pendant les fêtes de Noël et les joutes.

3. Sa lettre à Charles-Quint, Bruxelles, décembre 1554. *Papiers d'État* de Granvelle, t. IV, p. 349. *Calendar foreign*, 1553-1558 ; sir John Masone au Conseil, 22 février 1554 (5).

4. C'est ce que prouve un Mémoire de Granvelle pour le cas du mariage entre Emmanuel-Philibert et Élisabeth d'Angleterre, sans date (1555), en

pension de dix mille écus assignée sur Milan et d'un recouvrement très-incertain [1]. Ce n'était pas même l'équivalent des douze mille écus de revenu qu'il venait de perdre avec Ivrée, pendant les réjouissances de Londres. Il quitta cette ville le 28 janvier (1555) et repassa le détroit, fort peu satisfait d'un voyage entrepris sous des auspices si flatteurs. Les diplomates français, qui n'étaient pas sans avoir affermi de leur mieux les virginales résolutions d'Élisabeth, riaient entre eux de la déconvenue du prince [2].

espagnol. *Papiers d'État*, t. IV, p. 512 : « Que Madame Élisabeth étant, comme elle est, déclarée héritière de la couronne par le Parlement d'Angleterre, la reine Marie étant sans enfants et consentant à ce qu'elle épouse le duc (de Savoie), le mariage consommé : le duc, dans le cas où il en aurait un fils ou une fille, remettrait au roi d'Espagne les citadelles de Nice et de Villafranca, pour sûreté que le duc ou ses enfants parvenant au royaume (d'Angleterre), le comté de Nice, le port et la ville de Villafranca avec ses dépendances appartiendraient au roi (d'Espagne) sans autre compensation... » L'éminent éditeur des *Papiers d'Etat* a fait une erreur dans l'analyse de ce document, en supposant qu'il s'agit du cas où le duc ou ses enfants rentreraient en possession des Etats de Savoie, tandis qu'il s'agit d'avènement au royaume par droit de succession d'Élisabeth, conséquemment du royaume d'Angleterre.

1. *Advis envoyez à la royne régente d'Écosse* (par Noailles), 8 février 1554 (5). *Arch. aff. étr.*, Anglet., 1553-1556, t. I et II, p. 684. Charles-Quint lui donna une sorte de dédommagement en le nommant lieutenant des Pays-Bas en l'absence du roi, avec un riche traitement, 27 octobre 1555. *Calend. for.*, 1553-1558, p. 194.

2. Le protonotaire de Noailles au Connétable, 4 février 1554 (5). Il lui parle d'une dépêche égarée où il lui disait « que parmy ce peuple on faisoit bruict du mariaige de monsieur de Savoye et de Madame Elizabeth, mais que je vous asseurois pour le dire où il appartiendroit, qu'il ne s'en feroit rien. » Vertot, t. IV, p. 172, 173. On voit combien peu M. Froude est dans le vrai quand il prétend que ce mariage *fit long feu* (*had hung fire*), à cause de l'invincible éloignement de Marie à pardonner ou à se reconnaître en quoi que ce fût envers sa sœur (t. VI, p. 354). Il est entendu, pour l'historien anglais, que, des deux sœurs, Marie est la seule susceptible de se donner des torts à l'égard de l'autre, et il en inscrit libéralement à son compte.

XXV

ÉLISABETH PROTÉGÉE PAR PHILIPPE. APPELÉE A HAMPTON COURT.

Cependant le roi, en quête de la bienveillance publique, étendait sa protection par delà Élisabeth, sur les restes de la faction de Wyatt, détenus à la Tour depuis un an. Il décida Marie à leur ouvrir les portes de leur prison (18 janvier 1555); parmi eux étaient Harrington et Tremayne, officiers de la maison d'Élisabeth, les trois Dudley, fils du duc de Northumberland, James Croft, Nicolas Throgmorton, gardé sous clef malgré le verdict du jury qui l'avait absous. On leur dit qu'ils étaient pardonnés, à la requête de l'Empereur, par le roi son fils [1]. Telle était la politique à laquelle une sage appréciation des circonstances avait amené Charles-Quint. Tout récemment, dans une conversation avec l'ambassadeur de Marie, sir John Masone, il avait exprimé la conviction que le roi saurait mettre dans sa conduite tant de *douceur* [2], que nul parmi les gens de bien n'aurait sujet d'être mécontent que Dieu eût permis sa venue dans le royaume.

---

1. Noailles au roi, 20 janvier 1554 (5). Vertot, t. IV, p. 146, 147. Lingard, *Hist. d'Anglet.* Strype, t. III, p. 208.
2. Ce mot est en français dans le texte anglais, comme la propre parole de l'Empereur.

Ensuite il avait discouru longuement sur la différence qu'il y a entre gouverner avec rigueur et sévérité, et gouverner de telle sorte que prince et sujets *se peuvent s'entre-entendre et s'entre-aimer* [1]. On a peine à imaginer que cela ait pu se dire avec vérité du futur Philippe II.

Le roi ne se laissa pas détourner de cette voie de *douceur* par un complot qui fut dénoncé au mois de février (1555). Des gentilshommes du Hampshire, de Cambridge et du Suffolk avaient résolu de proclamer roi Édouard Courtenay, d'enlever Élisabeth de Woodstock, de les marier ensemble et de rétablir la religion réformée [2]. Cette affaire, étouffée promptement, n'eut pas de suite, soit qu'elle fût sans gravité, soit que le chancelier continuât de couvrir Courtenay, ou que des personnages trop considérables fussent compromis [3]. Courtenay, pour sortir de Fotheringay, avait choisi un moyen plus sûr. Au mois de février 1555, il sollicita l'intercession de celui dont il avait été le rival. Un ami porta en son nom au roi une lettre, où il le priait de lui obtenir de la reine la même grâce qu'il avait procurée à d'autres. La missive était en anglais. Le roi ne savait pas cette langue. Avec son caractère circonspect, il demanda une autre lettre en français ou en latin, afin de se dispenser d'interprète et de n'avoir pas besoin de rien confier à un tiers. Il était d'ailleurs tout prêt, ajoutait-il, à user à son égard de la même bonne volonté qu'envers tous ceux qui avaient eu recours à lui. Ce fut donc en français que Courtenay le supplia très-humblement de se faire son protecteur et de l'accepter à son service. Le porteur de la lettre redoutait que la découverte du complot ne refroidît pour longtemps les dispositions favorables du prince [4] ; il n'en fut rien.

---

1. Également en français dans le texte. Sir John Masone au Conseil, 25 décembre 1554. Tytler, *England under...*, t. II, p. 465.
2. Renard à Charles-Quint, sans date (février 1555). *Papiers d'État* de Granvelle, t. IV, p. 402, 403. Strype, III, p. 211. Giov. Michieli, 26 mars 1555, édit. Friedmann, p. 19.
3. Renard à Charles-Quint, sans date (fin mars 1555). *Papiers d'État* de Granvelle, t. IV, p. 423.
4. Cette curieuse négociation se trouve dans la correspondance véni-

Édouard Courtenay fut délivré de sa prison au commencement d'avril. Admis le 8 du même mois à baiser la main du roi et de la reine, à Hampton Court [1], il partit le 28 pour les Pays-Bas [2], précédé de lettres royales très-favorables. Philippe prescrivit même au duc d'Albe, s'il se trouvait encore à Bruxelles lors de l'arrivée du jeune homme, de le présenter en personne à l'Empereur et de lui faire tout l'honneur possible [3], genre de courtoisie que le sceptique Noailles appelait *l'éclairer d'aussi près que s'il eût été encore en captivité* [4]. Au fond, le roi désirait qu'il fût absent d'Angleterre au moment des couches de la reine, de peur de quelque mouvement populaire en sa faveur, si Marie venait à succomber [5]. Charles-Quint témoigna une gracieuse bienveillance à Courtenay. Mais on lui fit attendre plus de cinq mois la permission d'aller étudier en Italie. Marie, en l'accordant, manifesta le désir qu'avant ce lointain voyage il revînt la voir. Philippe, alors à Bruxelles, sans doute peu satisfait de tant d'indulgence, ne prit pas bien la demande d'Édouard Courtenay de repasser d'abord en Angleterre ; il se chargea un peu brusquement de l'excuser auprès de la reine. Alors Édouard se dirigea à petites journées vers l'Italie, en prenant par l'Allemagne, novembre 1555 [6].

Il était naturel que sa sortie de prison fît espérer la même grâce pour Élisabeth. Effectivement l'une suivit l'autre de près. On persistait dans l'intention de dépayser cette princesse et de la confiner dans les Pays-Bas sous la surveillance de l'Empereur et de la reine de Hongrie. Au mois de février, alors que le par-

---

tienne. Giov. Michieli au doge de Venise, 16 mars 1555. — Déchiffrement Friedmann, p. 20, 21. Renard à Charles-Quint (février 1555). *Papiers d'Etat de Granvelle*, t. IV, p. 405.

1. Giov. Michieli au doge, 8 avril 1555. Friedmann, p. 27. — Strype, III, p. 212.
2. *Mémoires et Instructions du sieur de La Marque allant vers M. le Connestable*, 7 mai 1555. Arch. aff. étr., Anglet., 1553-1556, t. I et II, p. 827.
3. Tytler, *England under...*, t. II, p. 472.
4. Noailles au Connétable, 20 août 1555. Vertot, t. V, p. 81.
5. Giov. Michieli au doge, Londres, 29 avril 1555, dans Friedmann, p. 35.
6. *Calendar domestic*, 1547-1580, p. 71, nos 38, 42, 45, 50.

don de Courtenay se négociait déjà, la reine députa près d'elle lord John Williams de Tame [1], pour la porter à exprimer elle-même le souhait d'aller en Flandre. Mais, soit mécontentement qu'on eût restreint la facilité de ses communications avec la captive, soit tout autre motif, il revint en disant qu'il n'avait pas osé lui en parler. On sut pourtant qu'ils avaient eu des entretiens secrets, et l'on en inféra que, docile aux instigations de William Howard et des autres parents des Boleyn, il avait dû la mettre au courant de quelque conspiration et d'intrigues ourdies pour elle. Les plus emportés parlèrent de le mettre à la Tour, pour avoir ainsi abusé le roi, la reine et le Conseil, et de le confronter avec Élisabeth [2]. Toutefois on s'apaisa, sans

1. Au moins nous pensons que ce ne peut être que lui, ce lord que Renard désigne sous le nom de milord Willaume (*Papiers d'Etat*, t. IV, p. 404), et Noailles sous celui de milord Jehan Wilhem (*Archiv. aff. étr.*). Renard le représente comme très-affectionné à Élisabeth, et nous savons en effet quelle honorable hospitalité lord John Williams de Tame avait donnée à cette dernière pendant son voyage de la Tour à Woodstock. M. Froude, t. IV, p. 329 et 356, croit que c'est lord William Howard, amiral d'Angleterre. Mais il n'a pas connu la dépêche de Noailles conservée aux Archives du ministère des affaires étrangères, où se trouve le prénom de Jehan, qui appartenait à lord Williams et que lord William Howard ne portait pas. De plus, il ne prend pas garde que la dépêche de Renard, à laquelle il renvoie, devient inintelligible dans le passage suivant, si c'est William Howard qui a été envoyé : « et y a grande persuasion et conjecture qu'il (milord Willaume) y ait traicté avec elle (Élisabeth) plusieurs conspirations, qu'il l'ayt avertie des emprinses, du temps, du jour et que ce qu'il a faict soit esté par le conseil de l'amiral et aultres parens de ladicte Elisabetz. » Si l'envoyé s'est conduit d'après les conseils de l'amiral, il n'était donc pas l'amiral lui-même. Foxe (t. VIII, p. 619) mentionne un projet de John Williams, lord de Tame, d'obtenir la translation d'Élisabeth de Woodstock dans sa propre maison, du consentement donné par la reine, et du contre-ordre qu'elle signifia brusquement, quand tout était prêt. Nous supposerions que cette circonstance se rattache au voyage de lord John Williams à Woodstock et au mécontentement qui s'ensuivit à la cour.

2. Renard à Charles-Quint, sans date (février 1555); *Papiers d'Etat* de Granvelle, t. IV, p. 404, 405. Noailles (lettre au connétable, 10 mars 1555) parle de ce voyage de lord Williams. *Archiv. aff. étr.*, Anglet., 1553-1556, p. 711. Mais, ne connaissant pas le fond de l'affaire, il se trompe sur le motif qu'il attribue à Philippe : « qui me faict croire que ledit sieur Roy a mauvaise espérance du fruict de ladite dame (la reine), comme (j') ay

doute par le crédit des Howard. On comprenait aussi que le moment était passé d'expatrier la princesse par un coup d'autorité. Voilà comment on en vint peu à peu à l'idée de la remettre en liberté, avec l'Angleterre pour résidence.

Ce fut à la fin d'avril 1555 que Woodstock rendit enfin sa proie. Le 17, la reine, par un ordre daté de Hampton Court, où elle s'était transportée depuis peu [1], pour y attendre ses couches, prescrivit à Bedingfeld de lui amener lady Élisabeth dans cette résidence aussi promptement que faire se pourrait, avec ses serviteurs et la garde accoutumée [2]. Au moment de quitter la prison qu'elle avait tenue onze mois, Élisabeth prit plaisir à fixer par une raillerie le sens de cette époque de sa vie. Avec un diamant, elle traça sur une vitre le distique fameux : « Beaucoup de soupçons contre moi ; — rien de prouvé ; — voilà ce que dit Élisabeth prisonnière [3]. » En effet, c'est bien en cela que consista son innocence, selon l'acception étroite et la plus judaïque du mot.

Son voyage dura quatre jours. Le troisième jour fut marqué par l'empressement de ses gentilshommes et de ses tenanciers, dont soixante accoururent à Colnebrook, avides de revoir leur maîtresse, après avoir tremblé de si longs mois pour sa vie. Mais Bedingfeld les somma de par la reine d'avoir à se retirer, et il ne souffrit auprès d'elle que l'huissier, les trois femmes de chambre, deux valets et un officier de la garde-robe, c'est-à-dire à peu près le personnel de Woodstock [4]. La raideur de ces

---

escript au Roy (Henri II), voulant luy la (Élisabeth) gratiffier devant qu'il se puisse descouvrir de ce qu'il crainct advenir de sa femme. »

1. Le 4 avril. Strype, III, p. 212.
2. *Bedingfeld Papers*, lettre de la reine, Hampton Court, 17 avril 1555, p. 225.
3. Foxe, t. VII, p. 619 :
> Much suspected by me,
> Nothing proved can be,
> Quoth Elizabeth, prisoner.

4. Foxe, t. VIII, p. 609-620. Dans ce voyage de retour, Élisabeth coucha le premier jour à Ricot, chez lord Williams de Tame ; le second jour, à Winge, chez M. Dormer ; le troisième, à Colnebrook ; le quatrième, elle

précautions aurait rappelé à la jeune princesse, si elle avait été tentée de le mettre en oubli, que, tirée de prison, elle n'était pas libre, car elle restait suspecte ; elle avait à subir encore une épreuve. Elle arriva à Hampton Court le 29 avril 1555, le lendemain du départ de Courtenay pour le continent [1]. Vainement on aurait cherché, dans le cortège et dans le cérémonial, rien qui ressemblât à l'émotion joyeuse d'une famille oubliant ses discordes pour serrer à nouveau ses liens détendus : ce fut dans le triste appareil de la captivité, sous l'escorte des soldats de sir Henry Bedingfeld, et par une porte de derrière, qu'elle entra au palais. Elle fut placée près de l'appartement du roi, dans le logement que le départ du duc d'Albe pour les Pays-Bas venait de laisser disponible. Toute communication au dehors lui fut interdite. Seulement il paraîtrait que, dès les premiers jours, le roi serait venu la voir, désireux de connaître cette belle-sœur, si renommée parmi les beaux esprits, et, malgré son isolement, si forte, si redoutable, comme personnage politique, par son caractère et par sa popularité. Ce qu'ils se dirent, on l'ignore. Il est permis de penser, d'après la con-

arriva à Hampton Court. Nous allons suivre le récit de Foxe, sans le garantir dans tous ses détails. Mais il n'y a pas d'autres sources. Il a été reproduit par Holinshed, p. 1158, et avec quelques variantes par Heywood, p. 150-160.

1. Noailles, *Mémoires et Instructions du sieur de La Marque*, 7 mai 1555. Archiv. aff. étr., Anglet., 1553-1556, t. I et II, p. 827. « Le lendemain, 29 avril, Madame Élisabeth vint à cette cour... » Et Giov. Michieli au doge, 29 avril 1555, dans Friedmann, p. 33. « Le 8 avril courant, j'écrivis à V. S. qu'on espérait voir bientôt milady Élisabeth en liberté ; elle saura que, aujourd'hui ou demain pour sûr, elle sera à la cour auprès de Leurs Majestés, et qu'elle n'en partira pas jusqu'après les couches de la reine. » Car on disait que, en cas de mort de Marie, le roi méditait d'épouser Élisabeth. Ces deux textes nous permettent de fixer avec certitude la date de la sortie de Woodstock : le voyage ayant duré quatre jours, elle eut lieu le 25 avril. Quelques écrivains l'ont reculée à tort jusqu'au mois de juin. Parmi eux est M. Froude (t. IV, p. 357) ; cet historien rapporte que, à Hampton Court, Élisabeth fut reçue par lord William Howard et que les courtisans affluèrent auprès d'elle, lui apportant leurs félicitations. Cela est tout à fait en contradiction avec toutes les sources. Élisabeth trouva d'abord à la cour une réclusion presque aussi étroite que celle de Woodstock.

duite ultérieure du prince, qu'il sortit de là confirmé dans les dispositions favorables qu'il avait manifestées déjà [1]. Quant à Marie, *quoiqu'il n'y eût rien de prouvé*, elle restait intimement convaincue qu'Élisabeth avait pactisé avec l'insurrection. Lassée à la fin de l'inutilité des recherches judiciaires, elle en avait pris son parti et avait résolu de pardonner. Cependant, au préalable, dans l'intérêt de sa responsabilité comme de la dignité royale, elle aurait souhaité qu'Élisabeth déclarât s'en remettre à sa merci, sorte d'aveu général de culpabilité, sur lequel le pardon se serait étendu aussitôt. Mais Élisabeth, *puisqu'il n'y avait rien de prouvé*, était plus éloignée que jamais d'entrer dans ce rôle ingrat de coupable repentante et graciée. A Hampton Court, de même qu'à Whitehall après son arrestation, puis à la Tour et à Woodstock, elle avait la ferme résolution de se refuser à tout ce qui ressemblerait à s'accuser elle-même bénévolement, et de réclamer des juges. Après qu'un tel système lui avait réussi dans la tempête la plus effrayante, comment y

---

1. Cette visite du roi à Élisabeth est un fait nouveau. Aucun historien ne l'a mentionnée. Elle est rapportée dans les papiers inédits de Noailles (*Archiv aff. étr.*, Anglet., 1553-1556, t. I et II, p. 827). *Mémoires et Instructions du sieur de La Marque allant vers M. le Connestable*, 7 mai 1555 : « Le lendemain, 29 avril, Madame Élisabeth vint à ceste cour, laquelle ce roy fut visiter deux ou trois jours après, ayant été auparavant advertye par la royne sa sœur de se tenir le plus richement vestüe qu'elle pourroit quand cedict seigneur l'iroit veoir. » Cette recommandation de la reine, conforme à ses goûts de toilette (Élisabeth exagérait alors la simplicité), vient à l'appui de l'authenticité du fait. Cependant, malgré l'exactitude habituelle des informations de Noailles, nous aurions hésité, si nous n'en avions pas trouvé la confirmation chez les Vénitiens. Giovanni Michieli, dans une dépêche du 6 mai 1555 au doge, raconte qu'Élisabeth est arrivée en grand particulier, accompagnée seulement de quelques dames et serviteurs : « On l'a mise dans l'appartement du duc d'Albe, où elle vit très-retirée, n'ayant été jusqu'à cette heure visitée de personne, excepté une ou deux fois de Leurs Majestés par des issues secrètes. » *Non essendo fin' hora stata veduta da alcuno, eccetto che una o due volte da queste Majesta per vie secrete.* Dans Friedmann, p. 36. L'ambassadeur vénitien va sans doute trop loin en parlant des visites de *Leurs Majestés*, car il paraît certain qu'Élisabeth ne vit pas la reine avant la soirée où elle fut mandée subitement devant elle, un mois environ après son arrivée à la cour.

renoncer quand l'accalmie qui en était le prix lui ouvrait l'accès du port? Elle leva donc la tête plus haut que jamais et acheva de triompher.

Quinze jours de solitaire et triste réclusion se passèrent d'abord, jusqu'à ce que son grand-oncle, William Howard, eut la permission de pénétrer près d'elle. Consolée et ranimée, elle le pria de lui procurer un entretien avec quelques-uns des membres du Conseil. Bientôt, en effet, le chancelier, évêque de Winchester, les comtes d'Arundel et de Shrewsbury, le secrétaire Petre, se présentèrent devant elle, avec toutes les marques du respect.

Peut-être croyaient-ils qu'elle allait s'humilier. « Milords, dit-elle en leur rendant leur salut, je suis heureuse de vous voir; car, en vérité, j'ai été retenue bien longtemps loin de vous, dans la désolation et l'abandon. Maintenant, veuillez être mes médiateurs auprès du roi et de la reine, afin que je sois délivrée de ma prison, qui a été si longue, comme vous ne l'ignorez pas, milords. » A ces mots, le chancelier, un genou en terre, lui demanda de faire d'abord acte de soumission à la reine, ne doutant pas alors d'une heureuse issue, conforme à ses désirs. S'il se flattait qu'elle entrerait dans cette voie sans en deviner le terme, il fut détrompé sur-le-champ. Aussi clairvoyante qu'autrefois, quand on la harcelait de questions et de piéges au nom du duc de Somerset, elle répliqua par un refus véhément : plutôt que d'agir ainsi, elle aimerait mieux, dit-elle, garder prison toute sa vie. Si jamais elle avait péché contre la reine par pensée, parole ou action, ce n'était pas merci, c'étaient des juges qu'elle demandait. « Au surplus, continua-t-elle, si je cédais, je parlerais contre moi-même; je confesserais que je suis coupable, ce que je ne fus jamais; et alors le roi et la reine auraient pour toujours sujet de prendre mauvaise opinion de moi. Non, non, milords, plutôt rester en prison pour la vérité, que d'être à la fois libre et suspecte à ma souveraine! »

Gardiner n'était pas homme à se rebuter facilement. Le lendemain, il revint à la charge. Agenouillé devant Élisabeth, il lui dit que la reine s'émerveillait qu'elle s'obstinât ainsi à ne pas confesser son offense envers elle. C'était donc qu'on l'avait emprisonnée injustement. « Non, dit-elle, je n'ai jamais eu cette pensée ; Sa Majesté est maîtresse de me punir comme elle l'entend. — Soit, répondit le chancelier ; Sa Majesté m'a commandé de vous dire qu'il vous faudra parler d'autre sorte [1], si vous voulez être mise en liberté. — Hélas ! répondit-elle, je préfère rester prisonnière, ayant l'honnêteté et la vérité avec moi, au lieu d'être hors d'ici, libre et suspecte à ma souveraine. Ce que j'ai dit, je le maintiens ; je ne m'en donnerai jamais le démenti. — Votre Grâce, repartit le chancelier avec ironie, prend avantage sur moi et sur les lords, de son long et injuste emprisonnement. — Quel est cet avantage? répliqua-t-elle avec la vigueur accentuée de menace dont elle était coutumière dans les situations critiques. Il n'y a que Dieu et votre conscience qui puissent le dire. Je le déclare ici devant lui, pour ce qui est de votre conduite passée envers moi, je n'ai pas à chercher de remède ; seulement je prie Dieu qu'il vous pardonne à tous, et à moi aussi, ajouta-t-elle par un ressouvenir d'humilité chrétienne. — Amen, amen, » répondit l'évêque en s'en allant.

Cependant, malgré ses paroles altières, Élisabeth ne s'abandonna pas : lettres, sollicitations, intervention de ses amis, elle eut recours à toutes les ressources [2]. Une semaine se consuma encore dans une attente stérile. Tout à coup, sur les dix heures du soir, on vint lui annoncer que la reine la mandait en sa présence. Cet ordre tombant à l'improviste, l'heure tardive, les ténèbres, épouvantèrent Élisabeth. Les fantômes de mort hantèrent encore une fois son imagination. Avant de s'éloigner, elle se recommanda aux prières de ses serviteurs et de ses femmes, car pouvait-elle dire si elle les reverrait jamais? Sir Henry

1. Mot à mot, conter un autre conte.
2. Heywood, p. 156.

Bedingfeld la mena par le jardin, à la lumière des torches, jusqu'à l'appartement royal. Là, mistress Clarence, la principale des femmes de la reine, l'introduisit dans la chambre à coucher, où Marie l'attendait, assise sur son fauteuil d'apparat, dans une attitude de souveraine et de juge. Élisabeth, après les trois révérences d'étiquette, se mit à genoux humblement à ses pieds; et d'abord, dans une invocation à Dieu, elle demanda pour sa sœur santé, longue vie et conservation. Ensuite, parlant pour elle-même, elle protesta de son loyal dévouement et l'assura qu'elle trouverait en elle une sujette aussi fidèle que qui que ce fût. Elle la suppliait de l'en croire, et qu'il ne se découvrirait rien sur elle à l'encontre, quelque rapport que la malice eût inventé. Mais la reine d'un ton sévère : « Je le vois, vous ne voulez pas confesser que vous êtes coupable; vous soutenez intrépidement votre fidélité et votre innocence. Je prie Dieu qu'il en soit ainsi. — Si cela n'est pas, reprit Élisabeth, je ne demande à Votre Majesté ni faveur ni pardon. — Fort bien, dit la reine; vous vous opiniâtrez; vous avez été toute fidélité et loyauté. Peut-être allez-vous prétendre aussi que vous avez été punie injustement. — Je ne dois pas dire cela, s'il plaît à Votre Majesté, et en sa présence. — Ah! mais, vous le direz à d'autres? — Non pas, s'il plaît à Votre Majesté. J'ai porté et je dois porter le fardeau moi-même. Je supplie humblement Votre Majesté d'avoir bonne opinion de moi et de me regarder comme sa fidèle sujette, non pas seulement depuis le commencement jusqu'aujourd'hui, mais à toujours et toute ma vie [1]. » Tant d'assurance ébranla la reine. Elle s'adoucit; en la congédiant, elle lui adressa quelques

---

1. Nous suivons ici le texte de Foxe. Il y a une variante dans Heywood : « Non pas, répondit Elisabeth, j'ai porté et je dois porter le fardeau moi-même ; si j'ai seulement le bonheur que Votre Majesté prenne bonne opinion de moi, je n'en serai que mieux en état de le porter encore. Et si je viens à cesser d'être l'une des plus fidèles et loyales sujettes de Votre Majesté, fasse Dieu qu'à l'instant je cesse d'exister! » (Heyw., p. 158).

paroles de consolation, quoique un peu brèves [1] ; et comme se parlant à elle-même : « Dieu le sait, » dit-elle en espagnol. Élisabeth avait cause gagnée, si puissante était l'enchanteresse [2]. Cette scène doit se placer vers la fin de mai (1555), un peu plus de trois semaines s'étant écoulées depuis l'arrivée de la prisonnière de Woodstock, le 29 avril.

On admet que Philippe assistait, caché derrière une tapisserie, à l'entrevue des deux sœurs, la première depuis deux ans, non pas, selon un dire ridicule, afin de protéger Élisabeth contre la violence de Marie, ou Marie elle-même contre les suites dangereuses de ses propres emportements [3]. Marie exerçait un rare empire sur elle-même. Il est plus probable qu'il était désireux de savoir avec une parfaite exactitude ce qui se serait dit, par quel art Élisabeth se justifierait, et qu'il suivit en cette circonstance la pente de son esprit, qui le portait aux manéges mystérieux.

Huit jours après, sir Henry Bedingfeld et ses soldats furent congédiés [4]. Élisabeth, si elle n'était pas encore en liberté, n'était plus du moins sous la puissance des hallebardes. Un peu plus tard, Bedingfeld reçut en récompense de ses pénibles services le gouvernement de la Tour et la fonction de membre du Conseil privé (28 octobre 1555). Il fut de ceux qu'Élisabeth *remercia* quand elle devint reine. Alors, au congé, elle joignit le sarcasme. « Dieu, lui dit-elle, vous pardonne, comme moi, le passé. Mais si jamais nous avons quelque prisonnier à traiter rudement et à garder de près, nous vous ferons chercher [5]. » Il

---

1. C'est Foxe qui parle.
2. Selon Leti, Marie se serait attendrie, et, en la relevant elle-même, elle lui aurait dit : « Innocente ou coupable, je vous pardonne. » — Il faut toujours en revenir au mot de Renard, *ung esprit plain d'incantation*. M. Froude (t. VI, p. 358) met cette entrevue au commencement de juillet 1555 ; c'est la suite naturelle de l'erreur qui lui a fait placer en juin l'arrivée d'Elisabeth à Hampton Court.
3. Leti. Burnet a répété aussi cette fable, t. II, p. 337, 338.
4. Holinshed, p. 1159. Foxe, t. VIII, p. 624. Heywood, p. 159.
5. Holinshed, p. 1117. L'historien dit qu'il garantit, sinon les termes exprès, du moins le sens des paroles d'Elisabeth.

semble pourtant qu'il ne se considéra pas comme en disgrâce sous le règne d'Élisabeth. Car, de temps à autre, il vint faire sa cour à la souveraine. Celle-ci même, vingt ans après, en 1578, (lui fallut-il un si long intervalle pour digérer sa rancune?), alla le visiter dans sa résidence [1].

Quoi qu'il en soit, le moment où Bedingfeld et son escorte quittèrent Hampton Court marque véritablement la fin de la captivité de Woodstock (23 mai 1554-fin mai 1555).

1. Sir Henry Bedingfeld mourut en 1583.

XXVI

ÉLISABETH A LA COUR. PRÉTENDUE PASSION DU ROI POUR ELLE.

On a compté, parmi les motifs qui guidèrent le roi lorsqu'il protégeait ainsi sa belle-sœur, une vive admiration pour elle, ou plutôt une vraie passion, dont on a fait étalage en son nom, et si peu déguisée, qu'elle aurait allumé la jalousie de la reine. Il suffit, pour en rabattre, de se souvenir que le mariage d'Élisabeth avec le duc de Savoie était toujours sur le tapis.

Il convient donc de ne pas s'arrêter aux conjectures, pour affirmatives qu'elles soient, des politiques qui, tels que Noailles et Michieli, hostiles à Marie et à Philippe, et mal instruits de leurs desseins, prétendaient que ce prince gardait Élisabeth en Angleterre afin de l'avoir sous la main, en cas que la reine succombât aux suites de son accouchement, supposé prochain. Il comptait, disait-on, ou l'épouser, ou sinon acquérir avec son amitié le moyen de quitter l'Angleterre sain et sauf, lui et les siens[1]. La reine attendait à Hampton Court le moment de sa dé-

---

[1]. Giov. Michieli au doge, Londres, 29 avril 1555. Friedmann, p. 33. Noailles au roi, 26 décembre 1554. Vertot, t. IV, p. 82. — *Mémoires et Instructions du sieur de La Marque*, 7 mai 1555. Arch. aff. étr., t. I et II,

livrance. L'Angleterre, Londres surtout, étaient dans une anxiété fiévreuse. Tout à coup, le 30 avril, le bruit de l'heureux événement se répandit en ville : aussitôt les cloches des églises sonnent à toute volée ; on chante le *Te Deum* à Saint-Paul ; les bourgeois préparent des feux de joie et dressent des tables dans les rues. Mais bientôt la vérité contraire se fait jour. Marie n'avait pas connu, elle ne devait jamais connaître la joie d'être mère : elle avait pris pour des signes de grossesse les premières atteintes d'un mal incurable, l'hydropisie. Elle voulut néanmoins espérer contre toute espérance ; et le peu d'années qu'elle eut à vivre encore se consumèrent avant qu'elle se sentît la force de renoncer à la douce ambition de la fécondité. Son livre de prières, conservé jusqu'à nous, est usé à la page qui contient deux oraisons : l'une, pour l'unité de l'Église catholique ; l'autre, pour l'heureuse délivrance de la femme enceinte [1].

L'arrivée d'Élisabeth à la cour avait coïncidé avec la déception des habitants de Londres que nous venons de rappeler. Elle coïncida aussi avec l'apparition d'un libelle séditieux, répandu à profusion. On soupçonna le maître d'italien d'Élisabeth d'en être l'auteur, et on le mit à la Tour [2]. Autre incident, qui aurait pu être plus fâcheux encore dans l'état des idées au XVIe siècle : un fait de sorcellerie. Le dernier Parlement avait renouvelé la défense, sous peine de félonie, d'ajouter foi aux égyptiens, devins ou faux prophètes (janvier 1555). Or, le Conseil fut informé que quatre individus, John Dee, Carey, Butler et Field, avaient tiré l'horoscope du roi et de la reine, pratiqué des enchantements contre eux, et façonné déjà leurs effigies en

---

p. 827. Bientôt Noailles accusera Marie de simuler une grossesse, *Mémoire et Advis envoyez à M. de L'Aubespine*, 1er juin 1555. *Id., ibid.,* p. 843. — Le protonotaire de Noailles, François, évêque d'Acqs, développera violemment cette accusation, lettre au Connétable, 27 juillet 1555. *Id., ibid.,* p. 925.

1. *Calendar foreign, Elisabeth,* par M. Joseph Stevenson, préface, p. lxxiii.
2. Giov. Michieli au doge, 13 mai 1555. Friedmann, p. 41.

cire, pour y enfoncer les épingles auxquelles on attribuait le pouvoir de tuer la personne en blessant son image. On ajoutait qu'ils disposaient d'un démon familier, et, comme preuve, qu'un des dénonciateurs, nommé Ferys, avait à peine dévoilé leurs trames, que, de ses deux enfants, il avait vu l'un frappé de mort, l'autre de cécité. Parmi ces magiciens, John Dee était un ami de Parry, l'intendant d'Élisabeth ; et, tant qu'il vécut, Élisabeth crut aveuglément à son génie d'astrologue. Carey et Butler étaient parents des Boleyn ; le quatrième faisait partie de la maison de cette princesse. Le Conseil privé lança, le 28 mai, un ordre d'arrestation contre John Dee, qu'on mit en prison à Londres avec les autres ; des commissaires furent nommés, le 5 juin, pour instruire l'affaire. Cependant elle avorta ; John Dee fut relâché le 29 août, après trois mois de captivité [1]. Élisabeth ne fut pas inquiétée. Gardée alors strictement à Hampton Court, elle n'avait pas pu participer à ces pratiques téméraires de ses amis et serviteurs, quelque faible qu'elle se sentît pour les mystères décevants de l'astrologie judiciaire.

Depuis que Marie, désespérant de tirer de sa sœur un aveu ou des lumières sur sa conduite passée, avait abandonné cette énigme à Dieu, Élisabeth avait acquis une certaine liberté, quoiqu'elle ne sortît pas encore de son appartement. On lui rendit ses serviteurs : les gentilshommes de la cour eurent accès au-

---

1. Noailles, *Mémoire et Advis envoyez à M. de L'Aubespine*, 1ᵉʳ juin 1555. Arch. aff. étr., t. I-II, p. 843. Tytler, *England under the reigns...*, t. II, p. 479. Lettre de Thomas Martyn à Courtenay, Calais, 8 juin 1555. Miss Agnès Strickland, *Elizabeth*, p. 110 et 111. Miss Agnès Strickland place cet incident au commencement du printemps de 1555 et admet que ce fut Élisabeth, alors encore à Woodstock, qui joua ce jeu si dangereux. Elle pense que sa translation à Hampton Court en fut la conséquence. Mais elle n'a pas pris garde que l'ordre d'arrestation de John Dee, qui dut suivre de très-près la dénonciation, est du 28 mai, et qu'Élisabeth était déjà à Hampton Court depuis le 29 avril. Pendant ce premier mois de son séjour en ce palais, sa prison fut rigoureuse, sans aucune communication au dehors. Il est très-probable que, si elle avait été pour quelque chose dans les opérations magiques si redoutées à cette époque, elle ne s'en serait pas tirée aisément, tandis qu'on ne l'y impliqua en rien.

près d'elle [1]. William Howard, président à ces réceptions, y fit observer le cérémonial de la haute étiquette, génuflexion et baise-main. La reine et le roi lui-même, à ce qu'il paraît, trouvèrent qu'il allait trop loin. Du moins l'amiral se plaignit-il que, par ce motif, le roi l'eût traité froidement au service que l'on célébra, le 17 juin, pour le repos de l'âme de Jeanne la Folle, mère de Charles-Quint [2]. Il s'en vengea lors d'un banquet aux ambassadeurs, en affectant de se placer à côté de l'ambassadeur de France et de lui prodiguer les démonstrations d'amitié, contrairement aux habitudes anglaises [3].

On prétend néanmoins que les plus grands personnages, le roi, le cardinal Pole, donnaient publiquement à la sœur de la reine les marques du plus profond respect. Du moins, c'est ce qui résulterait d'une anecdote rapportée par Foxe et Holinshed [4]. Peu de temps après le soulèvement de Wyatt, disent-ils, un certain Robert Farrer, buvant dans une taverne, s'emporta contre Élisabeth jusqu'à la qualifier de coquine [5], attendu qu'elle avait été l'un des auteurs principaux de la rébellion, avec les hérétiques, qui espéraient lui donner la couronne. Mais ce qu'il espérait, lui Farrer, c'est que, avant d'y parvenir, « elle et eux feraient le saut sans tête ou s'en iraient griller sur les fagots. » Un serviteur d'Élisabeth, nommé Laurent Shériff, présent à ces propos, les releva et même porta plainte devant la cour ecclésiastique, présidée par l'évêque de Londres, Bonner. Là, après avoir exhalé de nouveau son indignation, il ajouta, pour prouver combien elle était princesse digne d'être honorée : « Hier, à la cour, j'ai vu que milord cardinal Pole, venant à la rencontrer dans la salle de réception, se mit sur les deux genoux devant elle et lui baisa la main ; j'ai vu le roi lui-même s'incliner jusqu'à

---

1. Giov. Michieli au doge, Londres, 11 juin 1555. Friedmann, p. 57.
2. Morte le 12 avril précédent à Tordesillas.
3. Renard à Charles-Quint, 10 juillet 1555. *Pap. d'Et. de Granvelle*, t. IV, p. 448.
4. Foxe, t. VIII, p. 622 à 624. Holinshed, p. 1159.
5. *That jilt.*

toucher du genou la terre. » L'évêque l'apaisa et semonça vertement l'insolent Farrer.

Cette anecdote, malgré la précision du détail, est sujette à plus d'une difficulté. Ce fut, disent les narrateurs, peu de temps après la révolte de Wyatt [1]; et en effet le langage de Farrer est encore tout chaud de la passion du moment critique. Or la révolte eut lieu du 25 janvier au 7 février 1554. Élisabeth, arrêtée à Ahsridge le 10 février, fut envoyée à la Tour le 18 mars, à Woodstock le 19 mai, et ne sortit de cette seconde prison qu'un an après, à la fin d'avril 1555, cette fois pour venir à la cour, où elle fut encore tenue à l'écart un certain temps. D'autre part, Philippe ne débarqua en Angleterre pour épouser Marie qu'à la fin de juillet 1554. Quant au cardinal Pole, retenu sur le continent par l'Empereur, qui craignait en lui un protecteur de Courtenay, il ne revit l'Angleterre que le 20 novembre de cette même année. Il est donc de toute évidence que Foxe et Holinshed ont commis un violent anachronisme, en mettant ces deux grands personnages aux pieds d'Élisabeth à un moment où elle était prisonnière d'État et eux-mêmes encore sur le continent. Farrer parle aussi de brûler Élisabeth et les hérétiques, comme si les bûchers étaient déjà dressés. Or les procès pour hérésie ne commencèrent qu'un an après le soulèvement de Wyatt, en janvier 1555. Ainsi, le temps est aussi vague que certains traits sont confus et contestables.

En dehors de tout incident de hasard, tels que libelles et magie, Élisabeth, alors comme auparavant, était dans l'opposition quand même, par l'intrinsèque de sa situation. S'il y avait des mécontents, il semblait que ce ne fût que pour grossir la phalange de ses partisans. Si la reine subissait quelque déception douloureuse, elle était là pour en tirer profit, même sans s'en mêler, par le seul courant des choses.

Cette illusion de maternité chez la souveraine, illusion qui

---

1. *Soone after.*

avait contribué si puissamment à inspirer la clémence, devenait, à mesure qu'elle se dérobait à l'avide espérance de Marie, une sorte de ridicule et de danger politique pour celle-ci, une assurance et une force croissante pour celle-là. En vain Marie multipliait-elle les prières publiques et les processions, l'amer calice ne se détournait pas de ses lèvres. La délivrance fuyait de mois en mois. Alors les uns raillèrent; les autres parlèrent de grossesse simulée, afin de maintenir les Anglais dans la tranquillité par l'attente d'une naissance qu'ils désiraient sincèrement [1]. Des rixes

---

1. « Toutefois le dict sieur de Noailles pense, et plusieurs autres, qu'elle sera aussy longuement grosse que son peuple sera en volonté de s'esmouvoir. » *Advis envoyez au Roy*, 27 juillet 1555. Noailles, t. I-II, p. 919. *Arch. aff. étr.* Cette simulation prétendue fournit au protonotaire, François de Noailles, l'occasion d'une curieuse diatribe contre la fausseté naturelle qu'il impute aux Anglais. Il écrit au connétable de Montmorency (27 juillet 1555) qu'il n'entreprendra pas de lui ramentevoir toutes les mutations survenues en Angleterre, car le Connétable les a enregistrées dans sa mémoire, mieux que lui ne saurait l'étendre. « Par ce, poursuit-il, il me suffit de vous dire que tous ceux qui se sont dellectez à escrire et inventer choses fabuleuses et controuvées n'ont sceu ne voullu faire election de meilleur subjet que des avantures de cette isle de la Grand'Bretagne, les livres desquelz ne sont enrichis que de toutes espèces de menteries. Brief, monseigneur, quiconque a voulu faire profession et tirer proffit de tout genre d'idolâtrie, d'hypocrisie, de faulces prophéties et de toute infidélité, n'a trouvé terre ne pays ou sa mercerie ayt été plus requise ne plus chièrement vendue qu'en cettuy-ey, ce que l'on veoit aujourd'huy clairement parmy eux, car ilz vivent si incertains en la religion qu'ilz ne sçavent ce qu'ilz doivent recevoir pour vérité et ce qu'ilz doivent rejetter pour mensonge. » De là, le protonotaire dénonce la grossesse simulée de la reine, « qui me fait croire que laditte dame a planté et estably l'obéissance de son règne sur le mensonge, que le mal commun des membres est parvenu jusques à la teste, et que par conséquent tout le corps a attaint le dernier période de son plus grand malheur, duquel je prie à Dieu vouloir engendrer une transformation d'heur et de prospérité pour qui je la désire (le roi de France sans doute). Monseigneur, on ne voit en cette royne et en ses subjetz rien de la vertu que l'apparence en tant qu'elle peut servir à conduire ses affections (conduire à ses fins). » *Arch. aff. étr.*, t. I-II, p. 925. Un *Advis* du même jour (27 juillet 1555) porte que la reine est si affligée d'être déçue dans son espoir de grossesse, qu'elle refuse toute nourriture, à la grande inquiétude des médecins, du roi et de l'Empereur. *Id., ibid.*, p. 929. Le protonotaire ne s'aperçoit pas que son *Advis* sur le chagrin de la reine est contradictoire à sa lettre sur la simulation de grossesse.

terribles, avec mort d'homme, éclataient entre Espagnols et Anglais. On n'osa pas laisser célébrer la fête accoutumée de la Saint-Jean, de peur de nouveaux tumultes. A la Fête-Dieu, les Espagnols étant rassemblés dans une église pour la procession, le peuple faillit s'y jeter, en criant qu'il voulait faire des *Vêpres siciliennes* [1]. Les adhérents d'Élisabeth et des hérétiques répandaient avec une audace croissante que la reine n'était pas enceinte, qu'on voulait supposer un enfant. Renard, en rapportant ce fait à l'Empereur, ajoutait que les visages des particuliers étaient étranges et les plus *mascrétés* [2] qu'il eût jamais vus. Il avouait que les hommes auxquels on s'était fié davantage donnaient le plus de doutes. Il s'effrayait du peu d'intelligence entre les deux nations, du défaut de justice et de police. En même temps, les gentilshommes affluaient à Londres, contrairement à leur coutume de passer l'été dans leurs résidences des champs; c'étaient des hérétiques, d'anciens rebelles, des parents et partisans d'Élisabeth. L'un d'eux vint dire à Noailles qu'ils étaient cinquante de la noblesse résolus de mourir ou de recouvrer leur liberté avant six semaines. L'ambassadeur ne déclina pas ces ouvertures, qui semblaient lui promettre quelque meilleure fortune dans l'avenir [3]. Mais le Conseil dissipa les cabales renaissantes, en commandant aux gentilshommes de s'en aller à leurs maisons et de n'en pas bouger. Ils se récrièrent qu'ils étaient gens de bien; le chancelier répliqua que ce n'était pas tout de n'être pas traîtres, qu'il fallait encore être au-dessus de la suspicion. Parmi les congédiés se trouvaient les fils du feu duc de Northumberland et bon nombre de ceux qui avaient été mis à la Tour dans l'affaire de Wyatt [4].

1. Giov. Michieli au doge, 27 mai, 26 juin, 1er juillet 1555. Dans Friedmann.
2. Dissimulés, concentrés.
3. Noailles au Connétable, 15 juillet 1555. *Arch. aff. étr.*, t. I et II, p. 915.
4. Renard à Charles-Quint, 27 juin, 10 juillet 1555. *Papiers d'Etat* de Granvelle, t. IV, p. 433, 447. Giov. Michieli au doge, Richmond, 15 juillet 1555; dans Friedmann, p. 82.

Élisabeth ne fut point rendue responsable de ces ébauches confuses de complots, quoique l'œuvre de ses amis, pas plus qu'elle ne l'avait été des opérations magiques imputées à John Dee. De même, elle ne fut point englobée dans la terrible persécution religieuse qui commença au mois de janvier 1555. C'est qu'à Hampton Court, comme à Woodstock, elle se montra d'une exactitude exemplaire à pratiquer le catholicisme. Marie était en possession incontestée du droit de contrainte en matière de religion, droit qui avait toujours fait partie des prérogatives de la couronne. Mais les hommes prudents voulaient en ajourner l'usage ; les violents s'irritaient des retards. L'un d'eux, Edmond Bonner, évêque de Londres, prit sur lui, sans consulter personne, de lancer une lettre ordonnant à ses visiteurs de faire une inquisition (recherche) de la foi à Londres et dans le reste du diocèse, fin de septembre 1554. Ce ne furent donc pas Gardiner, bien qu'on l'en ait maintes fois accusé, encore moins le cardinal Pole, lequel n'était pas revenu du continent, qui donnèrent le signal de la persécution [1]. Le chemin une fois ouvert, on n'osa pas désavouer le prélat. Les premières arrestations eurent lieu le 16 janvier 1555 ; les premières exécutions, au nombre de quatre, du 29 janvier au 9 février. Mais, le

1. Lingard dit qu'on ne sait pas trop qui fut, sous Marie, l'instigateur de la persécution. Il y a une lettre de Renard à Charles-Quint, 13 octobre 1554 (*Papiers d'Etat* de Granvelle, t. IV, p. 317 et 318), qui lève la difficulté en rapportant cette initiative de l'évêque de Londres ; les hérétiques, dit-il, sont fort troublés de ces articles, « surtout pour la forme et nom d'inquisition sous lequel ils sont conceuz. » Plus loin, dans la même lettre (*id., ib.*, p. 321), il s'explique plus amplement : « L'évesque de Londres publia les dictz articles sans le sceu ou participation desdictz sieur Roy et dame (la reine) ny du Conseil ; et, comme l'on luy demanda comme il s'advanceoit sans les communiquer, il dist que s'estoit chose deppendant de son office et jurisdiction ; qui sçavoit bien que, les communicquant audict Conseil, il y eust eu contrariété et empeschement ; qu'il [l'] avoit faict pour le service de Dieu ; que, quand il est question de la religion, l'on y doit procéder réalment, sans crainte : allégant les exemples du Vieux Testament, et que Dieu aidait ceulx qu'ilz maintenoient ses loix, observoient ses commandemens et luy adhéroient. » Voir aussi M. Froude, t. VI, p. 257, 258.

10 février, Alvarez de Castro, moine espagnol de la chapelle du roi, prêcha devant la cour que la douceur seule devait être employée en matière de foi, et condamna énergiquement les voies de rigueur [1]. Philippe II réprouvant les bûchers ! Ah ! ne regardons pas au delà dans son histoire. Mais, à cette époque, la mansuétude était sa règle de conduite chez les Anglais. Ce sermon produisit une impression telle qu'on suspendit les procédures : cinq semaines se passèrent avant que la flamme se rallumât dans la terrible plaine de Smithfield à Londres. Les maximes et les lois au nom desquelles les hérétiques furent voués à la mort avaient été, on le sait de reste, celles du réformateur Cranmer sous Édouard VI, et devinrent celles d'Élisabeth, une fois reine. Marie ne fut pas plus cruelle en principe que d'autres. Mais la multiplicité des exécutions qu'elle laissa consommer et qui s'entassèrent dans un court espace de temps crie contre elle devant la postérité. Malheur à qui impose aux faits de conscience l'effroyable sanction des supplices. A peine est-il permis de rappeler que les réformés, outre leur dissidence en religion, enseignaient des doctrines singulièrement agressives contre les droits et l'autorité politique de la reine.

Bientôt le fanatique docteur Storey, employant une image familière aux promoteurs de meurtre, soutint que c'était peu de supprimer les branches de l'arbre d'hérésie, si l'on en laissait subsister la souche. Élisabeth frémit à une menace si directe. Alors, imitant, dit Camden, le vaisseau qui fuit sous la tempête, elle redoubla d'assiduité à fréquenter la messe et les sacrements. Pressée de questions par le cardinal Pole, elle se déclara

---

1. Lingard, *Hist. d'Anglet.* Il y a dans les *Papiers d'État* de Granvelle, t. IV, p. 397, une lettre de Renard à Philippe (sans date, mais placée au 8 février 1555, par l'éditeur des *Papiers d'État*) par laquelle Renard conseille la modération dans les choses de la religion ; il veut que, pour le bon exemple, on commence par réformer les gens d'Église. Voir aussi Strype, t. III, p. 209 ; miss Agnès Strickland, *Mary*, p. 641. — Lingard dit qu'Alvarez de Castro était confesseur du roi ; mais on voit par le *Calendar domestic* de Marie, p. 66, n° 21, que le confesseur se nommait Bernard de Fresnada.

catholique romaine [1]. Marie ne s'y confiait guère. Elle savait ce que valent ces protestations, filles de la crainte, elle qui jadis, par lettre écrite à son père, avait abjuré à jamais l'autorité du pape, reconnu son père seul chef, de par le Christ, de l'Église d'Angleterre, elle qui avait accepté la flétrissure d'inceste et d'illégalité imprimée au mariage de sa mère. Un jour, elle fit interroger sa sœur sur la transsubstantiation. Élisabeth éluda, dit-on, par un quatrain improvisé, qui peut se rendre ainsi :

> Christ fut le Verbe qui le dit ;
> Il prit du pain et le rompit :
> Ce que sa parole accomplit,
> Je le crois et le prends ainsi [2].

Trait d'une femme plus spirituelle que croyante.

Comme elle, beaucoup d'autres se soumirent des lèvres. Un beau jour, son maître, le protestant Roger Ascham, se trouva catholique ; Cheke, de même. Sir William Cecil, ancien secrétaire d'État sous Édouard VI, fut touché aussi de la grâce. Le jour de Pâques 1556, il communia avec sa femme et son fils, à sa paroisse de Wimbledon, près de Londres [3]. Sans doute, à la cour, on triompha de la piété signalée de Cecil, d'Élisabeth et de maint autre converti. On sourit peut-être de leur faiblesse. Mais combien la persécution est aveugle ! Cet homme, que la peur mit à genoux devant l'autel orthodoxe sous Marie, fut, sous Éli-

---

1. Camden, *Apparatus*, p. xiv.
2. Dans Hume, *Hist. d'Angl.*, miss Agnès Strickland, *Élisabeth*, p. 106.
> Christ was the word that spake it,
> He took the bread and brake it ;
> And what his word did make it,
> That I believe and take it.

3. Longtemps on soutint que Cecil avait été invincible à la persécution et qu'il avait sacrifié sa haute fonction de secrétaire d'État à sa foi religieuse. Tytler a retrouvé la preuve contraire dans la liste dressée de la propre main de Cecil de toutes les personnes qui firent leurs pâques à Wimbledon. Son nom figure en première ligne. Il y a aussi l'énumération de tout ce qu'il déposa dans la même circonstance, à titre d'offrande et de dîme, en porcs, oies, agneaux, laine, etc. (Tytler, *England under the reigns of Edward VI and Mary*, t. II, p. 443.)

sabeth et avec elle, le destructeur du catholicisme en Angleterre, et partout ailleurs son ennemi acharné. Qui sait jusqu'à quel point la honte secrète de l'hypocrisie où il était descendu pendant le règne précédent fut chez lui l'aiguillon d'une implacable revanche, et s'il ne fit pas de cette ruine de l'Église romaine dans la Grande-Bretagne la rançon de la tache imprimée alors à son honneur ?

Le cercle étroit tracé d'abord autour d'Élisabeth allait s'élargissant. La reine, fatiguée de l'affluence des dames nobles que l'attente de ses couches attirait à Hampton Court, et de l'onéreuse nécessité de les héberger au palais, prit le parti de se rendre à quatre milles de là, dans une autre de ses maisons, moins vaste, nommée Otland [1]. Élisabeth en profita. Elle eut permission d'aller s'établir avec ses serviteurs dans une autre maison, distante de trois milles, et, lorsque le roi et la reine rentrèrent à Hampton Court (19 août 1555), elle continua d'habiter à part, avec liberté de recevoir qui bon lui semblait [2].

Un événement se préparait alors, qui, au grand désespoir de Marie, rappelait Philippe sur le continent : c'était l'abdication de Charles-Quint. Ce prince, à cinquante-cinq ans, abîmé de goutte et d'infirmités, revenu de la passion de dominer depuis que les protestants d'Allemagne lui avaient arraché la liberté de religion par le traité de Passau en 1552, et que les Français avaient arrêté sa fortune militaire devant Metz la même année, brûlait du désir de déposer toutes ses grandeurs, dont au reste il avait senti les premiers dégoûts au temps même de sa plus haute fortune [3]. Il pressait son fils de venir recevoir de ses mains, aux Pays-Bas, ses couronnes de la monarchie d'Espagne. Il avait désiré ardemment, mais en vain, y joindre la couronne impériale, que son frère Ferdinand lui aurait restituée, exagé-

---

1. Au sud-ouest de Hampton Court, comté de Surrey.
2. Giov. Michieli au doge, 5 août 1555. Friedmann, p. 92. Il ne donne pas le nom de l'endroit où se rendit Élisabeth.
3. Dès l'an 1539.

rant ainsi l'ambition pour son fils, alors qu'il en sentait le néant pour lui-même. Longtemps le jeune prince avait tardé à venir le rejoindre, espérant de mois en mois, de jour en jour, la naissance de l'héritier auquel eût été réservée la destinée extraordinaire de réunir en un tout compact l'Angleterre et les immenses domaines de la maison d'Autriche. Mais enfin, au mois d'août 1555, trop certain que Marie s'était abusée, il prit ses dispositions pour passer aux Pays-Bas. C'était à Greenwich que les deux époux devaient se faire leurs adieux. Marie, soit retour de faveur à l'égard d'Élisabeth [1], soit précaution pour ne pas la laisser seule et maîtresse d'elle-même, la mit de leur voyage de Greenwich (26 août 1555), mais avec cette précaution que, tandis que les époux royaux passaient en grand appareil à travers Londres, on acheminait Élisabeth par la Tamise sur une simple barque, avec quatre demoiselles et deux ou trois gentilshommes pour toute suite [2]. Marie reçut du peuple un accueil des plus chaleureux ; le bruit s'était répandu qu'elle était morte. Les habitants accouraient « comme des fous », pour s'assurer que c'était bien elle, et se livraient à toutes les démonstrations de la joie. Mais, en même temps, leurs yeux cherchaient Élisabeth, qu'ils avaient aussi grande envie de voir, et la cherchaient en vain. Le désappointement de la foule s'échappa en paroles amères [3].

Philippe quitta Greenwich et prit le chemin du continent, le 29 août [4]. Il fut bientôt près de son père à Bruxelles. Fidèle à

---

1. « Madame Élisabeth, sœur de cette reine, est maintenant près ladicte dame assez favorisée. » Noailles au Connétable, 22 août 1555 ; Vertot, t. V, p. 85.

2. Noailles à la reine d'Écosse, 9 septembre 1555. Vertot, t. V, p. 126.

3. Noailles au Connétable ; au roi, 27 août ; à la reine d'Écosse, 9 septembre 1555 ; Vertot, t. V, p. 85, 99, 122, 126. Vertot a daté la lettre au Connétable du 22 août ; mais il est aisé de voir, par les premières lignes, où Noailles parle des lettres qu'il lui a écrites déjà les 20, 25 et 27 de ce mois, qu'elle serait du 27 au soir au plus tôt. — Giovanni Michieli au doge, Londres, 27 août 1555. Friedmann, p. 110, 111. — Strype, t. III, p. 217.

4. Giov. Michieli décrit ainsi les adieux de Philippe et de Marie, dont

sa politique de popularité en Angleterre, il avait recommandé particulièrement Élisabeth à la bienveillance de Marie. A peine en Belgique, il insista de nouveau par lettres. Il n'avait pas négligé non plus de laisser en secret des instructions analogues à ceux des seigneurs espagnols qui demeuraient à la cour [1]. Élisabeth, de son côté, payait le prix de cette sollicitude toujours active, par son exactitude au jubilé célébré en réjouissance de la réconciliation du royaume avec le Saint-Siége. Le 4 septembre, elle fit abstinence avec la reine et toute la cour, et participa aux indulgences qui en étaient le prix [2]. Chaque jour, elle accompagnait Marie à la messe [3]. Néanmoins le cardinal Pole restait défiant et froid à son égard. L'ambassadeur vénitien rapporte que durant ce séjour de Greenwich, qui fut de sept semaines, le cardinal n'alla pas la visiter une seule fois, quoique leurs appartements dans ce palais fussent tout voisins l'un de l'autre [4]. Noailles rapporte que, dans le même temps, les Espa-

---

il fut témoin : « La reine témoigna au vrai dans cette occasion la douleur qui convenait à une femme, et une femme revêtue comme elle de l'appareil et de la dignité royale. Elle voulut, sans laisser percer aucune agitation au dehors, bien que son extrême douleur fût visible, accompagner le roi à travers toutes les chambres et les salles jusqu'au palier de l'escalier; le long du chemin, elle luttait contre elle-même pour ne laisser voir, en présence de tant de monde, rien qui fût indigne de sa gravité. Elle s'attendrit cependant au baise-mains des seigneurs espagnols et surtout en voyant les dames se séparer du roi toutes en pleurs, pendant que ce prince, selon la coutume, les embrassait une à une. Mais, rentrée dans son appartement, elle s'accouda à une fenêtre donnant sur le fleuve. Là, croyant n'être plus sous les yeux de personne, elle soulagea sa douleur par des larmes abondantes. Elle ne bougea pas de cette place qu'elle n'eût vu le roi s'embarquer et partir, ni tant qu'il lui fut possible de l'accompagner du regard; lui, monté sur un point élevé et découvert de la barque, afin d'être mieux aperçu, ne cessa pas, tant que l'on fut en vue de la fenêtre, de soulever son chapeau et de saluer de loin avec les démonstrations les plus affectueuses. » Lettre au doge, Londres, 3 septembre 1555. Friedmann, p. 114, 115.

1. Noailles à la reine d'Écosse, 9 septembre 1555. Vertot, t. V, p. 126-127.
2. *Journal de Machin*, p. 94. Strype, t. III, p. 228.
3. Noailles à la reine d'Écosse, 9 septembre 1555. Vertot, t. V, p. 126.
4. Giov. Michieli au doge, Londres, 21 octobre 1555. Friedmann, p. 137.

gnols essayèrent de mener près d'Élisabeth une intrigue matrimoniale assez singulière. Don Diègue Dagenedc, le principal des nobles que Philippe avait laissés en Angleterre, entama des négociations secrètes avec cette princesse pour la marier à don Carlos, fils de Philippe. Don Carlos avait dix ans, Élisabeth vingt-deux. Mais au XVIe siècle, dans ces sortes d'arrangements, purement politiques, on s'inquiétait peu des différences d'âge, même criantes ; chaque jour, accompagné de quelques autres Castillans, il visitait Élisabeth, assiduité d'autant plus frappante que nul n'osait se présenter chez elle sans l'autorisation expresse de la souveraine ; et il avait chez lui, dans sa chambre, les portraits des futurs fiancés [1]. Probablement Élisabeth, selon son habitude, les entretint de bonnes paroles et ne dit ni oui ni non. Avec une situation précaire comme la sienne, sa grande préoccupation était de ne pas se faire d'ennemis et d'acquérir des protecteurs. Il paraît que le propos n'en était pas encore éteint au printemps suivant, puisque Giov. Michieli informait alors la seigneurie de Venise que la reine voulait envoyer Élisabeth hors du royaume, et que celle-ci déclarait nettement ne pas vouloir se marier, lui donnât-on le fils du roi ou quelque autre plus grand prince [2]. Ceci, nous semble-t-il, continue de démontrer que l'on a prêté sans fondement à Philippe le projet de se réserver en cas de veuvage la main de sa belle-sœur. Surtout, n'en croyons pas Élisabeth. Peu délicate sur la coquetterie, elle se figura ou voulut se figurer qu'il était amoureux d'elle ; et, par la suite, elle affecta d'en tirer gloire [3]. Sans doute la meil-

Michieli l'affirme de nouveau dans une lettre du 1er décembre 1556. Noailles semble moins absolu : il dit, en parlant du même moment, que nul à la cour, même le cardinal Pole, n'avait jamais vu ou délibéré de voir Élisabeth « sans l'expresse requeste de la royne sa sœur ». Lettre au roi, 24 septembre 1555. *Arch. aff. étr.*, t. I-II, p. 994. En novembre 1558, Élisabeth s'en plaindra amèrement au comte de Feria.

1. Noailles au roi, 24 septembre 1555. *Arch. aff. étr.*, ambassades de M. de Noailles, t. I-II, p. 993, 994.

2. 28 avril 1556. Friedmann, p. 207. Camden dit un mot de ce projet de mariage avec don Carlos, *Apparatus*, p. xv.

3. Miss Agnès Strickland, *Elizabeth*, p. 113. Plus bas, au ch. xxx, le lec-

leure raison du roi pour la préserver était la crainte d'ouvrir à Marie Stuart, dauphine et future reine de France, la succession d'Angleterre.

teur trouvera dans certains manéges du comte de Feria, envoyé de Philippe II, l'explication de l'erreur d'Élisabeth, mais non la justification de la vanité qu'elle en tira.

XXVII

ÉLISABETH A HATFIELD. COMPLOT DE KINGSTON.

A l'approche de la session du Parlement, c'était le quatrième de son règne, Marie se disposait à quitter Greenwich pour la résidence de Saint-James, à Londres. Ne voulant pas, on le comprend, associer sa sœur aux grandes scènes de l'exercice de la souveraineté, elle lui permit de se retirer à la campagne. Élisabeth fut autorisée à traverser Londres (18 octobre 1555). Tel fut l'enthousiasme de tous, grands et petits, qu'elle crut prudent de faire demeurer quelques-uns de ses gentilshommes en arrière pour contenir et calmer la foule [1]. Elle gagna enfin son cher et paisible abri de Hatfield. Là, elle se retrouva au milieu de ses fidèles serviteurs, Catherine Ashley, Thomas Parry, son intendant; elle amenait avec elle son maître Roger Ascham, avec qui elle avait entamé à Greenwich même la lecture d'Eschine et de Démosthènes. Ces nobles soins, consolations de longues anxiétés, la suivirent dans la demeure où elle reprenait enfin possession d'elle-même [2].

---

1. Noailles au roi, 22 octobre 1555. Vertot, t. V, p. 173.
2. Nous en avons parlé au chapitre des *Etudes d'Elisabeth*. Miss Agnès Strickland, *Elizabeth*, p. 114, rapporte que, d'après Noailles, Marie fit plu-

Mais l'inévitable fatalité de son origine et de sa situation la poursuivait sans relâche. Marie étant regardée comme stérile, la question de la succession se posait ; or le cœur saignait à la fille de Catherine d'Aragon à l'idée que la fille d'Anne Boleyn, toujours hérétique en dépit des apparences, pût être appelée à porter la couronne. Elle méditait sur les moyens de lui interdire comme bâtarde l'accès du trône ou du moins de la marier à l'étranger, s'il fallait absolument maintenir le testament de Henri VIII, qui l'avait instituée héritière à son rang[1]. Ici, nous retrouvons Noailles et son animosité. Lui aussi connaissait, par ses intelligences, les secrets desseins de la cour. Il se fit le champion d'Élisabeth. Dès que le Parlement fut ouvert (21 octobre), il travailla les principaux de la Chambre basse à la fois pour empêcher le vote des subsides et pour qu'il ne fût rien fait quant à la succession « au préjudice des vrais héritiers », c'est-à-dire d'Elisabeth[2]. Sur le premier point, il ne réussit qu'à grouper une minorité imposante[3], mais en suscitant les débats

sieurs visites à Elisabeth, à Hatfield, dans le courant de cet automne. L'éminent historien des reines d'Angleterre aura été mal servi par ses souvenirs. La correspondance de Noailles ne contient aucune trace de ce genre de fait.

1. Giov. Michieli au doge, 1er octobre 1555, dans Friedmann, p. 128.
2. Noailles à M. d'Oysel, 27 octobre 1555. Vertot, t. V, p. 184 : « Pour le moings, m'asseure-t-on, qu'il n'y sera rien faict de la succession au préjudice des vrais héritiers, que je ne dis jamais devoir estre autres que la sœur de ceste royne, laquelle combien qu'elle soit pour la deffavoriser du peuple, esloignée de cette court, si a-t-elle acquis la plupart de toutes leurs vues, et en parlent les ungs plus ouvertement et licentieusement qu'il ne seroit besoing, depuis que ce roy est hors d'icy, faisant la contenance de ne retourner sitost qu'il avoit promis. »
3. Pour l'argent : « Si mes pratiques eussent peu valloir, on ne luy en eust seulement refusé une partie, mais encores toute la somme, ainsi que j'avois bien fait entendre à quatre bonnes têtes qui sont de cette compagnie... » Il y eut cent opposants sur trois cents membres. Noailles au Connétable, 31 octobre 1555. Vertot, t. V, p. 190. Le Connétable, dans sa réponse, se scandalise que l'opposition soit restée en minorité : « Et quant aux choses dudict Parlement, ceulx de delà monstrent peu de cœur de se laisser ainsy manier, et sont bien aveuglez s'ils ne congnoissent que toutes ces actions-là tendent à leur mettre le mors plus aysément dans la bouche. » Lettre à Noailles, Villers-Coterets, 11 novembre 1555. Vertot,

les plus affligeants pour la reine. Quant au second point, la reine s'abstint, soit que, de la Flandre, le roi s'y opposât, soit qu'elle redoutât le nombre et l'autorité des amis de sa sœur. Car, sans parler de l'immense popularité de cette princesse, une bonne partie du Conseil était suspecte d'intelligence secrète avec elle [1]. D'ailleurs Marie venait aussi de perdre son meilleur appui, le chancelier Gardiner, mort le 12 novembre 1555. Au cours de ce récit, nous avons fait justice des accusations passionnées et calomnieuses dont la mémoire de l'évêque de Winchester a été poursuivie par ses adversaires en religion.

Nous l'avons vu aussi, supérieur à tous ses jaloux du Conseil, déployer les talents de l'homme d'État en s'inspirant d'un patriotisme élevé et pur. S'il ne fut pas exempt de rudesse ni même de violence, il ne sortit jamais de la légalité et resta parmi les moins rudes et les moins violents de cet âge de tempêtes [2]. La reine laissa passer quelque temps avant de lui donner un successeur dans la dignité de chancelier. Elle choisit, en janvier 1556, Heath, archevêque d'York, personnage de haut mérite, mais qui n'imposait pas, comme son devancier, aux ennemis du gouvernement.

Et, au moment où elle était privée de son énergique et fidèle

---

t. V, p. 199. Comment ne pas sourire en comparant les maximes politiques que le zélé Connétable professait pour les Anglais avec celles, bien différentes, qu'il appliquait dans le gouvernement de la France ?

1. Noailles au Connétable, 20 novembre 1555. Vertot, t. V, p. 205.

2. Holinshed (t. II, p. 1159) remercie la *providence miséricordieuse du Seigneur, qui dans sa bonté* enleva Gardiner de ce monde et préserva ainsi la vie de cette excellente princesse (Élisabeth), le trésor de l'Angleterre. Gardiner, qu'il appelle *pervers*, *misérable Achitophel*, tomba, dit-il, dans ses propres filets, selon le proverbe qu'un mauvais dessein perd celui qui l'a formé (*Malum consilium consultori pessimum*). Sa mort fut suivie de celle de plusieurs autres ennemis d'Élisabeth. « Ainsi, peu à peu les dangers qu'elle courait diminuèrent ; l'espérance d'un sort meilleur commença de se montrer, comme au sortir d'une sombre nuée. Et, quoique Sa Grâce n'eût pas encore la pleine assurance d'une parfaite sûreté, cependant elle fut mieux traitée graduellement, jusqu'à ce qu'enfin, au mois de novembre, le 17 de ce même mois, trois ans après la mort d'Étienne Gardiner, suivit la mort de la reine Marie... »

ministre, elle voyait son mari séjourner loin d'elle, en dépit des promesses de prompt retour par lesquelles, en la quittant, il avait endormi la douleur de la séparation. Les grandes affaires qui l'avaient ramené sur le continent exigeaient des délais, il faut l'avouer. Charles-Quint abdiqua en faveur de son fils la souveraineté des Pays-Bas, le 25 octobre 1555; celle de la monarchie d'Espagne, le 15 janvier 1556. Il consuma encore du temps en vains efforts pour décider son frère, le roi des Romains, à lui rétrocéder la couronne impériale. Il négociait aussi avec la France, sinon la paix, qu'il aurait voulu laisser au monde en se retirant et que les exigences intraitables de part et d'autre rendaient impossible, du moins une trêve, qui fut signée en effet pour cinq ans, à Vaucelles, le 5 février 1556. Marie avait offert ses bons offices; elle eut la mortification, et la ressentit amèrement, de voir son mari, devenu le roi Philippe II, terminer ces négociations sans l'y admettre [1]. Elle se consumait à désirer sa présence et à la solliciter par de longues lettres, sans tenir compte des circonstances qui le retenaient impérieusement dans ses États héréditaires. Toute sa vie, elle avait souffert, et, selon l'expression de François de Noailles, *les tribulations* lui avaient *été aussy ordinaire aliment depuis le temps de sa jeunesse que le pain mesme* [2].

Le Parlement, surtout les communes, devint si indocile [3], qu'elle fut obligée de le congédier le 9 décembre 1555, avec la maigre consolation de mettre momentanément à la Tour quelques-uns de ceux qui avaient parlé le plus librement, entre autres sir

---

1. Noailles au Connétable, 27, 31 janvier 1556. Vertot, t. V, p. 285, 286, 289. Si nous en croyons Noailles, elle avait un autre chagrin encore plus vif, celui d'apprendre que, aux Pays-Bas, Philippe se complaisait dans la société de dames plus jeunes qu'elle. Noailles au roi, 22 octobre 1555, Vertot, t. V, p. 172; et à M. d'Oysel, 17 octobre 1555. *Arch. aff. étr.*, t. I-II, p. 1030.

2. Le protonotaire de Noailles à Mme de Roye, Blois, 30 décembre 1555. Vertot, t. V, p. 267. Mme de Roye était sœur des trois Châtillons, et nièce du Connétable.

3. Outre les circonstances déjà mentionnées qui émoussèrent l'autorité

Anthony Kingston, que nous retrouverons bientôt. Dans cette session, Marie n'avait pas osé risquer seulement un mot sur une des choses qu'elle souhaitait avec le plus d'ardeur et qui ne se réalisa jamais, c'est-à-dire que l'on consacrât par la cérémonie du couronnement de son époux, le titre de roi que le traité de mariage et le Parlement avaient reconnu à Philippe.

Telle était sa triste situation à la fin de l'automne de 1555. Aussi ne faut-il pas s'étonner si, en Angleterre, ses ennemis reprirent confiance, si de nouveaux complots s'ourdirent contre elle, complots dont Élisabeth fut l'objectif, comme par le passé, peut-être la confidente.

Des écrits séditieux circulèrent. Ils annonçaient que le roi Édouard VI était vivant, réfugié en France, dans l'attente d'un mouvement qui lui permît de recouvrer son royaume [1]. Noailles remit ses trames sur le métier. Il songea tout de suite à utiliser Édouard Courtenay, qui, des Pays-Bas et de l'Allemagne, venait de passer en Italie. Il recommanda au roi Henri II de faire avertir Courtenay de prendre garde à sa sûreté ; car, disait-il, le roi pourrait s'en servir à l'occasion comme de la personne du monde la plus propre à causer de grands troubles en Angleterre. Le roi répondit qu'il y veillerait [2].

Mais ce n'était là qu'une chance et un auxiliaire bien éloignés.

---

de la reine, nous rappellerons la suivante, signalée par les sagaces Vénitiens : c'est que, disent-ils, précédemment, les communes ne se composaient guère que de bourgeois, d'hommes de classe basse, timide et respectueuse, que le souverain maniait à sa volonté ; tandis que, pour la première fois depuis bien longtemps, les élections avaient porté sur des cavaliers, des nobles, suspects pour la plupart en religion, plus hardis et plus réfractaires à la discipline. (Giov. Michieli au doge, Londres, 18 novembre 1555. Friedm., p. 154.) Cependant, pour obtenir le vote autorisant le roi et la reine à restituer les biens ecclésiastiques que la couronne détenait, le Parlement fut enfermé sans manger depuis la première heure du jour jusqu'à trois heures de l'après-midi. *Id., ibid.*, 3 décembre 1555. Friedm., p. 167.

1. Giov. Michieli au doge, Londres, 21 janvier 1556. Friedm., p. 182.
2. Noailles, *Mémoires et Advis au Roy*, 16 décembre 1555 ; le roi à Noailles, 28 décembre. Vertot, t. V, p. 255, 256, 263.

L'ambassadeur comptait sur des instruments plus prochains et plus hardis, tels que les mécontents, dont il entretenait les colères, et ses affidés ou *intelligents*, qu'il faisait mouvoir aux Chambres. De ses menées sortit une nouvelle conspiration. Le chef principal fut Henri Dudley, cousin du duc de Northumberland et son agent près la cour de France, lorsque, sur la fin d'Édouard VI, le duc s'était préparé à déposséder les deux filles de Henri VIII. Épargné par Marie, il avait dû sa liberté à l'intercession de Philippe, au mois de janvier 1555. Avec lui étaient : sir Anthony Kingston, qui avait à se venger de sa détention récente à la Tour, homme important des régions de l'Ouest, où il exerçait la fonction de vice-amiral des ports de la Severn ; sir William Courtenay, cousin du comte de Devon ; sir Henry Peckham, Christopher Ashton, John Daniel, les deux Tremayne, dont l'un avait été compromis dans l'insurrection de Wyatt ; d'autres encore, pour la plupart membres du dernier Parlement, se réunirent en conciliabules, soit dans les comtés, soit à Londres même. Il s'agissait d'envoyer la reine rejoindre le roi, de proclamer reine lady Élisabeth et de la marier à Édouard Courtenay. Les uns et les autres escomptaient déjà la reconnaissance d'Élisabeth, « car c'est la vérité, disait Ashton à Peckham, lady Élisabeth est une dame aimable et libérale ; il s'en faut qu'elle soit ingrate comme sa sœur ; elle tient cette libéralité de sa mère, une des meilleures femmes qu'il y eut jamais ; et alors les hommes de bon service et les nobles seront tenus en estime [1]. »
Un gentilhomme français, nommé Bertheville, réfugié en Angleterre pour quelque crime, servait d'agent à Noailles dans l'espoir d'obtenir des lettres de rémission. Au dernier moment, Henri Dudley, qui connaissait la France, s'y rendit, afin de réclamer le secours d'Henri II. Mais ce prince venait à peine de signer la trêve de Vaucelles avec Philippe II. Un peu de honte le retint ; le connétable écrivit à Noailles de se gouverner sage-

---

[1]. Froude, t. VI, p. 431-434, d'après les interrogatoires et les procès-verbaux du *Record Office*.

ment, « et surtout, continuait-il, éviter que Madame Élisabeth ne se remue en sorte du monde pour entreprendre ce que m'escripvez, car ce seroit tout gaster et perdre le fruit qu'ilz peulvent attendre de leurs desseings, qu'il est besoing traicter et mesner à la longue, attendant ce que le temps leur apportera de commodité [1]. » Ces mots donnent lieu de croire qu'Élisabeth n'était pas dans l'ignorance du complot. D'ailleurs le roi de France n'abandonnait aucune de ses vues. Montmorenci recommandait en même temps à l'ambassadeur de se conduire si dextrement et si sagement qu'il n'y eût rien de gâté ; que les Anglais qui avaient leur liberté à cœur, ne la perdissent point et ne s'imprimassent pas que le roi fût pour moins leur désirer de bien qu'il avait toujours fait [2]. Un mois après : « Le roy n'a pas délibéré de perdre ung seul moyen de les tenir (l'Empereur et Philippe II) tousjours en halleyne et crainte de luy, voullant pour ceste cause nourrir vives toutes les praticques et moyens d'endommaiger ses ennemys, et à ceste fin a advisé d'entretenir doulcement ledict Dudelay, et secrettement toutesfois pour s'en servir s'il en est de besoing. » Le connétable ajoutait qu'on donnerait aussi moyen à Dudley, alors sur le territoire français, d'entretenir les intelligences qu'il avait en Angleterre [3].

Les mécontents affluaient autour de Noailles au point de l'inquiéter par leur nombre ; ils demandaient à passer en France, disposés, disaient-ils, à entreprendre quelque chose pour leur liberté, pourvu que le roi voulût leur *prester ung peu d'espaule*. L'ambassadeur les retenait en attendant des instructions. Il voyait de grandes apparences de succès de leurs desseins, qui n'étaient de *petite importance, ny de moings hazardeulse entreprinse* [4].

1. Le Connétable à Noailles, Pontlevoy, 7 février 1556. Vertot, t. V, p. 298. La trêve de Vaucelles était du 5 février.
2. *Id., ibid.* Nous conservons le plus possible les termes et les formes de l'original.
3. Le Connétable à Noailles, Amboise, 11 mars 1556. Vertot, t. V, p. 310.
4. Lettre au Connétable, 12 mars 1555. Vertot, t. V, p. 313.

En effet, la conspiration avait pris un corps ; et les plus ardents des conjurés, lassés d'attendre, avaient résolu d'agir : sir Anthony Kingston devait marcher sur Londres à la tête des comtés de l'Ouest ; Uvedale, capitaine de l'île de Wight, livrer cette île aux Français et aux réfugiés anglais, comme base d'opérations pour entraîner les comtés du Midi ; quelques-uns, dont Rosey, Heneage, Derick, allumer l'incendie sur différents points de Londres et, à la faveur du désordre, piller le trésor public, qui contenait alors cinquante mille livres sterling. Le prétexte avec les masses était que Marie épuisait l'Angleterre d'argent au profit des affaires particulières de son mari [1]. Mais déjà il était trop tard. Au commencement de mars, ils avaient été dénoncés au cardinal Pole par Thomas White, l'un d'eux, tandis que des avis semblables venaient de Wotton, ambassadeur anglais en France. Le Conseil avait laissé mûrir leurs desseins ; tout à coup, à la fin de mars 1556, il mit la main sur les plus importants [2]. Ils avouèrent et furent châtiés suivant la rigueur du temps. Au nombre des coupables qui payèrent leur complot de leur vie, se trouvaient Francis Werne, maître d'hôtel d'Élisabeth, et Henri Peckham, comme lui l'un des principaux officiers de la maison de cette princesse [3]. Ainsi rien ne se tramait sans

---

[1]. C'est le contraire qui était la vérité. Philippe dépensait des sommes considérables en Angleterre. Les cinquante mille livres alors au Trésor provenaient d'un envoi très-important qu'il avait fait. L'ambassadeur vénitien, Michieli, nous apprend que le roi s'entretenait lui et sa cour à ses propres frais, qu'il distribuait en outre cinquante-quatre mille écus d'or de pensions aux nobles anglais, et qu'on estimait qu'en plus d'un an il avait dépensé dans le royaume un million d'or, dont rien n'en était ressorti : « Et avec tout cela, il ne peut pas vivre honorablement dans ce pays, à cause de l'insolence avec laquelle les étrangers sont traités par les Anglais, sans qu'il soit en son pouvoir d'y obvier. »

[2]. Froude, *loc. citat.*, et Giov. Michieli au doge, Londres, 24 mars 1556. Friedm., p. 191-193.

[3]. Les correspondances françaises désignent aussi un *Eschelle*, qui régissait la maison d'Élisabeth avec Werne et qui fut également arrêté. François et Gilles de Noailles, *Avis au Roy*, Londres, 31 mai, 11 juin 1556, *Arch. aff. étr.*, t. I et II, p. 1225 ; t. IV, p. 8. Nous n'avons pas trouvé le nom anglais d'Eschelle. Ce ne peut pas être Cheke, que les Vénitiens ap-

que la reine y rencontrât les serviteurs de sa sœur. Bientôt, par ordre du Conseil, deux gentilshommes de la reine, Jerningham et Norris, allèrent arrêter la gouvernante même d'Élisabeth, Kate (Catherine) Ashley, pour la conduire à la prison de la Fleet, trois autres de ses dames, destinées à la Tour, et son maître d'italien, le Piémontais Battista Castiglione. Celui-ci, c'était la troisième fois qu'on l'arrêtait à cause d'Élisabeth. « Vraiment, dit Élisabeth, on finira par me prendre tout mon monde [1]. » Les uns et les autres étaient très-suspects aussi en religion. Des livres contre la foi catholique, des libelles contre le roi et la reine, furent saisis chez Kate Ashley. On découvrit, soigneusement caché dans la maison d'Élisabeth à Londres, un coffre rempli de livres prohibés, avec des portraits, des peintures et des libelles diffamatoires, « au grand déshonneur et vitupère d'Elle [2] et du roi son mari, ensemble de tous les évesques et ecclésiastiques de son royaulme [3]. » La résidence d'Élisabeth fut occupée militairement, la princesse elle-même gardée de près; de nouveau, on agita la question de l'appeler près de la reine ou de l'envoyer soit à la Tour, soit en Espagne, ce qu'on aurait fait peut-être sans la crainte de l'opposition des grands et d'une insurrection du peuple [4].

pellent Chich. Car, au moment de la conspiration, il était en Allemagne. Arrêté dans ce pays, il fut amené à Londres pour des écrits qu'on lui imputait, seulement vers le 1ᵉʳ juin. Francis Werne était le même Francis Verney, l'homme de confiance qu'Élisabeth, lors de sa prison de Woodstock, avait chargé de porter sa lettre au Conseil.

1. Holinshed, p. 1159. Holinshed impute ces arrestations au méchant Gardiner. Mais, Dieu soit loué! ajoute-t-il : bientôt après, la Providence le prit lui-même et sauva ainsi la vie d'Élisabeth. Holinshed, en s'exprimant de la sorte, néglige de se rendre compte que l'arrestation de Catherine Ashley, ayant eu lieu vers la fin de mai 1556, ne saurait être imputée à Gardiner, qui était mort le 12 novembre 1555, c'est-à-dire six mois et demi auparavant. Cela prouve une fois de plus combien les chroniqueurs de l'époque d'Élisabeth sont dépourvus de critique et de méthode, et avec quelles précautions il faut les lire et les employer.
2. La Reine.
3. Gilles de Noailles, *Avis*, Londres, 11 juin 1556. *Arch. aff. étr.*, t. IV, p. 8. — Giov. Michieli au doge, 2 juin 1556. Friedm.
4. Gilles de Noailles, *Avis*, 11 et 18 juin 1556. *Id., ibid.*

Ce projet de la faire partir soit comme fiancée du trop jeune don Carlos, soit simplement comme personne peu sûre que l'on éloigne du lieu où elle est dangereuse, le Conseil s'en occupait, tout en suivant le progrès du dernier complot. L'ambassadeur vénitien ayant remarqué qu'un courrier espagnol avait fait plusieurs fois, coup sur coup, le voyage de Bruxelles à Londres, finit par apprendre qu'il s'agissait d'enlever Elisabeth et de la transporter en Espagne. Le motif était de se garantir de toute émotion qui pourrait s'élever à cause d'elle, car le danger était considéré comme plus proche et plus certain de ce côté-là que de tout autre, parce que les esprits du plus grand nombre se tournaient davantage vers elle, à mesure que s'affaiblissait l'espérance de voir la reine donner naissance à des enfants [1]. Le même jour, 21 avril 1556, Noailles annonçait la même nouvelle au connétable. Mais, tandis que le Vénitien, témoin impassible, se bornait à renseigner son gouvernement, le Français se mettait en devoir de contrecarrer la cour d'Angleterre. Il tâchait, dit-il, de faire rompre cette résolution. L'instrument dont il se servait était le Piémontais Parpaglia, abbé de Saint-Salut, secrétaire du cardinal Pole et son second dans la médiation que Marie avait tentée naguère entre l'Espagne et la France. Cet abbé lui faisait *dextrement et sagement infinis bons offices;* et il assurait Noailles qu'il ne tiendrait pas à lui qu'il n'y fît encore mieux pour conserver la couronne à ses vrais successeurs [2]. Certes les Noailles étaient de zélés patrons d'Elisabeth, oublieux du temps où ils travaillaient à la fois contre Elisabeth et contre Marie, au profit de Marie Stuart. Toutefois, dans cette grave conjoncture, Philippe II fut pour elle un défenseur plus efficace encore. Marie ne pouvait ni ne voulait rien décider sans son aveu. Or, ce fut une décision de douceur et d'indulgence que le courrier, expédié en toute hâte aux Pays-Bas, rapporta de Bruxelles [3].

1. « Ce manége, s'il est réel, ajoute-t-il, est tenu très-secret. » Londres, 21 avril 1556. Friedm.
2. Vertot, t. V, p. 343, 344.
3. Lingard a donné ce fait d'après la comtesse de Feria (Jane Dormer).

Marie, sans hésiter, y conforma sa conduite. Le 8 juin 1556, elle fit partir le comte de Hastings, grand écuyer, et lord Inglefield, tous deux de son Conseil, pour retirer les archers d'auprès de la personne d'Élisabeth et lui donner connaissance des dépositions par lesquelles ses propres serviteurs, Peckham et Daniel, Werne et Eschelle, alors à la Tour, l'avaient accusée de complicité dans la conspiration. Toutefois les lords avaient charge de lui affirmer que la reine n'en voulait rien croire ; qu'elle l'estimait assez sage et prudente pour n'entreprendre jamais rien au préjudice de sa souveraine. Joignant les actes aux paroles, elle lui envoyait comme preuve de sa bonne opinion, un diamant de la valeur de six à sept cents écus.

D'après tout cela, elle la priait de ne pas trouver mauvais qu'on ôtât de sa maison des gens dangereux, qui attiraient les soupçons jusque sur elle-même. Enfin, Élisabeth devait compter sur la bienveillance de la reine tant qu'elle continuerait de se conformer aux directions qu'elle en recevrait ; elle verrait ainsi qu'elle n'en était ni dédaignée ni haïe, mais, au contraire, aimée, estimée [1].

En récompense de ce message tout gracieux, Marie aurait souhaité du moins qu'Élisabeth se rendît d'elle-même à la cour.

Miss Agnès Strickland, *Elizabeth*, p. 116, *note*, en doute, parce que, dit-elle, la comtesse de Feria habitait l'Espagne quand elle écrivit, et que, pour taxer plus fortement Élisabeth d'ingratitude envers Philippe II, on était dans l'usage de représenter ce prince comme le patron et le sauveur de sa belle-sœur sous le règne de Marie. Cette raison ne nous paraît pas concluante, d'autant que telle fut en effet la politique du roi à cette époque. D'ailleurs Giov. Michieli raconte (2 juin 1556) que, aussitôt après l'arrestation de Kate Ashley, Marie *réexpédia* subitement, en toute hâte, à Bruxelles, Francesco Piamontese (son courrier habituel) ; il exprime l'opinion que c'est pour connaître la pensée et la volonté du roi. Il est certainement dans le vrai, et l'on est fondé à croire que les mesures de douceur, adoptées si promptement par la reine à l'égard de sa sœur, émanèrent de Philippe. Elisabeth reconnut, dans son célèbre entretien avec le comte de Feria, le 10 novembre 1558, que ce prince l'avait protégée puissamment dans le temps qu'elle était en prison.

1. Gilles de Noailles, *Avis*, 11 juin 1556, *Arch. aff. étr.*, t. IV. Giov. Michieli au doge, Londres, 9 juin 1556. Friedman, p. 224.

Mais elle n'eut même pas cette satisfaction. Élisabeth, qui lisait dans ces ménagements dont elle était l'objet la preuve de sa force, repoussa les ouvertures de Hastings et d'Inglefield à cet égard. Les motifs sur lesquels elle s'excusa étaient si légers, que la reine ne put s'empêcher de remarquer que tant de hardiesse devait provenir de l'appui de quelque prince étranger ou des grands du royaume [1]. Là-dessus, elle se reportait amèrement au peu de fidélité que ceux de son Conseil avaient montrée envers le duc de Northumberland et en attendait à peine davantage pour elle-même.

1. Gilles de Noailles, *Avis* au connétable, 18 juin 1556. *Arch. aff. étr.*, t. IV.

XXVIII

ÉLISABETH ET SIR THOMAS POPE. SA NOUVELLE DISGRACE

Marie désigna, pour tenir la maison de sa sœur et la représenter près de cette dernière, sir Thomas Pope et M. Gage, fils du vice-chambellan, sir Robert Gage, mort depuis peu [1]. Elle leur adjoignit une veuve noble, à titre de gouvernante. Provisoirement, Élisabeth fut conduite chez sir Thomas Pope, qui se défendit inutilement de cette lourde responsabilité.

Au reste, il était affectionné à Élisabeth. Il avait même fait partie de sa maison; il en était encore, quand elle avait été arrêtée à Ashridge et conduite prisonnière à Whitehall [2]. Elle

---

[1]. Ces détails, à peu près inconnus jusqu'ici, sont tirés de deux correspondances qui s'accordent ensemble très-exactement : celle de Giov. Michieli, 2, 9 et 16 juin 1556. Friedman : et celle de Gilles de Noailles, *Avis*, Londres, 11 et 18 juin 1556. *Arch. aff. étr.*, t. IV, p. 7, 8, 18. Miss Agnès Strickland admet que la reine donna à sa sœur le diamant ou anneau, et la confia à la garde de Pope, dès le 18 octobre 1555, quand elles se séparèrent à Greenwich après le départ du roi. Mais les deux correspondances que nous venons de citer sont formelles pour placer l'un et l'autre fait au 8 juin 1556. Lingard avait déjà adopté cette dernière opinion, d'après d'autres sources.

[2]. On peut se souvenir que d'abord les officiers d'Élisabeth adressèrent une lettre collective à Gardiner pour affirmer que leur maîtresse était

se trouva donc plus à l'aise et goûta une réelle liberté sous l'œil d'un ami, — *in libera custodia*, comme dit Heywood [1].

Quelques-uns des coupables de haut rang, tels que lord Thomas Howard, second fils du duc de Norfolk, les lords Bray et Delaware, furent épargnés, probablement parce qu'ils tenaient à de trop grandes familles; les autres, ceux d'ordre inférieur, les hommes de main, furent livrés au bourreau. Quelques-uns néanmoins échappèrent en payant une amende, comme Carew, ou en abjurant, comme le savant Cheke. Cependant l'ardeur de s'affranchir, dont les Anglais en grand nombre venaient entretenir Noailles, était si réelle, que les complots engendraient les complots, et les insurrections suivaient les insurrections. Henri Dudley, Ashton et Horsey, réfugiés en France, où Henri II continuait de les entretenir secrètement, malgré ses protestations contraires, dépêchèrent en Angleterre un jeune homme appelé Cleobury, qui avait une ressemblance frappante avec Édouard Courtenay. Cet aventurier, se donnant pour le jeune prince, proclama dans un village de l'Essex « lady Élisabeth reine, et son époux bien-aimé, lord Édouard Courtenay, roi. » Le peuple, ému d'abord, se saisit bientôt de Cleobury (juillet 1556); on l'exécuta au mois de septembre.

Peut-être, dans les temps antérieurs, un incident de cette sorte aurait-il aggravé cruellement la situation d'Élisabeth. Cette fois, au contraire, le Conseil se borna par une lettre datée d'Eltham [2], 30 juillet 1556, à mander à sir Thomas Pope d'informer lady Élisabeth de ce qui se passait, « afin qu'elle vît par là combien ces hommes étaient peu scrupuleux sur la fausseté et le mensonge, pour venir à bout de leurs desseins, puisqu'ils ne laissaient pas d'abuser du nom de Sa Grâce et d'autres per-

---

malade. On n'a pas leurs noms ; mais Thomas Warton rapporte avoir trouvé, et il indique à la Bibliothèque Cottonienne, la minute de cette lettre, ou une copie de la main de sir Thomas Pope, avec des corrections et des interlignes de sa main. *Life of sir Thomas Pope*, p. 78-82.

1. P. 160.
2. Résidence royale située un peu au sud de Greenwich.

sonnes encore; néanmoins leurs projets, grâce à Dieu et par sa bonté, se découvraient d'un moment à l'autre pour la conservation de Leurs Majestés et la confusion de leurs ennemis [1]. »

Élisabeth ne fut pas en reste. Elle répondit de Hatfield, où il paraît qu'elle était rentrée, et adressa directement à la reine une lettre fort curieuse de préciosité :

« Très-noble reine, quand je repasse dans ma pensée le vieil amour des païens pour leurs princes, et la crainte respectueuse des Romains envers leur Sénat, je ne puis pas m'empêcher de m'étonner pour ma part et de rougir pour d'autres, c'est-à-dire ces hommes, chrétiens de nom, juifs de fait, dont les cœurs rebelles sont remplis de desseins diaboliques contre leur prince, oint du Seigneur. S'ils avaient la crainte de Dieu, alors même qu'ils n'aimeraient pas l'État, la peur du châtiment devrait, ce me semble, refréner en eux la perversité que le sentiment de leur devoir envers Votre Majesté n'aurait pas retenue. Mais je me souviens que le démon, *tanquam leo rugiens circumvenit, quærens quem devorare potest*, — tel qu'un lion rugissant, rôde en quête d'une proie à dévorer ; — je ne m'étonne plus qu'il ait recruté de semblables novices pour sa maison professe, comme des vases privés de la grâce divine, plus dignes de servir dans son palais que d'habiter la terre anglaise. J'ose d'autant mieux les appeler race du démon, que saint Paul a dit : « *Seditiosi sunt filii diaboli :* Les séditieux sont fils du diable, » et, sous la protection d'un si bon bouclier, je crains moins d'entrer en jugement avec eux. J'assure Votre Majesté que ce serait surtout à moi de gémir de telles choses, alors même qu'ils ne se serviraient pas de mon nom ; mais mon affliction est grande que le diable me haïsse au point de me mettre pour une part dans ses malicieuses suggestions. Je le déclare, il est mon ennemi (car il est l'ennemi de tout chrétien) ; j'aurais voulu pourtant qu'il inventât quelque autre moyen de me tourmenter.

---

1. Burnet, t. II. Coll., p. 284, d'après la Bibliothèque Cottonienne.

« Mais, puisqu'il a plu à Dieu de couvrir de honte leur malice [1], je le remercie très-humblement, à la fois, de ce qu'il a préservé Votre Majesté, par son aide, comme la brebis sauvée des cornes du taureau de Basan, et de ce qu'il a porté les cœurs de vos sujets affectionnés à résister à ces gens et à vous délivrer pour son honneur et pour leur honte. Cette nouvelle, en me venant de Votre Majesté, mérite de ma part plus d'humbles remerciements que je ne suis capable d'en exprimer avec la plume; je n'essayerai pas d'en faire l'infini dénombrement [2]. Parmi les choses de ce monde, il en est une que je souhaiterais plus que tout le reste : ce serait qu'il y eût d'aussi bons chirurgiens pour disséquer les cœurs (afin qu'il me fût permis de mettre mes pensées à découvert devant Votre Majesté), qu'il y a d'experts médecins des corps, en état d'expliquer à leurs malades les atteintes intérieures du mal; car alors, je n'en doute pas, je le sais pertinemment, quelque chose que d'autres vinssent à suggérer par malice, Votre Majesté pourrait être sûre de science certaine que plus de tels brouillards s'interposeraient devant la pure clarté de mon âme, plus mes pensées, sondées de cette manière, jetteraient dans l'ombre leur malice cachée.

« Mais, comme il ne sert de rien de faire des souhaits et que souvent nos désirs sont trompés, il me reste à vous supplier que mes actions tiennent lieu de ce que mes pensées ne peuvent pas manifester et qu'elles ne soient pas mal jugées, puisque les faits ont été examinés si soigneusement. Et de même que j'ai été votre fidèle sujette depuis le commencement de votre règne, de même nul, si mauvais qu'il soit, ne saura me changer

---

1. Il s'agit des insurgés.
2. Thomas Warton, dans sa *Vie de sir Thomas Pope,* affirme (p. 95, 96) que Marie avait écrit de sa main à Élisabeth qu'elle ne croyait pas aux accusations qu'on avait portées contre elle. Nichols (*Voyages et Promenades d'Elisabeth, Progresses and public processions of queen Elizabeth,* t. I, p. 21) et miss Agnès Strickland admettent le même fait, sans en indiquer la source. Les expressions dont Elisabeth se sert ici peuvent se rapporter à la lettre du Conseil, écrite sur l'ordre de la reine, aussi bien qu'à une lettre de la main de cette dernière.

jusqu'à la fin de ma vie. Sur ce, je recommande Votre Majesté à la protection de Dieu, avec prière qu'il vous conserve longtemps. Je finis en vous rappelant ma vieille requête, plutôt pour ne pas me laisser oublier, que dans l'idée que vous ne l'auriez pas présente à la mémoire [1].

« De Votre Majesté la très-obéissante sujette et humble sœur

« ÉLISABETH [2].

« Hatfield, 2 août. »

Marie accepta ce plaidoyer.

Pope, outre le respect et la sympathie qu'il portait à Élisabeth, lui était agréable aussi par la communauté des goûts littéraires. Patron généreux des études renaissantes, il avait, un an auparavant, fondé le collége de la Trinité, à Oxford (8 mars 1555). Il aimait à s'entretenir sur l'enseignement avec Élisabeth, qui s'y entendait. Parfois, elle tempérait la sévérité de la discipline. Un jour, elle obtint la grâce de deux écoliers qui avaient été renvoyés [3], s'exerçant ainsi à la clémence dont, par la suite, elle n'était pas destinée à faire abus.

Elle-même était, d'un jour à l'autre, mieux traitée par la reine. Kate Ashley fut délivrée de sa prison de la Fleet, à la vérité avec privation de son office de gouvernante et défense de mettre le pied dans la maison d'Élisabeth [4].

Bientôt Marie laissa voir l'intention de rouvrir à sa sœur l'accès de Londres et même de la cour [5].

La mort d'Édouard Courtenay, enlevé sur ces entrefaites par la fièvre à Padoue, le 18 septembre 1556, contribua peut-être à détendre encore davantage la situation [6]. Élisabeth

---

1. Quelque requête qu'elle avait adressée à la reine.
2. Miss Agnès Strickland a donné cette lettre, *Elizabeth*, p. 117, 118.
3. Pour avoir enfreint le statut *De muris noctu non scandendis*. La lettre où Pope pardonne est datée de Hatfield, 22 août 1556.
4. Giov. Michieli au doge, Londres, 19 octobre 1556. Friedmann, p. 261.
5. *Id., ibid.*
6. Au moins, c'est ce que dit François de Noailles, évêque de Dacqs

désirait ardemment et sollicitait la permission de faire un séjour à Londres¹. La reine la manda, en effet, pour passer l'hiver près d'elle². Elle partit de Hatfield, accompagnée de ses gentilshommes et de ses serviteurs à cheval, au nombre de plus de deux cents, à sa livrée, en tenue somptueuse. Elle traversa Londres jusqu'à sa maison de Somerset-place, saluée par l'éclatante joie que le peuple de la capitale tenait toujours toute prête pour elle (28 novembre 1556). Toutefois aucun des seigneurs de la cour n'osa se joindre au cortège; mais bientôt ils se présentèrent en foule chez elle. Trois jours après, elle fit visite à la reine, dont l'accueil fut plein de grâce et de familiarité. Pour comble de bienveillance, le cardinal Pole alla la voir, lui qui, l'année précédente, à Greenwich, où ils étaient logés porte à porte un mois durant, ne l'avait pas visitée une seule fois³.

Les politiques, la curiosité en haleine, se demandaient si ce voyage était pur agrément, ou bien s'il n'y avait pas, au moins du côté de la reine, quelque affaire sous jeu, un projet de mariage, c'est-à-dire d'exil de sa sœur sur le continent. L'évêque de Dacqs, à l'affût, aurait souhaité de savoir d'Élisabeth si sa patience était à bout et si elle nourrissait quelque

---

(de Dax), *Avis au Roy*, 19 novembre 1556; *Arch. aff. étr.*, t. IV, p. 182. Antoine de Noailles, l'aîné de la famille, ambassadeur près Marie, avait dû quitter l'Angleterre, devenue intenable pour lui, à la suite de ses intrigues, juin 1556. Henri II désigna pour le remplacer le second des Noailles, François, appelé le protonotaire de Noailles, et qui plusieurs fois déjà était allé à Londres seconder son aîné. Mais le roi préféra l'employer d'abord dans une mission à Rome, et, pendant ce temps, Gilles, le troisième des Noailles, fut chargé de l'intérim, qu'il remplit de juin à octobre 1556. Enfin François, de retour près du roi, qui le nomma évêque de Dax, passa en Angleterre. Sa lettre de créance est du 20 octobre 1556. Dès ce moment, il fut l'ambassadeur en titre, jusqu'à la rupture entre Marie et Henri II, le 7 juin 1557.

1. Giov. Michieli au doge, 1ᵉʳ décembre 1556. Friedmann, p. 273.

2. L'évêque de Dacqs, *Avis au Roy*, 19 novembre 1556. *Archiv. aff. étr.*, t. IV, p. 182.

3. Ces détails sont tirés de la lettre de Giov. Michieli déjà citée, 1ᵉʳ décembre 1556.

dessein pour l'été suivant [1]. Mais elle était surveillée de si près, qu'il craignit, en cas de découverte (comme il est aisé, dit-il, parmi ces gens qui ne savent rien céler), de perdre tout moyen d'entreprendre là et ailleurs ; et il aima mieux attendre que *Dieu* lui donnât meilleure commodité : telles sont ses expressions [2].

Au milieu des préoccupations des uns et des autres et des intrigues à machiner, le séjour d'Élisabeth à Londres prit fin brusquement. Loin d'y célébrer les fêtes de Noël, comme elle s'en flattait, elle fut obligée de regagner Hatfield dès le 3 décembre (1556), ayant pour escorte les archers et les gentilshommes qui étaient ordinairement autour d'elle par commandement exprès de la reine [3], appareil qui sentait encore la captivité.

C'est qu'elle avait déplu de nouveau par sa persistance à repousser les ouvertures de mariage, dont le roi persistait à la harceler. Le candidat était le même, le duc de Savoie, Philibert-Emmanuel. Ce prince, à la suite de son voyage un peu ridicule à Londres en décembre-janvier 1554-1555, avait paru tourner ses vues vers la duchesse douairière de Lorraine, Christine d'Oldenbourg, nièce de l'Empereur [4] ; et, d'autre part, on avait paru aussi méditer des arrangements différents pour

---

1. « J'eusse tenté de faire parler à elle pendant le séjour qu'elle fit en ce lieu, pour sçavoir sur quel poinct elle est de sa patience, et si elle nourrit quelque desseing pour l'esté à venir. » *Lettre et Discours au Roy*, 15 décembre 1556. *Archiv. aff. étr.*, t. IV, p. 206.
2. *Id., ibid.*
3. L'évêque de Dacqs au Connétable, 4 décembre ; au roi, 15 décembre 1556. *Arch. aff. étr.*, t. IV, p. 193 et 206. Ce départ fut si soudain, que Giov. Michieli n'eut pas même le temps de faire sa visite à Elisabeth. Lettre au doge, 7 décembre 1556. Friedm., p. 274. Warton et d'autres historiens qui n'en ont pas connu la vraie cause admettent qu'elle reconnut, au bout d'une semaine, que la retraite convenait mieux que le bruit de la cour à sa situation et à ses goûts. (*Life of sir Thomas Pope*, p. 105.)
4. Fille de Christian II, roi de Danemark, et d'Isabelle, sœur de Charles-Quint.

Élisabeth. Mais Philippe était revenu au premier projet, afin, dit Noailles, que, s'il ne tirait pas de cette couronne tout l'avantage qu'il avait pensé, du moins il en obligeât un ami, qui dans l'avenir empêcherait les Anglais de lui nuire [1]. Cette conjecture est la seule vraisemblable. Le roi paraît avoir apporté alors à la conclusion de cette affaire une vivacité qu'on n'aurait pas attendue de sa lenteur naturelle. Il correspondait avec le Conseil privé ; il aiguillonnait la reine.

Cette dernière redoubla d'efforts près de sa sœur. Mais elle se brisa contre un refus inébranlable. Dans sa colère, elle agita de nouveau l'idée de la faire déclarer bâtarde et de la priver du droit de succéder, pour en disposer en faveur de qui elle voudrait [2]. On assure qu'entraînée hors de sa modération habituelle, avec un flot de reproches, elle lui déclara que son héritière certaine et incontestée était la reine d'Ecosse [3]. Traquée ainsi et harassée, Élisabeth devint malade. Atteinte de la jaunisse et des pâles couleurs, la respiration courte et précipitée depuis les sévérités exercées contre elle, elle avait l'air de marcher vers une fin prochaine [4]. Malgré son énergie, elle se découragea et conçut la pensée de fuir sur le continent. Deux fois, à l'instigation de ses serviteurs, elle envoya, sous un déguisement, la comtesse de Sussex, demander à l'évêque de Dacqs quels moyens il aurait de la conduire en France. Heureusement pour elle, ses intérêts furent mieux compris de l'ambassadeur. MM. de Noailles n'en étaient plus à broncher sur les *droits* des *vrais héritiers* [5]. L'évêque rejeta bien loin ce conseil et lui en donna un autre dont elle se trouva mieux, disait-

---

1. Antoine de Noailles au Connétable, 12 mai 1556. Vertot, t. V, p. 365.
2. L'évêque de Dacqs, *Mémoire à L'Aubespine*, 15 décembre 1556. *Arch. aff. étr.*, t. IV, p. 223.
3. Camden, *Apparatus*, p. xv.
4. L'évêque de Dacqs, *Lettre et Discours au Roy*, 15 décembre 1556. *Arch. aff. étr.*, t. IV, p. 204.
5. « Que je ne dis jamais devoir estre autres que la sœur de ceste royne. » Extrait, on se le rappelle, d'une lettre d'Antoine de Noailles à M. d'Oysel, du 27 octobre 1555.

il plus tard ; car, si elle eût fait ce qu'on lui conseillait, elle n'aurait pas été reine [1]. Il soutint qu'elle devait demeurer en Angleterre, comme Marie sur la fin d'Édouard VI, lorsqu'elle s'était cantonnée dans le Norfolk, au lieu de laisser le champ libre à l'usurpation en se retirant auprès de l'Empereur. Voilà comment l'évêque eut des motifs de dire qu'Élisabeth lui devait sa couronne.

Et puis il importait aux visées de la trop peu scrupuleuse politique française, qu'elle fût là pour servir d'enseigne en quelque sorte. On allait jusqu'à rêver une descente de Henri II en Angleterre, où l'on ne doutait pas qu'il ne « trouvast assez de gens qui le prendroient par la main pour le tirer à bord, pourveu que ce fust sous le masque de Madame Élisabeth. » Là-dessus, l'ambassadeur, un homme pourtant judicieux, sagace et même profond, enivré de la perspective qu'il entr'ouvre, s'écrie qu'il n'y a point de plus belle Italie à son gré delà les monts qu'en ce pays [2]. Et sur le continent, si Philippe II vient à être battu, la reine à entrer en guerre pour le soutenir, « il n'est pas possible que la couronne ne luy tombe de la teste et qu'elle n'aille rouler si loing, que quelque autre la pourra ramasser avant qu'elle ayt ploré son péché [3]. »

On voit assez par ce langage à quel degré la cour de France haïssait Marie Tudor, sans autre motif que le choix que cette reine avait fait de Philippe d'Espagne comme époux, et sans qu'elle se fût permis jamais la moindre démarche hostile à Henri II. Mais on avait résolu, en l'enveloppant d'un réseau inextricable d'intrigues, de complots, d'insurrections à l'intérieur, de menaces du côté de l'Écosse, de la tenir en alarmes, de miner son trône, de la mettre hors d'état d'embrasser les querelles de l'Autriche, si même on ne trouvait pas l'occasion toujours

---

1. Lettre de l'évêque de Dacqs à du Haillant, 22 décembre 1570. Vertot, t. I, p. 334.

2. L'Angleterre. L'évêque de Dacqs à Bourdin, 22 janvier 1557. *Arch. aff. étr.*, t. IV, p. 252, 253.

3. *Id., ibid.*

épiée de la renverser. Et toujours Élisabeth, qu'elle le sût ou non, qu'elle le voulût ou non, était une machine de guerre entre les mains des ennemis de sa sœur, tandis qu'en même temps et de la même manière, tellement sa position était critique, elle se trouvait l'une des plus importantes parmi les unités de la politique de son beau-frère.

Le printemps de l'année 1557 s'ouvrit pour elle par une nouvelle lutte. Le roi d'Espagne sembla décidé à faire triompher définitivement la candidature d'Emmanuel-Philibert. Supposant de la nonchalance et même du mauvais vouloir chez sa femme, il prit un ton impérieux et amer, si nous en jugeons par la réponse profondément triste qu'il reçut d'elle [1]. Elle le prie de désigner une ou plusieurs personnes pour communiquer avec elle sur cette affaire; elle les écoutera, dit-elle, de bon cœur, sincèrement, quelles qu'elles soient [2]. Elle rappelle à son mari que déjà elle lui a offert de consentir, à condition d'obtenir le consentement du royaume, sans lequel rien d'utile ne peut se faire. Qu'on l'obtienne : alors elle affirme, sur sa fidélité, qu'on ne la trouvera ni obstinée ni déraisonnable; mais, puisqu'il lui écrit que si le Parlement ne consent pas, c'est à elle qu'il en imputera la faute, elle le supplie en toute humilité de différer

---

1. Sans date. La minute autographe de la réponse de Marie existe au British Museum, où nous l'avons consultée (Mss. Cotton. Titus, B, 2, n° 57).

2. A cet endroit, elle avait écrit et barré ensuite que la conscience qu'elle se faisait (de consentir à marier Élisabeth), elle se la faisait depuis vingt-quatre ans (c'est-à-dire depuis la naissance d'Élisabeth, en 1533). Plus loin, à un autre endroit qu'elle a supprimé également, elle dit qu'il lui est impossible de changer en si peu de temps la direction qu'elle a donnée à sa conscience pendant vingt-quatre ans. D'où nous concluons que M. Froude a tort de placer cette lettre en décembre 1555; qu'elle doit être de 1557 et du commencement de cette année, parce que, de plus, il y est fait mention : 1° du voyage prochain du roi en Angleterre, voyage qui eut lieu en effet dans la seconde moitié de mars; 2° de la présence obligée du duc de Savoie à l'armée. Or, à la fin de 1555, Charles-Quint abdiquait; son fils désirait la paix. Il conclut la trêve de Vaucelles avec la France le 5 février 1556. Le duc de Savoie n'avait rien à faire à l'armée à ce moment, tandis qu'au printemps de 1557 la rupture de la trêve par Henri II rallumait la guerre.

cette affaire jusqu'à son retour en Angleterre. Il jugera par lui-même si elle est coupable ou non. Autrement, elle le croira détaché d'elle, chose pire que la mort et dont elle n'a déjà commencé que trop à faire l'épreuve [1]. D'ailleurs, à un moment où la guerre appelle le duc de Savoie à l'armée, et où d'autre part le Conseil et la noblesse d'Angleterre ne sont pas représentés en nombre auprès du roi, elle ne voit pas comment on s'y prendrait pour parvenir à une solution dont sa conscience fût satisfaite. Il faut donc que Philippe se rende de sa personne en Angleterre : « L'affaire ne viendra à la fin que Votre Haultesse le vouldroyt avoyr sans vostre présence. (C'est) Pourquoy, monseigneur, en si humble sorte comme il est possible, pour moy estant vostre très-loyalle et très-obéyssante femme (ce que je me confesse justement obligée d'estre et en mon opinion plus que touttes aultres femmes, ayant tel mary comme Votre Haultesse est, sans parler de la multitude de vos royaulmes, car cela n'est pas ma principale fondacion), je supplie Votre Haultesse que nous deux cependant prions à Dieu et mectons notre firme confidence en luy, que nous viverons, et encontrerons ensemble, et ce mesme Dieu, lequel a la conduitte des cueurs des roys en sa mayn, sans faute, j'espoir, nous illuminera en telle sorte que la

---

[1] « Mais, veu que Votre Hautesse escript en ses dictes lettres que si ung Parlament iroyt au contraire, ycelle en imputeroyt la coulpe en moy, je supplie en toute humilité Votre Hautesse de différer cest affaire jusques à vostre retour, et doncques Votre Hautesse sera juge sy je seray coulpaple ou non, car aultrement je vinray en jalousie de Votre Hautesse, laquelle sera pire à moy que mort, car je aut ay commencé desia den taster trop à mon grand regret. » M. Froude remarque diverses corrections faites au cours de cette lettre par Marie, pour mieux témoigner du respect qu'elle porte au roi : au lieu de *demander licence de Votre Haultesse*, elle substitue *supplier très-humblement* ; au lieu d'*obéissante*, *très-obéissante*. Elle se plaint des moines que Philippe a laissés près d'elle et qui, au lieu de l'éclairer, semblent prendre plaisir à la troubler ; par exemple, ils lui demandent qui était roi au temps d'Adam ; elle est obligée, disent-ils, de faire ce mariage par un article de son *Credo* ; mais ils ne lui expliquent pas lequel. — Sur cette seconde question, elle aurait pu à la rigueur comprendre que, catholique, on lui faisait un devoir de marier sa sœur à un prince catholique. Mais elle était fort excusable de ne rien entendre à la première.

fin tendra à sa gloire et vostre contentacion. Supliant Votre Haultesse pardonner ma présumpcion de la bonté de Dieu en cest endroict, car combien que je ne lay poinct mérité, néantmoins je lay bien expérimenté oultre l'expectacion quasi de tout le monde [1], et jay le mesme espoir en luy que je souloy avoyr. »

Ce langage, s'il était soumis et tendre, ne manquait ni de raison ni de fermeté. Marie, connaissant mieux que Philippe le caractère national, sentait à la fois l'impossibilité de marier Élisabeth hors du royaume sans l'avis conforme du Parlement, et l'impossibilité à peu près certaine d'arracher un vote favorable, surtout si, destituée d'appui, et son autorité affaiblie déjà, elle n'avait pas son mari à ses côtés.

Nouveau souci : la guerre entre la France et l'Autriche, assoupie à grand'peine par la trêve de Vaucelles, se rallumait. Henri II n'avait signé ce compromis qu'avec l'intention de ne pas l'observer. Déjà en effet, dès l'automne de 1555, il avait, à la suggestion des Guises, contracté une alliance avec le pape Paul IV pour conquérir en commun sur les Espagnols et se partager le royaume de Naples. Il rompit la trêve, effectivement, dès le 5 janvier 1557; elle n'avait pas duré un an. — Le duc de Guise prit le chemin de l'Italie, où il n'était pas appelé à faire grand exploit. La France allait encore une fois égarer au loin de stériles efforts et s'épuiser pour des alliés faibles et incertains, au lieu de concentrer ses ressources et ses coups sur sa frontière du nord [2].

---

1. Au delà des prévisions du monde.
2. Nous ne résistons pas au désir de faire une digression en citant une page de l'évêque de Dax sur les erreurs de la politique française en Italie. Il regrette la rupture de la trêve et l'expédition de Naples. Son langage n'est pas vrai seulement du xvie siècle : « ... Ce qui m'en faict le plus douloir est que le fruict de toutes nos guerres revient tousjours au profict de ceulx qui sont l'instrument de nostre perturbation, lesquels nous sçavent très-bien allescher d'une vaine espérance de Milan ou de Naples, et toutesfois il n'y a gens au monde qui fussent plus jaloux de nous y veoir que ceulx-là mesmes qui font semblant de nous tendre la main pour nous y mettre, dont encores que nous en ayons infinis exemples et anciens et modernes, si est-ce que nous prenons plaisir d'en aller forger de

Marie, lassée des machinations de Henri II, qui ne lui laissaient pas de repos, et désirant de toute la puissance de son âme plaire à son époux, le ramener près d'elle, voulait prendre parti pour lui. Mais le Conseil privé s'y opposait, en alléguant l'extrême pauvreté de la couronne, la cherté des subsistances à la suite d'une mauvaise récolte, la crainte d'exaspérer les réformés par une communauté si étroite avec l'Espagne, le contrat de mariage, aux termes duquel Philippe avait promis de ne pas engager l'Angleterre dans ses querelles personnelles. Ce que les lords ne disaient pas, mais ce qui était présent à tous les esprits, c'est que si Philippe était victorieux, les Anglais se sentiraient les premiers de l'*insolence de sa victoire*, encore qu'ils en fussent les instruments principaux; et, si la guerre tournait mal, l'Angleterre en souffrirait nécessairement [1]. La reine était au désespoir de cette reprise des hostilités, qui allait, pensait-elle, retenir encore son mari loin d'elle. L'absence prolongée de Philippe la rongeait; elle souhaitait son retour avec une ardeur tournée en une sorte de dérangement d'esprit. Mais précisément la guerre le lui ramena : n'avait-il pas à entraîner l'Angleterre de son côté [2]? Cette campagne de diplomatie et le mariage d'Élisabeth

tous nouveaux, et n'est possible que les ruynes de nos prédécesseurs nous puissent faire prévoir et cognoistre nostre malheur, tant nous sommes aises que les estrangers facent leurs moissons de nostre sottise et ignorance..... Mais le pis que je y trouve est qu'ils sont si diligents, qu'il voyent tousjours la fin de leurs desseings avant que nous ayons commencé d'enfiler les nostres, puis laissent la partie là, ou ils la remettent, et cependant ledict seigneur (le roi de France) paye les esteufs. » Lettre à Bassefontaine, 29 décembre 1556. *Arch. aff. étr.*, t. IV, p. 233, 234.

1. L'évêque de Dacqs au roi, 19 janvier 1557. Il termine par ces mots : « Voilà, sire, la peyne en laquelle se trouvent les plus sages de ce pays, laquelle Dieu leur veuille aussy longuement continuer qu'elle sera utile pour la prospérité de vos affaires. » *Arch. aff. étr.*, t. IV, p. 248.

2. Cependant nous ne dirigerons pas ici contre Philippe II le reproche généralement admis de froideur, de négligence systématique envers sa femme. Sa conduite en Angleterre n'y prête pas. Une fois sur le continent, on peut comprendre que l'importance de ses affaires après l'abdication de son père, et sa lenteur à se décider, prolongeassent son absence. Au reste, il n'était pas encore le roi sombre et renfermé qu'il devint plus tard. Le mardi gras de 1557, il courut en masque les rues de Bruxelles,

avec le duc de Savoie, telles étaient ses deux grandes affaires à la cour britannique. Il arriva à Greenwich le 20 mars 1557, après une absence de dix-neuf mois. D'abord, les choses ne s'annoncèrent pas favorablement pour ses desseins. Le Conseil repoussa toute immixtion dans la guerre contre la France. Quant à Élisabeth, pour porter plus sûrement la persuasion dans son cœur, il s'était fait accompagner ou peut-être précéder des duchesses de Parme et de Lorraine, ses cousines, gracieux ornements de la maison impériale [1]. L'évêque de Dacqs, sur la recommandation du connétable, instruisit Élisabeth, par la marquise de Northampton, que l'on avait dessein de l'emmener en Flandre et de l'y marier avec le duc de Savoie. Elle lui fit répondre, en le remerciant, qu'elle serait morte avant que ni l'une ni l'autre chose s'accomplît [2]. Elle refusa la visite des deux duchesses, qui perdirent leurs peines. D'ailleurs, se jalousant l'une l'autre, mal vues de la reine, qui, à tort ou à raison, en était jalouse pour son propre compte, elles quittèrent bientôt Londres ; et il en résulta que la surveillance exercée sur Élisabeth se relâcha sensiblement [3].

avec le duc de Brunswick, et même fut malade pour « avoir mangé de nuit quelque viande contraire ». (L'évêque de Dacqs au Connétable, 8 mars 1557. *Arch. aff. étr.*, t. IV, p. 317). Marie ne se rendit jamais compte que son mari pouvait avoir affaire sur le continent à titre du roi d'Espagne.

1. Le Connétable à l'évêque de Dacqs, 8 avril 1557. *Arch. aff. étr.*, t. IV, p. 349.

2. L'évêque de Dax au Connétable, 28 avril 1557. *Arch. aff. étr.*, t. IV, p. 365.

3. L'ambassadeur français rapporte que Marie voyait de mauvais œil les promenades que le roi faisait *en cape* avec ses parentes aux environs de Londres, « sous ombre d'aller tirer de la harquebutte. » La duchesse de Lorraine étalait à Londres un luxe extraordinaire, dont on prétendait que Philippe faisait les frais. Elle répartit le 8 mai. La duchesse de Parme l'avait devancée le 29 avril. L'évêque de Dacqs au Connétable, 10 avril ; à Bourdin, 6 mai ; au roi, 8 mai 1557. *Arch. aff. étr.*, p. 355, 386, 394.

XXIX

GUERRE DE FRANCE. EXISTENCE BRILLANTE D'ÉLISABETH

Philippe n'aurait sans doute pas mieux réussi dans l'autre partie de ses plans, sans l'imprudence du roi de France. Henri II, persuadé, malgré les avertissements de son ambassadeur, que Marie n'aurait jamais assez d'empire sur ses sujets pour les armer en faveur du roi d'Espagne, ne craignit pas de pousser la provocation jusqu'aux dernières limites. Il souffrit qu'un des réfugiés anglais, sir Thomas Stafford, ramassât des recrues dans les rues de Rouen au son du tambour, et fît voile pour l'Angleterre avec le projet avoué de renverser la reine. L'aventurier s'empara du château de Scarborough, dans la mer du Nord, sur la côte du comté d'York (24 avril 1557). Mais l'ambassadeur anglais en France, Wotton, avait connu et dénoncé à sa cour une expédition dont les préparatifs se dissimulaient si peu. En quatre jours, le comte de Westmoreland accourut avec des forces qui contraignirent Stafford à se rendre. Le bourreau fit prompte justice des agresseurs. Cette fois, l'insulte était trop criante. Les exilés s'étaient mépris, selon la coutume, sur les sentiments de la nation; et sinon par affection, du moins par patriotisme, celle-ci suivit la souveraine dans la guerre qu'elle déclara au roi de France, le 7 juin 1557. Un mois après, Philippe II retourna sur le continent, où les événements exigeaient sa présence. Il fit ses adieux à Marie le 3 juillet. Ils ne devaient plus se revoir en ce monde. Du moins elle eut, au début des hostilités, la joie de l'éclatante victoire de Saint-Quentin, que Emmanuel-Philibert remporta sur le connétable de Montmorency, le 10 août.

A la faveur de ces événements, grâce aussi à sa fermeté et à son adresse, Élisabeth recouvra peu à peu une tranquillité d'existence qu'elle ne connaissait plus. Déjà, on pourrait le dire, les préludes de son règne s'annonçaient. Elle était prête pour le personnage de reine. Tel est le moment où le Vénitien Giov. Michieli, quittant Londres en février 1557, après sa légation expirée, l'étudie et la dépeint dans son rapport au sénat de la sérénissime république. Nous lui avons emprunté plus d'un trait jusqu'ici; mais le lecteur nous saura peut-être gré de reproduire cette partie de son exposé en entier, surtout qu'elle se rattache à l'époque même où notre récit est parvenu.

Michieli vient de parler de Marie, de sa personne et de son caractère; il termine par les chagrins que lui causent « les complots, la mauvaise disposition du peuple à son égard, la pauvreté et les dettes de la couronne, sa passion pour le roi, dont elle est condamnée à vivre séparée, enfin sa haine pour Madame Élisabeth, haine qui prend sa source dans le souvenir des injustices qu'elle a endurées à cause de la mère de celle-ci, et dans ce fait que tous les yeux et tous les cœurs sont tournés vers Madame Élisabeth, comme l'héritière du trône. » Il poursuit en ces termes :

« Madame Élisabeth, fille de Henri VIII et d'Anne Boleyn, est née en 1533. Elle possède l'élégance de l'esprit et du corps, bien que sa figure soit plutôt gracieuse que belle. Grande et bien faite, elle a un teint délicat, quoiqu'un peu olivâtre, de beaux yeux, surtout la main belle, qu'elle se pique de montrer. Elle surpasse la reine dans la connaissance du grec et de l'italien. Son énergie et son intelligence sont admirables, ainsi qu'elle l'a prouvé par sa conduite au milieu des soupçons et des dangers, lorsqu'elle dissimula sa religion et se comporta en bonne catholique [1]. Elle est fière, et ses manières pleines de dignité ; car, quoiqu'elle sache fort bien quelle était la condition de sa mère, elle sait aussi que sa mère était unie en mariage au roi, avec la sanction de la sainte Église et le concours du primat du royaume ; et, quoique fourvoyée en religion, elle a conscience d'avoir été de bonne foi, cette dernière circonstance d'ailleurs ne pouvant pas rejaillir sur sa naissance, puisqu'elle est née dans la même religion que celle que la reine professe. Elle partagea l'affection du roi au moins de moitié avec sa sœur, et le roi les mit sur le pied d'égalité dans son testament, en leur léguant à chacune dix mille écus par an. Au reste, la reine, quoiqu'elle la déteste cordialement, la traite en public avec tous les signes extérieurs de l'affection et de la considération, et ne s'entretient jamais avec elle que sur des sujets riants et agréables. La princesse s'est arrangée aussi de façon à se mettre dans les bonnes grâces du roi d'Espagne, dont l'influence a empêché la reine de la frapper de bâtardise, comme il était certainement possible de le faire par acte du Parlement, ce qui l'exclurait du trône. On croit que, si ce n'était l'intervention du roi, la reine la châtierait sans remords par les peines les plus sévères ; car, quelque complot contre l'État qu'on vienne à découvrir, on est toujours sûr que Madame Élisabeth ou quelqu'un de ses gens figureront parmi les personnages compromis [2]. »

En dépit des soucis du mariage de Savoie, le carnaval de 1557 s'employa gaiement à Hatfield. Sir Thomas Pope, ce courtois

---

[1]. Nous laissons à l'ambassadeur la responsabilité de ses éloges.
[2]. Ellis, *Original Letters*, IIe série, t. II, au commencement du règne de Marie. Armand Baschet, *les Princes de l'Europe au* xvie *siècle*, p. 128, 129. Sur l'extérieur d'Élisabeth, Giacomo Soranzo avait déjà dit, en août 1554 : « Sa tournure et ses traits sont fort beaux ; toutes ses actions sont empreintes de tant de dignité et de majesté, que d'emblée on la prend pour une reine. » Soranzo vante ensuite la modestie et l'affabilité de la jeune princesse.

gentilhomme, donna une fête brillante dont il voulut faire tous les frais. Il réunit douze ménestrels sous des déguisements grotesques, une foule de gentilshommes et de dames en habits de satin cramoisi, relevés d'or et garnis de rangs de perles. Au fond de la salle, un château avait été figuré en drap d'or, des grenades posées sur les créneaux, des boucliers suspendus aux murailles. Six chevaliers joutèrent. Le soir, on servit un festin plantureux dans la vaisselle d'or et d'argent. Merveille du temps : il n'y eut pas moins de trente plats d'épices. Le lendemain, ce fut le tour des plaisirs de l'esprit : on représenta la tragédie d'*Holopherne*. *Ces folies* toutefois ne plurent pas à la reine, alors en zizanie avec le roi à cause d'Élisabeth. Il y parut par ses lettres à sir Thomas Pope; du moins, c'est ce qu'on raconte [1]. Le reste de l'année 1557 fut paisible. Élisabeth parvint à faire comprendre qu'en conscience on ne pouvait pas disposer d'elle contre son gré. Marie cessa d'y contredire, et Philippe II finit par renoncer aux brillantes destinées qu'il avait rêvées pour le duc de Savoie. En Angleterre, pas plus qu'en France, il ne tira parti de la victoire de Saint-Quentin.

L'année suivante s'ouvrit par l'atteinte la plus poignante à la souveraine. Les vaincus de Saint-Quentin prirent à l'improviste leur revanche sur les Anglais. Le duc de Guise et les Français reconquirent Calais, du 1er au 8 janvier 1558. L'orgueil, plus

1. Thomas Warton, dans sa *Vie de sir Thomas Pope* (1780), place ce fait au carnaval de 1556, au lieu de 1557. Cela vient de ce qu'il n'a pas tenu compte du fait que l'année commençait à Pâques. Ce qui est pour lui le carnaval de 1556 vient dans la quatrième saison de 1556-1557, par conséquent au commencement de 1557. Il ne rajuste jamais le calendrier ancien au calendrier grégorien, adopté en Angleterre seulement en 1752, le vieux style au nouveau style. D'ailleurs, Pope ne fut placé près d'Elisabeth que dans l'été de 1556. En ce qui est de la fête elle-même, Warton en présente le récit comme tiré de la Chronique de la Bibliothèque Cottonienne, autrement dit le *Journal de Machin*. Or, nous sommes obligés de dire que le journal en question n'en contient pas un seul mot, non plus que le grand ouvrage de Strype, et qu'il nous est impossible de garantir l'exactitude de Warton, malgré la physionomie d'authenticité qui semble recommander les détails. Le lundi et le mardi gras tombaient les 2 et 3 mars. Nous aurons à revenir plus bas sur cette matière.

que le véritable intérêt de l'Angleterre, en souffrit. C'était le dernier trophée des anciennes guerres renversé et arraché à une victoire séculaire. Un cri de douleur et d'indignation jaillit de toutes parts. Marie, désespérée, disait que si, après sa mort, on ouvrait son cœur, on y trouverait gravé le nom de Calais.

Le chagrin rongeur rapprocha dès lors à grands pas le terme de son existence. Absence du mari auquel elle s'était attachée passionnément, après avoir vécu jusque-là opprimée et repliée sur elle-même; stérilité du foyer domestique, avec une perpétuelle et implacable illusion de grossesse [1]; point d'amis pour consoler la réclusion morose à laquelle elle s'était condamnée peu à peu dans son palais, d'où l'époux semblait s'être banni; inutilité de ses efforts contre l'hérésie, que les bûchers avaient rendue plus vivace; impopularité accrue par la persécution religieuse, par la misère du Trésor et des particuliers, par la dépendance où l'Angleterre, si fière et si ombrageuse à l'égard de l'étranger, paraissait tombée vis-à-vis de l'Espagne; tourments patriotiques, d'autant plus acérés que, là où l'affront était pour les Anglais, les Espagnols avaient gardé le privilége et la supériorité de la gloire : ainsi tout avait manqué à la fois à Marie. Si humble et résignée qu'elle fût sous la volonté divine, la déception pour elle fut la mort [2].

Elle se résigna aussi, et ce ne fut peut-être pas le moindre de ses sacrifices, à regarder Élisabeth comme son héritière. On vit s'apaiser et se pacifier de plus en plus ce qui avait été jusque-là le hargneux antagonisme des deux sœurs. Élisabeth fut plus souvent en honneur. Elle fut admise à séjourner à Londres dans sa maison de Somerset-Place du 25 février au 3 mars 1558. Elle alla rendre ses devoirs à la reine au palais de Whitehall, une cour brillante de seigneurs et de nobles dames lui faisant cortége [3].

1. Elle se croyait encore enceinte, pour ainsi dire à ses derniers moments, quand elle fit son testament (Madden).
2. Joseph Stevenson, *Calendar Elizabeth foreign*, préf., p. lxxiii.
3. *Machin's Diary*. Strype, dans ses *Historical Memorials*, t. III, p. 444

Peu de temps après, survint une circonstance qui produisit d'heureux effets. Gustave Wasa, le libérateur de la Suède, venait d'associer à la couronne son fils Éric. Pour le marier, il jeta les yeux sur Élisabeth. Il y mit du mystère et envoya secrètement un affidé à Hatfield en entamer le propos. Mais son attente fut déçue. Élisabeth, affermie désormais sur les principes de la discipline, répondit qu'elle ne pouvait entendre à aucune proposition qui ne lui viendrait point par l'entremise de la reine; qu'au reste, si elle était laissée libre de sa volonté, elle préférait et préférerait toujours le célibat. Tant de déférence transporta la souveraine de la satisfaction la plus naïve. Elle prit plaisir à conduire cette affaire sous la forme d'une sorte de négociation diplomatique. Elle donna commission à sir Thomas Pope, qu'elle avait appelé près d'elle, de féliciter Élisabeth de sa prudente et honorable réponse à l'envoyé, de l'informer que le roi de Suède avait présenté officiellement sa demande, de lui donner lecture des lettres de créance, et enfin de l'inviter à dire franchement ce qu'elle pensait de la proposition. Le récit de cette affaire, aimable intermède, nous a été conservé dans le rapport de Pope à la reine, écrit en quelque sorte sous la dictée d'Élisabeth. Il est daté de Hatfield, 26 avril 1558[1]. Donc lorsque Pope se fut acquitté de sa commission de la part de la reine, Elisabeth, après s'être recueillie un moment, répondit : « monsieur Pope, je vous prie de présenter à Sa Majesté la reine, après mes très-humbles respects, mes remerciements de ce qu'il lui a plu, dans sa bonté, juger si favorablement ma réponse au messager, et de ce qu'elle a daigné avec tant d'empressement vous recommander de me

et 445, place ce voyage en 1557. Les historiens l'ont suivi, sans faire attention que Strype termina son ouvrage en 1721 sous l'empire du *vieux style*, et que le *Journal man. de Machin*, commençant l'année à Pâques, les mois de janvier, février, mars et partie d'avril, qui sont comptés comme terminant l'année 1557, doivent être attribués, d'après le calendrier nouveau, au commencement de l'année 1558.

1. Reproduit par Burnet dans sa collection de documents, t. II, liv. II, n° 37. Voir aussi miss Agnès Strickland, *Elizabeth*, p. 125 et suiv.

l'écrire, à moi qui, jusque-là, me sentais merveilleusement perplexe, dans la crainte que Sa Majesté ne vînt à se méprendre sur ce qui avait eu lieu : c'est une bonté pour laquelle je reconnais que je lui dois honneur, service, amour et obéissance toute ma vie. Veuillez aussi dire à Sa Majesté que du temps du roi, mon frère, il me fut offert une ou deux fois de me marier très-honorablement, et que des ambassadeurs furent envoyés pour traiter avec moi à cet effet ; alors, ainsi que des personnes d'honneur encore existantes pourraient en témoigner, je fis à Son Altesse l'humble requête qu'elle voulût bien me permettre de demeurer dans l'état où j'étais, état qui m'agréait et me plaisait par-dessus tout. Et, sincèrement, je vous prie de dire à Son Altesse qu'aujourd'hui encore, je suis dans la même disposition et que je compte y persister, si elle veut bien le permettre, en l'assurant que j'aime tellement cet état, que je ne connais pas de genre de vie capable de lui être comparé. Quant à mon sentiment sur la proposition de ce messager, je vous supplie de dire à Sa Majesté que je n'ai pas souvenir d'avoir jamais jusqu'ici entendu parler de son maître ; quant au message et au messager, je prie Dieu à deux genoux de n'entendre plus parler dorénavant ni de l'un ni de l'autre. »

Le congé était formel et bref. Chez Élisabeth, il arrive parfois que, du sein de sa phraséologie officielle, sort brusquement une lame qui tranche la question. Habile à se rendre agréable et à toucher la corde sensible chez la souveraine : « Je vous assure, continuait-elle avec Pope, que si le messager se présentait un de ces jours pour me voir, je m'abstiendrais de lui parler, n'eussé-je pour repousser sa proposition d'autre motif, sinon que son maître a entrepris cette affaire sans l'avoir portée préalablement à la connaissance de Sa Majesté la reine. »

Sir Thomas Pope, mêlant à l'entretien quelque gaieté humoristique, s'enhardit à dire comme de lui-même, à la princesse, qu'il n'y avait personne ou presque personne, pensait-il, qui ne la crût très-disposée à se marier, pourvu qu'un parti honorable se rencontrât, offert ou autorisé par la reine. « Ce que je ferai plus tard, répondit-elle, je n'en sais rien. Mais je vous certifie, sur ma loyauté et ma fidélité et sur la miséricorde divine, que je n'ai pas en ce moment d'autre pensée que celle que je vous ai exprimée, m'offrît-on le plus grand prince de toute l'Europe. » Le narrateur n'est pas encore persuadé. « Pudeur de jeune fille, dit-il, plutôt que résolution arrêtée. » Ainsi pourtant restera et fera Elisabeth : laisser la porte entr'ouverte au mariage à venir ; mais la fermer toujours sur le mariage présent.

Elle avait joué très-finement son personnage dans cette petite pièce. On remarquera que la catholique Marie laissait à sa sœur pleine liberté d'agréer la recherche d'un protestant. Etait-ce désir de l'écarter à tout prix du royaume, adoucissement du cœur, langueur de la volonté, après des épreuves trop fortes, et résignation à ce qu'il ne dépendait plus d'elle d'empêcher?

Ce mois d'avril, terminé si agréablement, avait apporté aussi à Élisabeth d'autres plaisirs; d'abord une chasse à courre de Hatfield à Enfield, dirigée par sir Thomas Pope. La princesse, accompagnée de douze dames vêtues de satin blanc qui montaient des palefrois allant à l'amble, et de vingt tenanciers habillés de vert, rencontra à l'entrée de la forêt cinquante archers en bottes écarlates et en bonnets jaunes. Ils étaient armés d'arcs dorés. L'un d'eux, se détachant au-devant d'elle, lui présenta une flèche à tête d'argent, empennée de plumes de paon. Ensuite, la bête forcée, le plaisir princier de lui couper la gorge fut réservé à la belle Diane chasseresse.

En avril encore, la reine honora sa sœur d'une visite à Hatfield. Il y eut grand souper, concert, où Élisabeth se fit entendre sur le virginal, en accompagnant un enfant de chœur de Saint-Paul, doué « d'une voix divine ». Le lendemain matin, un combat d'ours « plut beaucoup à Leurs Altesses [1]. »

1. John Nichols, *Progresses... of queen Elizabeth*, 1823, t. 1, p. 17. Miss Agnès Strickland, *Elizabeth*. Nichols, suivi par l'auteur des *Biogra-*

Enfin, pour en terminer avec les divertissements de cette ère de compensations, si nouvelle pour Élisabeth, rapportons son voyage à Richmond près de la reine, pendant l'été de 1558. Elle y alla par la Tamise. La barque royale qui vint la chercher à sa résidence urbaine de Somerset-Place, était ornée de guirlandes de fleurs artificielles, et surmontée d'un dais de taffetas vert où se jouaient des branches d'églantine brodées sur un fond semé de fleurs d'or. A bord, Élisabeth retrouva sir Thomas Pope et quatre dames de sa chambre. Elle avait pour escorte six bateaux portant des dames de la maison de la reine. Le damas rouge, le satin bleu brodé, orné de glands et de paillettes, des chapeaux de drap d'argent garnis de plumes vertes, concouraient à l'éclat de leur toilette. Marie reçut sa sœur dans un somptueux pavillon qui figurait un château fort fait de drap d'or et de velours cramoisi, et caché au fond du labyrinthe des jardins. Les panneaux étaient divisés en échiquier, où le lis d'argent et la grenade d'or alternaient d'une case à l'autre. Des ménestrels en grand nombre charmèrent un plantureux banquet; mais il n'y eut ni masques ni danses. Avant le repas, la reine s'entretint longtemps avec sir Thomas Pope. Le soir, Élisabeth retourna à Somerset-Place, le lendemain à Hatfield [1].

Nous nous sommes arrêté sur ces petits événements, d'abord parce qu'ils ont le mérite d'être du domaine de la concorde, domaine intéressant, étant si restreint et si peu sûr dans cette histoire; ensuite, parce qu'ils offrent l'image d'un côté des mœurs au XVIe siècle. Les détails, naïvement pompeux, exhalent un parfum d'authenticité. Depuis un siècle, quatre générations d'historiens, Thomas Warton, John Nichols, miss Lucy Aikin, miss Agnès Strickland, les ont reçus et transmis en toute con-

phies des reines d'Angleterre, renvoie à la Chronique manuscrite de la Bibliothèque Cottonienne, *Vitellius* (ou *Machin's Diary*), qui n'en dit pas un seul mot, pas plus que pour le carnaval de 1557.

1. Thomas Warton, *Sir Thomas Pope's Life*, p. 89 ; et, d'après lui, John Nichols, miss Lucy Aikin (*Memoirs of the court of Elizabeth*), miss Agnès Strickland, *Elizabeth*, *Mary*.

fiance. On ne peut pas se dispenser de les répéter, et cependant nous n'oserions pas les garantir. Appartiennent-ils à l'histoire ou à la légende, dont la végétation touffue a masqué la réalité sur tant de points à cette époque? Nous hésitons. Car la Chronique manuscrite imprimée il y a une trentaine d'années sous le titre de *Journal de Machin*, du nom de son auteur, contemporain de Marie et d'Élisabeth, chronique à laquelle les historiens plus modernes nous renvoient toujours comme à la source première et unique, garde néanmoins un silence absolu sur les faits qu'elle est censée contenir et certifier. Ce silence, explicable en certains endroits, quoique alors même il soit loin d'être exempt de difficultés, est tout à fait inexplicable dans d'autres, et nous pensons, jusqu'à nouvel ordre, qu'il y a lieu de se tenir sur une prudente réserve [1].

1. Ces faits, relatifs à Élisabeth, consistant surtout en visites qu'elle aurait rendues à la cour ou bien reçues de sa sœur, sont au nombre de huit. Les voici dans leur ordre chronologique réel, que Warton a troublé en mêlant l'usage simultané du vieux style et du nouveau style : 1º Le voyage et le séjour d'Élisabeth à Londres, du 28 novembre au 3 décembre 1556. 2º La fête que Pope aurait donnée à Élisabeth à Hatfield, avec représentation dramatique, pendant le carnaval de 1556 (-57). 3º Le voyage et le séjour d'Élisabeth à Londres, le 25 février 1557 (-58). 4º Son retour à Hatfield en passant par Shene, 3 mars 1557 (-58). 5º La partie de chasse arrangée par Pope aux environs de Hatfield, en avril de la même année 1557 (-58). 6º La visite faite par Marie à Élisabeth au château de Hatfield, l'été suivant (1558). 7º La visite d'Élisabeth à la reine par eau à Richmond, le même été (1558). 8º Pendant sa résidence à Hatfield, à une époque non déterminée, Élisabeth aurait été admise près du roi et de la reine à la célébration des fêtes de Noël, dans le château de Hampton Court. — Tous ces incidents sont rapportés par Warton, à l'exception du 6ᵉ, la visite de Marie à Hatfield ; John Nichols, qui succède à Warton dans l'ordre des temps, nous paraît l'avoir donnée le premier. Warton et Nichols, et à leur exemple les écrivains subséquents, s'appuient invariablement sur le manuscrit de la Bibliothèque Cottonienne et les papiers de Strype, l'auteur des *Historical Memorials*. Le manuscrit en question, désigné par son numéro et son classement, sous le nom de Chronique Vitellius, F, 5, a été remis en ordre par Madden en 1829 et publié en 1848 par John Gough Nichols, qui lui a donné son vrai titre : *Journal de Henry Machin, bourgeois et marchand tailleur à Londres*, de l'an 1550 à l'an 1563 (*the Diary of Henry Machin...*). Machin consigne les événements quotidiens de la ville, les morts, les supplices, les mariages, les cérémonies

religieuses, les mouvements des grands personnages, les allées et venues de la reine, du roi, d'Elisabeth, avec le détail de leur itinéraire, etc. Or, des huit points énumérés plus haut, le 1er, le 3e et le 4e seuls sont mentionnés par lui ; silence complet sur les cinq autres. On explique ceci par le dommage qu'aurait souffert le manuscrit original, lors de l'incendie de la Bibliothèque Cottonienne en 1732, où furent détruits ou détériorés plus de deux cents volumes de cette précieuse collection. Le contour de la Chronique fut rongé en effet par la flamme, qui çà et là enleva une ou deux lignes du haut des pages, ou en raccourcit quelques-unes, mais sans entamer l'épaisseur même des folios, ni par conséquent attaquer le corps de l'ouvrage. Cependant il y a une lacune dans l'année 1558 ; car, après une feuille finissant par un fait du 23 mars, la suivante commence avec le 3 août : ainsi quatre mois nous manquent. Madden ne croit pas qu'on doive attribuer cette perte au feu plutôt qu'à la négligence. Quoi qu'il en soit, une sorte de fatalité paraît avoir rassemblé précisément dans ces quelques pages disparues les 5e, 6e et 7e points, les plus intéressants : la partie de chasse, la visite de Marie à Hatfield et celle d'Elisabeth à Richmond. C'est ici qu'interviennent les papiers de Strype. Ce laborieux et sûr historien avait consulté le manuscrit de Machin et en avait fait passer la presque totalité, par portions successives, dans ses *Historical Memorials*, qu'il publia en 1721, onze ans avant l'incendie, tellement qu'avec son livre l'éditeur moderne de Machin a pu restituer les lignes du manuscrit atteintes par le feu. Dès l'année 1709, donc vingt-trois ans avant le désastre de la Bibliothèque Cottonienne, Strype avait communiqué au docteur Arthur Charlett, à Oxford, un extrait concernant les funérailles de sir Thomas Pope, du 6 février 1558 (-59). Charlett permit à Francis Wise, bibliothécaire de la Radclivienne à Oxford, de prendre copie des extraits, au nombre de quatre ou cinq, que Strype avait copiés dans le manuscrit, et Wise les prêta à Warton, occupé alors de sa *Vie de sir Thomas Pope*. C'est Warton qui raconte ces détails dans la préface de la 3e et dernière édition de son ouvrage, 1780. Cela est d'apparence très-claire et très-formelle. Cependant, outre qu'il est assez singulier de parler seulement de quatre ou cinq extraits que Strype aurait puisés à cette Chronique, alors qu'il l'a transcrite tout entière dans ses *Memorials*, comment se fait-il qu'il ait négligé les historiettes nos 5, 6, 7, curieuses et piquantes, considérables par leur caractère politique ? Lui dont l'exactitude minutieuse emprunte à Machin les *faits divers* les plus humbles, comment laisse-t-il dans l'ombre les fêtes dont Elisabeth est l'héroïne, après qu'elle a été si longtemps l'objet de mesures rigoureuses et menaçantes ? Son patriotisme devrait s'en émouvoir. Aucune de ces trois fêtes (nos 5, 6, 7) ne lui a donc paru digne de mémoire ; il les a ensevelies dans un dédain systématique, sans qu'il soit possible de deviner ses motifs. Et pourtant il a jugé à propos de tirer de la Chronique manuscrite les voyages d'Elisabeth, correspondants aux nos 1, 3, 4, beaucoup plus pâles et moins marquants. Disons en passant que l'extrait sur les funérailles de Pope, faisant seul exception, existe mot pour mot dans le manuscrit original.

Maintenant, voici qui est encore plus significatif.

Il s'agit de notre n° 2, c'est-à-dire la fête que Pope aurait donnée à Elisabeth lors du carnaval de 1556 (-57). Les historiens qui la rapportent renvoient tous uniformément au journal manuscrit (avec la formule d'usage : Man. Cotton. Vitellius, F, 5). Eh bien, elle n'y figure pas et n'y a jamais figuré. Il suffit d'un coup d'œil sur le manuscrit pour reconnaître qu'il n'y a point de lacune à cette place; les faits et les dates de l'année 1556 (-57) se relient ensemble par une chaîne continue ; pas un anneau ne manque. Nous avons été dans l'impossibilité d'y découvrir la moindre trace de ce prétendu passage. Notons que Strype n'en parle pas non plus.

Enfin, n° 8, Elisabeth célébrant la fête de Noël avec le roi et la reine à Hampton Court. Pas de date. Les historiens sus-mentionnés renvoient d'un même accord et avec la même assurance au Man. Vitellius, etc., lequel n'en dit pas un mot, non plus que Strype, aussi muet sur ce point que sur les faits précédents. D'ailleurs on sait que le roi ne célébra les fêtes de Noël en Angleterre et avec Marie qu'une seule fois, à Whitehall, en 1555 ; et on se rappellera que nous avons démontré qu'Elisabeth n'y assistait pas. Il est à remarquer que les anciens chroniqueurs, Holinshed, Stow, Heywood, ne savent rien de tout cela.

De ces observations, une conclusion ressort naturellement : c'est qu'à l'exception des n°s 1, 3, 4, qui sont dans Strype et dans le Man. original, les autres faits ou bien sont controuvés, ou bien proviennent de quelque source encore inconnue. Nous nous sommes assuré qu'ils ne se trouvent pas dans les papiers de Strype que possède le *British Museum*. M. Coxe, l'éminent bibliothécaire de la Bodléienne à Oxford, ayant bien voulu faire des recherches dans les diverses bibliothèques de cette ville, n'a pas non plus obtenu de résultat. Resterait Cambridge, qui possède des papiers de Strype : il ne nous a pas été possible d'y aller. Nous avons cru devoir insister sur ces incidents et sur leur degré d'authenticité, parce qu'il s'agissait de contester une opinion reçue, et parce qu'Elisabeth occupe une place tout à fait à part dans l'histoire d'Angleterre. Rien de ce qui concerne cette princesse si remarquable et si fameuse n'est indifférent, à quelque point de vue qu'on la juge. Notre ambition serait de parvenir à la plus grande somme possible de vérité sur cette première partie de sa vie.

XXX

MALADIE DE MARIE. MISSION DU COMTE DE FERIA.

A travers l'été de 1558, si triste pour Marie par les raisons que nous avons rapportées précédemment, les fêtes dont Élisabeth fut, dit-on, l'objet, éclairèrent à peine, comme un pâle sourire, la physionomie de plus en plus mélancolique de ce règne expirant. Au mois d'août, la reine, déjà malade, ressentit les premières atteintes d'une fièvre qui exerçait alors de grands ravages. Elle se fit transporter immédiatement de Hampton Court au palais de Saint-James, le centre du gouvernement. Elle languit encore trois mois et ne sortit plus de sa chambre.

On arriva ainsi à l'automne. La session du Parlement s'ouvrit le 5 novembre. Il n'y eut d'important qu'une demande de subsides, présentée le 14 aux deux Chambres réunies, pour la continuation de la guerre contre la France et l'Écosse. Elle ne rencontra pas un accueil favorable, et on l'ajourna, tant les progrès du mal chez la reine étaient manifestes.

Une question beaucoup plus grave eût été celle de la succession; mais elle était décidée à l'avance. Les droits d'Élisabeth, appuyés sur le testament de Henri VIII et sur un bill antérieur non abrogé, défiaient toute contestation, tant le peuple anglais était déclaré pour elle. Marie ne les fit pas sanctionner de nouveau par les Chambres. Mais, de fait, elle traita sa sœur comme son héritière. Plus encore : le 6 novembre, sollicitée de désigner Élisabeth, elle y consentit volontiers, à ce que nous apprend une dépêche de l'espagnol Dasson Levile, que Philippe II avait laissé auprès d'elle pour le représenter [1]. Elle recommanda deux choses seulement, de payer ses dettes personnelles et de maintenir la religion telle qu'elle l'avait rétablie. C'était l'une de ses dames d'honneur, Jane Dormer, qu'elle avait chargée, près de la future reine, à la fois de cette mission et du soin de lui remettre des joyaux qu'elle conservait habituellement par devers elle. Élisabeth protesta presque avec emportement de la sincérité de sa foi orthodoxe ; elle priait Dieu, se récria-t-elle, que la terre s'entr'ouvrît et l'engloutît toute vivante, si elle n'était pas une vraie catholique romaine [2].

Faudra-t-il s'étonner qu'au lieu de ce récit, qui prend Élisabeth en flagrant délit de simulation, un autre récit, tout contraire, épique et triomphant, ait été substitué dans l'histoire en passant par la légende ? D'après une lettre d'Edwin Sandys, l'un des réformés anglais réfugiés alors en Allemagne, à Bullinger, qui habitait Zurich, Marie aurait fait savoir à sa sœur, par deux membres du Conseil, son intention de lui léguer la couronne, en y mettant trois conditions : 1° qu'elle ne changerait rien à la composition actuelle du Conseil privé ; 2° rien à

---

1. *De lo qual se manifestó S. M. muy contenta.* Dépêche du conseiller Dasson Levile, 7 novembre 1558, dans les *Memorias de la Real Academia de la Historia*, t. VII, p. 253, par M. Gonzalez, Madrid, 1832. Levile a peut-être exagéré la satisfaction de Marie ; toujours est-il qu'elle ne résista pas. Quelques auteurs, dont M. Froude, t VI, p. 524, rapportent ce que fut le comte de Feria, qui obtint de Marie cette déclaration en faveur d'Élisabeth. Mais le comte n'arriva à Londres que le 9 novembre, donc trois jours après la déclaration de la reine. Il est regrettable que Dasson Levile, en indiquant le fait et sa date précise, ne désigne pas les personnes qui décidèrent Marie

2. Lingard, d'après les *Mémoires* de Jane Dormer. Jane avait épousé le comte de Feria, dont nous allons parler bientôt. Elle se retira ensuite en Espagne avec son mari.

la religion ; 3° qu'elle payerait ses dettes. Élisabeth aurait répondu : « Je suis très-affligée de ce que vous me dites de la maladie de la reine ; mais il n'y a pas de raison pour que je la remercie de me transmettre la couronne de ce royaume, car elle ne peut pas plus me la conférer que me l'ôter légalement, puisque c'est mon droit personnel et héréditaire. En ce qui est du Conseil, je me crois aussi libre de choisir mes conseillers qu'elle les siens. Pour la religion, je promets de n'y rien changer, pourvu que l'on me prouve qu'elle est conforme à la parole de Dieu, ma seule base et ma règle unique. Quant à ses dettes, rien de plus juste que de les payer ; je m'y emploierai de mon mieux [1]. »

On peut opposer à ce récit, d'abord que Sandys, de même que Foxe, l'auteur du *Martyrologe*, n'habitait pas l'Angleterre à cette époque. Il vivait à Strasbourg, d'où il écrivit cette lettre à Bullinger, le 20 décembre 1558, et il ne donne pas la source de ses informations [2]. Jane Dormer, au contraire, était au palais, très-avant dans la confiance de la reine ; son honnêteté ajoute un grand poids à son témoignage. La hautaine déclaration de principes que Sandys prête à Élisabeth est en contradiction avec la prudence fine et consommée de cette princesse. Elle aurait risqué de pousser à un éclat sa sœur, ranimée par l'indignation. Elle se serait privée certainement de la bonne volonté de Philippe II, à laquelle elle attachait une très-haute importance, ne fût-ce que pour se couvrir du côté de Rome. Catholique, elle l'était publiquement et assidûment. Comment croire que, dans une situation toujours délicate, elle ait tenu un tel langage de bravade, si

---

[1]. Miss Agnès Strickland, *Elizabeth*, p. 129 ; *Zurich letters*, publiées par la Société Parker, 1842, t. I, p. 3.

[2]. Six semaines après l'avénement d'Élisabeth, il reprit le chemin de l'Angleterre, où il débarqua le 13 janvier 1559. Élisabeth le nomma de son Conseil et l'un des théologiens qui préparèrent la réformation de l'Église du royaume ; elle le fit successivement évêque de Worcester, de Londres, archevêque d'York.

déterminément hostile, elle qui, une fois reine, acclamée par l'enthousiasme public, persévéra d'abord dans le culte catholique et ne s'en affranchit, par degrés, qu'après s'être assurée que le terrain ne lui manquerait pas sous les pieds?

Cependant, sur un avis de Dasson Levile, Philippe II avait résolu d'envoyer à Londres le comte de Feria [1], celui des seigneurs de sa suite qui avait plu davantage aux Anglais et qui, pour ce motif, pouvait exercer la plus utile influence, qu'il s'agît soit de la continuation de l'alliance entre l'Angleterre et la Flandre, soit peut-être de quelque projet de mariage pour Élisabeth ; car on parlait communément, disait Levile, des comtes de Westmoreland et d'Arundel, des princes de Suède et de Danemark [2]. Philippe, à l'égard de sa belle-sœur, persistait toujours dans son plan de conduite affectueuse. Récemment encore, à l'occasion de la mort de son père, le grand Empereur, dans sa retraite de Saint-Just (21 septembre 1558), il avait eu avec elle un échange de lettres de condoléance [3]. Aussi, en faisant partir sans tarder le comte de Feria, lui prescrivit-il, entre autres choses, d'appuyer les droits d'Elisabeth à la couronne.

Feria arriva à Londres le 9 novembre 1558 [4]. La reine était à l'extrémité ; les médecins espagnols et anglais avaient déclaré que ses jours étaient comptés. Elle accueillit l'envoyé avec joie ; mais elle n'eut pas la force de lire la lettre de son mari, qu'il lui présentait. Au sortir de cette triste entrevue, Feria fit réunir le Conseil privé. Là, il commença par entretenir les lords de l'état des négociations ouvertes avec la France pour la paix ; et, remarquant la présence de Mason, grand confident

1. Don Gomez Suarez de Figueroa, comte, plus tard duc de Feria en 1567.
2. *Memorias...*, t. VII, p. 52.
3. Leti a donné la réponse supposée d'Élisabeth. Nous ne la reproduisons pas, Leti n'indiquant jamais ses sources.
4. Les extraits de sa correspondance avec le roi se trouvent dans les *Memorias de la Real Academia de la Historia*, t. VII, p. 254 et suiv., par Tomas Gonzalez.

d'Élisabeth, il s'étendit sur la satisfaction que le roi éprouverait en apprenant que la succession était réglée en faveur de cette princesse : son maître avait toujours désiré qu'il en fût ainsi ; même il avait été d'avis que cela se décidât plus tôt, et, en témoignage de ses bonnes dispositions, il avait ordonné au comte d'aller la visiter de sa part, d'agir avec elle comme avec sa bonne sœur, de la servir, de lui rendre tous les bons offices en son pouvoir pour l'aider à entrer en possession de la couronne ; de la garantir enfin du trouble et de l'inquiétude qu'on avait lieu de craindre, d'après les intrigues et les prétentions que certains ennemis du royaume et d'Élisabeth travaillaient à faire prévaloir auprès de la reine [1].

La chaleur de ces protestations, d'ailleurs sincères, n'émut point le Conseil, pas plus que l'appât de recouvrer Calais ne lui donna de goût à continuer la guerre, dans l'état d'épuisement et de crise où l'Angleterre se trouvait. Préoccupés peut-être d'eux-mêmes plus que des grandes affaires de l'Etat, et de ce qu'Élisabeth allait faire de chacun d'eux, les lords ne prêtèrent à Feria qu'une oreille distraite, comme on écoute, dit-il, le porteur des bulles du feu pape.

Le lendemain, 10 novembre, il se rendit près d'Élisabeth elle-même, alors au château de lord Clinton, amiral d'Angleterre, à treize milles de Londres. Leur entretien est très-intéressant. Élisabeth, lorsqu'elle délibérait ou écrivait, était ordinairement circonspecte, dissimulée, énigmatique. Souvent, son langage s'enveloppait d'un voile difficile à percer. Mais, en présence d'un interlocuteur, elle ressemblait à ces combattants qui, d'abord d'intention calmes et maîtres d'eux-mêmes, n'ont pas plus tôt senti le fer, qu'ils s'engagent fiévreusement et se découvrent à l'adversaire. Dans la suite, ses ministres s'en plaignirent entre eux et à elle-même plus d'une fois ; mais elle oubliait d'abord leurs leçons. Son accueil au comte de Feria fut courtois, moins

---

1. *Memorias...*, p. 253. Nous ne trouvons pas dans les extraits de M. Gonzalez l'explication de cette dernière phrase.

cordial cependant que d'habitude. Après le souper qu'il partagea en tiers avec elle et lady Clinton, le noble Castillan aborda l'exposé des bonnes intentions du roi. Il se servait de sa langue maternelle. Comme il y avait là quelques dames ne connaissant pas l'espagnol, Élisabeth le pria de s'exprimer en anglais. « Je serais heureux, répondit-il, que le monde entier pût entendre ce que j'ai à dire. » Élisabeth, parlant à son tour, manifesta sa vive gratitude de la mission que le comte avait à remplir auprès d'elle ; puis elle ajouta qu'elle était tenue grandement au roi : 1° parce qu'elle savait que, dans le temps où elle était en prison, il l'avait protégée et favorisée puissamment ; 2° à cause de l'antique amitié qui avait existé sans interruption entre les maisons de Bourgogne et d'Angleterre [1] ; 3° parce que, tant par le comte que par don Diego de Azevedo et don Alonso de Cordoba, le roi lui avait envoyé l'assurance qu'il lui serait toujours bon ami.

Cette sorte d'expansion enhardit Feria à s'engager plus avant. Il discourut beaucoup pour persuader à son interlocutrice que la déclaration de son droit à la couronne n'était l'œuvre ni de la reine ni du Conseil, mais uniquement du roi. A ces mots malsonnants, elle sentit le feu courir dans ses veines. Sous l'aiguillon de la fierté blessée et, sans doute, sous l'intuition du danger auquel elle exposerait sa future indépendance en acceptant une pareille dette envers un roi étranger, elle qui ne se reconnut jamais l'obligée de qui que ce fût, elle se récria que c'était le peuple, dont les masses étaient tout entières de son côté, qui l'avait portée à la situation où elle était ; elle ne devait rien au roi, rien à la noblesse du royaume, quoique tous les seigneurs lui eussent envoyé promesse de fidélité. Quelle claire notion du fond des choses ! Oui, dans le peuple, surtout celui de Londres, était sa force. Comment l'aurait-elle oublié, lorsque déjà dix

---

1. On sait que Philippe II descendait, à la troisième génération, de Marie de Bourgogne, fille unique et héritière de Charles le Téméraire, mort en 1477.

années auparavant, à la fleur de ses quinze ans, elle préservait si nettement sa popularité contre les manœuvres du duc de Somerset, comme un trésor précieux entre tous ?

Animée par la parole, entraînée en quelque sorte par le sentiment du triomphe imminent et le ressouvenir de ses disgrâces, elle ne prit plus la peine de dissimuler ses griefs contre sa sœur. Elle se mit à les commenter avec force plaintes sur les mauvais traitements dont elle avait été l'objet. Elle s'irritait aussi qu'on ne lui eût jamais rien donné au delà des trois mille livres assignées pour son entretien [1], tandis qu'on avait, à sa connaissance, disait-elle, prodigué l'argent au roi. Feria répondit par des dénégations. Cependant, s'il était vrai que Philippe avait dépensé des sommes énormes en Angleterre, c'était aussi un fait que la reine lui avait donné en une fois sept mille livres et des joyaux de prix pour payer quelques troupes allemandes [2].

De là, elle passa en revue les personnages principaux du Conseil et du royaume, sans cacher ses sympathies ni ses antipathies, s'exprimant en termes favorables, peut-être calculés,

---

1. Henri VIII avait, par testament, assigné une pension de trois mille livres sterling à chacune de ses deux filles. Marie s'en était toujours contentée ; il n'y avait pas de bonne raison pour qu'Élisabeth ne fît pas de même. D'ailleurs tout ce que Marie aurait assigné au delà n'eût servi qu'à grouper autour de sa sœur les mécontents en plus grand nombre. Les Vénitiens nous apprennent qu'il n'y avait pas un noble d'Angleterre qui n'ambitionnât une place pour lui-même, pour un fils ou un parent, au service d'Élisabeth. Elle se débarrassait de ces obsessions rassurantes et flatteuses, mais incommodes, en alléguant sa pauvreté, que l'on ne manquait pas de déplorer à la ronde. A force de se complaire dans ce grief contre l'avarice malveillante de sa sœur, elle finit par y croire.

2. On ne voit pas clairement si cette dernière indication (*Memorias...,* p. 256) appartient à M. Gonzalez, l'auteur de ces extraits de la correspondance du comte de Feria, ou à la correspondance elle-même. Quelques écrivains l'ont placée dans la bouche de l'envoyé castillan, et même n'ayant pas lu sans doute le passage jusqu'au bout, c'est-à-dire jusqu'aux troupes allemandes, ils ont cru que Feria répliquait à Élisabeth que c'était elle qui avait reçu les sept mille livres d'extraordinaire et les bijoux. M. Jos. Stevenson avait soupçonné, d'après les chiffres un peu élevés de la dépense de Marie, à certaines époques où elle vivait avec la plus stricte simplicité, que les paroles d'Élisabeth n'étaient pas dépourvues de fondement (*Calendar foreign, Élizabeth,* t. II, préf., p. XVI et note).

sur le chancelier Heath, archevêque d'York. Son langage fut particulièrement bienveillant, d'après des motifs divers, pour Paget, Petre, Mason, le Dr Wotton, Clinton, William Howard, lequel, dit le comte, recevra honneur et récompense, pour lord Grey et le comte de Sussex, qu'elle estimait en qualité de vaillants soldats. Elle parla avec un rire moqueur des prétentions du comte d'Arundel à sa main. Puis la contre-partie du tableau : comment elle était peu satisfaite du comte de Pembroke et de l'évêque d'Ely ; très-mécontente du grand chambellan et du trésorier. Mais, surtout, elle donna carrière à sa rancune contre le cardinal Pole ; il ne l'avait jamais envoyé visiter, ni ne lui avait jamais rien fait dire ; et elle raconta les ennuis dont il l'avait abreuvée. Feria essaya de la calmer, sans faire semblant qu'il voulût défendre le cardinal. Il lui représenta en termes généraux qu'il importait à l'intérêt de son service, du bon gouvernement et de l'établissement de ses affaires, de ne pas montrer d'esprit de vengeance ni de colère contre personne ; que, pour les choses de religion, rien ne serait plus fâcheux que de manifester de tels sentiments, parce que tous espéraient en elle une femme pleine de bonté et une princesse catholique ; et que, si elle abandonnait Dieu, Dieu et les hommes l'abandonneraient. Élisabeth se contenta de répliquer qu'elle voulait seulement que tels membres du Conseil connussent qu'ils avaient mal agi envers elle ; d'ailleurs, elle leur pardonnait [1].

Il fut question aussi de la peine que le roi s'était donnée pour la marier avec le duc de Savoie ; mais elle savait, dit-elle, que la reine avait perdu l'affection du royaume pour avoir épousé un étranger. Parole à retenir. Le comte répondit sur cet article assez froidement et en termes généraux [2].

---

1. *Memorias...*, p. 255, 256.
2. Il s'en entretint ensuite avec lord Paget en termes plus catégoriques. Mais celui-ci dit qu'il ne comptait pas se mêler de marier Elisabeth ; il avait fait le mariage de la reine Marie avec le roi, et la chose avait mal tourné. Le comte répondit que, bien qu'il n'eût pas apporté en Angleterre l'ordre d'aborder une telle question, il n'y avait pas de doute qu'elle ne se posât,

Cependant, malgré l'abondance et le laisser-aller de ces propos familiers, l'ambassadeur s'aperçut aisément qu'ils n'étaient pas sans réticence. Certains noms, que tout le monde prononçait, ne sortirent pas des lèvres d'Élisabeth : c'étaient ceux des hommes à qui elle voulait le plus de bien. Mais leur participation aux complots des cinq dernières années, ou bien le soupçon d'hérésie les avait compromis, comme le comte de Bedford, Throgmorton, Pierre Carew, sir John Harrington, homme entendu, mais abominable [1], dit Feria ; et sir William Cecil. C'était lui, disait-on au comte, qu'elle destinait au poste de secrétaire d'État ; il était plein d'intelligence et de capacité, mais entaché d'hérésie. Ce mot d'hérésie résonne sans cesse sous la plume de Feria, à propos d'Élisabeth. Hérétiques également, les femmes dont elle s'entourait de préférence. Hérétiques, traîtres, il n'y en avait pas un, dans tout le royaume, qui ne surgît comme du tombeau pour venir à elle, transporté de joie [2].

A l'attitude de cette princesse, il comprit clairement qu'elle

si la reine venait à mourir (*Memorias*, p. 256, 257). Elle se posa en effet, aussitôt la reine expirée. On comprend que Philippe tînt à garder l'Angleterre dans ses intérêts. Mais, suivant son caractère, il hésita et ne dessina pas sa pensée, tellement qu'aujourd'hui même on pourrait se demander si d'abord il ne lui était pas indifférent que ce fût lui, ou son cousin l'archiduc d'Autriche, que la nouvelle reine préférât. Il ordonna cependant à son représentant à Londres de sonder le terrain et d'y mettre la plus grande prudence, tant il redoutait l'impopularité attachée à son nom. Feria et ses agents, entre autres finesses pour ouvrir la voie aux pourparlers, imaginèrent de faire croire à la reine Élisabeth et à ses ministres que le motif pour lequel la feue reine l'avait maltraitée, c'est qu'elle était jalouse de son mari, s'étant aperçue qu'il avait pour sa belle-sœur de tout autres yeux que pour elle-même. Philippe désapprouva cet artifice et prescrivit de se borner au motif que les intérêts des deux puissances conseillaient le mariage (*Memorias...*, t. VII, p. 259, 260). Il est très-probable que nous tenons ici l'origine première de l'histoire si répandue et si fausse de la passion de Philippe II pour Élisabeth, du vivant de Marie. Il faut avouer que de tels parrains devaient lui procurer créance ; seuls, les papiers authentiques pouvaient la détruire. Ceci se passa, bien entendu, après la mort de Marie.

1. *Endiablado*.
2. *Memorias...*, p. 255.

ne se laisserait gourverner par personne [1]. Doué, lui aussi, d'une grande pénétration, il la dépeignit en peu de mots : « Elle joint la finesse à une très-grande vanité. On doit lui avoir prêché beaucoup la manière d'agir employée par son père. J'ai grand'-peur qu'en matière de religion elle ne pense pas bien, car je vois qu'elle incline à gouverner par les hommes qu'on regarde comme hérétiques [2]. » On pourrait dire que le règne d'Élisabeth est dans ces quelques lignes.

Quant aux seigneurs de la cour, Feria partage sur eux la mauvaise opinion de Renard et de Noailles : la plupart des lords du Conseil et des autres lords sont à vendre au plus offrant [3].

Élisabeth se sentit devinée et mal à l'aise en présence du sagace étranger. Devenu défiante, elle se renferma dans une extrême réserve. Aussitôt reine, elle se plaignit du comte de Feria, hautain, disait-elle, comme un véritable Espagnol, et déclara qu'elle serait charmée qu'un autre ambassadeur vînt prendre sa place [4].

Philippe fut donc informé très-exactement des dispositions de sa belle-sœur, ainsi que de l'état de la cour et de l'opinion. Il y trouvait peu d'encouragement pour les vues toutes politiques qu'il pouvait former ultérieurement sur Élisabeth; ultérieurement, car il est du devoir de l'historien de lui rendre cette justice qu'il fut loyal à Marie jusqu'au bout, et qu'il ne donna pas le spectacle révoltant d'une recherche incestueuse, à côté et au mépris de la mourante.

Feria instruisit sans doute le cardinal Pole de l'âpre langage auquel la princesse s'était laissée emporter sur son compte. Le

---

1. *Memorias...*, p. 255.
2. *Id.*, p. 254.
3. *Id.*, p. 257.
4. *Memorias...*, p. 260. Feria, de son côté, ne fut pas moins empressé à demander son rappel, qu'il obtint le 8 mai 1559. Pourtant le 21 mai, à son départ, Elisabeth lui remit une lettre où elle se louait de lui (*id.*, p. 271).

cardinal s'était alité en même temps que Marie et, comme elle, pour ne plus se relever; sentant sa fin imminente, il essaya d'apaiser Élisabeth et de l'affermir dans la foi catholique. Le 14 novembre, il lui envoya à Hatfield, où elle était rentrée, le doyen de Worcester, son chapelain, porteur d'un message de sa main et muni, comme lettre de créance, d'un billet dans lequel Pole disait que, au moment de quitter ce monde, il désirait n'y laisser que des personnes satisfaites de lui, particulièrement Sa Grâce [1]. Qu'y avait-il dans la lettre à Élisabeth? Le contenu en est demeuré inconnu jusqu'ici. Nous trouvons, dans les papiers inédits des Noailles, qu'il lui faisait savoir qu'il n'y avait plus d'espérance de vie pour la reine; et, après que le Seigneur aurait fait de cette princesse à sa volonté, il priait celle qui allait succéder de veiller au maintien de la religion. Élisabeth répondit : « Si c'est la volonté de Dieu que je parvienne à cette dignité, ma volonté n'est autre que de tenir la bonne religion de ma sœur, à laquelle Dieu donne prospérité. » Elle ajouta quelques paroles de regret pour le cardinal, « se montrant fort joyeuse toutefois », dit le narrateur [2].

1. Froude, t. VI, p. 526.
2. *Advis d'Angleterre portés par M. Claude*, sans date. *Arch. aff. étr.*, Angleterre, 1559-1560, t. IV, fol. 5, v°. Originaux. Pole mourut le même jour que Marie, douze heures après elle.

XXXI

LE PORTRAIT ET LE CARACTÈRE D'ÉLISABETH

Hatfield, jusque-là demi-prison, sous la surveillance d'un pouvoir adouci maintenant, mais toujours prêt à s'alarmer, avait pris en quelques heures l'aspect du palais et regorgeait de courtisans [1]. C'étaient les premières clartés de ce jour tant désiré, jour d'affranchissement et de revanche, où, gravissant en sûreté les marches du trône, dont l'appât avait failli lui coûter si cher, elle allait s'épanouir enfin dans la possession magnifique du rang suprême. Pourtant elle ne put se défendre de penser à celle qui, reine encore, déjà ne comptait plus aux yeux des hommes, parce qu'elle se mourait; elle entrevit ce lit solitaire, cette chambre où quelques rares serviteurs, subissant peut-être à regret les devoirs d'une fidélité importune, assistaient la souveraine expirante. Elle frémit; car, avec la force et la portée de son esprit, elle sentit la profondeur d'une telle leçon. Le même tableau d'isolement à son heure suprême, d'hypocrisie chez de faux amis épiant son dernier souffle, d'empressement joyeux autour de l'héritier impatient, se déroula

---

[1]. Les mêmes *Advis* des Noailles parlent de cinq à six mille personnes, fol. 6, v°.

devant ses yeux. Dans la suite, il revint plus d'une fois l'épouvanter au milieu de sa gloire comme un fantôme [1].

L'art semble avoir résumé en une page ce prologue d'un règne éclatant, cette *Jeunesse d'Élisabeth*, dont nous achevons ici l'histoire. Parmi les portraits des personnages historiques qui jettent un vif intérêt sur les galeries de Hampton Court, il en est un dans lequel un peintre du XVIe siècle, Lucas de Heere, paraît avoir voulu exprimer les émotions poignantes où se consumèrent les vingt-cinq premières années d'Élisabeth [2]. Au sein d'une forêt solitaire, sous un arbre chargé de fruits, autour duquel voltigent des oiseaux d'un riche plumage, une grande jeune fille s'avance de face, par un mouvement à la fois vif et retenu. Elle porte une robe de soie blanche, dont les dessins représentent des fleurs et des oiseaux. Sa coiffure consiste en un haut bonnet blanc, de forme conique à la mode persane, orné d'œils de paon, et d'où tombe à gauche un long voile noir. Des rangs de perles (à ce bijou, reconnaissons Élisabeth) s'enroulent au poignet droit; une chaussure bleu de ciel, ruisselante de perles, vient coquettement provoquer le regard (Élisabeth aimait qu'on admirât la finesse de son pied, comme celle de sa main) : le tout, dit costume de fantaisie [3], très-singulier en effet pour la scène agreste où il figure.

---

1. Lorsqu'à son tour vint le moment où on la pressa de désigner son héritier, elle dit qu'elle ne voulait pas suivre l'exemple de sa sœur, et envoyer à son successeur tout ce monde qui était venu lui faire visite à Hatfield. (Miss Agnès Strickland, *Elizabeth*.)

2. Ce tableau, attribué précédemment à l'Italien Federigo Zucchero (1543-1616), qui vint en Angleterre en 1574 et y séjourna peu de temps, est considéré, dans le Catalogue actuel, comme l'œuvre certaine de Lucas de Heere, de l'école flamande. Cet artiste, natif de Gand (1534-1584), fit en Angleterre le portrait d'un grand nombre de personnages, parmi lesquels on cite Jane Grey, Henri Darnley, qui fut l'époux de Marie Stuart, etc. Rangé d'abord sous le n° 299, le portrait d'Élisabeth a reçu le n° 349 dans le dernier classement du musée de Hampton Court. Il est à remarquer que cette œuvre très-originale est en quelque sorte inédite, n'ayant été reproduite ni par la gravure ni par la photographie.

3. *In a fancy dress.*

LE PORTRAIT ET LE CARACTÈRE D'ÉLISABETH 385

Cette jeune femme, égarée ainsi dans la campagne sous un attirail bizarre, penchée aux écoutes, l'œil fixe et brillant, avisé et inquiet, fouille l'espace devant elle, comme si elle interrogeait le mystère de l'avenir. Sa main droite s'abaisse doucement sur un cerf qu'elle couronne de fleurs; l'animal, docile à ses caresses, baisse la tête en pleurant. Des devises, respirant la tristesse et la plainte contre l'injustice, se lisent sur le tronc de l'arbre [1]. Mais ce qui achève de fixer le sens du tableau, c'est une élégie inscrite sur une sorte d'écusson qui en occupe la partie inférieure. Elle a été attribuée à Spenser; toutefois on s'accorde à la regarder comme l'œuvre d'Élisabeth elle-même. Sans doute cette princesse n'en aurait pas désavoué le style prétentieux et obscur :

« L'inquiète hirondelle est l'image de mon inquiet esprit, en butte à l'injustice toujours renaissante, toujours renouvelée; sa juste plainte sur l'inhumaine cruauté est toute la musique qui accompagne ma vie. Morne est ma pensée en couronnant mon cerf qui pleure, lui dont les tristes larmes expriment mon souci. Ses pleurs silencieux et mes soupirs inconnus, voilà les seuls remèdes qui soulagent mes maux. Tout mon espoir était dans ce bel arbre; je le plantai avec amour; je l'élevai avec sollicitude : vains efforts, car maintenant, je le vois trop tard, les coques seront pour moi, les amandes pour autrui. Que ma musique soit donc la plainte; mon remède, les larmes; si c'est là tout le fruit que doit porter l'arbre que j'aime [2]! »

---

1. Ces devises ou *mottoes*, dont le goût était très-répandu alors, sont de haut en bas : *Injusti justa querela*. — *Mea sic mihi*. — *Dolor est medicina ad tori*. — Jusqu'ici, elles sont restées inexpliquées.

2. Il y a quatorze vers ; les voici :

> The restless swallow fits my restless minde,
> In still revivinge, still renewinge wrongs ;
> Her just complaint of cruelty unkinde
> Are all the musique that my life prolonges,
> With pensive thought my weeping stagg I crowne,
> Whose melancholy tears my cares expresse;
> Hes teares in silence, and my sighes unknown,
> Are all the physicke that my harms redresse.

Tout en s'apitoyant sur les poétiques douleurs de l'héroïne, il n'est pas interdit de sourire de sa préoccupation très-positive de coques et d'amandes. La date précise de cette curieuse peinture n'est pas donnée. Probablement elle est postérieure à l'avénement d'Élisabeth. Mais nous ne croirons pas forcer les vraisemblances en supposant qu'alors, maîtresse du trône, au faîte de la grandeur, elle prit plaisir à faire représenter symboliquement, par l'image de la première partie de sa vie, le contraste de ses destinées [1].

Jamais au reste enseignement politique, si âpre qu'il fût, ne s'était adressé à une intelligence plus capable de le mettre à profit; ou, comme dit très-bien M. Joseph Stevenson, « une tragédie du sens le plus profond s'était jouée par-devant Élisabeth, comme si elle n'avait eu d'autre objet que de l'instruire. Elle s'était familiarisée avec chaque personnage du drame; elle en avait étudié pas à pas l'intrigue, depuis la scène d'exposition jusqu'au dénouement et les ressorts qui l'avaient amené.... La voix du peuple tout entier d'Angleterre avait parlé avec de tels accents, qu'elle dut retentir encore à ses oreilles longtemps

> My only hope was in this goodly tree,
> Which I did plant in love, bring up in care;
> But all in vaine, for now to late I see
> The shales be mine, the kernels others are.
> My musique may be plaintes, my physique tears,
> If this be all the fruite my love-tree beares.

[1]. On sait qu'Horace Walpole s'est moqué, non sans raison, des portraits d'Élisabeth reine : « Nez aquilin pâle, tête toute en cheveux, chargée de couronnes et poudrée de diamants, vaste fraise, vertugadin plus vaste, perles à boisseau, voilà ce qui fait reconnaître à l'instant les portraits d'Élisabeth. » Soit ; mais elle est reconnaissable aussi à des traits plus dignes de sa renommée. La figure est régulière ; le nez, légèrement arqué, effilé ; les lèvres, minces et serrées ; le menton, court et fin ; le front, haut, dégagé. Les yeux, sous une arcade sourcilière à large ouverture, sont clairs et intelligents. L'ensemble, même avec le blond ardent de la chevelure, ne manque pas d'agrément. La physionomie répond aux brillantes facultés et aux limpides qualités d'esprit de la femme qui, dès sa plus tendre enfance, excita sous ce rapport l'étonnement et l'admiration. Mais le tout est singulièrement froid. L'âme, le cœur sont absents. On est frappé de l'expression impérieuse et renfermée de quelqu'un qui a beaucoup observé, qui a rongé son frein à l'école de l'expérience.

après que Marie avait disparu de cette terre. Les cœurs populaires avaient battu comme un seul cœur; Élisabeth en avait senti les pulsations. Elle avait eu le temps d'étudier le tempérament de sa nation, ce qu'elle pourrait supporter, ce qu'elle ne souffrirait pas, les sacrifices qu'elle saurait faire, les concessions qu'elle demanderait [1]. »

Mais, disons-le, en s'instruisant dans la science du chef d'État, elle n'était pas de ces créatures d'élite que l'épreuve épure et agrandit. Tandis que cette école, si prodigue d'angoisses pour ses jeunes années, lui avait fortifié et affilé l'entendement, le cœur s'y était étrangement resserré et endurci. Il y eut encore en elle ce phénomène singulier, dont nous avons noté plus d'un exemple, qu'à aucun moment de sa vie elle ne parut avoir conscience du droit d'autrui ni de ses propres torts, tant sa personnalité était entière et absolue. Intraitable dans son for intérieur quand elle pliait extérieurement avec le plus d'humilité, et souvent même alors, sans égard au péril, exhalant un rugissement de colère et de menace, toujours elle ressentit comme des injures gratuites la répression ou la riposte que ses agressions provoquaient. La réciprocité du devoir et du droit ne put pas se faire jour dans cette conscience, toute orgueil et despotisme. Ne la verra-t-on pas, après avoir épuisé les complots contre le trône et la vie de Marie Stuart, et en la poussant vers l'échafaud, lui reprocher avec indignation ce qu'elle appellera ses bienfaits, c'est-à-dire le pain amer qu'elle lui mesurait d'une main avare dans l'inique captivité où elle la tortura vingt ans? Mais revenons aux derniers jours de sa sœur. « Sa vie, dit Heywood, avait été une guerre sans relâche. Elle était ainsi qu'un navire dans le milieu de la mer d'Irlande, où l'on ne peut rencontrer que fâcheux orages et flots soulevés par la tempête [2]. » De ce règne de Marie, elle sortit offensée à jamais, affamée de représailles, sourde aux inspirations de générosité et de pardon.

1. Joseph Stevenson, *Calendar foreign*, 1558, préf., p. lxxiv.
2. P. 168.

Ce qu'elle avait enduré dans cette lutte aurait pu l'attendrir sur les tortures morales de la captivité. Faire merci, quel droit plus enviable chez une reine qui a connu la souffrance! Au contraire, elle se rendit inaccessible à la clémence et même à tout sentiment d'équité. Les dénis de justice, réels ou prétendus, dont elle s'était plainte avec tant d'amertume, à son tour elle les infligera; les garanties, les moyens de justification qu'elle avait réclamés avec une éloquence si passionnée, comme le droit le plus sacré des accusés, elle les refusera impitoyablement, sans scrupule, à ses prisonniers. Tel le soldat, habitué à disputer sa vie, perd la pitié dans l'enfer des batailles.

Sa nature de lionne, comme elle se plaisait à la nommer, et dont elle fit montre de temps à autre avec une grâce redoutable, — détournons nos yeux des scènes sanguinaires, — était doublée d'un goût de dissimulation, que les circonstances avaient développée et dont elle se couvrit comme d'un bouclier quotidien, pendant ces trop longues années où elle se garda sous l'œil de ses ennemis. Ballottée sans cesse entre deux pôles, craindre et se rassurer, il lui demeura quelque chose de l'effarouchée de Lucas de Heere. Avec une volonté très-décidée au fond, elle sera sujette à des hésitations soudaines, à de brusques incartades d'épouvante, qui l'arrêteront court et déconcerteront ses ministres au milieu des entreprises les plus savamment combinées. Ombrageuse à l'excès, elle aura la défiance prompte, le bras lourd et terrible de ceux qui craignent. Malheur à qui soulèvera les graves compétitions de titres ou d'intérêts! Malheur à qui aura éveillé en elle le soupçon ou blessé sa vanité, sa coquetterie! Et si tout cela se rencontre chez une femme, que Dieu ait pitié d'elle!

Cependant, malgré ces funestes défauts qui devaient imprimer à sa mémoire des taches trop méritées, comment ne pas reconnaître qu'elle possédait pour le gouvernement des qualités de premier ordre, qui se lisent chez elle en traits éclatants dès sa jeunesse, le don du commandement, une pénétration surprenante, la prudence et l'énergie, le sang-froid aux heures de crise, une vigueur foncière d'esprit et de volonté qui ne permit jamais ni aux événements, ni à qui que ce fût, de prendre empire sur elle et de la gouverner dans le sens où les cours entendent ce mot? Arrivait-il qu'elle se sentît défaillir, bientôt l'orgueil, ferment de son caractère, réchauffait son courage et l'armait d'une puissance indomptable [1]. Moins intrépide que sa sœur, mais supérieure en intelligence, elle n'était pas exposée, comme Marie, à se trouver au dépourvu le jour où la couronne viendrait à lui échoir; et le pouvoir nouveau ne lui réservait pas non plus les surprises cruelles dont son aînée, qui jamais n'avait levé d'avance les yeux vers le trône, avait été abreuvée. Elle avait réfléchi; elle avait des idées, un système politique que nous avons vu éclore dans sa prison de Woodstock, quand, à l'aspect des grands arbres et des arbrisseaux, les premiers accaparant les rayons du soleil, les autres au-dessous d'eux, à peine visités de la lumière et des eaux du ciel, elle se représentait l'ambitieuse et envahissante aristocratie, et l'humble peuple frustré par celle-ci de sa part légitime dans les bienfaits de l'astre royal. La marche qu'elle avait à suivre lui était présente : caresser les communes, qui avaient été et demeuraient sa sauvegarde, élargir leur place dans l'État; pour les nobles, les courber sous une autorité inflexible selon les maximes de Henri VIII, maximes dont le comte de Feria avait pressenti qu'elle était imbue déjà. On peut avec certitude lui attribuer dès ce temps les principes dont Roger Ascham louait chez elle en 1562, quatrième année de son règne, la pratique invariable : « Facilement oublieuse de ses injures privées, elle maintient sévèrement la justice publique. Elle ne fait grâce d'aucun crime à personne; elle ne laisse à personne l'espoir de l'impunité; elle a retranché toute licence à tous. A chacun de ses actes, elle se remet devant les yeux le précepte de Platon,

---

[1]. En mai 1587, elle disait à M. de Châteauneuf, envoyé de Henri III, qu'elle avait « un corps de femme, accompagné d'un cœur d'homme. »

pour faire en sorte que, dans toute l'étendue du royaume d'Angleterre, ce soient les lois qui commandent aux hommes et non les hommes aux lois [1]. » En d'autres termes, elle se saisissait du rôle de *justicier*, ce rôle toujours populaire; et c'est une vérité, ajoutons-le, que, dans le métier de roi, son penchant la portait vers les devoirs rigoureux. Animée aussi du plus ardent patriotisme, — celui des bons sentiments peut être le plus susceptible d'alliage avec l'orgueil, — la superbe Élisabeth aimait passionnément la gloire de son pays; et, s'il y eût en elle quelque chose par-dessus l'immense satisfaction d'être reine, ce fut d'être reine d'Angleterre. « Je suis, disait-elle, la femme la plus anglaise du royaume. » Voilà ce que sentait le cœur du peuple; et telle est la source de l'impérissable reconnaissance que tout bon Anglais lui a vouée, comme de l'estime que l'étranger impartial ne saurait lui refuser. Il est beau d'aimer sa patrie.

En religion, on lui avait inculqué la Réforme dès sa plus tendre enfance. Puis, à l'âge de vingt ans, la contrainte l'avait convertie au catholicisme, conversion du bout des lèvres avec la haine au fond de l'âme. Là, dans cet abri inviolable du moi, elle conservait à la foi qu'elle avait dû abjurer un attachement d'autant plus fort, que celle-ci se liait à son indépendance personnelle, de même que, aux yeux de la masse du peuple, à l'indépendance nationale. Cependant elle ne s'y abandonnait pas à l'aveugle, avec un emportement de sectaire. L'instinct du pouvoir, son rang, lui avaient inspiré une antipathie invincible contre les principes calvinistes, destructifs de l'autorité royale. Elle ne voulait d'Église réformée que celle qui s'avouerait de la couronne et contribuerait à en accroître l'éclat et la solidité, comme sous Henri VIII. De cette pensée devait sortir, moins de cinq mois après le commencement de son règne, l'organisation de l'Église anglicane, avec sa dépendance du trône et sa hiérarchie épiscopale. Quant aux dogmes et à la liturgie, pas plus que

---

1. Lett. de Rog. Ascham à Sturmius, Londres, 11 avril 1562. *Ascham's Works*, t. II, p. 62, 63.

pour la discipline, Élisabeth, en se séparant du symbole catholique, n'était disposée à se jeter dans l'extrémité contraire; elle avait choisi la route moyenne, en combinant les principes d'Édouard VI et ceux de Henri VIII [1]. Encore quelques mois, et elle dira au comte de Feria qu'elle veut établir dans son royaume la confession d'Augsbourg ou quelque chose d'approchant ; qu'elle diffère fort peu des catholiques, puisqu'elle croit à la présence réelle dans le sacrement de l'Eucharistie; que, dans la messe, il y a trois ou quatre articles seulement qu'elle n'admet pas, et qu'elle pense se sauver aussi bien que l'évêque de Rome [2]. Il est à remarquer qu'elle retint toute sa vie certains usages et symboles de l'Église romaine, comme le crucifix, les cierges, les fêtes des saints, en dépit des plaintes et même des objurgations de ses théologiens attitrés [3]. On l'a taxée parfois de scepticisme et d'indifférence; cela n'est pas exact. Elle avait des croyances; elle se fit une religion à sa mode, mais sincère, sans trop s'asservir à son propre *Credo* officiel.

Enfin, nous ferons souvenir de l'immense et admirable trésor d'instruction qu'elle avait accumulé par d'infatigables études, avec les meilleurs maîtres de ces beaux temps de la Renaissance; de sa facilité et de son élégance à manier les langues savantes ou modernes; ce qui ne contribua pas peu à relever encore son prestige dans les grandes occasions. La culture de l'esprit se rehaussait en elle des dons qui ennoblissent l'extérieur de la fonction souveraine : passablement belle, de haute taille, la dignité de son attitude imposait. Avenante avec les petits comme avec les grands, et même de préférence avec les premiers, sans jamais se commettre [4], l'air ouvert, l'accueil plein de grâce, elle exerçait un charme irrésistible. Si parfaite

1. Jusques et y compris la persécution contre les catholiques et les dissidents.
2. Mai 1559. *Memorias...*, p. 270.
3. Miss Agnès Strickland, *Eliz.*, p. 644.
4. Lors de son entrée à Londres comme reine et de sa marche triomphale de la Tour à Westminster pour son couronnement, on remarqua

était son affabilité, tellement Élisabeth avait contracté l'habitude de se commander à elle-même, que ses serviteurs admis le plus avant dans sa familiarité vantaient jusque-là, parmi ses qualités essentielles, l'aménité, une merveilleuse douceur, un naturel débonnaire [1]. Cette bénignité et l'énergique protection qu'elle étendait sur eux, outre leurs communs sentiments de patriotisme jaloux et de religion, les mettaient en adoration devant elle. Ils se figuraient lire dans des vertus de décorum, qui se démentirent avec la possession du pouvoir, la véridique manifestation de l'âme. Aucun d'eux ne soupçonnait, et sans doute leur maîtresse elle-même l'ignorait encore, quels sombres abîmes cachait l'éblouissant cristal.

que ses plus aimables saluts et ses paroles les plus flatteuses étaient pour le menu peuple. Le comte de Feria en parle, *Memorias*, p. 258. Miss Agnès Strickland, *Elizabeth*, p. 140 et suiv.

1. On employait ce mot en français. Miss Agnès Strickland, *id.*, p. 114, 158. Joseph Stevenson, *Eliz. Calendar foreign*, II, préf., ix. Parmi ceux qui lui donnaient ces éloges chaleureux et sincères était Castiglione, son maître d'italien. Ascham, comme nous l'avons vu plus haut, la louait, en 1562, d'oublier facilement ses injures. Il est juste de dire qu'en effet elle ne se vengea d'aucun de ceux dont elle avait cru avoir à se plaindre du vivant de sa sœur. Miss Agnès Strickland, p. 134, rapporte un trait qui détonne quelque peu dans ce concert. Lorsque, après son avénement, elle composa son Conseil privé, elle y maintint par prudence certains catholiques zélés, que sir Nicolas Throgmorton voulait à toute force en exclure. « Par la mort-Dieu! coquin, s'écria-t-elle, je prendrai ta tête! » Pure plaisanterie assurément ; mais on pourrait gager qu'elle n'en aurait jamais eu l'idée avant le trône, et que ce langage lui vint alors tout naturellement par une vocation à la Tudor. La hache n'avait rien qui lui répugnât.

XXXII

AVÉNEMENT D'ÉLISABETH

Élisabeth attendait donc à Hatfield que Marie eût cessé de vivre. La nouvelle lui en fut annoncée tout d'un coup. Mais, toujours circonspecte, elle soupçonna un piége, une incitation à s'arroger la souveraineté prématurément, et craignit le naufrage au port. Alors elle donna ordre à sir Nicolas Throgmorton, l'un de ceux qui s'étaient le plus compromis pour elle dans les complots précédents, de courir au palais de Saint-James, et, si la reine était morte en effet, de requérir de l'une des dames affidées l'anneau émaillé de noir que cette princesse avait reçu de Philippe en l'épousant et qu'elle portait toujours au doigt. Tandis que l'émissaire brûlait la route, Marie rendait paisiblement le dernier soupir, le 17 novembre 1558, à la pointe du jour, au moment où le prêtre qui célébrait la messe auprès d'elle élevait l'hostie vers le ciel. Elle avait quarante-trois ans. Throgmorton n'était pas de retour à Hatfield que déjà une députation des lords du Conseil était venue annoncer à la seconde fille de Henri VIII qu'elle était reine. Toute préparée qu'elle fût à un événement dont la perspective ne lui offrait rien de triste, elle se sentit d'abord troublée et comme étourdie. Elle respira profondément, et, tombant à genoux, elle répéta les paroles du psaume : « Ceci est l'œuvre du Seigneur; elle est admirable à nos yeux [1]. »

Vingt-huit ans plus tard, la grande reine entretenait les envoyés de France, Châteauneuf et Bellièvre, des larmes que la mort de sa sœur lui avait coûtées. Mais, on en a fait la remarque, ce deuil fraternel, elle seule en parla jamais [2]. Que dire encore? Elle négligea d'acquitter les legs et les dettes de celle qui lui laissait une couronne; elle oublia de lui ériger un tombeau [3].

[1]. *Domino factum est istud, et est mirabile in oculis nostris.*
[2]. Miss Agnès Strickland, *Elizabeth*, p. 135. Teulet, *Relations politiques de la France et de l'Espagne avec l'Ecosse*, t. IV, p. 129, 140. Ambassade de L'Aubespine de Châteauneuf, 7 décembre 1586.
[3]. Madden, p. CLXVI. *Privy Purse Expenses of the princess Mary.*

FIN.

TABLE DES MATIÈRES

Préface.. v

ÉLISABETH PENDANT LE RÈGNE DE HENRI VIII.

Chap. I. — Enfance d'Élisabeth.

Naissance d'Élisabeth, 7 septembre 1533........................... 1
Disgrâce d'Anne Boleyn.. 2
Élisabeth frappée d'illégitimité; sa misère à Hunsdon.............. 3
Marie Tudor, sa sœur aînée, rentre en grâce auprès de Henri VIII.. 7
Élisabeth élevée avec son frère Édouard........................... 10
Disgrâce d'Élisabeth à dix ans.................................... 11
Mort de Henri VIII et avénement d'Édouard VI, janvier 1547........ 13

ÉLISABETH PENDANT LE RÈGNE D'ÉDOUARD VI.

Chap. II. — Élisabeth chez Catherine Parr. L'intrigue de Thomas Seymour.

Testament de Henri VIII. Édouard et Thomas Seymour au pouvoir.... 15
Élisabeth dans la maison de Catherine Parr....................... 18
Intrigue de Thomas Seymour pour renverser son frère Édouard, duc de Somerset.. 19
Il épouse Catherine Parr et cherche à compromettre Élisabeth..... 19
Mort de Catherine Parr. Thomas Seymour recherche Élisabeth....... 24
Colloque entre Thomas Seymour et lord Russell.................... 28

Chap. III. — L'enquête contre Élisabeth.

Arrestation de Thomas Seymour, janvier 1549, et des principaux serviteurs d'Élisabeth.. 31
Élisabeth placée sous la garde de sir Robert Tyrwhit............. 31

TABLE DES MATIÈRES

L'enquête faite par Tyrwhit. Incidents	32
Lettre d'Élisabeth au Protecteur, duc de Somerset, 28 janvier 1549..	34
Aveux de Thomas Parry et de Kate Ashley	37
Trouble d'Élisabeth; mais elle déconcerte Tyrwhit	37

Chap. IV. — Élisabeth et lady Tyrwhit.

Le Conseil remplace Kate Ashley par lady Tyrwhit auprès d'Élisabeth.	41
Colère de celle-ci	42
Deuxième lettre d'Élisabeth au Protecteur, 21 février 1549	44
Exécution d'Édouard Seymour, 20 mars 1549. Insensibilité apparente d'Élisabeth	47
Sa maladie. Elle se soumet à la direction de lady Tyrwhit et se réfugie dans l'étude	49

Chap. V. — Les études d'Élisabeth.

La renaissance des lettres en Angleterre	51
Études de Marie Tudor	52
Études d'Édouard et d'Élisabeth	54
William Grindall et Roger Ascham; lettre de ce dernier sur Élisabeth, 4 avril 1550	55
Autres dames illustres d'Angleterre	61
Édouard VI et les jeunes seigneurs de sa cour	62

Chap. VI. — La méthode d'enseignement.

Le *Scholemaster* de Roger Ascham	65
Barbarie dans les écoles, douceur d'Ascham	66
Sa méthode proprement dite	67

Chap. VII. — Derniers temps d'Édouard VI. Élisabeth a la cour.

Attachement d'Édouard VI pour Élisabeth	75
Le roi lui fait don de Hatfield	77
Le comte de Warwick renverse le Protecteur	77
Voyage d'Élisabeth et de Marie à Londres et à la cour, 17 et 18 mars 1551.	80
Vie simple et retirée d'Élisabeth; ses comptes	81
Le duc de Northumberland fait mettre à mort le Protecteur et transférer la couronne à Jane Grey	84
Mort d'Édouard VI, 6 juillet 1553	86

ÉLISABETH PENDANT LE RÈGNE DE MARIE TUDOR.

Chap. VIII. — Jane Grey proclamée. Avénement de Marie Tudor.

Usurpation du duc de Northumberland au nom de Jane Grey	89
Rivalité des ambassadeurs de France et d'Autriche	89
Marie Tudor réclame son droit	93

Chute de Jane Grey, 20 juillet 1553.................................. 93
Élisabeth se range du côté de Marie............................... 94

Chap. IX. — ANTAGONISME DE SITUATION ENTRE LES DEUX SŒURS.

Les deux sœurs.. 97
Marie met en liberté les prisonniers de la Tour, 3 août 1553........ 98
Antagonisme de naissance et de religion entre Élisabeth et Marie... 99
Élisabeth refuse d'aller à la messe.................................. 100
Elle cède et se convertit au catholicisme, 8 septembre 1553......... 102

Chap. X. — ÉLISABETH AU COURONNEMENT DE MARIE TUDOR.

Fêtes du couronnement, 30 septembre et 1ᵉʳ octobre 1553. Rôle
    d'Élisabeth... 105
Le Parlement légitime le mariage de Catherine d'Aragon. Colère
    d'Élisabeth... 110
Le calvinisme supprimé, 8 novembre 1553. Germes de troubles...... 111

Chap. XI. — LA QUESTION DU MARIAGE DE MARIE TUDOR. NOAILLES ET RENARD.

De toutes parts, Marie est sollicitée de se marier.................. 115
Renard, ambassadeur de Charles-Quint, prépare les voies en faveur
    de Philippe d'Espagne... 116
Édouard Courtenay, le candidat national............................. 118
Noailles, ambassadeur de Henri II, soutient Courtenay............... 121
Marie traite Courtenay favorablement................................ 122
Intrigues opposées des deux ambassadeurs........................... 123
Le chancelier Gardiner protége Courtenay............................ 128
Froideur de la reine... 129
Dissipation de Courtenay... 129

Chap. XII. — MARIE TUDOR CHOISIT PHILIPPE D'ESPAGNE.

Charles-Quint se décide à proposer son fils........................ 131
Surprise, hésitation de Marie, 10 octobre 1553...................... 132
Courtenay proteste qu'il ne songe à épouser ni la reine ni Élisabeth.. 134
Marie pense à le marier à l'étranger................................ 135
Nouveaux efforts de Renard ; le portrait de Philippe par le Titien... 135
Démarche inutile de Gardiner en faveur de Courtenay, que Marie
    réhabilite néanmoins, 20 octobre................................ 137
Courtenay se réforme tardivement................................... 138
Manœuvres de Noailles au Parlement................................ 138
Marie se fiance secrètement à Philippe, 29 octobre 1553............ 140
Elle déconcerte l'opposition du Parlement et du chancelier, 8 novembre. 143

Chap. XIII. — LA PRÉTENDUE JALOUSIE DE MARIE CONTRE ÉLISABETH.

Le roman de la jalousie de Marie au sujet d'Édouard Courtenay.... 145
Au contraire, elle incline à marier Élisabeth avec Courtenay........ 146

Lord Paget, auteur de ce conseil 147
Noailles l'entreprend aussi avec d'autres vues 148
Incertain néanmoins si l'on mariera Courtenay avec la reine ou avec
 Élisabeth 150

Chap. XIV. — Intrigues de Noailles. Élisabeth quitte la cour.

Marie songe à exclure Élisabeth de la succession 155
Intrigues de Noailles avec le consentement de Henri II 157
Élisabeth quitte la cour pour Ashridge, 6 décembre 1553 158
Ses sentiments secrets, selon Noailles 160
Marie persiste dans le projet de marier Elisabeth avec Courtenay... 161
Sur le refus de Courtenay, elle y renonce 162

Chap. XV. — Le mariage d'Espagne décidé. Complot contre Marie.

Mesures de clémence prises par Marie 165
Menées de Renard et de Noailles 166
Charles-Quint fait la demande officielle de mariage pour son fils.. 171
Le contrat, 12 janvier 1554 ; mécontentement universel 172
Les troubles imminents ; clairvoyance de Renard 173
Vaste complot ourdi par Noailles 174
Le chancelier en obtient l'aveu de Courtenay 177

Chap. XIV. — Insurrection de Thomas Wyatt.

Prise d'armes hâtive des conjurés 181
Participation de Henri II 182
Marie mande près d'elle Elisabeth, qui ne vient pas, 26 janvier 1554. 183
Elle est compromise par les dépêches de Noailles interceptées ; sa
 lettre à la reine 185
L'insurrection de Thomas Wyatt met Marie en danger, 25 janvier-
 7 février 1554 187

Chap. XVII. — Arrestation d'Élisabeth a Ashridge.

Rigueurs après la défaite de Wyatt 193
Mort de Jane Grey, 12 février 1554 194
L'arrestation d'Élisabeth à Ashridge est décidée 196
La légende dans Foxe 198
La vérité 200
Elisabeth ramenée d'Ashridge à Westminster, 12-22 février 1554 201

Chap. XVIII. — Élisabeth prisonnière a Whitehall.

Elisabeth à Whitehall 205
Aveux de Wyatt, de Croft, de lord Russell, compromettants pour
 elle et pour Courtenay 207
Gardiner protége Courtenay, et par conséquent Elisabeth, contre les
 Impériaux 210

TABLE DES MATIÈRES

Chap. XIX. — Procès de Wyatt. Élisabeth envoyée a la Tour.

Divisions à la cour ; jalousie contre Gardiner	217
Procès de Wyatt, 15 mars 1554. Il charge Elisabeth et Courtenay	220
Résolution de transférer Elisabeth à la Tour	222
Lettre d'Elisabeth à la reine, 17 mars 1554	226
Elisabeth menée à la Tour, 18 mars 1554	229

Chap. XX. — Élisabeth a la Tour.

Paget obtient de Marie l'élargissement de quelques prisonniers	233
Rigueur de la prison d'Elisabeth	235
Le procès commencé contre cette princesse	236
Manifestations populaires	238
Noailles essaye de lui venir en aide. Renard le contrecarre	238
Parole du chancelier, *aller rondement en besogne*	241
Le Parlement sanctionne le contrat de mariage	243

Chap. XXI. — Exécution de Wyatt. Élisabeth sort de la Tour.

Wyatt exécuté, 11 avril 1554	245
Incertitudes sur ses dernières paroles	246
Les procédures reprises contre Élisabeth sans résultat	251
Acquittement de Nicolas Throgmorton	251
Ordre prétendu de Gardiner d'exécuter Élisabeth	252
Anarchie dans le Conseil	253
Paget protége Élisabeth et veut la marier avec le duc de Savoie	254
La prison s'adoucit ; l'enfant et les fleurs	255
Courtenay en danger est sauvé par Gardiner	257
Élisabeth, épargnée aussi, sort de la Tour, 19 mai 1554	259
Courtenay de même, 28 mai	260

Chap. XXII. — Élisabeth a Woodstock.

Son voyage de la Tour à Woodstock, sous la conduite de Henri Bedingfeld, 19-23 mai 1554	263
Caractère de Bedingfeld	267
Commencement d'incendie à Woodstock	269
Rigueur du régime ; les livres	270
Élisabeth écrit à la reine	271
Réplique sévère de celle-ci, 25 juin 1554	272
Chagrin et insistance d'Élisabeth	275
Sa requête au Conseil, 30 juillet 1554	276

Chap. XIII. — Élisabeth a Woodstock (suite).

Le mariage de Marie avec Philippe d'Espagne est favorable à Elisabeth	279
Instances d'Elisabeth près de Bedingfeld	282
Sa communion solennelle du 26 août 1554	283

TABLE DES MATIÈRES

Lettre au Conseil, 25 septembre	284
Fables à ce sujet contre Bedingfeld	285
Marie mécontente de la lettre d'Elisabeth	287
Celle-ci se soumet	288
Sa colère contre Bedingfeld	289
Visite des médecins de la reine	290
Complots supposés contre la vie d'Elisabeth	291
Comment Elisabeth employait ses loisirs	292

Chap. XXIV. — Projet de marier Élisabeth avec le duc de Savoie.

On songe à éloigner Elisabeth par un mariage avec le duc de Savoie.	295
Noailles soutient la résistance d'Elisabeth	296
Philippe veut ce mariage	299
Voyage prétendu d'Elisabeth à la cour, en décembre 1554	300
Voyage inutile du duc de Savoie à Londres, 27 décembre 1554-28 janvier 1555	301

Chap. XXV. — Élisabeth protégée par Philippe, appelée a Hampton Court.

Le roi fait gracier le reste des partisans de Wyatt, 18 janvier 1555	305
Il fait gracier Courtenay, qui passe sur le continent	306
Mission de lord John Williams de Tame auprès d'Elisabeth	308
Elisabeth, délivrée de Woodstock, arrive à Hampton Court, 29 avril 1555	309
Traitée comme prisonnière	310
Son entrevue avec la reine, mai 1555	313
Fin de sa captivité ; départ de Bedingfeld	315

Chap. XXVI. — Élisabeth a la cour. Prétendue passion du roi pour elle.

Fable sur la prétendue passion du roi pour Elisabeth	317
Affaire de sorcellerie où sont impliqués plusieurs amis de cette princesse	318
Elisabeth honorée à la cour; affaire de Farrer	319
Symptômes d'agitation	322
Persécution religieuse: orthodoxie catholique d'Elisabeth, de Cecil, etc.	324
Elisabeth plus libre	327
Admise à Greenwich, 26 août 1555	328
Départ du roi pour les Pays-Bas	328
Absent, il continue de la protéger. Projet de la marier avec don Carlos, fils du roi	329

Chap. XXVII. — Élisabeth a Hatfield. Complot de Kingston.

Elisabeth rentre à Hatfield par Londres, octobre 1555	333
Marie pense à la déshériter	334

Mort de Gardiner, 12 novembre 1555................................... 335
Nouvelles trames de Noailles.. 337
Complot de Kingston ; Elisabeth y était-elle étrangère? mars 1556... 338
Elisabeth en danger ; ses serviteurs sont du complot................ 340
Philippe la protége encore.. 342
Marie la traite honorablement, juin 1556............................ 343

Chap. XXVIII. — ÉLISABETH ET SIR THOMAS POPE. SA NOUVELLE DISGRACE.

Elisabeth est placée sous l'autorité de sir Thomas Pope, juin 1556.. 345
Soulèvement de Cleobury, juillet 1556............................... 346
Message du Conseil à Elisabeth...................................... 346
Lettre d'Elisabeth à Marie, 2 août 1556............................. 347
Mort de Courtenay à Padoue, 18 septembre 1556....................... 349
Elisabeth invitée à passer l'hiver à la cour; son entrée triomphale à Londres, 28 novembre 1556....................................... 350
Sa nouvelle disgrâce sur son refus d'épouser le duc de Savoie....... 351
L'évêque de Dax la dissuade de fuir en France; rêves de conquêtes... 352
Nouvel effort de Philippe II en faveur du duc de Savoie ; lettre de Marie... 354
Rupture de Henri II avec Philippe II, 5 janvier 1557................ 356
Voyage de Philippe en Angleterre, 20 mars 1557. Elisabeth refuse de nouveau le duc de Savoie.. 358

Chap. XXIX. — GUERRE DE FRANCE. EXISTENCE BRILLANTE D'ÉLISABETH.

Débarquement de sir Thomas Stafford en Angleterre ; la guerre déclarée à Henri II.. 359
Elisabeth plus tranquille ; rapport de Michieli..................... 360
Le carnaval de 1557 à Hatfield...................................... 361
Philippe renonce définitivement à marier Elisabeth avec le duc de Savoie... 362
Les Français reprennent Calais, 1er-8 janvier 1558; douleur de Marie. 362
Elisabeth reçue à la cour, 25 février-3 mars 1558................... 363
Recherchée en mariage pour Eric, fils de Gustave Wasa............... 364
Fêtes diverses en l'honneur d'Élisabeth, en 1558 ; doutes à ce sujet.. 366

Chap. XXX. — MALADIE DE MARIE. MISSION DU COMTE DE FERIA.

Marie atteinte de la fièvre... 371
Elle désigne Élisabeth comme son héritière, 6 novembre 1558......... 372
Mission de Jane Dormer près d'Élisabeth ; la légende et l'histoire.. 372
Mission du comte de Feria à Londres, 9 novembre 1558................ 374
Entretien de Feria avec Élisabeth, 10 novembre...................... 375
Message du cardinal Pole à Élisabeth................................ 381

TABLE DES MATIÈRES

Chap. XXXI. — Le portrait et le caractère d'Élisabeth.

Les courtisans à Hatfield	383
Le portrait d'Élisabeth, par Lucas de Heere	384
Caractère d'Élisabeth	386

Chap. XXXII. — Avénement d'Élisabeth.

Mort de Marie, 17 novembre 1558	393
Élisabeth est reine	393

FIN DE LA TABLE DES MATIÈRES.

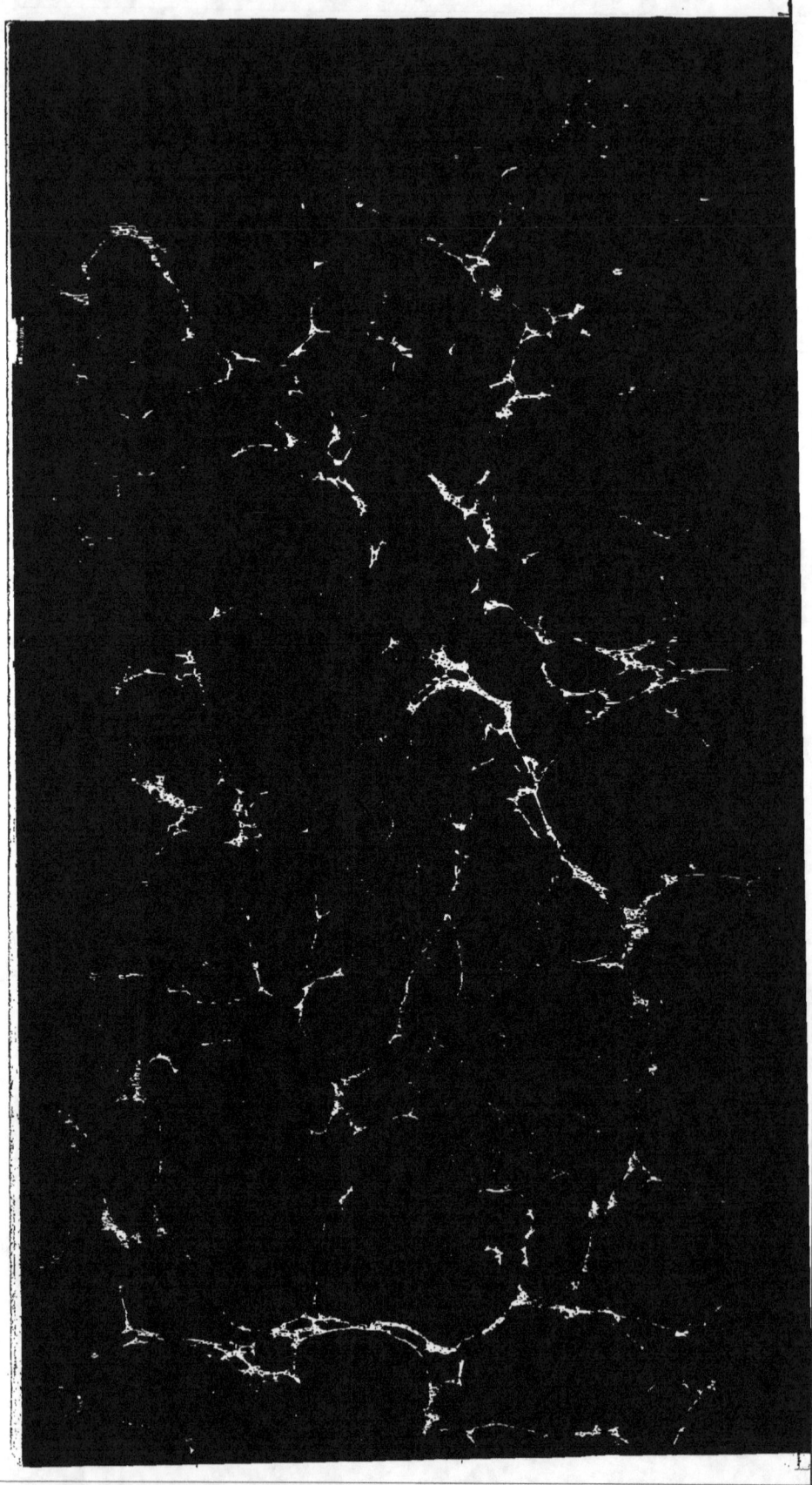

www.ingramcontent.com/pod-product-compliance
Lightning Source LLC
Chambersburg PA
CBHW060546230426
43670CB00011B/1708